G. W. F. Hegel Werke in zwanzig Bänden
*Vorlesungen über die Philosophie der Religion II*

## 《黑格尔著作集》（二十卷）中文版编委会

主　　编：张世英

副 主 编：杨祖陶　黄书元　张　慎

编　　委：辛广伟　任　超　张小平　陈亚明

　　　　　高宣扬　黄凤祝　燕宏远　邓安庆

　　　　　艾四林　先　刚　刘　哲　朱更生

　　　　　胡怡红　王志宏　柏裕江

编辑统筹：张振明

# 黑格尔著作集

## 第 17 卷

# 宗教哲学讲演录
## II

燕宏远 张松 郭成 译

人民出版社

Georg Wilhelm Friedrich Hegel Werke in zwanzig Bänden
17
Vorlesungen über die Philosophie der Religion II

Auf der Grundlage der Werke von 1832-1845 neu edierte Ausgabe
Redaktion Eva Moldenhauer und Karl Markus Michel
Suhrkamp Verlag Frankfurt am Main 1969

"十二五"国家重点图书出版规划项目

## 黑格尔著作集（二十卷，理论著作版）

- 第 1 卷　　早期著作
- 第 2 卷　　耶拿时期著作（1801—1807）
- 第 3 卷　　精神现象学
- 第 4 卷　　纽伦堡时期和海德堡时期著作（1808—1817）
- 第 5 卷　　逻辑学 I
- 第 6 卷　　逻辑学 II
- 第 7 卷　　法哲学原理
- 第 8 卷　　哲学科学百科全书 I 逻辑学
- 第 9 卷　　哲学科学百科全书 II 自然哲学
- 第 10 卷　　哲学科学百科全书 III 精神哲学
- 第 11 卷　　柏林时期著作（1822—1831）
- 第 12 卷　　历史哲学讲演录
- 第 13 卷　　美学讲演录 I
- 第 14 卷　　美学讲演录 II
- 第 15 卷　　美学讲演录 III
- 第 16 卷　　宗教哲学讲演录 I
- 第 17 卷　　宗教哲学讲演录 II
- 第 18 卷　　哲学史讲演录 I
- 第 19 卷　　哲学史讲演录 II
- 第 20 卷　　哲学史讲演录 III

# 总　序

张世英

这套黑格尔著作集的中文版，其所根据的版本是二十卷本的"理论著作版"（Theorie-Werkausgabe），即《格·威·弗·黑格尔二十卷著作集》（*G.W.F.Hegel Werke in zwanzig Bänden*），由莫尔登豪尔（E.Moldenhauer）和米歇尔（K.M.Michel）重新整理旧的版本，于20世纪60年代末开始出版。这个版本，虽不及1968年以来陆续出版的历史批判版《黑格尔全集》那样篇幅更大，包括了未曾公开发表过的黑格尔手稿和各种讲课记录以及辨析、重新校勘之类的更具学术研究性的内容，但仍然是当前德国大学科研和教学中被广泛使用的、可靠的黑格尔原著。我这里不拟对黑格尔文集的各种版本作溯源性的考察，只想就黑格尔哲学思想在当今的现实意义作点简单的论述。

黑格尔是德国古典唯心主义之集大成者，他结束了西方传统形而上学的旧时代。黑格尔去世后，西方现当代哲学家大多对黑格尔哲学采取批评的态度，但正如他们当中一些人所说的那样，现当代哲学离不开黑格尔，甚至其中许多伟大的东西都源于黑格尔。在中国，自20世纪初就有些学者致力于黑格尔哲学的介绍、翻译与评论。1949年中华人民共和国成立到1976年所谓"文化大革命"结束，大家所广为传播的观点是把黑格尔哲学看成是马克思主义的三个来源之一，一方面批判黑格尔哲学，一方面又强调吸取其"合理内核"，黑格尔是当时最受重视的西方哲学家。1976年以来，哲学界由重视西方古典哲学转而注意西方现当代哲学的介绍与评论，黑格尔哲学更多地遭到批评，其总体地位远不如从前了，但不少学者对黑格尔哲学的兴趣与研究却比以前更加深沉、更多创新。黑格尔无论在西方还是在中国,其名声的浮沉,其思想影响的起伏,正说明他的哲学在人类思想史上所占的历史地位时刻不容忽视,即使是在它遭到反对的时候。他的哲学体系之庞大,著述之宏富,思想内容之广博和深邃,在中西哲学史上都是罕见的;黑格尔特别熟悉人类思想史,他的哲学像一片汪洋大海,融会了前人几乎全部的思想精华。尽管他个人文笔之晦涩增加了我们对他的哲学作整体把握的难度,特别是对于不懂德文的中国读者来说,这种难度当然要更大一些。但只要我们耐心琢磨,仔细玩味,这气象万千的世界必能给我们提供各式各样的启迪和收益。

# 一、黑格尔哲学是一种既重视现实又超越现实的哲学

一般都批评黑格尔哲学过于重抽象的概念体系,有脱离现实之弊。我以为对于这个问题,应作全面的、辩证的分析和思考。

黑格尔一方面强调概念的先在性和纯粹性,一方面又非常重视概念的具体性和现实性。

黑格尔明确表示,无时间性的"纯粹概念"不能脱离有时间性的人类历史。西方现当代人文主义思想家们一般都继承了黑格尔思想的这一方面而主张人与世界的交融合一。只不过,他同时又承认和允许有一个无时间性的逻辑概念的王国,这就始终会面临一个有时间性的环节(认识过程、历史过程)如何与无时间性的环节(纯粹概念)统一起来的问题,或者用黑格尔《自然哲学》中的话语来说,也就是有时间性的"持久性"与无时间性的"永恒性"之间的鸿沟如何填平的问题。无论黑格尔怎样强调认识和历史的"持久性"多么漫长、曲折,最终还是回避不了如何由"持久性"一跃而到"永恒性"、如何由现实的具体事物一跃而到抽象的逻辑概念的问题。黑格尔由于把抽象的"永恒性"的"纯粹概念"奉为哲学的最终领域,用普遍概念的王国压制了在时间中具有"持久性"的现实世界,

他的哲学被西方现当代哲学家贬称为"概念哲学"或"传统形而上学"的集大成者。但无论如何，黑格尔哲学既是传统形而上学的顶峰，又蕴涵和预示了传统形而上学的倾覆和现当代哲学的某些重要思想，这就是黑格尔哲学中所包含的重视具体性和现实性的方面。

黑格尔早年就很重视现实和实践，但他之重视现实，远非安于现实，而是与改造现实的理想紧密结合在一起的，为此，他早在1800年的而立之年，就明确表示，要"从人类的低级需求"，"推进到科学"（1800年11月2日黑格尔致谢林的信，*BRIEFE VON UND AN HEGEL*, Verlag Von Felix Meiner , Hamburg, Band 1,s.59）。他所谓要"推进到科学"的宏愿，就是要把实践提高到科学理论（黑格尔的"科学"一词远非专指自然科学，而是指系统的哲学理论的意思）的高度，以指导实践，改造现实。黑格尔在1816年10月于海德堡大学讲授哲学史课程的开讲词里说过这样一些话：一段时间以来，人们过多地忙碌于现实利益和日常生活琐事，"因而使得人们没有自由的心情去理会那较高的内心生活和较纯洁的精神活动"，"阻遏了我们深切地和热诚地去从事哲学工作，分散了我们对于哲学的普遍注意"。现在形势变了，"我们可以希望……除了政治的和其他与日常现实相联系的兴趣之外，科学、自由合理的精神世界也要重新兴盛起来"。为了反对先前轻视哲学的"浅薄空疏"之风，我们应该"把哲学从它所陷入的孤寂境地中拯救出来"，以便在"更美丽的时代里"，让人的心灵"超脱日常的兴趣"，而"虚心接受那真的、永恒的和神圣的事物，并以虚心接受的态度去观察并把握那最高的东西"（黑格尔：《哲学史讲演录》，生活·读书·新知三联书店1956年版第1—3页）。黑格尔所建立的庞大的哲学体系，其目的显然是要为改造现实提供理论的、哲学的根据。黑格尔的这些话是差不多两百年以前讲的，但对我们今天仍有很大的启发意义。针对当前人们过分沉溺于低级的现实欲求之风，我们的哲学也要既面对现实，又超越现实。"超越"不是抛弃，而是既包含又高出之意。

## 二、黑格尔哲学是一种揭示人的自由本质、以追求自由为人生最高目标的哲学

黑格尔哲学体系包括三大部分：逻辑学、自然哲学和精神哲学。在1949年中华人民共和国成立到改革开放以前的大约30年里，我们的学界一般都只注重逻辑学，这是受了列宁《哲学笔记》以评述逻辑学为主的思想影响的缘故。其实，黑格尔虽然把逻辑学看成是讲事物的"灵魂"的哲学，而自然哲学和精神哲学不过是"应用逻辑学"，但这只是就逻辑学所讲的"逻辑概念"比起自然现象和人的精神现象来是"逻辑上在先"而言，离开了自然现象和精神现象的"纯粹概念"，必然失去其为灵魂的意义，而成为无血无肉、无所依附的幽灵，不具现实性，而只是单纯的可能性。

黑格尔明确承认"自然在时间上是最先的东西"的事实，但正因为自然的这种时间上的先在性，而使它具有一种与人的精神相对立的外在性。人的精神性的本质在于克服自然的外在性、对立性，使之包含、融化于自身之内，充实其自身，这也就是人的自由（独立自主的主体性）本质。黑格尔认为，精神的最高、最大特征是自由。所谓自由，不是任性。"自由正是精神在其他物中即在其自身中，是精神自己依赖自己，是精神自己规定自己"（黑格尔：《逻辑学》，人民出版社2002年版，第72页）。所以精神乃是克服分离性、对立性和外在性，达到对立面的统一；在精神中，主体即是客体，客体即是主体，主体没有外在客体的束缚和限制。精神所追求的目标是通过一系列大大小小的主客对立统一的阶段而达到的最高的对立统一体，这是一种最高的自由境界。黑格尔由此而认为精神哲学是"最具体的，因而是最高的"（ G.W.F.Hegel Werke in zwanzig Bänden 10, s.9）。也就是说，关于人生的学问——"精神哲学"是最具体的、最高的学问（比起逻辑学和自然哲学来）。黑格尔哲学体系所讲的这一系列大大小小对立统一的阶段，体现了人生为实现自我、达到最终的主客对立统一

的最高自由之境所经历的漫长曲折的战斗历程，这对于我们中国传统哲学把主体——自我湮没于原始的、朴素的、浑沌的"天人合一"的"一体"（自然界的整体和封建等级制的社会群体）之中而忽视精神性自我的自由本质的思想传统来说，应能起到冲击的作用。

## 三、"辩证的否定性"是"创新的源泉和动力"

黑格尔认为克服对立以达到统一即自由之境的动力是"否定性"。这种"否定性"不是简单抛弃、消灭对立面和旧事物，而是保持又超越对立面和旧事物，他称之为"思辨的否定"或"辩证的否定"。这种否定是"创新的源泉和动力"，是精神性自我"前进的灵魂"。一般都大讲而特讲的黑格尔辩证法，其最核心的实质就在于此种否定性。没有否定性，就没有前进的动力，就不能实现人的自由本质。我以为，我们今天讲弘扬中华传统文化，就用得着黑格尔辩证哲学中的否定性概念。辩证法"喜新"，但并不"厌旧"，它所强调的是在旧的基础上对旧事物进行改造、提高，从而获得前进。中华文化要振兴、前进，就得讲辩证哲学，就得有"否定性"的动力。

2013 年 8 月 27 日于北京北郊静林湾

# 目　录

第16、17卷译者序……………………………………………… 1

## 第二部分　特定的宗教［续］

第二章　精神个体性的宗教…………………………………… 3
  A　向精神个体性范围的过渡………………………………… 3
  B　该领域的形而上学概念…………………………………… 8
    1. 独一者的概念……………………………………………… 11
    2. 必然性……………………………………………………… 14
    3. 合目的性…………………………………………………… 20
  C　分类………………………………………………………… 31
    Ⅰ. 崇高的宗教［犹太教］………………………………… 34
      1. 概念的普遍规定………………………………………… 35
      2. 具体的表象……………………………………………… 37
        a. 神圣特殊化的规定…………………………………… 37
        b. 世界的形式…………………………………………… 43
        c. 上帝跟世界一起的目的……………………………… 46
      3. 崇拜……………………………………………………… 57
      向以下阶段的过渡………………………………………… 66

## Ⅱ. 美的宗教［希腊的宗教］ …………………………………………… 69
### 1. 该领域的一般概念 ……………………………………………… 69
### 2. 神圣者的形态 …………………………………………………… 72
　　a. 精神者与自然者的斗争 ……………………………………… 72
　　b. 无形态的必然性 ……………………………………………… 80
　　c. 被设定的必然性或诸特殊的神，其现象与形态 …………… 83
　　　α. 形态的偶然性 …………………………………………… 84
　　　β. 神圣者的显现与理解 …………………………………… 86
　　　γ. 诸神圣威力的美的形态 ………………………………… 89
### 3. 崇拜 ……………………………………………………………… 93
　　a. 信念 …………………………………………………………… 93
　　b. 作为侍奉的崇拜 ……………………………………………… 100
　　c. 和解的奉神 …………………………………………………… 108
## Ⅲ. 合目的性或知性的宗教［罗马的宗教］ ………………………… 115
### 1. 这一阶段的概念 ………………………………………………… 115
### 2. 作为罗马现象的宗教 …………………………………………… 121
### 3. 崇拜 ……………………………………………………………… 129

# 第三部分　绝对的宗教

## A. 该宗教的一般情况 ………………………………………………… 142
### 1. 启示的宗教 ……………………………………………………… 142
### 2. 被启示的、实定的宗教 ………………………………………… 146
### 3. 真理和自由的宗教 ……………………………………………… 152
## B. 上帝理念的形而上学概念 ………………………………………… 155
## C. 分类 ………………………………………………………………… 162
### Ⅰ. 在其永恒理念中自在自为的上帝：圣父的王国 …………… 165

1. 环节的规定 ································· 165
　　2. 绝对的分离 ································· 166
　　3. 三位一体 ··································· 167
Ⅱ. 意识和表象环节中上帝的永恒理念，或差别：
　　圣子的王国 ····································· 181
　　1. 差别的设定 ································· 182
　　2. 世界 ······································· 183
　　3. 人的规定 ··································· 189
Ⅲ. 社团环节中的理念：圣灵的王国 ··················· 221
　　1. 社团的概念 ································· 226
　　2. 社团的实在化 ······························· 235
　　3. 精神的东西实在化为普遍的现实 ················· 242

# 关于上帝定在证明的讲演

讲演一 ············································ 255
讲演二 ············································ 263
讲演三 ············································ 270
讲演四 ············································ 275
讲演五 ············································ 281
讲演六 ············································ 287
讲演七 ············································ 292
讲演八 ············································ 299
讲演九 ············································ 305
讲演十 ············································ 310
插入【康德对宇宙论证明的批判】 ···················· 317

3

| | |
|---|---|
| 讲演十一 | 337 |
| 讲演十二 | 344 |
| 讲演十三 | 349 |
| 讲演十四 | 358 |
| 讲演十五 | 367 |
| 讲演十六 | 373 |
| 1831年夏季宗教哲学讲演中对目的论证明的发挥 | 384 |
| 1827年宗教哲学讲演中对目的论和存在论证明的发挥 | 397 |
| 1831年宗教哲学讲演中对存在论证明的发挥 | 406 |
| | |
| 编辑对第16卷和第17卷的说明 | 412 |
| | |
| 重要术语德汉对照表及索引 | 416 |
| 人名（或神名）德汉对照表 | 422 |

# 第16、17卷译者序

宗教哲学是黑格尔哲学体系的有机组成部分,是精神发展的绝对精神阶段(艺术、宗教、哲学)的第二个重要环节。甚至可以说,不理解黑格尔的宗教哲学,也就不可能真正深入地理解黑格尔哲学。

黑格尔宗教哲学思想的产生和发展可以划分为三个阶段。

**一是早期神学著作时期。**在伯尔尼期间黑格尔就开始研究并写出了第一部关于神学的著作《**民众宗教与基督教**》,在这一著作中,黑格尔反复强调"宗教是心灵的事情",这种旨在"使心灵和幻想得到满足"的民众宗教是黑格尔心中的理想宗教。在继而写出的《**耶稣传**》中,基督是"一位纯粹道德宗教的教师",他的计划是"把道德精神带给他的民族"。同时黑格尔也看到,基督教虽然在产生伊始也曾经是一种民众宗教,但是在以后的发展演变过程中,它却越来越偏离了民众宗教的宗旨而堕落为精神的外在性的桎梏,转变为客观宗教,他在稍晚所写的神学著作《**基督教的实定性**》中把这种凝固为外在性的刻板规范的客观宗教称为"实定宗教"。黑格尔所讲的基督教的实定性,主要指的是基督教的法定性、法规性以及它的强制性、奴役性和压迫性。"实定宗教是以命令形式出现,通过暴力和强力机关强加于人的宗教。"[1]在这一时期,黑格尔神学思想的最显著的特点就是对立(民众宗教、自然宗教与实定宗教的对立)。1797年初开始的法兰克福时期,黑格尔开始改变对矛盾的消极态度,把矛盾看作思维与存在的共同基础和动力,从而发展了辩证思想的萌芽,并提出了

---

[1] 薛华:《青年黑格尔对基督教的批判》,中国社会科学出版社1980年版,第2、3页。

许多重要的范畴,如命运、和解、扬弃、对立统一等。在黑格尔这一时期两部重要著作**基督教的精神及其命运**和**1800年体系的片段**中,爱、生命、精神等概念为他提供了手段,借助它们,黑格尔克服了世界的分裂和对立。黑格尔用表现精神统一性的爱扬弃了思想与现实、普遍性与特殊性之间的对立,以一种更高意义上的和解的道德呈现出来,并用辩证的统一扬弃了形而上学的对立,这正是黑格尔法兰克福时期最有价值的成就。在当时的黑格尔看来,宗教只不过是"情感和情感对于对象的要求"的结合或统一;"人类精神的最高需要,就是向往宗教的冲动";上帝(神)就是精神。这时黑格尔已经有了后来《宗教哲学讲演》中的基本思想雏形,其中包含着其最成熟的哲学思想的原始萌芽和秘密。正是在对宗教的批判性的深入研究中,产生了黑格尔哲学,费尔巴哈称黑格尔哲学为"理性神学",这也意味着,黑格尔哲学实际上正是从他的神学中诞生的。

**二是《精神现象学》时期**。1805—1807年黑格尔完成《精神现象学》。在这里,黑格尔已经有关于宗教的纲领性论述,并通过概念思维扬弃了早期神学思想中的直观神秘主义和情感主义,进而形成宗教哲学的一般体系,与其后来的宗教哲学讲演大体一致,同样可视为其导论和雏形。在《精神现象学》中,宗教与哲学共同构成了绝对精神。他把宗教分为"自然宗教"、"艺术宗教"和"启示宗教"。一般宗教的发展具体表现为各个特定宗教形态的阶段性运动,一个特定的宗教具有一个特定的现实的精神。宗教的特定的形态从精神的每一个环节的形态那里抓取出一个合适的形态,分派给宗教的现实精神。黑格尔宗教哲学的基本思想,如**上帝就是精神**,宗教与哲学具有同一个内容,理性与启示在上帝(神)或精神的自我认识中的统一等等,在《精神现象学》中已经得到了系统阐述。在《逻辑学》、《哲学入门》等著作中也谈到宗教哲学。黑格尔将宗教视为知识的特殊形态,但宗教也为哲学这一较高的认识形态所扬弃。

**三是《哲学全书》以及宗教哲学讲演时期**。在《哲学全书》中,黑格尔谈到"艺术宗教"和"启示宗教",其中指出:"理想的意义是作为自然与精神的同一而具体的本质的实体性,这样的具体的本质被称为上帝。"①在这一时期,黑格尔主要在宗教哲学讲演中从概念自身运动的角度论证了上帝(神)就是精神,启示宗教是绝对精神在自身中的启示,宗教哲学是理性与信仰、概念内容与表象形式的绝对统一。

这里新翻译出的两卷《宗教哲学讲演录》是依据德文版《黑格尔20卷著作集》(苏尔卡普理论著作1969年版)中的第16卷(《关于宗教哲学的讲演Ⅰ》)与第17卷(《关于宗教哲学的讲演Ⅱ》),它们共同构成黑格尔宗教哲学讲演的整体。因为这两卷以及其他各卷是编者莫尔登豪尔(Eva.Moldenhauer)和米歇尔(Karl Michel)在黑格尔1832—1845年诸著作(大多数为黑格尔的学生所记的听课笔记)的基础上整理新编辑的版本,所以中文译名就冠以《宗教哲学讲演录》。这个版本虽不及1968年以来陆续出版的至今最权威的"历史批判版"《黑格尔全集》更准确、更丰富,但这个理论著作版仍是德国学界广泛认可的普及版本,编辑对黑格尔"友人版"中某些错误的纠正以及对黑格尔原作的理解和阐释也许都会对一般研究者和读者有所裨益。

从1821年起,黑格尔在柏林大学开始作关于宗教哲学的讲演。较之青年时期,黑格尔对基督教的批判大为减弱,甚至在哲学上与基督教和解。

关于宗教哲学的讲演,黑格尔在柏林大学作过四次:第一次在1821年夏,第二次在1824年,第三次在1827年,第四次在1831年。

编者莫尔登豪尔和米歇尔在编辑说明中指出:关于宗教哲学的讲演,黑格尔作了四次:1821年、1824年、1827年和在他去世那一年,即1831年——每一次讲演都改变了形式,对段落作了修改——这种情况反映了其思想的发展。在黑格尔自己的笔记中只有第一次讲演的草稿(1821年)。在他看来,这一草稿作为补充之备用,也为第二次讲演(1824年)作

---

① 黑格尔:《哲学科学全书纲要》,薛华译,商务印书馆2002年版,第319页。——译者注。

草案之用。他的一位听众，豪普特曼·封·格里斯海姆(Hauptmann von Griesheim)从这次讲演的笔记中搞出一个手稿，黑格尔在1827年都在使用这个手稿。一位来自瑞士叫迈尔(Meyer)的先生记录下了第三次讲演，黑格尔重又作最后一次讲演时(1831年)就是以这次讲演为依据，他的儿子卡尔·黑格尔从这最后一次讲演中搞出一个笔记。

编者莫尔登豪尔和米歇尔进一步指出：当菲利普·马尔海奈克(Philipp Marheineke)在黑格尔去世后开始出版由"已故者朋友圈子"所搞到的**全集**版本(也叫"友人版")中的各个讲演时，他手头有这些笔记和其他几个手稿，其中有黑格尔遗作的笔记。它们于1832年作为第一版**全集**第Ⅺ卷和Ⅻ卷出版，1840年出版了第二版，即大大作了变动的扩充版，这一版基本上由布鲁诺·鲍威尔负责。就新材料而言，布鲁诺·鲍威尔使用了1821年(v. Henning)、1824年(Michelet, Förster)、1827年(Droysen)、1931年(Geyer, Reichenowr, Rutenberg)黑格尔讲演的笔记，而且首先是黑格尔遗作的一捆文件及其为诸讲演的个别题目亲手写的笔记，鲍威尔把这些讲演都补进了新版中。此后又相继出版了格罗克纳、拉松编辑的《黑格尔全集》。

德文版《黑格尔20卷著作集》的文本就是在黑格尔1832—1845年诸著作的基础上、遵循"友人版"即第一版《黑格尔全集》的文本整理编辑出来的。这里译出的中文版黑格尔《**宗教哲学讲演录**》(第16、17卷)就是依据这套德文版《黑格尔20卷著作集》中的第16卷和第17卷的原文译出来的。

黑格尔《**宗教哲学讲演录**》(第16、17卷)包括：导论、宗教概念、特定的宗教、绝对的宗教以及附件关于上帝定在证明的讲演，共五个部分。

关于宗教哲学这一门课程的整个安排，黑格尔按照概念的三个环节(即普遍性、特殊性和个体性)的分化与统一，也就是按照其《逻辑学》概念中的概念本身、判断和推论诸范畴的辩证发展，分为以下三个步骤：

首先，在其普遍性方面考察宗教概念，也就是考察宗教概念本身。

其次，考察宗教的普遍概念之特殊定在，也就是特定宗教，即有限的宗教。

最后，考察宗教概念辩证发展的最高阶段，即绝对宗教。

《宗教哲学讲演录》蕴含着极为丰富的思想内容。这里仅仅简略介绍以下两个方面的独特思想：

**一、宗教哲学及其任务。**

黑格尔在"导论"里首先指出，宗教哲学是这样一个领域，"在这个领域里，世界的所有谜团都解开了，更深刻思索中的所有矛盾都被揭示出来了，感觉的所有痛苦都消失了——，这是永恒真理、永远寂静、永久和平的领域。"与人及其精神有关的一切领域（包括认识、科学、艺术以及其他各种各样的联系，人在其中寻求他的幸福、荣誉、自尊），都以宗教，以关于上帝的思想、意识和感觉，为自己的最后中心。因此，"上帝就是一切之始和一切之终，犹如一切源出于此一样，一切也复归于此；而且上帝也是一个中心——上帝使一切拥有生命，他激励一切，并赋予所有那些形态以灵魂，保持其实存。在宗教中，人将自己置身于与这一中心的关系中，他所有别的关系，也都会合于这一中心，而人借此就提升到意识的最高层次"。（原德文版第16卷，第11—12页，以下同）

但是，直至黑格尔时代，精神（包括认识、意识、思想、观念等）已发展到分裂为二的状态：一方面是局限于经验世界和现象世界的知识，另一方面是局限于意志、情感世界和神秘直观中的宗教。这样一来，"精神把**认识**、**科学**局限于**世俗方面**，而把感觉、信仰留给宗教范围。"（第16卷，第18页）所以，上帝与精神是分裂的，上帝被看作是客观的绝对本质，精神则被狭隘地理解为主观的自我意识。这种分裂也造成了近代宗教与哲学的对立。在这种分裂和对立中，科学攻击宗教的空泛，宗教则指责科学的肤浅。这种对立已达到了双方谁也不能用自己的片面性来淹没另一种片面性的程度，于是和解的要求就出现了。在和解中双方各自放弃自己的独立性而达到辩证的统一。这种辩证的统一就是返回自身的精神。在黑格尔看来，只有在思辨哲学中，直观与反思的抽象对立才被扬弃，"思辨的工作"恰恰就在于在差别、对立中抓住统一。"思辨哲学就是理念的意识",而这"理念的意识"同样也是宗教的内容,"宗教本身就是自在自为存在的真理之意识的观点;因此它是精神的阶段,在这一阶段上,对意识来说,**思辨的内容**一般就是**对象**。"(第16卷,第30—31页)这正是黑格尔宗教哲学所要解决的课题。

如上所述,知识与宗教是同一的,所以,知识(认识、哲学以及科学)在以后的发展中,精神之返回自身就在基督教中得以实现。在基督教里,关于绝对本质的各个表象自在地或直接地就是必然展开的各个思想,而这种表象与思想(或概念)的统一就是黑格尔的宗教哲学。

既然上帝(神)就是精神、自我意识,那么说明宗教与哲学的这种内在同一性,就是宗教哲学的使命。宗教哲学就是要在关于上帝(神)的表象形式中揭示出精神的概念内容,在信仰背后揭示出知识内容,或者说,在上帝或精神的"显示形式"与"思想形式"之间建立同一性。一言以蔽之,宗教哲学就是对宗教表象的哲学反思,这种反思使思维从表象深入到概念,从而产生关于上帝或精神的知识。对于黑格尔来说,宗教哲学就是达到反思式的自我理解的宗教。这样一来,这种自在自为的精神或上帝就是宗教和哲学的共同内容和对象。

哲学和宗教是同一的;然而其差别就在于,哲学以**特有的方式**存在,不同于人们对宗教习惯称之为的那种方式。它们的共同之处就在于都是宗教,其差别仅在于宗教的方式方法上。在对上帝的研究特点上,二者是不同的。(第16卷,第29页)在黑格尔看来,宗教是属于**常识**或**普通头脑**,因此它只能用表象的形式来反映思想的内容;而哲学对于常识头脑来说则是难于理解的,它仅仅是思辨头脑的专利,它可以直接用思想的形式(概念)来反映思想的内容。就此而言,只有在哲学中,形式与内容才真正地达到了统一。宗教与哲学的内容都是同一个思想、概念、真理,然而它们表达这个内容的形式却迥然而异。

宗教哲学的对象就是在宗教表象背后运动发展的精神和概念。这种精神和概念经历了一个从纯粹的思想状态或概念向实存的转化,并扬弃有限的实存形式而达到绝对精神的过程。这个过程在《宗教哲学讲演录》中以宗教的形式表现为宗教的普遍概念、特定宗教和绝对宗教发展的三段式,在这里,形式虽然是不同的,但是作为出发点的概念或精神,以及所用的方法却是同一的。宗教哲学的"整个运动在于:概念成为判断,并在推理中完成自身","在这一运动的每一领域里,将出现诸环节的同一发展。"(第16卷,第65页)这就是精神发展进程中产生的诸宗教之不同形态。

**二、上帝(神)是理念,是精神,是思想,或者是自我意识。**

黑格尔在"导论"里首先指出:"如果我们从上帝的表象开始,那么宗教哲学就必须考察表象的意义,即上帝是理念。"(第16卷,第33页)在此之后的一些地方又明确断言:"对于思维的理性来说,上帝不是空洞无物者,而是精神。""按照哲学概念,上帝是精神。""上帝不是最高的感受,而是**最高的思想**;即使他降至表象,这种表象的内容仍然属于思想的领域。""上帝自在地就是精神;这就是我们关于上帝的概念。"(第16卷,第38、52、67、85页)

黑格尔在第一部分"宗教的概念"中反复指明:"上帝就是精神,是绝对精神"。"上帝本质上就是精神,是作为知的精神。"精神与精神的关系是"宗教的基础"。宗教是"**绝对精神的自我意识。**"上帝本质上就是自我意识。(第16卷,第94、102、197页)

黑格尔在"宗教概念"以后的其他许多地方进一步论证道:"上帝本质上存在于思维之中。""上帝的真实感觉""应归功于思想的教化","信仰的真正原因是精神。"(第16卷,第129、130、210页)

在谈到己内宗教(佛教)时,黑格尔指出:"宗教本身就是精神关于自身的自我意识,而且精神自己使自我意识本身诸不同的、展示精神的诸阶段成为意识的对象。对象的内涵就是神,就是**绝对的总体**。""在向自身的永恒复归中,神就是精神。"(第16卷,第412、423页)

在谈到埃及的宗教时又指出:"当神生出自己之子,生出自己的他者,设定他自己的他者时,神就是精神。"(第16卷,第420页)

在谈到"向自由宗教转变中的自然宗教"(波斯宗教、叙利亚宗教、埃及

7

宗教)时指出:"神在所有宗教中都是精神。""一方面,神作为自然的东西而存在,但是神在本质上就是精神,而且这就是一般宗教的绝对规定,并因此是基本规定,是每一宗教形式中的实质基础。"(第16卷,第392、393页)

在谈到印度教时也指出:"那种看来对神的肯定规定,即他**存在**,部分自为地仅仅是存在完全空洞的抽象概念,所以也只是一种主观的规定","所以也属于梵……神是自在自为的主体。"又说:在现代反思的信仰这种训练出来的反思中,"神的世界像所有内容一样仅仅是一种由我设定出来的东西。"(第16卷,第348、349页)

在谈到犹太教时又再次强调:"上帝是精神"。在谈到绝对的宗教(基督教)时"把宗教规定为对上帝的自我意识","上帝是精神"。在关于上帝定在证明的讲演部分中《1827年宗教哲学讲演中对目的论和存在论证明的发挥》更明确地说:"上帝的概念本质上包含着上帝就是**精神**这一点。"(第17卷,第74、187、223、522页)

在第二部分"**特定的宗教**"里,黑格尔又进一步指出:自我生产的精神这一过程,包含着**不同的环节**。"由于精神实质上是自我创造的这种活动,那么由此就产生出其意识的一些阶段"。"这些阶段就产生出特定的宗教"。"**历史上的**宗教就是宗教的**特殊**形态。由于在各阶段的进程中,在宗教的发展中,显示出各主要环节,正像这些阶段也在历史上实存着一样,这就形成宗教的一系列形态,即一部宗教史"(第16卷,第80页)。

黑格尔进一步认为,历史上出现的诸神形态(Göttergestalten,或译为神像),诸宗教形态,就是"理念在辩证发展中先后相继出现的各个不同阶段"①。

黑格尔把宗教分为两大类:一类是特定的宗教,一类是绝对的宗教。

(一)特定的宗教。

在特定的宗教中又包括自然宗教(直接宗教、意识在自身中的分裂、

---

① 参见黑格尔:《逻辑学》,梁志学译,人民出版社2002年版,第169页。

向自由的宗教过渡中的自然宗教)和精神个体性的宗教(犹太教、希腊宗教、罗马宗教)。属于"意识在自身中的分裂"这一类宗教的有中国古代的宗教,幻想的宗教——印度教,已内存在的宗教——佛教、喇嘛教。而善或光明的宗教——袄教、叙利亚宗教或苦难的宗教以及谜的宗教——埃及的宗教,则属于向自由的宗教过渡中的自然宗教。

黑格尔在《宗教哲学讲演录》中具体而详细地介绍和评论了以下10种特定的宗教:

在始初的自然宗教中,"意识还是自然的、感性渴求的意识。"因此,意识是"直接的"。在这里,"还不存在意识在其自身中的**分裂**"。(第16卷,第253页)自然性和直接性是这种宗教的特点。个别的自然者,例如天、太阳、某个动物、某个人,都被看作是神。因此,自然宗教的第一个规定、开端就是,精神以实存的直接个别的方式存在。自然的宗教表现在东方三种实体的宗教中。

**1.直接的宗教——巫术(或法术)**。直接的宗教是历史上第一个宗教。它是"最不完善的",但却是"最真正的宗教"(第16卷,第260页)。只要宗教的环节存在于其中,而提升的环节还被包括进自然性之中,那么在这种情况下,就有了比仅仅作为某种直接的东西更高的某种东西。这就是**巫术**。一般来说,巫术的本质在于,"人按其自然性、欲望把祈祷控制在自己手中"。(第16卷,第280页)

巫术是宗教的最古老方式,是最野蛮最粗鲁的形式。这种宗教开始于非自由的自由,以致个别的意识知道自己高于诸自然物,而这种知首先是直接的。这种宗教没有任何中介,被认为是**爱斯基摩人**那里的粗野意识。他们有称为安伽科克的巫师施行法术。他们还处于精神意识的最低级阶段,但他们相信自我意识高于自然的力量。这种巫术在非洲传播得最为广泛,蒙古人的萨满完全与巫师相似。这些巫术的主要规定就是通过意志、自我意识以直接控制自然。在黑格尔看来,巫术是还不能真正称为宗教的最初形式。从巫术中就发展出巫术宗教。巫术曾存在于所有民族中和每一个时代。

9

**2. 中国古代的宗教**。在**中国**的宗教中，**天**是自在自为存在者的客观直观，是至高无上者，但却不只是在精神的、道德的意义上。它更表明了整个未规定的**抽象的普遍性**，是心理的和道德的一般**关系**的整个未规定的总和。然而其次，**皇帝**是地上的君主，皇帝统治一切，而**他**只是与这种**天**有关联。皇帝在地上统治着一切。在中国，"只有皇帝是统治者"。"法则的维护是皇帝的事情，他是天之子（天子）"。（第16卷，第320、322页）

中国的宗教可以称之为一种**道德**宗教。道德宗教大多都来自于孔夫子。孔子完全是一位道德哲学家，无任何思辨。天，由于皇帝的力量而成为现实的这种普遍的自然力量，是与道德关系联系在一起的，而这种道德的方面，首先由**孔子**臻于完成。

在中国人中间，自然宗教第一个形态是，直接的自我意识把自身了解为至高者，了解为驾驭者，是**意识回归自身**，要求意识在自身中沉思冥想；这就是**道家**。这一学说首先得归于**老子**。

黑格尔看到：在古代中国，天是统治者，但它只是抽象基础，而皇帝则是这种基础的现实，是真正的统治者（第16卷，第329页）。

**3. 印度教**。印度人称之为**梵**（Brahman）的这种单一实体是，作为普遍者，自在存在的威力，它"寂静地、不引人注意地在自身中反思"。（第16卷，第340页）印度最高的神就是梵。

梵是空洞的本质。"梵是所有精神的始祖，是实存者和非实存者的始祖"。（第16卷，第345页）梵是思维。只要人设身处地地集中心思于自身，那么他即是梵。对于印度教徒来说，意识的完全沉思冥想和意识的衰退就是最高境界。

印度教徒被分为许多教派；一些教徒敬奉毗湿奴，另一些教徒敬奉湿婆。在印度教的反思中，"神的世界像所有内容一样仅仅是一种由我设定出来的东西。"（第16卷，第349页）

**4. 佛教——己内存在的宗教**。"**思维本身**正是己内存在的本质，而这种思维就是**自我意识**的真正**本质者**。"（第16卷，第375页）己内存在(Insichsein)的宗教就是精神的聚集和安静。

在历史上，这种宗教作为**佛教**而存在；它是中国北方和西方的蒙古人、藏人的宗教，此外也是缅甸人和锡兰人的宗教，但是在那里，就是此外也叫做"佛"、被称为"佛陀"的那种东西。一般来说，它就是我们在**喇嘛教**的名称下所了解的宗教。

这种宗教及其更明确特征之表象如下：①绝对的基础是**己内存在**的清静；②**无**和非存在是最终者和最高者。一切均来自于无，又复归于无。无是独一者，是一切的始与终；③上帝被理解为无，被了解为**佛、佛陀、达赖喇嘛**。

**5.善或光明的宗教（祆教）**，也即**波斯**的宗教。善或光明的宗教（祆教）就是"摩尼教"，它强调"光明就是善，而善就是光明——这一不可分割的统一"。这种光明或直接善的宗教，是古代祆教徒的宗教，为琐罗亚斯德所创立。在黑格尔时代还有信仰这一宗教的乡镇居民，如在孟买和巴库地区的黑海沿岸，火是他们崇敬的对象。"善是光明的象征"。（第16卷，第400、402页）

主张善恶二元论的古波斯宗教，是从多神教到宗教观念较高发展阶段的过渡形态。善与恶相对立，光明与黑暗相对立。善的本原的代表，是阿胡拉·玛兹达（奥尔穆兹德）；恶的本原的代表是阿赫里曼。两者的争斗不息，是该教的基本特征。王者被视为奥尔穆兹德的代表。**奥尔穆兹德就是光明**。

**6.叙利亚宗教或苦难的宗教**。在这种宗教中，苦难的斗争不再仅是外在的对立，在**某一主体**及其**自我感觉**中，苦难的斗争就是苦难的客体化。有限性、苦难、斗争、胜利的过程是精神本性中的一个环节。在这一领域里，"**威力将自身进一步规定为精神的自由**"。（第16卷，第406—407页）

这种规定在**腓尼基**的宗教和**前亚洲**的宗教中一般都获得了形态。在这些宗教中，神之衰亡、异化及其复活在腓尼基的宗教中被突出出来。这一宗教所敬奉的神是阿多尼斯（Adonis）。

**7.埃及的宗教**。这种宗教是从斗争中**挣脱出来**,继续进至对自由精神的真正规定,战胜恶,完成向自由精神宗教的过渡。(第16卷,第394页)

在**埃及人**的宗教中,出现了无限多种多样的形象。**奥西里斯**(Osiris)**与提丰**(Typhon)相对立。在埃及的宗教中,奥西里斯是表象的神,是按其内在的规定被表象的神。提丰,即恶,被战胜了,同样,痛苦也被战胜了,而奥西里斯则是依据权利和正义的法官。

"奥西里斯意味着精神,不仅是自然者;他是立法者,他制定了婚姻制度,他教会了世人农耕和技艺"。奥西里斯"在精神的、理智的世界中,变成了中心点"。(第16卷,第427页)奥西里斯的历史就是太阳的历史。奥西里斯意味着太阳,太阳也意味着奥西里斯。"奥西里斯的含义是太阳、尼罗河"。埃及宗教就存在于埃及人的诸**艺术作品**中。埃及的**斯芬克斯**,其"谜底就是**人**,**自由的**、**自知的精神**。"(第16卷,第429、441、442页)

**8.犹太教——崇高的宗教**。犹太人的上帝排他地是独一者,他之外没有其他的神。因此,他不仅被规定为自在存在者,而且也被规定为自为存在者。(第16卷,第347页)上帝从无中创世的观念,是犹太教的特征。

上帝被规定为**一种主体性**,纯粹的主体性,正因此就自身而言是**普遍**的**主体性**。"上帝仅仅为**思想**而存在。""上帝被规定为**独一者**。"(第17卷,第51、52、53页)"上帝是一作为**前提的主体**。""上帝是第一者",是"初始者",是"自身创造者",但是在这里,"上帝还没有被理解为精神"。

"崇高就是上帝在世界中的那种显现和显示。"(第17卷,第64页)崇高是"上帝的特性"。上帝就是犹太民族**排他的主和上帝**。"崇敬上帝的就是**这个民族**,而且因此上帝就是这个民族的上帝,也就是这一民族的主。"(第17卷,第82、84页)

**9.希腊的宗教——美的宗教**。在美的宗教中,居于主导地位的是空洞的必然性。"美的宗教在实存上就是**希腊的**宗教,……人们因为其友

善、优美和可爱而喜欢停留在这上面。"(第17卷,第96页)

**美的宗教**之基本规定是作为**自我规定的力量之主体性**。最后的规定终究是本质的自我意识与有限的自我意识、本质的精神与有限的精神的对立之规定。(第17卷,第97—100页)

宙斯就是"精神主体性之上帝"。希腊诸神作为精神的原则已被提升到统治地位,并战胜了自然的东西,这是他们本质的行为,而且是希腊人关于他们的**本质意识**。希腊人的原则其实是主观的自由,然而另一方面,这种自由的主体性还不是**绝对自由**的主体性,也就是说,它还不是**普遍的、无限的主体性**。我们仅仅处在导向那里的阶段上。(第17卷,第103—105页)

被视作提坦神的**普罗米修斯**(Prometheus)是一位重要的有趣人物形象。普罗米修斯是自然力量;但当他教会了众人最初的技艺时,他也是众人的行善者。

黑格尔指出:"诸神都是由人的幻想**创造出来**的,他们以**有限的**方式产生出来,由诗人、缪斯女神(Muse)创造出来。"(第17卷,第119页)。在希腊的宗教(美的宗教)中,统一作为抽象的主体性居于统治地位。

**10.罗马的宗教**。罗马宗教领域的"神圣本质都是一些实际的神"。罗马人都把皇帝奉为神。皇帝,这非凡的个人曾经是掌控诸个人、城市和国家的生活与福祉的力量;他曾拥有广泛权力。他掌控一切。在这里,"专制君主是独一者,是真正的、当前的神。**皇帝**就是神,是神人"。(第17卷,第182页)

在古罗马宗教中,个人绝对服从帝国的大业。罗马的帝王作为世界的统御者成为罗马之神。这样一来,罗马的世界统治,体现于独裁者一身。古罗马宗教的重要性和必然性在于:在这一宗教中,一切世界目标与罗马帝国相适应,个人的神话成为普遍苦难之因,这种苦难成为基督教赖以产生的基础。罗马人征服了伟大的希腊、埃及等等,他们劫掠寺庙;因此,罗马就成为所有宗教、即希腊宗教、波斯宗教、埃及宗教、基督教、密特拉弥撒的聚集地。(第17卷,第171—173页)

罗马的世界是向**基督教**发展的最重要的**过渡点**,是不可缺少的中间环节(第17卷,第179页)。黑格尔所描述的这10种宗教的顺序排列,展示了古代宗教从低级到较高级的发展过程,同时也表明了精神的发展进程。

(二)绝对的宗教。

在谈到绝对的宗教(基督教)时,黑格尔断言:关键在于有进行反思的、能动的精神。对上帝的规定因此就是:"他是**绝对理念**,这就是说,他是**精神**。正是神性与人性之**统一**甚至就是**绝对精神**。上帝就是精神。"(第17卷,第205、223页)

绝对的宗教是完善的宗教,是精神自为存在的宗教,是自身在其中已变得客观的宗教,即**基督教**。在此宗教中,普遍的与个别的精神、无限的与有限的精神不可分割;它们的绝对同一即是该宗教及其内容。(第17卷,第189页)

在基督教中,神与人终于和解,宗教臻于自我意识。这一宗教就是启示的宗教。启示的宗教,为精神的精神,本身就是**精神之宗教**。自身是启示的宗教不仅是启示的,而且可称之为**被启示**的宗教;这里可理解为,一方面,这种宗教是被上帝启示的,上帝已使人们知自身,另一方面也在于,这种宗教在其从外面来到人心里、被赋予人的意义上是被启示的,是**实定的宗教**。(第17卷,第194页)。黑格尔看到实定宗教的问题之所在,所以认为,"只有自为的**概念**才真正彻底摆脱那种实定者;因为在哲学和宗教中,存在着这种最高的自由,即思维本身。""绝对的宗教就是真理和自由的宗教。"(第17卷,第201、203页)

黑格尔进一步看到:基督教社团已陷入内在的分裂中,处于不和谐的气氛中,神圣者遭到亵渎,普遍的政治生活陷入绝境、失去信任,特殊的幸福被提升为目的。在此,客观命令的严厉,表面的遵守,国家的权力,都会一事无成。"于是,衰落已不可挽救。当福音不再布道给穷人,当精英变得愚蠢了,一切基础被悄无声息地抽走时,那么民众对其内心的渴望就不知所措。最近还有无限的痛苦;但在此情况下,对某种爱之爱和对毫无痛苦的某种享受之爱被颠倒了,于是民众就看到自己被其导师们所遗弃。

导师们虽然通过反思得以自救,并在有限性中、在主体性及其精湛技巧中、正因此而在爱虚荣中得到了其满足,然而民众的那种实质内心在其中并不能得到其满足。

"这种不和谐气氛为我们解决了哲学的认识,而本讲演的目的正在于,使理性与宗教和解,认识到宗教在其杂多的形象中是必然的,并在启示的宗教中重获真理和理念。但该和解本身只是个局部的和解,并无外在的普遍性"。(第17卷,第343页)

从黑格尔宗教哲学讲演中可以清楚地看到,黑格尔宗教哲学的核心思想就是要通过概念自身的辩证运动来论证理性和宗教、知识与信仰的同一性,把上帝等同于精神和理念本身,把真理说成是人对上帝的认识或上帝在人身上的自我认识,从而实现哲学与神学的统一。黑格尔宗教哲学的主要特点正在于,对神秘的东西进行理性化的阐释。在黑格尔看来,宗教教义所表述的东西不过就是精神、理念自身发展的表象形式。所以,从根本上说,"黑格尔的宗教哲学是属于无神论史的。它必然代替启蒙运动者的幼稚的无神论,那些启蒙运动者把宗教仅仅看作是欺诈和招摇撞骗。"①黑格尔关于宗教的学说,堪称为欧洲自由思想史中极为重要的环节。所谓"从内部摧毁宗教"——这正是黑格尔宗教哲学的实质所在。

在《宗教哲学讲演录》中,黑格尔对宗教信仰的历史进行了广泛而深入的思考,视之为统一的、有规律的过程。诸神生生灭灭的巨幅画卷,展现在人们面前。在黑格尔看来,在宗教发展过程中上帝(神)的形象愈益人格化,上帝就愈接近于人;上帝的内容史本质上也就是**人类史**,是上帝向人的运动,和人向上帝的运动。(第16卷,第235—236页)

这样,对于把上帝与人、上帝的本质与人的本质相对立的启蒙运动的

---

① 参见古留加:《黑格尔的宗教哲学》,载《国外黑格尔哲学新论》,中国社会科学出版社1982年版,第403—404页。

批判必然导致黑格尔的宗教哲学,而对于把上帝与人、上帝的本质与人的本质相同一的黑格尔宗教哲学的批判也必然会引出费尔巴哈和马克思的无神论。

费尔巴哈认为,上帝的本质无非就是人的本质,就是人的异化了的自我。人的所谓上帝,就是他自己的**精神**、**灵魂**,因而,"属神的本质之一切**规定**,都是**属人的**本质之规定"。基督教和一切宗教所敬拜的神就是人的本质的异化:人把自己的本质当作与人相对立的另一个本质、当作神来加以崇拜,"人使他自己的本质对象化,然后,又使自己成为这个对象化了的、转化成为主体、人格的本质的对象。这就是宗教的秘密。"①因此,不是上帝按照他的形象创造了人(像《圣经》上所说的),而是人按照自己的形象创造了上帝。因此,"**神学就是人本学和自然学**"②。

马克思正是从费尔巴哈批判的终结处开始自己的批判的。马克思把费尔巴哈的抽象的人转变为历史的人和社会的人,从对宗教产生的人性根源的考察转向对宗教产生的社会经济根源的考察,并把唯物主义实践观引入哲学,从而不仅说明了异化产生的社会原因,而且为异化状态的最终扬弃提供了思想武器。

宗教哲学讲演在黑格尔哲学中占有十分重要的地位。然而至今还没有完全依据德语原文《黑格尔20卷著作集》第16、17卷《宗教哲学讲演》出版的中译本。因此在翻译过程中,必然遇到不少难点,有的得请教有关专家甚至德国学者,有的则参照了以往黑格尔著作的译本,如采用贺麟先生的译法,把"Dasein"译为"定在",把"Verstand"译为"知性",把"Existenz"译为"实存",把"Reflexion"译为"反思",把"Idee"译为"理念",把"Vorstellung"译为"表象"等;"Schein"和"scheinen"采用梁志学先生的译法"映像"和"映现";"positiv"采用薛华先生的"实定的"之译法。德语"Gott"一词,一般情况下,特别是涉及信仰基督教的国家时都译为

---

① 《费尔巴哈哲学著作选集》下卷,商务印书馆1984年版,第38、39、56页。
② 同上书,第523页。

"上帝"。但在涉及古希腊、罗马以及东方国家（如中国、印度以及埃及等）的宗教时，则译为"神"。"der Einer, das Eine"参照《圣经》中有"独一的上帝"一说，故这里也译为"独一者"。"Macht"在书中出现上百次之多，故涉及"上帝"、"神"及其他等更强大的力量时就译为"威力"，一般情况则与"Kraft"一样都译为"力量"。

为便于查找德语原文，在每页边框上标明德语原文书的页码。难译词汇术语附有德语原文。为帮助读者理解，个别难点之处有译者注释，其中部分采用或吸取了魏庆征参考本书英译本、俄译本及其他资料所编的部分注释。此外书后还附有德汉重要名词对照表和汉德人名对照表。

本译稿所依版本为莫尔登豪尔和米歇尔编辑的德语原文《黑格尔20卷著作集》。第16卷的翻译始于2007年，结束于2010年，其中湖南师范大学公共管理学院哲学系外国哲学研究生张国良翻译了第16卷第二部分中的"中国宗教或度的宗教"和"幻想的宗教（印度的宗教）"以及第17卷中"编辑对第16卷和第17卷的说明"，第16卷其余部分均由燕宏远负责翻译。第17卷的翻译始于2010年，结束于2014年。第二部分"特定的宗教"中第二章"精神个体性的宗教"由燕宏远译出；第三部分"绝对的宗教"由德国波恩大学在读哲学博士郭成译出；最后一部分（关于上帝定在证明的讲演）由山东社会科学院哲学研究所张松副研究员译出。每位译者都对各自翻译的文字作了反复修改，全部译文均由燕宏远负责校对定稿。

北京大学著名教授张世英先生作为这套黑格尔著作集的主编对全书的翻译工作作了整体谋划和精心指导，人民出版社政治编辑一部张振明主任对我们的翻译以及整个出版工作作了很好的具体安排，责任编辑安新文女士非常认真仔细地审读了该著作集的第16、17卷（宗教哲学讲演录）的译稿，提出了很多很好的修改意见，中国社会科学院哲学研究所张慎研究员对书稿提出了许多宝贵的修改意见。首都师范大学政法学院李怀涛博士、上海财经大学人文学院张东辉博士、济南大学张梅博士以及唐基灼、万玲等同志分别审读、校对部分书稿,做了有意义的工作,在此一并向他们表示衷心感谢。

由于译者水平有限,错误之处难免,恳请行家及读者指正。

燕宏远

2015 年 3 月于长沙岳麓山下

自朴斋

第二部分

# 特定的宗教［续］

# 第二章　精神个体性的宗教

自然宗教最难以被把握，因为它离我们的表象最远，而且是最粗糙者、最不完善者。因此，自然的东西自身有多种多样的形态，以致于普遍的、绝对的内容在自然性和直接性之形式中发生分裂。

## A　向精神个体性范围的过渡

更高级者就是更深邃者，在这里，各不同的环节被概括在**主观统一**的理想性中，直接性之分裂已被扬弃，返回主观的统一之中。因此，在自然性之规定中存在的东西就显示出一些形态的这种多样性，这些形态呈现为无关紧要的相互外在，呈现为特有的独立者。

普遍的规定是已满足于其追求、欲望的**自由主体性**。自由的主体性达到了对一般有限者、意识的自然者和有限者——不管是物理的还是精神的——之控制，以致于现在主体、精神在其与自然者和有限者的关系中被了解为精神的主体，即当对精神的显现和赞誉的规定仅仅表象地拥有精神时，这种有限者部分只是有用的，部分是精神的外表，在其中是具体当下的；精神就这种自由、力量、与自身和解而言，则在自然者、外在者、有限者中**自为**、自由呈现出来，不同于这种有限-自然者和精神者，不同于经验的、可变的意识和外在存在之场所。这是这一阶段普遍的基本规定。当精神是自由的，有限者仅仅是精神的理念环节时，精神就在自身中被**具体地**设定出来，而当我们把精神和精神的自由看作是具体的时候，这便是**理性的精神**；内容则构成精神的理性者。

按照内容的关系，刚才我们看到的这种规定性，在形式上就是这种规定性：自然事物，有限的事物，仅仅是精神的见证者，仅仅服务于其显示。

在这里我们拥有宗教,在宗教之内,理性的精神就是内容。

这样一来,继续的进展就在于,主体性之自由形式,神圣事物之意识,若是这种意识能存在于始初的、变得自由的精神性中,就在自由主体性之规定中无混淆地自为显露出来。然而,这种精神性仅仅自为地被知晓,或者神圣事物被自为地规定为主体性,这种净化已经在我们所拥有的东西中被表达出来了。主体是**排他的**,是无限否定性之原则,而且,因为这种原则按其内容来说是**普遍的**,没有什么非精神的、纯自然的东西与它相比,同样也没有只是实体的、就自身而言无形式的任何东西与它相比。主体性是**无限的形式**,而作为这样一种形式,它也很少让空洞的、纯粹的、未规定的**实体性**,也就是**外在的自然性**,与自身相比。基本规定在于,上帝一般被了解为自由地将自身规定于自身中,虽然现在还是形式上的,但却已经在自身中是自由的。我们能够认识到自由的主体性出现在诸宗教中,并出现在这些宗教所适宜的诸民族中,这种认识首先是依据于:在各民族中,普遍的准则是否是自由之准则,法权和伦理是否构成基本规定,并拥有优势地位。被了解为主体的上帝,就在于他由自身来规定自己,也

[11] 就是说,他的自我诸规定是**自由**之诸准则;它们是自我规定之诸规定,以致于内容仅仅属于自由自我规定的形式,因为与此必然联系在一起的是,诸准则拥有自由作其内容。如果我们看到这一点,那么自然性、直接性就退居次要地位,并显示出**自身中的一些普遍目的**:就自身而言,它们是普遍的,不管它们可能是外在的还是非常不重要的,或者按其范围还不是普遍的,犹如有德行的人在其行为中会有一种就一般内容来看是极小的范围,但就自身来说却会是有德行的。精神之更明亮的太阳使自然之光黯然失色。因而,我们就从自然宗教的范围里走出来。我们走向这样一些神,这些神本质上就是国家、婚姻的创始者,是和平生活的创始者,是艺术的创造者,艺术来源于其头脑,这些神统管神托所①、国家,创造出法权和

---

① 神托所(Orakel)指宣示神谕之地。古希腊德尔斐的阿波罗神托所最为著名。——译者注

伦理,并对之予以维护。因此,其自我意识已达到把主体性了解为自然事物的理想性这种程度的诸民族,一般已过渡到**理想性**范围,进入心灵王国,并立足于精神王国的基地之上。他们已经从头脑里撕碎感性直观、无思想狂乱(Irrsal)之纽带,并抓住、创造出思想、**理智领域**,以及在内心里获得坚实的基础。他们建立了现在有自为坚固性和支撑物的圣地。

迄今的进展是:我们在巫术的宗教中开始于追求,开始于欲望按照只是个别愿望(并非由思想所规定)对自然的统治、控制。第二阶段是对客体性独立之理论规定,在此,所有的环节都自由了,并获得独立。第三个阶段是理论的东西,自我规定者——它重又将这些分离开的环节纳入自身之中,以致使实践的东西成为理论的,——善、自我规定,最终成为实体性与主体性之混合。[12]

如果我们问:上帝的理念迄今如何自我规定? 上帝是什么? 我们从他那里认识到什么? 那么,如下所述就是其回答。

依照形而上学概念的抽象形式,我们开始于:上帝是无限者与有限者的**统一**,而兴趣仅仅在于看到,**特殊性和规定性**,也就是有限者,是如何吞掉无限者的。关于此,迄今为止发生了什么事情呢? 上帝就是无限者一般,是与自身同一者,是**实体的威力**;如果我们说到这一点,那么以此尚未设定出使有限性包括于其中,而有限性首先完全**直接**就是**无限者的实存**,就是自我意识。上帝就是无限性,实体的威力,这一点来自于——这种意识就在于——,实体的威力仅仅是诸有限物的真实性,而同一些物的真实性只是回归于实体的统一。因此,上帝首先是这种威力,是一种规定——它作为完全抽象的,是极不完善的。第二,上帝是**自身中**实体的威力,全然是自为存在,不同于各种各样的有限者;这是**在自身中被反思的实体性**,而这本质上要由上帝来把握。借助于自身中存在着的实体性——它不同于有限者,一更高的基础才是现有的;然而,有限者的规定以此却还未具有与实体威力的真正关系,因此,这种实体威力本身就是无限者。于是,这种在自身中存在着的实体性就是**梵**,而持续存在着的有限者就是诸众多神。第三,有限者被设定为与实体性是同一的,以致于它具有相同的规模，**纯粹的普遍的形式**作为实体性本身**而存在**；那么，这就是作为善的上帝。

[13]　我们现在所拥有的精神的主体性，就是**自我规定**的完全**自由的力量**，以致于这种力量无非就是拥有作为概念的内容；在这种自我规定本身中，无非包含了这种自我规定本身。于是，这种自我规定，这种内容就是普遍的、无限的，犹如力量本身一样。这种普遍的力量——它现在作为自我规定是能动的——，我们可以称之为**智慧**。只要我们存在于精神的主体性方面，那么我们就拥有自我规定、目的，而且这些东西就像力量一样是**普遍的**；因此，它们是睿智的目的。目的规定直接存在于自由主体性的概念中。合目的的行为是内在的自我规定，也就是借助自由、借助主体的一种规定，因为只有这种主体本身是内在的。

这种自我规定**保持**在外在的定在中；自然的存在不再在其直接性中起作用，它属于力量，对力量来说是显而易见的，不对自身起作用。只要力量表现出来——而且它必然表现出来，主体性必然产生实在性——，那么就只有自由的自我规定保持在实在化中，保持在外在的定在中，保持在自然性中。这样一来，在合乎目的的行为中，除了已经在场的东西外，也别无什么东西显现出来。相反，直接的定在像某种无能为力者一样，只是形式，只是方式，像目的现存在于其中一样，而这种目的就是内在者。

因此，我们在此就使自己适应于目的的领域，而且，当智慧必须按照普遍有效的目的来行动时，合乎目的的行为就是智慧的行为；现在尚未有其他内容，因为自由的主体性是自己规定自身。普遍的概念是按照目的来行动、能动的主体性、力量的普遍概念。主体性则是一般的活动，而目的应该是睿智的，目的应该与规定者、无限制力量是同一的。

[14]　1.在此首先应该考察主体与**自然**的关系，进一步说就是与我们过去已称为**实体性**（仅仅自在存在的力量）的东西的关系。这种力量仍然是内在者；但是，主体性就是自为存在的力量，而且不同于自在的力量及其实在性、自然。这种自在存在的力量、自然，现在已被降低为某种无能为力者、自为存在的力量的非独立者，进一步说就是降低为某种**手段**。诸自

第二章 精神个体性的宗教

然物失去了真正的自为存在;它们迄今都有对实体的直接参与;现在在主观的力量中,它们都与实体性分离开来,不同于实体性,而且仅仅被设定为否定的。主观力量的统一外在于它们,不同于它们;当它们仅仅用于显露时,它们就仅仅是不再存在的手段或方式。它们是显现的基础并服从于在它们身上显露的东西;它们不应再直接表现出来,而应是它们身上的一种更高者,即自由的主体性。

2.然而,就智慧而言,**进一步的规定**是什么呢?它按其目的来说首先是**非规定的**;我们还不知道,它的内容是什么,这种力量的诸目的是什么,而且我们有赖于对上帝智慧的非规定的谈论。上帝是睿智的;但是,上帝的道路、他的诸目的是什么?以此可以说它们是何者,诸目的就其规定性而言必定是已经现存的,也就是说,就其发展而言作为与某些环节的不同而现存着。但是,我们在此仅仅才拥有**按照某些一般目的的规定**。

3.因为上帝全然是实在的,所以就上帝而言这并不会停留于智慧的这种直接性中,诸目的必须被规定出来。上帝是显露出来的,作为主体而行动;这是定在、现实的显现。以前,无限性和有限性的统一只是作为直接的统一而存在,所以它是最初的有限者——太阳、山脉、河流等等——,而实在曾经是一种直接的实在。在这里,上帝在场,也就是说,上帝的目的是一种**被规定的**目的,这一点也是必然的。

鉴于**目的的实在性**,应该注意两点。第一点就是这样一个问题:这一目的可以存在于其中的基础是什么?目的作为内在的目的,仅仅是主观的目的,仅仅是思想、表象;但是,上帝,作为主观的威力,不只是愿望、意图等等,而且直接就是活动。现实化、目的现实性的这种**基础**,就是自我意识或**有限的精神**。目的就是一般的规定;我们在这里只有抽象的规定,未发展的规定。因此,神圣目的的基础,就是有限的精神。此外,第二点就是,因为我们仅仅才一般处于智慧的规定中,所以我们对于智慧的东西来说,就不拥有什么内容,没有什么更进一步的东西;目的是自在的,在上帝的概念中尚未被规定出来。另外,目的必然成为现实的,必然被实在化。因此,**规定必然在目的之中**;但是,规定还不是发展的,规定本身,发

[15]

7

展,在神圣的本质中被设定出来,所以,规定就是有限的、**外在的**,是一种**偶然的**、**特殊的**目的。当它存在时,它在神圣的概念中就不是被规定的;然而,当它也是这样时,它就是偶然的,是完全有限的目的,或者,内容对神圣的概念来说,是外在的,是不同于这种概念的目的,不是自在自为的神圣的目的,也就是这样一种目的,它已是自为发展的,并在其特殊性中表明神圣概念的规定性。

对自然宗教的考察,已经使我们明白其中的诸善是普遍的力量;但是,它一般还拥有与神圣本质的实体的、直接的同一性,所以,万物也都是善的,并充满光明。在这里主体性、自为存在的力量的规定中,目的不同于概念,而目的的概念之所以正好仅仅是偶然的,是因为这种差别尚未复返于神圣的概念,尚未被看作与后者一样。因此,我们在此仅仅拥有某些目的,这些目的按其内容来说是有限的,而与神圣的概念还不相适应;因此,有限的自我意识首先是同一些目的实在化的基础。这就是我们立足于其上的观点的基本规定。

[16]

## B 该领域的形而上学概念

这就是作为基础的纯粹的、抽象的**思维**规定。我们尚未从**表象**,也未从**概念实在化的必然性**加以抽象,这种必然性与其说属于表象,不如说为概念本身所必需。我们在这里拥有与**上帝定在证明**形式相联系的形而上学概念。形而上学概念在这里如此规定自己与先行的形而上学概念相反,以致在这一概念方面就从无限者和有限者的统一开始;无限者曾是绝对的否定性,是自在的力量,而第一个领域的思想和本质则局限于无限性这一规定。**对我们来说**,在那一领域里,概念固然是有限者和无限者的统一,但是对于这一阶段本身来说,本质曾是仅仅被规定为**无限者**;这一无限者是基础,而有限者只是加入到这一无限者之中。正是因此,规定方面曾是一种自然的规定;所以,它就是自然宗教,因为形式需要**自然实存的定在**。也就是说,自然宗教也已经表现出直接外在者与内在者的**不相适**

应。在**无限度者**中,它从自然者和绝对者的直接同一凸显于直接存在和本质之间。形态破裂,展开为无限度者,而自然的存在则消失,并开始成为**自为**的普遍者。但是,无限性尚未是内在的规定,而为了其表述,尚**需**要外在的和不相适合的自然形态。尽管自然的东西在无限度者中被否定地设定出来,它也实定地还在其有限的存在中与无限者相对立。或者,无限度者,也作为所有者飘散在其中,它也是无力的,——它是力量与无力的矛盾。与此相反,现在本质本身被规定为无限者与有限者的统一,被规定为真实的力量,被规定为自身中具体的无限性,也就是说,被规定为有限者与无限者的统一。因此,这就是我们在智慧的规定中所拥有的东西;它是在自身中自我规定的力量,而这种**规定就**是**有限的**方面,而且因此就知道神圣的东西——它**在自身中是具体的**,在自身中是有限的形式;这种形式是自在有限者的方面,但是在这里却被设定进无限者的方面里。在本质的**更具体的**理想性中,无限度者的那种矛盾被扬弃了,因为本质是它自身的一种**映像**(Schein),不是抽象的自为存在。作为被设定的力量,它是自身区别的绝对否定性,然而因此,诸区别就被扬弃了,只存在一种映像。心灵、他者的理念所拥有的东西,即他人在其直接性中所是的东西是有力的;谁**思**考诸他人仅仅所**是**的东西,谁就是他人的力量。本质(不是**一种**本质或**一种更高**的本质),也就是说,作为绝对力量的普遍者,由于所有其他的规定在其中都被扬弃了,所以在自身中是满足的,而且是总体;它并不试图靠在自然对象之旁存在,而是在其自身中有其规定性,而且是其映像的总体。

[17]

这样,因为纯粹思想的规定属于本质本身的规定,所以就导致,规定中的进展不再仅仅属于自然的方面,而属于**本质本身**。如此一来,如果我们在这里将找到三个阶段,那么它们就是**形而上学概念本身中的进展**;它们是本质中的一些环节,是这种观点的宗教自我意识之概念的不同形态。过去,这种进展仅仅在外在形态上,在这里,这种进展在概念本身中。现在,神圣的本质就是自为的本质,而诸区别则都是同一本质在自身中的**自我反思**。因此,我们就获得三个概念。第一个概念是统一,第二个概念是

[18]

9

**必然性**,第三个概念是**合目的性**,然而却是有限的、外在的合目的性。

a)**统一**,绝对的力量,在自身中反思地被设定出来的否定性,作为绝对的自为存在着,是绝对的主体性,以致于这里在这种本质中感性的东西就直接被清除掉了。统一是自为存在着的力量,它承受不了什么感性的东西,因为这种感性的东西是有限的东西,还不是已接受的东西,在无限者中还不是已扬弃的东西。然而在这里,这种东西正在被扬弃。那么,这种自为存在的主体性就是**独一者**(der Eine)。

b)**必然性**。独一者是这种绝对的威力;所有者仅仅在自身之中被设定为否定者,——这种否定者就是独一者的概念。然而,如果我们这样说,那么发展就没有被设定出来。独一者仅仅是**单纯性的形式**;必然性则是**统一本身的过程**。它是作为自身中运动的统一;它不再是独一者,而是**统一**。构成概念的运动,是统一,是绝对的必然性。

c)**合目的性**。在绝对的必然性中,是作为仅仅自在独一者的运动,被设定出来了,即过程,而且这就是诸偶然物的过程;因为被设定出来、被否定的东西就是诸偶然物。但在必然性中,只有诸物的**过渡**、来与去才被设定出来了。如今,也必定被设定出来的是,诸物**存在着**,而且**表现为不同于**它们的这种统一,不同于它们这种必然性的过程;它们至少一时表现为存在着的,而且同时也表现为属于它们从中未凸显出来的力量。因此,它们是**手段**一般,而统一就是在这种统一过程中保持自身,在这些手段中自己生产自己。这就是必然性本身的统一,然而却被设定为**不同于自身**的**运动者**,在其中统一保持着自身,以致于它仅仅作为否定者拥有存在者。因此,统一就是目的一般。

[19]

这三点按此这样表现出来。当本质是绝对的否定性时,它就是与自身的纯粹同一性,即独一者;它也是**统一的否定性**,但这种否定性却与**统一相关联**,而且由于这种相互杂乱在一起,二者就证明自身为**必然性**;第三,独一者由于其差别性的联系而与自身相契合,但是这种统一作为形式与自身的恰好相合而具有有限的内容,并因此使这一内容发展成为形式区别(总体),从而给出了**合目的性**的概念,但却是有限的合目的性。

10

当说出这就是三种宗教的三个形而上学概念时,人们必须想到这些概念的每一个概念都只属于**一种**宗教;宁可说,这些规定的每一种规定都属于所有三种宗教。在独一者是本质的地方,这里也存在着必然性,但只是自在的,不在其规定中;独一者按照目的也规定自身,因为它是明智的。必然性也是独一者,而合目的性在这里也是现有的,只是它处于必然性之外。如果合目的性是基本规定,那么因此,力量对目的来说也是现有的,而且目的本身就是命运。区别仅仅在于,客体的这些规定中哪一种规定被看作是**本质**,这是否就是独一者,或者就是必然性,或者就是具有其目的的力量。区别仅仅在于,对于每一种宗教来说,其中的何者被看作是本质的基本规定。

现在应进一步考察的东西就是形式,在形式中,这些规定获得了上帝定在之证明的形态。

## 1. 独一者的概念

[20]

这里并不关涉这个命题:上帝只是独一者。因此,独一者仅仅是上帝的一个称号;我们拥有主体上帝和某一称号,除了上帝之外,上帝还可能拥有其他一些称号。证明上帝仅仅是独一者并不困难。上帝过渡为本质;这本质作为在自身中被反思的,就是人们常称之为一**独一**(Eins)的东西,即个体。当我们说:上帝是独一者时,这就具有不同于以前所说(绝对者,存在,是 τὸ ἕν)的含义。巴门尼德曾这样说过:存在仅仅存在着,或者,只有独一者存在着。但是,这个独一者仅仅是**抽象者**,不是在自身中被反思的无限者,而且因此,宁可说它是无限度者和无能为力者;因为它只是与无限多种多样的定在**作了比较**才是无限者,而且必然处于这种关系中。只有当力量被理解为独一者时,普遍者才被设定为威力。独一者是这一方面,而处于它的对立面的则是世界本质的多种多样性。与它相反,独一者则是个别性,**在自身中被反思了的**普遍者,这种普遍者的另一方面本身包含所有存在于自身之中,以致于这同一存在复返于其统一

11

之中。

那么,反思就理解了上帝统一的规定,并试图证明这同一统一。但是,这并没有提供关于上帝**定在**的某一证明形式。独一者与基础区别开来,而兴趣仅仅在于指明**独一者**-存在的规定。反思落在它身上,因为独一一般是自身中的反思。

上帝仅仅是独一者的这种规定,首先仅仅针对诸众多者一般,而且就这点而言,也针对我们将视之为这一阶段上第二种形式的其他形式。因此,对后来规定的驳斥就预先发生了。当然,这第二种形式在自身中、在概念的规定中就更为具体些;然而,作为必然性,**自在自为被规定的存在**仅仅是**应该**,而且因为它仅仅是应该,所以它就是**复多性**,它还不具有自身中的绝对反思,它缺少独一者的规定。自然,即使独一者的规定也还是片面的,因为它只是自为的抽象形式,不是作为内容而发展了的形式。

[21]

独一者这种规定的必然性之发展,向这**一**主体(作为独一者)的提升现在这样来进行,以致于独一之存在被理解为谓语,上帝则**被假设为**和显示**为主体**,复多性之规定则与那种主体的前提相反。诸众多者之关系现在可以这样来考察,以致于诸众多者相互有关;然后它们相互接触并与自身相冲突。然而,这种冲突直接就是矛盾本身的显现;因为诸不同的神应该按照其品质保持自身,而且在这里,它们的有限性就显露出来。只要上帝被假定为普遍者、本质,那种存在于复杂性中的有限性就与这一前提不相适应。

在有限物方面,我们想象,一些实体在没有失去其独立性的情况下会发生冲突。那么事情就好像是,这些冲突仅仅使其表面处于冲突之中,而自己本身却保持在其背后。按照这种情况,内在者和主体、实体和他者的关系就被区别开来,而实体则被视为消极的,同时又无损于其别的积极性。但是,这种区别是没有根据的。诸众多者就内容和力量而言所是者,它们仅仅存在于**对立**中,它们在自身中的反思在内容上仅仅是空洞的;所以,如果它们即使按照形式而言也是独立的,但它们按照**内容**来说却是有限的,而且,这种内容从属于有限的存在所归之于的同一辩证关系。所以,与所有存在者的绝对力量、普遍否定性之前提相反,这样一些形式上的有限者的复多性在直接消失。在普遍者的前提中,立即就有这样一点,即形式和内容是不能如此分离开来的,以致于应归之于这一者的质则为另一者所缺少。这样一来,由于其质,诸神就直接相互扬弃。 [22]

然而,在这种情况下,复多性也就在**自身未触及**的纯粹**不同**的意义上被想象出来。因此,人们就谈到未陷入相互冲突和矛盾的诸领域的某种复多性。表象顽强地执著于这样一种看法,即人们不能驳倒这样一种前提,因为在它之中没有包含矛盾。不过一般而言,诸平常简单的反思形式中的一种就是,人们能够表象某种东西。自然,人们能够表象一切,并能把一切都理解为是可能的;然而这似乎是根本什么都没有说。如果人们问,差别何在,而回答就是,某一物同另一物一样强大,没有什么东西应具有他者也不具有的质,因此,差别就是一种**空洞的说法**。差别必然不得不立即继续前进至**被规定的**差别;所以然后,对我们的反思来说,一个就缺少另一个所特有的东西,但是**仅仅**对反思而言。对我们的反思来说,即使石头也并不像植物一样完美;但是,对石头本身来说,石头并不缺少什么。正是那种差别,只是我们反思的一种表象。这样一来,反思就说得如此多了,而其理性推论是正确的,可是同时又是非常不恰当的。普遍者,本质,被假设为力量,而它被问的是,独一者的**谓语**是否应归之于它。但是,**独一者的规定**已经**与前提恰好相合**,因为绝对的力量直接存在于个别性或独一者的规定中。因此,证明是完全正确的,但却是多余的,而同时被忽视的则是,绝对力量本身已经存在于独一者的规定中。证明上帝的**谓语**,一般来说,并不是概念的事情;按照这种方式,上帝并没有在哲学上被认识。

然而,实际上这一概念的真正意义并不在于,上帝是独**一者**,而在于,独一者是**上帝**,以致于独一者穷尽了这本质,非一谓语。因此,它就不是他者**之外**的一种规定,而是这样一种规定,它由本质在绝对力量的意义上作为主体性、作为反思为自身来完成。因此,上帝自身就是主体从自身出发向自身回归的这种**运动**,是其作为独一者的自我规定,以致于主体和谓语是同一者,是相互交织的运动,而且没有什么东西在其间停留。对于把这一概念表述为中介的形式(在其中,概念显现为上帝定在的一种证明) [23]

13

来说,这一概念是不合适的;因为,为了得到对独一者的规定,我们由此出发的东西,是无限者,是绝对的否定性。独一者仅仅是参加进来的规定,这独一者是在自身中被反思的主体性。可以说,运动仅仅发生**在无限者的自在存在之内**;因此,形态并非中介,如我们应该在此对它所观察的那样。虽然我们可以说,它是从无限者向在自身内被规定的主体性的一种进展。但是,开端却是无限者,而且这一无限者作为绝对否定性是在自身中被反思的主体,在主体中,所有复多者都被扬弃了。如果我们想更仔细地考察中介,那么我们就从某一思想出发,而且,它,被理解为思想,便是自在自为的概念,由此出发,我们就进到他者,进到存在。但是,我们在此还不能从概念开始,因为开始的这种形式提供了关于上帝定在的另一个证明,这上帝属于基督教,而这证明并非不是这种宗教的。独一者还未作为概念被设定出来,还未作为为我们的概念被设定出来;真实者,在自身中被设定的东西,像在基督教中一样,在这里还不是现有的。

[24] 所以,当绝对者作为独一者和力量是一定的时,**自我意识**就仅仅是这同一绝对者的映像;它也许是这样一种映像,绝对者为它显示出来,而且它与绝对者有一种肯定的关系,因为力量在自身中的反思直接就是**摆脱**(Abstoßen),而且这就是自我意识。这样一来,个性,自我意识,在这里就开始发生作用,然而,仅仅还在抽象的规定中发生作用,以致于自我意识按照其具体的内容仅仅把自身了解为**映像**。它是不自由的,没有自身中的广度,没有活动空间;心灵和精神变得狭隘。其感觉仅仅在于感觉到主;其定在和幸福仅仅在这一狭隘的偏见中有之。尽管因此产生了区别,但它仅仅是**受束缚的**,不是真正解脱了的、自由的;自我意识仅仅集中于这一点上,而且它虽然知道自己是本质的,(它像在梵中一样不会被扼杀),但是,同时它也是借助本质的**非本质者**。

## 2. 必然性

必然性是本身已被设定为中介的东西;因此这里便存在**自我意识的**

一种中介。必然性是运动,是自在的过程,即诸物、世界的偶然者被规定**为偶然的**,而这一点借助偶然者自身自我扬弃为必然性。当在某一宗教中绝对本质被直观为、被了解为、被尊敬为必然性时,这一过程因此就是现有的。事情似乎可能是这样,好像我们已经在有限者趋向无限者的进程中看到了这一过渡:有限者的真理曾经是无限者,是有限者借助其自身之扬弃趋向无限者;因此,即使偶然者也复返于偶然性。我们是否有有限者继续发展至无限者或偶然者继续发展至必然性的规定,——这种差别就涉及**继续发展**而言似乎并不是什么本质的差别。实际上,二者都有同一种基本规定,因此,一方面这是正确的;然而另一方面,**这种差别**又比过程的以前形式的差别**具体一些**。即如果我们从有限者开始,那么物就是如此;但是,第一个开端就是,**物起作用**,它作为**存在的**而存在着,或者,我们首先在肯定的、实定的形式中来接受它。它的终结虽然置于其中,但它同时还有直接的存在。**偶然的**就是具体一些的;偶然者可能存在或者也可能**不存在**;偶然的就是可能性一样好的现实者,其存在有非存在的价值。因此,就偶然者而言,**其自身的否定**已被设定出来了;因此,它是从存在到无的一种过渡。像有限者一样,它就自身而言是否定的;然而,由于它也是非存在,所以它也是从非存在到存在的过渡。这样一来,偶然性的规定就比有限者的规定丰富得多、具体得多。偶然性的真理就是必然性;这是一种定在,通过其非存在与自身被中介。现实是这样一种定在,在定在那里,过程已包含于其自己本身之内,该定在通过自身与自身相契合。

[25]

a)**外在的**必然性其实就是偶然的必然性。如果某一结果取决于某些原因,那么它就是必然的;如果这些或那些情况相互竞争,那么必定冒出这种或那种事情。仅仅引起这种事情的一些情况,是**直接的**,而且,由于按照这种观点,直接的存在仅仅有可能性的价值,因此,诸情况就是这样一些能存在或不能存在的情况,所以,必然性是**相对的**,因而与这样一些情况相关联,这些情况造成开端,因此是直接的和偶然的。这是外在的必然性,这种必然性并不比**偶然性**具有更多的价值。人们可以证明外在的必然性,以致于这种或那种事情是必然的,但是诸情状始终都是偶然

[26] 的,可能存在或者也可能不存在。一瓦片从屋顶坠落下来,并将某一个人砸死;这一坠落并砸死人,可能有之或者也可能无之,是偶然的。在这种外在的偶然性中,只有**结果**是必然的,诸情况是偶然的。所以,这些情况,**诸有条件的原因和诸结果**,都是**不同的**。这一个被规定为偶然的,另一个则被规定为必然的——这一差别是抽象的。但是,它也是一种具体的差别:某种不同于曾被设定的东西冒出来;因为诸形式都是不同的,所以两方面的**内容**是不同的。瓦片偶然坠落;被砸死的人,这个具体的主体,同一主体的死亡和那种坠落,是完全异质、完全不同的内容,某种事情发生,完全不同于结果,不同已设定的东西。因此,如果人们按照外部必然性的诸条件看待生命力,把它们看作为土地、温暖、光照、空气、湿度等等,看作为这些情况的产物,那么这就是按照外部必然性的关系所说的。这种外在必然性也许不同于真正的、内在的必然性。

b)内在必然性即是这样一点:被假定为原因、诱因、机会的一切,变得不同了,而结果则属于**独一者**;必然性共同构成一种统一。在这种必然性中发生的东西就是如此,以致于不是某种别的东西从前提中产生的结果,而是过程仅仅是这样一种过程,即被假定的东西也从结果中冒出来,与自己本身相契合,自己产生出来,或者,**直接定在**和**被设定**的两个环节已被设定为**一个环节**。在外在的必然性中,偶然性是本质的,或者是直接的定在。存在者并非作为被设定者存在;诸条件并不属于统一,它们是直接的,而结果仅仅是被设定者,不是存在。结果是被设定者,原因是本原者。在真正的必然性中,这是一种统一;诸情况存在,但不仅仅存在,而且 [27] 通过统一体也已经是**被设定出来**的,实际上是偶然的,但是就其自身而言的;诸情况自我扬弃,它们存在的否定,是必然性的统一,以致于它们的存在是一自在被否定的存在。然后,结果不仅是结果或者仅仅是被**设定者**,而且**存在**也对它合适。这样一来,必然性就是诸条件的设定;诸条件本身是**通过统一设定出来**的。结果也是一种被设定的结果,也就是说,是通过反思、通过过程、通过统一在自己本身中的反思被设定出来的;然而随后,这种统一就是**结果的存在**。因此,在必然性中发生的东西,仅仅与自身相

第二章　精神个体性的宗教

契合。统一将自身向外抛出，散落于某些似乎是偶然的情状中；统一把其条件本身抛出去是无可怀疑的，是某些无关紧要的石头，这些石头直接显现出来，不会引起什么怀疑。第二个环节是，它们已被设定出来，不属于自身，而属于某一他者，它们的结果。因此，它们在自身中已破碎了，而且它们被设定的存在的显现就是其自我扬弃，是一个他者、即结果的产生，但这结果面对它们散落的实存似乎只是一个他者。不过，内容却是这**一**内容；它们自在所是的东西，就是结果，只有现象的种类和方式发生了变化。结果是诸情况所包含的东西之聚集，而且是这种东西作为形态的显现。生命乃是其诸条件、刺激物、活动向自身如此抛出的东西；在这种情况下，它们看起来不像生命，而是内在者、自在者仅仅出现在结果中。这样一来，必然性就是这样一种过程，即结果和前提仅仅按照形式是不同的。

如果我们现在考察必然性如何获得了上帝定在证明的形态，那么我们就看到，内容就是真正的概念。必然性就是偶然世界的真理。进一步的发展就属于逻辑学了。上帝的概念就是绝对必然性。这是一种必然的、本质的观点，不是最高的、真实的观点，但却是这样一种观点，从这种观点中产生出更高的观点，而且这种观点是更高概念的一个条件，是把这种更高概念作为自己的前提。这样一来，绝对者就是必然性。绝对必然性的概念尚未符合我们关于上帝必须拥有、但却没有作为表象的理念。最高的概念必须理解自己本身。这是上帝定在的这种证明方面的一个缺陷。 [28]

至于就绝对必然性所涉及的形式，著名的**宇宙论**证明简单地说就是如此：诸偶然物以一种绝对必然的原因为前提；那么现在就有某些偶然的事物——我和世界就是——，因此就是存在一种绝对必然的原因。

这种证明中的有缺陷之处易于显示出来。大前提即是：诸偶然物以某种绝对必然的原因为前提。这种前提一般来说是完全正确的，并表达了偶然和必然的联系，而且为了远离其他吹毛求疵的人们并不需要说：它们以一种绝对必然的**原因**为前提，因为这是某些有限物的一种关系；人们

17

可以说：它们以**绝对必然者**为前提，以致于这已被表象为**主体**。这种前提进一步包含着一种违反外在必然性的矛盾。诸偶然物都有某些原因，都是必然的；它们借此这样存在的东西，本身只是偶然的；因此，人们从原因进一步在无限的向前发展中达至偶然之物。这种前提使这一点中断，并因此有完全的理由。一种只是偶然的必然者并不是必然性一般；实在的必然性是与这种前提对立的。一般来说，这种联系也是正确的：诸偶然物以绝对的必然性为前提。但是，联系的种类并不齐全；联系已被规定为**前提**、**要求**。这是无偏见反思的一种联系；这种联系包含这样一点，即诸偶然物如此被放在一边，而必然性则被放在另一边，以致于从一此者过渡到他者，两方面**固定地针锋相对**。由于这种存在的固定性，诸偶然物成为必然性存在的**某些条件**。这一点在小前提中还更清楚地表现出来：现在有某些偶然物，**因此**有一种绝对必然的原因。由于这样产生出联系，使得某一存在者制约另一存在者，因此原因就在于，诸偶然物是否制约了绝对的必然性；某物制约着他者，而且因此，必然性就显现为以诸偶然物为前提、为它们所制约。由此，绝对必然性就在依赖性中被设定出来，以致于诸偶然物仍外在于它。

[29]

真实的联系是这种联系：诸偶然物存在着；但是它们的存在只有可能性之价值；它们存在着并坠落下来，本身是仅仅以统一的过程为**前提**的。它们的第一个环节是用**直接定在的映像设定出来**的，即它们被否定，因此它们在本质上就被理解为现象。在**过程**中，它们是一些本质的环节，而且人们可以说，它们是绝对必然性的一些本质条件。在有限的世界中，人们也许从这样一些直接者开始，在真实的世界中，外在的必然性只是这种现象，而直接者仅仅是被设定者。这就是这类中介的有缺陷之处，这些中介被看作是上帝定在的一些证明。内容是真实的内容，即绝对者必定被认为是绝对的必然性。

c) 最后是绝对的必然性，而这种必然性就自身而言包含着**自由**：因为它正好是其与自己本身的适宜。它全然自为存在着，不依赖于他者；它的作用是自由的作用，只是与自己本身相适宜。它的过程仅仅是自我扬

18

弃的过程,然而,这就是自由。必然性自在地是自由的,只有映像构成差别。我们在惩罚时看到这一点。惩罚降临到人身上,乃是作为恶,作为暴力、异己的力量(在这种力量中,人并没有适应之),作为外在的必然性,作为接近人的一个外在者表现出来,而一他者则作为他已经干过的事情冒出来。惩罚随人的行为而来;但它是与人想要的不同的一个他者。而人却认为惩罚是公正的,因此,惩罚是人自己的意志的后果和法则,这法则存在于人的行为本身中;它是人的行为的理智性,这种理智性以一个他者的映像来到他那里。他没有遭到任何暴力强制,他承载自己的行为,感觉自己在其中是自由的;他的特有的东西使他如此,法权,理智的东西,就在他的行为中。然而,必然性仅仅**自在地**包含着自由;这是一种本质的情况。自由只是形式上的自由,主观的自由;这是由于必然性还未在自身中有内容而发生的。[30]

当必然性与其自身完全适宜时,它就是自由。我们要求它有**运动**、某些情况等等。这是中介的方面;但由于我们说,这是必然的,所以,这就是一种统一。是必然的东西,它就**存在**,——这是简单的表达、结果,与这种结果相适宜的就是过程。它是与自己本身的简单关系,是自己适应自身。必然性是最自由者,它不为任何东西所规定、所限制;所有的中介又在其中被扬弃了。必然性是自己放弃自身的中介,——它自在地是自由。自己屈从于必然性的想法,像它曾经存在于希腊人中间而且还存在于伊斯兰教中间一样,也许在自身中保持着自由,但是,它只是自在存在的、形式上的自由;在必然性面前,没有任何内容、决心、规定性算数,而它的缺陷就在于此。

按其更高概念的必然性,**实在的必然性**正好就是自由本身,这样一种概念本身,或者更确切地说,就是**目的**。必然性即是空无内容的,或者在必然性中已包含了的差别没有被设定出来;必然性是我们看到的过程,也即是仅仅**应该**包含某些差别性的单纯变易,而且因此在变易中已包含了的东西虽然是差别,但这种差别尚未**被设定出来**。必然性是与自身相适宜,也就是说仅仅通过中介而这样,而且因此,差别性一般就被设定出来[31]

了。必然性首先还是抽象的自我规定。规定性,特殊化,一般**应该**仅仅存在。为了使规定性成为现实的,那就得将特殊性和差别在与自身的适宜中被设定为**经受住**过程中的过渡,以便在必然性中保持下去。规定性必须被设定出来;因为这种规定性就是与自身相适宜的东西;它是自身保持下去的内容。因此被规定为保持下去的内容的这种适宜,就是目的。

在这种规定性方面,在适合的过程中,规定性的两种形式都被注意到了。规定性是作为坚持下去的**内容**存在着,这种内容不改变自身地经历这种过程,在过渡中保持着自身的同一。然后就是**形式**的规定性;这种形式在此具有主体和客体的形态。内容首先是**主体性**,而过程就是,内容**实现**于**客体性**的形式中。这种实现了的目的就是目的;内容仍旧是它曾所是者,是主观的,但同时也是客观的。

## 3. 合目的性

现在,我们来谈谈合**目的性**。在目的中,一般从**概念的定在**开始,自由者作为自由者实存;它是在自身中的存在者,是保持者,更仔细地说是**主体**。主体规定自身于自身之内;这种规定一方面是内容,而主体在其中是自由的,存在于自身中,脱离了内容;它就是**其**内容,而且只要主体想让内容起作用,内容就起作用。这就是概念一般。

然而,主体也使概念实在化。特殊性首先是**单纯的**特殊性,保持在概念之内的特殊性,处于在己中存在和复返于自身存在的形式中。这种主体性(虽然是总体,但同时是片面的),仅仅是主观的,仅仅是整个形式的一个环节。这就是这样一种规定,即内容仅仅是在适合于自己本身的一致的形式中被设定出来的。与自身相适合的这种形式是与自己相同一的简单形式,而主体则是在自身中存在的**总体**。然而,对于主体来说,有一目的的规定是与总体相悖的,所以主体也想扬弃这种形式,并使目的**加以实现**。但是实现了的目的是隶属于主体的,是持久不变的,——主体同时在其中有其自己本身;它使自身客体化,它使**自身**摆脱单纯性,同时保持在多样性中。这就是合目的性的概念。

现在,必须把世界视为合目的性的。我们刚刚有了这样一种规定,即诸物都是偶然的;更高的规定是对世界的**目的论的**考察,是其合目的性的思想。人们可以承认较前的规定,但仍待处理人们是否应把诸物视为合目的的,把一些物视为目的,与此相对立,把另一些物作为诸手段来对待,而且断言,作为目的显现的东西仅仅是在外在的情况中机械地产生出来的。在这里,即固定的规定开始了;目的保持在过程中,它开始并终结;它是来自于过程的一固定者,在主体中有其根基。这样一来,对立就在于,人们是否应该停留在诸物通过一些他物来予以规定的观点上,也就是说,停留在它们的偶然性上,停留在外在的必然性上,或者停留在目的上。我们前面已经说过,外在的必然性与目的相对立,是由他者设定出来的;诸情况的竞争就是产生者;于是就有某些他者冒出来。相反,目的是持久不变者、推动者、活动者、自我实现者。外在必然性的概念和合目的性的概念,彼此对立。

[33]

我们已经看到,外在必然性复返于作为其真理的绝对必然性;这种必然性自在地是自由,而自在存在的东西必须被设定出来。这种规定显现为主体性和客体性,而且因此,我们就有目的了。这样一来,人们必定会说,只要某些物在直接的意识(反思的意识)中为我们而存在,那么它们就必定被规定为合目的的,被规定为在自身中有的目的。目的论的考察是一种本质的考察。

但是,这种考察很快就在自身中有一种差别,即**内在的**合目的性和**外在的**合目的性之差别,而内在合目的性本身也可以重新按照其内容是一种**有限的**合目的性,而且因此它又处于外在的合目的性的关系中。

a) **外在的**合目的性。一种目的是以某一种方式被设定出来的,而它应该予以实现。只要主体是带有其目的的**一有限者**,是一直接的定在,那么他就有予以实现的其他规定**外在于**他。他一方面是直接的;因此主体及其目的就是直接的,而现实化的方面就是外在的方面,也就是说,现实化被作为**质料**设定出来了,这质料从外面被发现,并服务于实现目的。它

21

就只是与目的相对的手段，——这目的是自我保持者，固定者；对固定的目的来说，他在、现实性的方面、质料，都是一种非独立者、非自为存在者，只是自身没有灵魂的一种手段；目的外在于手段，而对手段来说，目的[①]

[34] 只有通过在质料中自我实现的主体的活动才被想象出来。因此，外在的合目的性是外在于主体的非独立的客体性，与这种客体性相反，主体及其目的是固定者。质料不会反抗，它只是目的在其中实现的手段；同样，实现了的目的本身只是质料东西的**外在形式**，因为这质料是一种直接发现了的东西，因此是非独立的，然而也是独立的。因此，二者保持在联系中，目的和手段是相互外在的。获得某一种形式的木材和石头同样也是实现了的目的；但是，质料对目的来说还是一外在者。

b) **内在必然性**是这样一种必然性，它有其**自身自在**的手段。因此，活着就是目的本身，使自己本身成为目的，而且目的所是者，在这里也是手段。活着就是这种单纯的内心性（它自己本身实现于其环节中），是分成了部分的有机体。当主体自己在自身产生出来时，他就在其自身上有其手段的目的。每一个环节都存在、保持自身，而且是产生和保持其他手段的手段；它被耗尽，并进行耗尽。是这种形式，不是诸物质微粒，在这种过程中持续不变并保持自身。因此，活着就是其自在的目的。

然而现在发生的事情是，**目的本身**同时存在于**外在合目的性的关系中**。有机生命与无机自然相联系，在其中找到某些手段，通过这些手段，有机生命保持自身，而这些手段对有机生命来说是独立实存的。因此，内在的合目的性也就与外在的合目的性相关联。生命可以同化诸手段；但这些手段已被发现，没有被生命本身设定出来。生命可以产生其自身的各器官，不产生诸手段。——这里，我们处于有限合目的性的领域中；稍后我们将拥有绝对的合目的性。

[35] 现在，目的论的世界观包含着一般目的的各种不同形式。这是一些固定的目的和手段，而且即使目的本身也只是有限的，不独立的，在其手

---

① 《黑格尔全集》为"es"，应译为"手段"。——译者注

段的意图中是需要的。就这点而言,这种合目的性是有限的。有限性首先在外在性的这种关系中是手段、质料;目的无这些手段便不能存在,而且这些手段对目的来说是无能为力的。

c)目的和手段的这种关系的下一个真理就是普遍的**力量**,借助这种力量,各种手段自身为目的而是现存的。按照合目的性的观点,是某些目的的诸物,都是**自我实现**的力量,但不是**设定诸手段**的力量;目的和质料,二者显现为互不相干的,二者显现为直接定在的,诸手段显现为被发现是为了目的的。它们的自在(das Ansich)必然是在与诸手段的**一种**统一中设定目的本身的力量,而为了扬弃迄今被考察的关系的有限性,必须参加进来的是,过程的**整体**在内在的合目的性上显现出来。有生命者在其本身中有目的,在其实存上有手段和质料,——它作为诸手段和自己质料的力量而实存。这种有生命者首先仅仅靠有生命的个体是现有的。它就其各器官而言是手段,而质料也是自身的。这些手段为目的所充满,非为自身而独立,没有灵魂,没有它们所属于的身体之有生命的统一,它们就不会实存。这种有生命者应被设定为**普遍的**,也就是说,相对于是目的本身的东西,诸手段和质料都显现为偶然实存,这些实存实际上屈从于目的的力量,而且仅仅在目的中才有其灵魂,尽管有其表面上无所谓的存在。普遍的理念在其中就是按照某些目的是强大的力量,是普遍的力量。只要目的本身存在,且无机的自然外在于它,那么这种自然实际上就属于力量,这种力量按照某些目的来说是强大的,以致于直接显现的诸实存仅仅为目的而实存。人们可以说,有自在**目的**这样一些目的,有这样一些显现为**手段**的目的;但是,这种规定未坚持下去,——那些目的本身可以重新成为**相对的手段**,相反,这些显现为手段的目的则固定地存在下去。这第二等级,即独立存在下去的映像者的等级,并不**通过目的的力量**,而通过一**更高级的自在存在的力量**本身被设定出来,这种力量使那些映像者与目的相适应。

[36]

这就是按照目的活动的力量之概念。世界的真理就是力量;它是智慧的力量,是绝对普遍的力量;当它的显示是世界时,同一世界的真理就是某一智慧力量显示的自在自为存在。

现在我们应该进一步考察基于此的关于上帝定在的证明。应说明两个规定。即智慧的力量在自己本身中的绝对过程；它是应起作用、应获得的力量。它是设定在自身中有目的的世界的这种智慧力量。它是自我显示过渡到定在的这种东西；定在一般是外在定在的差别、多样性之设定。因此，我们在更重要的、本质的规定中获得差别。力量作为智慧产生出来，产生出来的东西就是差别；这就是，这种产生是一目的本身，而另一产生则是前者的一手段；它只是符合目的的、偶然的，不是自身中的目的。差别是，某物是他者的手段，此者是这**一**个。现在中介的**他者**就是此者，即这两方面的**关系**互相是力量，或者这种力量正好是这种关系，这种力量把一些关系规定为目的，把另一些关系规定为手段，而且因此就是一些目的的**保持**。差别的这一方面是**创造**；它从概念出发。智慧的力量发生作用，区别开来，而且因此就有创造。

[37] 应该说明的是，中介的这一部分并不属于上帝定在的证明，因为中介的这一部分始于智慧力量的**概念**。但是，我们在这里尚未处在智慧所由出发的地方，而是从**定在**出发。

α) **创造**的真正概念只是在这里才有其位置；在先行的考察中，创造并未包含在内。我们首先有无限性，然后才有作为上帝本质的力量。只有有限者的**否定者**存在于无限者中；同样，有限的实存仅仅复返地存在于必然性中，——诸物作为**偶然者**消失于其中。存在者仅仅作为结果存在。只要它存在，来源于它起作用的仅仅**是**它存在，不**像**它存在那样；它可以如此存在，但它也可以不一样地存在，正当地或不正当幸福地或不幸福地存在。因此在必然性中就仅仅得到形式上的肯定，而非**内容**；在这种情况下，就没有任何东西支持下去，没有任何东西成为绝对目的。只有在创造中，才有某些**肯定的实存**的设定和被设定，不仅仅是抽象的，这些实存仅仅存在，而且也有内容。创造正好因此在这里才有其场所；它不是作为力量的力量的行为，而是作为智慧力量的行为，因为只有作为智慧的力量才自己**规定**自身。这样一来，作为有限的显现出来的东西，已经**包含在**作为

**智慧的力量之中**,而诸规定在这里就有肯定,也就是说,诸有限的实存、被创造者,都拥有真正的肯定。有一些有价值的目的,而相对于诸目的,必然性则降低为某一环节。目的是力量中的持存者,相对于力量而存在,通过它而存在。必然性为目的而存在;必然性的过程是目的的保持和实现,——目的**高于必然性**。因此,必然性仅仅被设定为一个**方面**,以致于只有被创造者的一部分屈从于这种力量,而且因此显现为偶然的。设定与这种差别一起来自于智慧力量的概念。

β)我们通过概念得到了两个方面,一方面是目的,另一方面是偶然者。第二者就是**诸目的和偶然者之间的中介**。它们一般来说是不同的,生命和非生命,每一个都直接为自己、以相同的权利存在。它们存在;一个的存在不再有理由作为另一个的存在。诸目的是一些活生生的目的,因此它们是个体,是这些直接的个别者,这些脆弱的点,与这些点相反,他者**为自己**而存在,并进行抵抗。二者之间的中介在于,二者并**不以相同的方式**是自为存在的。一些是目的,另一些仅仅是物质的自为存在,不具有更高的意义,尽管它们是活生生的。

[38]

这第二个规定或中介就是在上帝定在的**物理目的论**证明的形态中被理解了的那些规定或中介。

有生命者即是力量,但首先仅仅就它自身而言;有生命的灵魂在其器官中就是力量,但尚未高于也存在并是无限多种多样的非有机者。因此,一方面,还存在着质,这种首先直接的存在,而诸有生命者彼此漠不关心;它们需要也在这种一定的特殊性中存在的物质,对它们本身来说,这种特殊性是适宜的,而不同之处仅仅在于,诸有生命者高于此。按照这一方面,知性构造被称之为物理目的论的证明。

在定在中,就有两种证明,而且互不相干;被要求的是目的所借以现实化的一个**第三者**。**直接的定在**是互不相干者;在这里,**善**居于统治地位,**与自身相关联**的每一规定则**与他者无干**,它们是**不同的**;然而,它们是**对立的**,这在**直接的实存中**并**不存在**。智慧力量的概念就是这**内在者**、这**自在**,然后就是证明按照其方式推论所依据的东西。目的论证明有以下

[39] 环节,如康德所表述的那样——他对这些环节进行了研究和批判,并把它们视为了结了——:在世界上,可以找到按照某些目的作出智慧安排的清晰痕迹、标志。世界充满生命,精神的生命和自然的生命;这些有生命者自在地组织起来。鉴于这些器官,人们就可以把诸部分视之为漠不相关;生命虽然是这些部分的和谐,但是,它们实存于和谐中,好像并不在定在中有根据。然后,诸有生命者就与外界有关系,而且每一个有生命者都与其自己的、非有机的自然相关联。各种植物都需要特殊的气候、特殊的土壤;各种动物有特别的种类等等——存在着一些特殊的自然。生命只是生产的,而并非过渡到有变化过程的他者,而是它自己始终如此,总是改变过程,——构造过程。世界的、即有机界和无机界的**和谐**,实存合乎人的目的性,是使开始反思的人惊奇的东西;因为他首先面对的东西,就是一些独立的实存,一些完全自为实存的实存,而且这些实存与其实存相和谐。令人惊奇者就是,正好是彼此自为本质的、首先显现为相互完全不相关的实存,——这样一来,惊奇者就是与这种无关紧要相反的东西,即合目的性。因此,它就是一个完全不同于无关紧要定在的现有原则。

对于它们(上述实存)来说,这第一个原则只是偶然的,是自然;诸物本身不可能通过非常多的实存协调一致为一种最终意图,而因此就要求**有一个理性的、进行整理的**、不是诸物本身的原则。

[40] 诸物是合目的的,这一点并没有通过诸物本身被设定出来。生命是如此活动的,以致于它利用无机的自然,通过无机自然的同化保持自身,否定无机自然,以此同一地自我设定,但却在其中保存下去;这样一来,生命也许就是主体使自身成为中心而他者则成手段的活动,——而第二个规定则外在于诸物。众人妥善地利用诸物,把它们同化于自身;但是,确有这样一些他们能够利用的物,这些物并没有通过某些人设定出来。它们外在地不相干,按照其实存是相互对立的,这些物及其实存并没有通过目的被设定出来。诸物相互对立地这种不相关涉,并不是其真实的关系,而仅仅是映像;真实的规定是合目的性的目的论规定。因为其中就有相互对立的各实存并不相干;这种不相干是本质的关系,有价值的东西,真

实的东西。证明表明了某一最高的、进行整理的本质之必然性;因为,原因是**一种**原因,这一点使自身从世界的统一中推断出来。

相反,**康德**说,这种证明仅仅表明上帝为建筑师,非规定为造物主;他仅仅涉及**诸形式的偶然者**,**未涉及实体**。即被要求的东西,仅仅是**诸对象相互**的这种适应性、**质**,只要它已被某种力量设定出来。康德说,这种质只是形式,而进行设定的力量仅仅是创造形式的,不是创造质料的。——关于这种批判,这种区别什么都未说明。没有物质的设定,形式通过力量的设定就不会存在。如果人们处于概念中,那么人们必定早就摆脱了形式和物质的区别;人们必定知道,**绝对的形式**是某种**实在的东西**,这样一来,形式就是某种东西,而没有物质就什么都不存在了。如果这里说的是形式,那么这种形式就显现为**特殊的**质;但是,**本质的形式**就是目的,就是自我实现的**概念**本身。作为概念存在意义上的形式,就是实体性的东西本身,就是灵魂;因为人们可以作为物质加以区别的东西,就是某种形式上的东西,完全次要的东西,或者仅仅是**借助概念**的某种形式规定。

此外,康德还说道,推论来自于世界及其仅仅**被观察到的**秩序和合目 [41] 的性,这些只是一种偶然的实存(这在实存中自然是正确的,偶然者被观察到),依据是某种均衡的、合目的的原因。

这种说明是完全正确的。我们说:我们观察到的合目的的安排不会如此存在;它要求一种按目的起作用的力量,它是这种原因的内容;然而,我们知道的智慧不会多于我们所观察的。所有的观察仅仅提供一种**关系**;但绝没有人能从力量推断出万能,从智慧、统一中推断出全部智慧和绝对统一。所以,物理目的论证明仅仅提供出巨大的力量、巨大的统一等等。然而,所要求的内容就是上帝、绝对威力、智慧。然而,这并不存在于观察的内容中:人们从"伟大"跳到"绝对"。这是完全有根据的;人们由以**出发**的内容,并非上帝的内容。

事情始于合目的性;这种规定可以**从经验**上予以接受:有一些有限的、偶然的物,而且它们也是合目的的。这种合目的性属于哪一种类呢?它一般是**有限的**。诸目的是有限的、特殊的目的,所以也是偶然的,而这

27

就是这种物理目的论证明中的**不相称者**,此不相称者立即被人们预料到了,并激起对这一进程的怀疑。人需要某些植物、某些动物,需要光、空气、水等等,动物和植物亦然;因此,目的是完全有限制的。动物和植物有时是目的,有时又是手段,它们相互吃掉,也被他者吃掉。这种物理目的论考察倾向于过渡到小事情和细节。修身可以因此得到满足,情感可以通过这样一些考察变得温和。然而,如果借此要认识到上帝,而且如果谈到绝对的智慧,那就是另一种情感了。因此,人们发明了某一种雷神学、贝壳(Testaceo)神学(系指在日常生活现象中探寻天命)等等。上帝之内容、作用在这里仅仅是这样一些有限的目的,这些目的应在实存中被指明。绝对更高的目的是伦理、自由;合乎伦理者、善者必须是一自为目的,以致于这样一种绝对目的也在世界中被达到。但是在这里,我们仅仅存在于按照某些一般目的的行为中,而在观察中显示出来的东西,则是有限的、有限制的目的。按照某些目的起作用的力量,仅仅是**生命力**,还不是精神,还不是上帝的性格。如果人们说:善就是目的,那么人们就可以问,何谓善?如果人们进一步说,人按其伦理的标准应该得到幸福,幸福就是目的,善人变得幸福,恶人变得不幸福,因此人们在世界上就看到最残酷的相反事实,同样也发现许多向往伦理的要求是诱惑之源。简言之,按照感觉和观察的这种方面,虽然显现为合目的性,但同样也显现为**非合目的性**,而且人们最终不得不计算一下,何者现有更多些。这样一种有限的内容一般就是如此,因此这种内容在这里就构成上帝的智慧内容。

[42]

证明的缺陷在于,合目的性、智慧,仅仅是**一般**被规定的,所以人们也就指向了考察、感觉,因为这里显示出这样一些相对的目的。尽管上帝被理解为一种按照某些目的活动的威力,但当人们谈论上帝时,这一点还未达到人们想要的;一种按照某些目的起作用的力量同样也是自然的生命力,还不是精神。生命力的概念是为自身的目的,是按此实存的目的和效果;这样一来,除了在有生命的自然的概念中所包含的东西外,人们就那种内容而言什么都没有做。

还有,鉴于这种证明,至于**形式**,它一般是**知性推论**的形式。有一些

## 第二章　精神个体性的宗教

在目的论上被规定的实存,也就是一些合目的的关系一般;此外,还存在着这些对象的定在,这些对象自我规定为**手段**,对于诸目的来说是**偶然的**。但是,它们在这种关系中同时又不是偶然的,而是,在目的的概念中,在生命力的概念中包含着:不仅诸目的被设定出来,而且作为手段的诸对象也被设定出来。这是完全正确的;然而此外,还因此提出了这样一点:诸物的合目的的安排,对于其内在者,对于其自在,拥有一种力量,此力量是关系,是二者的设定,因此它们相互合适。人们说,现在就**有**这样一些物;在这里又有这些物之**存在**作为出发点。但是,过渡其实包含着**非存在**的环节;诸手段不存在,只有当它们被设定为否定的时候,它们才存在;像它们实存的那样,它们对目的来说仅仅是偶然的。被要求的东西,会存在着,它们对于目的来说并不是无所谓的实存。当人们现在说:现在**有**这样一些物时,必定因此加进去设定的环节,以致于它们的存在就不是其**自己的**存在,而是被降低为手段的存在。另一方面,当人们说:现在**有**某些目的,那么也就是说它们存在着;然而,由于如此整理它们的某种**力量**存在着,那么诸目的的实存也就与诸手段一起**被设定出来了**。不是诸目的的存在作为实定的存在能够构成中介、过渡,而是正好在这种过渡中才是如此,即诸目的的存在突变为被设定的存在。然而,小前提停留在诸物的存在上,而不是也注重其非存在。 [43]

这种形式的普遍内容是:世界是合目的的。我们放弃较近的目的,概念是合目的的,不单单存在于某些有限的物中,而是**概念的绝对规定**,即是神圣的概念,上帝的规定;上帝是威力,是自我规定,——按照某些目的自我规定就在于此。主要缺陷在于,从感觉出发,从某些现象出发;这些现象只有有限的合目的性。纯粹的目的是普遍绝对的目的。

现在我们想转到具体者上来,转到宗教的较近形式上来,转到**上帝的具体规定**上来。概念是按照某些目的起作用的力量。在宗教领域里,我们立足于另一种观点;这种观点是意识,是**精神的自我意识**。我们在这里拥有概念不是作为纯粹的生命力,而是像概念**在意识中**自我规定的那样。我们现在拥有作为精神的意识之宗教,这种精神是按照某些目的起作用 [44]

29

的普遍力量。在宗教的客体中存在着精神的表象一般,但问题取决于思想、精神的何种环节是起作用的。**自在自为的精神**还不是内容;表象的对象尚未表达出精神的内容;这种内容在这里是一种按照某些目的起作用的力量。当宗教被规定为意识时,它在这里就应被规定为**自我意识**;我们在这里拥有神圣的自我意识一般,既是客观地**作为对象之规定**,也是主观**地作为有限精神之规定**。

意识、精神在这里自我规定为自我意识,这一点包含在先前的论述中;应简短说明一下,它如何包含于其中。在作为智慧的力量中,规定性被设定为**理念的**,以致于它是**属于概念**的。规定性显现为定在,显现为他者的存在。**差别**是随同意识一起被设定出来的,首先针对自身。差别在这里已被设定为**自身的特有差别**。自身是与自己本身的关系,而意识则因此是自我意识。上帝就此而言已被设定为自我意识,犹如意识和意识与客体的关系本质上作为自我意识存在一样。定在、上帝的对象性、他在,都是一种理念者、**精神者**;因此,上帝本质上**为精神**、思想一般而存在,而且是这样一点,即上帝作为精神为精神而存在,至少是**关系的一个方面**。可以构成关系整体的是,上帝在精神和真理中是被崇敬的;这种整体在本质上至少是**一个规定**。

[45]　此外,我们已经认识到,概念必须被规定为**目的**。但是,目的不仅仅应该保持这种形式,是包括在内的,仍然是一特有者,而且应该加以实现。如果智慧起作用,问题就在于目的应该加以实现,因为目的是关于此的基础。这种基础不会是别的,只能是精神一般,或者进一步说,就是**人**。他是力量的对象,这力量自我规定,按此是能动的,是智慧。人,有限的意识,是有限性的规定中的精神;实在化是概念的一种这样的设定,这种设定不同于绝对概念的方式;因此,它是有限性的方式,然而同时也是精神的。精神仅仅为精神而存在;它在这里已被规定为自我意识。精神自我实在化于其中的他者,是有限的精神;精神在其中同时也是自我意识。这种基础或普遍的实在性,本身就是一精神者;必须有一基础,在其中,精神同时也为自己本身而存在。人因此就被设定为本质的目的,被设定为神

圣力量的基础,即智慧。

终于,人因此存在于其上帝的某种**肯定的关系**中,因为基本的规定是,他是自我意识。这样一来,人,实在性的这一方面,就有了自我意识,是绝对本质作为他者本质的意识;因此,意识的自由就在上帝中被设定出来了,其中,人就在自己本身中。自我意识的这一环节是本质的;它是**基本规定**,但还**不**是关系的**完全**充满。人因此自为地作为目的本身而存在;他的意识在上帝中是自由的,在上帝中是有根据的,本质上是为自己的,并专注于上帝。这是普遍者;诸特殊的宗教,崇高的宗教,美的宗教和合目的性的宗教,都是较近的诸形式。

# C 分 类 [46]

我们一方面拥有自在的力量和抽象的智慧,另一方面也拥有偶然的目的本身。二者是结合在一起的:智慧是无限制的,但因此是未规定的,而且,目的作为实在的目的因此就是偶然的、有限的。两方面的中介趋向具体的统一,以致于智慧的概念本身就是其目的的内容,构成向一更高阶段的过渡。基本规定在这里就是:何谓智慧,何谓目的? 此是**不同于力量之目的**。

Ⅰ、在自身中是力量的主体性,是非感性的;自然的东西,直接的东西,在其中是被否定的,——这种主体性仅仅为**精神**、**思想**而存在。这种自为存在的力量本质上就是**独一者**。我已经称为实在的东西,只是被设定者、被否定者,与自为存在相配合;在这种情况下,就没有复多者、没有独一,也没有他者。因此,独一者一般是**排他的**,除它之外没有其他者,除自身之外不容许有任何拥有独立性的东西。这个独一者是关于所有者的智慧;所有者是通过这个独一者设定出来的,但为了这个独一者仅仅是外在者、偶然者。这是独一者、这种力量和智慧的**崇高**。当这种崇高赋予自身以定在、自我意识,作为为他者之存在时,目的也就仅仅是一者,但绝非崇高,而是**一受限制者**,这受限制者由于差别尚未被规定,因此是一无限

31

被限制的目的。二者相互符合:力量的无限性和真实目的的有限制性,一方面是崇高,而另一方面则相反,是无限的有限制性,是约束。这是鉴于目的的第一种形式。独一者是除自身之外的无限者,但企求是独一者。

[47] 鉴于自然与精神的关系,崇高的宗教就是这种情况,即感性者、有限者、自然者,精神的和物理的自然者,尚未在自由的主体性中**被吸收**、**被美化**。自由的主体性被提升至思想纯洁之规定,是比感性者更适合于内容的一种形式。在这种情况下,自然者就受制于这种自由的主体性的控制,在这种主体性中,与自由的主体性相比,他者仅仅是理念者,不具有真实的持久存在。精神自我提升,提升至自然性、有限性之上;这就是**崇高的宗教**。

此外,崇高者并不是**无限度者**——它为了自我规定和自我**塑造**,只能用于**直接的现有者**,为了造成与内在者的适应,也用于对现有者的滑稽可笑的曲解。与此相反,崇高的直接实存和直接实存的方式,都**准备好**了,不再陷入贫乏,即为了自我表述,追求它们,而是它将直接实存表达为**映像**。

Ⅱ、另一规定是,自然者、有限者在精神中被美化,在精神的自由中被美化;它的美化在于,它是精神者的标志,在这件事情上,在物理的或精神的自然者的这种美化中,自然者本身作为有限者,作为另一方面与那种本质、那种实体者、上帝相对立。这上帝是自由的主体性,借助这种主体性,有限者仅仅被设定为标志,在其中,上帝、精神显现出来。这是现有个体性、**美**的方式。考虑到目的规定,这种方式就是,目的不只是**一目的**,有**许多目的**,无限狭隘的目的被提升为实在的目的。在这里,实在的目的不再是排他的,使得众多者、所有者在自身之外起作用,而宽容的快乐在这里则是一种基本规定。现在存在着同时起作用的多种主体,存在着许多统[48] 一体,从其中,定在弄出自己的手段;因此,定在的友善就被设定出来。因为存在着许多特殊的目的,所以多样性就不蔑视在**直接定在**中自我表现出来。目的使得一些种类与自身一起起作用,与特殊性友好,并在其中自我表现出来;作为特殊目的,目的也使手段与自身一起起作用,在其中显现出来。这样就出现了美的规定。美是自在目的本身,它与直接的定在友好,使自己如此起作用。普遍者作为无主体的力量,无智慧地、在自身中无规定地漂浮在美者和诸特殊目的之上;这就是天命,严峻的必然性。必然性虽然是本质的那样一种发展,这种本质使得其映像分成为独立实在性的形式,而且映像的诸环节表明是一些**不同的**形态,但是,这些环节自在地是**同一的**;所以未认真地对待它们,而认真仅仅是就命运、诸差别的内在同一性而言的。

Ⅲ、第三个环节同样也是有限的、**特殊的**目的,这种目的在其普遍性的**特殊性**中形成,并扩展为普遍性,但这种普遍性还同时**在经验上是外在的**,不是概念的真实普遍性,而是遍及世界、各民族地使它们扩展为普遍性,同时也失去规定性①,把严峻的、绝对的力量作为目的,并自在地是无目的的。

在外在的实存中,这三个环节就是**犹太教**、**希腊的**宗教和**罗马的宗教**。作为主体性的力量,自身规定为按照某一目的的智慧;这种目的首先是还未被规定的;接着便产生出一些特殊的目的,而最后则产生出一种经验上普遍的目的。

这些宗教以相反的序列与前面所说的东西相适应。**犹太教与波斯的**宗教相适应;二者中的差别就是这样一种差别,即按照这种观点,规定性是**本质的内在者**,后者是自我规定的目的。然而从前,在上述诸宗教中,规定性是一种**自然的**方式;在波斯的宗教中,曾有过光明,这光明本身就是普遍的、纯粹物理的东西。因为这光明曾是从自然东西出发处的最后者,它被概括进一种与思想相同的统一之中;在犹太教这里,特殊性是纯粹抽象的目的,一般来说仅仅是智慧的力量。——按照第二种观点,在**希腊的**宗教中,我们有许多特殊的目的,而且有一种在它们之上的力量;因此,在**印度的**宗教中,存在着诸多自然实在性,而居于这些自然实在性

[49]

---

① 拉松版:"不是概念的真正普遍性——它包括世界、任意——,而是扩展为普遍性的特殊性,同时也失去规定性。"——德文版编者注

之上则有梵,自己思自身。——按照第三种观点,我们有一种经验上普遍的目的,这种目的本身就是**忘我的**、毁灭一切的命运,非真实的主体性;与这种命运相适应,我们拥有作为**个别的**、**经验的自我意识**的力量。对我们来说,在**中国的东西**中,**某**一个体把自己表述为地地道道的普遍者、规定一切者,表述为神。自然性的第一种方式就是自我意识,是个别的,自然的;作为个别者的自然者,就是作为自我意识而是现有的、是一定的东西。因此在这里像在自然宗教中一样,有一种相反的秩序。现在始初者就是在自身中具体的思想,纯粹的主体性,然后它在其自身之内前进至规定;在自然宗教那里,自然的、直接的自我意识就是最后结合于光明直观中的始初者。

[50]
## Ⅰ. 崇高的宗教[犹太教]

这种宗教与美的宗教的共同之处就是自然东西的理想性,即自然东西服从于精神的东西,并把上帝了解为自为的精神,了解为其某些规定是理性的、合乎伦理的精神。但是美的宗教中的上帝还有一种特殊的内容,或者他在美的现象中,因此在这样一种现象中,只是合乎伦理的力量,这种现象发生在感性的质料中,发生在感性材料、表象的材料中:基础还不是思想。提升为崇高的宗教之必然性在于,从特殊性中把诸特殊的、精神的和合乎伦理的力量概括进一种精神**统一**中。但是,特殊者的真理,只要在自身中有特殊者,因此在自身中有这种特殊者,即它在本质上作为主体性而存在,它就是自身中具体的普遍统一。

对于作为主体性而存在的这种理性来说,也就是说按照其内容作为普遍的主体性而存在,按照其形式是自由的来说,——对于纯粹的主体性来说,纯粹的思想就是基础。这种纯粹的主体性来自于自然的东西,因此就来自于感性的东西,这东西存在于外在的感性中,或者是感性的表象。它是精神的、主观的统一,而这种统一首先为我们争得上帝的名字。

这种主观的统一不是实体,而是**主观的统一**;它是绝对的力量,自然的东西只是一种被设定者、理念者,是不独立的。它并不出现在自然的质料中,而是出现在思想中;思想是其定在、显现的方式。绝对的力量也存在于印度教①中;但是,首要的事情是,它被具体地规定于自身中,——因此,它是绝对的**智慧**。自由的理性诸规定,合乎伦理的诸规定,统一于**一种**规定、**一种**目的中,——因此,这种主体性的规定就是**神圣性**。因此,伦理就把自身规定为神圣性。

上帝的主体性的更高真理不是美者之规定——在这里,内容,绝对的内容,分离成一些特殊性——而是神圣的规定和二者规定的关系,是犹如动物与人一样的一种关系:诸动物都有特殊的特性;普遍性之特性就是人的特性。自由的伦理理性和这种理性的**自为存在的统一**,就是真正的主体性,在自身中自我规定的主体性。这就是智慧和神圣性。希腊诸神的内容,伦理的诸威力,都不是神圣的,因为它们是特殊的、有局限性的力量。

### 1. 概念的普遍规定

绝对者,上帝,被规定为**一种**主体性,纯粹的主体性,正因此就自身而言是**普遍的**主体性;或者相反:就自身而言是普遍主体性的这种主体性,地地道道只是**一种**主体性。上帝的统一就是,有关于作为独一者的上帝的意识。问题并不在于,统一**自在地**被指明,统一作为基础,犹如印度-中国的宗教中那样;因为在那里,如果上帝的统一仅仅自在存在,而且它没有被知晓,没有为意识作**为主体性**而存在,上帝就没有被设定为主体性。上帝现在其实已**被了解**为独一者,不像在泛神论中那样被了解为独一者。因此,直接自然的方式消失着,犹如它还在祆教中被设定为光明一样。宗教被设定为精神的宗教,但仅仅在其基础中,仅仅在其特有基地、即思想的基地上。上帝的这种统一在自身中包含着**一种**、因而是**绝对的力量**,而在这种力量中,所有的外在性,因而感性,感性形态,形象,就都

---

① 拉松版:"尘世东西"。——德文版编者注

被扬弃了。上帝在这里是没有形态的:不是按照外在的感性形态;他不为感性的表象而存在,而是,他仅仅为**思想**而存在。无限的主体性是有思维的主体性,而且,它仅仅为思维作为思维的而存在着。

a)上帝已被规定为智慧的绝对力量。作为智慧的力量首先在自身中被反思地作为主体而存在;在自身中的这种反思,力量的这种自我规定,是完全**抽象的、普遍的自我规定**,这种规定在自身中还不是单独的;规定性仅仅是**规定性一般**。这种在自身中没有不同的主体性,使得上帝被规定为独一者。所有特殊化都消失于其中。其中存在着诸自然物、诸被规定者,作为世界的特殊者,不再自为地在其直接性中起作用;只有独一者是独立的;所有他者都只是**被设定者**,远离上帝;因为独一者是抽象的主体性,而且对他而言,所有他者都是不独立的。

b)继而是其**目**的的规定。一方面,目的自身就是目的;它就是**智慧**。首先要求这种规定的是,它与力量一样。但是,目的自身仅仅是普遍的目的,或者,智慧仅仅是抽象的,仅仅称为智慧。

c)但是,规定性必须不仅仅停留在概念中,而且也获得实在性的形式;这种形式首先是直接的形式。上帝的目的只是第一个实在性,而且因此是完全**个别**的目的。继而,目的,**规定性**就自己方面而言,被提升为具体的**普遍性**。我们也许在这里拥有一个方面的纯粹主体性,但是规定性与它还**不一样**。这样一来,这第一个目的就是被限制的,但是人,自我意识就是基础。目的必须作为神圣的目的在自身中并**自在地是普遍的**,在自身中包含普遍性。因此,目的仅仅是人的,还自然地是扩展为民族的**家庭**。一个特定的民族在这里成为智慧的目的。

[53]

上帝之所以被规定为**独一者**①,是因为我们已习惯于这种表象,这一点常常、非引人注目且重要地向我们显现出来。这种表象也是形式上的,但却无限重要,而且未使人惊奇的是,犹太民族如此高地估计到了这一

---

① 参见《圣经》"旧约全书·申命记":"以色列啊,你要听!耶和华我们神是独一的主。"载《圣经》,联合圣经公会第 269 页(6:4)——译者注

点;因为上帝是独一者这一点就是主体性、智力世界的根源,是通向智慧之路。绝对真理的规定就在于此,但它还不是**作为真理**的真理,因为属于此的是**发展**;它是真理的**开端**和与自己本身绝对一致的形式上的原则。独一者是纯粹的力量;所有特殊者在其中被设定为否定的,被设定为不属于它**本身**,被设定为其不相称的、不配的。在自然宗教中,我们把规定的方面视为自然的实存,视为光明等等,即在多种方式中的这一自我意识。相反,在无限的**力量**中,所有这种外在性都被消灭了。这样一来,这就是一种无形态-和无形象的本质,对于他者,不是以自然的方式,而是仅仅为了思想、精神而存在。独一者的这种规定就是这种形式上的统一规定——它是把上帝理解为精神的根据——,而对于自我意识来说,它就是其具体的、真实的内容之根源。

然而,首先也就只有根源。因为事情不取决于精神的谓语有多少被归因于独一者(例如智慧、善良、怜悯),而是他有何作为和什么是真实的;事情取决于**真实规定**和实在性的方面。因此必须区别**所作所为**是否表达了精神的方式。如果活动尚不具有它发展**精神本性**的方式,那么主体也许就适用于**表象**而被视为精神,但它**本身**还不是真精神。不过,活动的基本规定在这里首先是**力量**,这力量不是塑造性的,以致于实在性**是其****自身**的实在性,而在本质上还是否定的行为。 [54]

2. 具体的表象

a. 神圣特殊化的规定

**第一个规定**。在神圣的判断"上帝就是智慧"中,包含了其**自我规****定**、其判断,进一步因此也包含了其**创造**。精神全然自己在自身中是中介的,是活动者;这种活动是一个与自身的区别者,是判-断(原本的分开)。世界是由精神所设定者,是从**其**虚无中创造出来的;但世界的否定者却是肯定者,创造者;在它之中,虚无是自然者。这样一来,就其虚无而言,从善之力量的绝对丰富多彩中产生了世界;它是从其本身的无中创造出来的,这种虚无(世界的他者)就是上帝。智慧就是,目的存在于它之中,而智慧就是规定的。但是，这种主体性就是**第一个**主体性；所以，它首先还是**抽象的**，因此，上帝的特殊化还没有被设定为**在他自身之中**，而是判断就是如此，以致于上帝进行设定，而这种被设定者、被规定者，首先就存在于某一**直接他在**的形式中。当然，更高者就算是上帝在自己本身中的创造，他在自身中是开始与终结，因此也是运动的环节，这种运动在这里还**外在**于他，在自己本身中，在其内拥有之。

如果智慧不是抽象的，而是具体的，而且上帝是如此自己规定其自身，即他在自己本身中创造自己，并在自身中获得被创造者，以致这被创造者是被产生出来的，并被了解为始终包含在他自身之中，被了解为其儿子，那么，上帝就被了解为具体的上帝，真正地被了解**为精神**。

[55] 然而，由于智慧还是抽象的，判断，即被设定者，就是一存在者；判断还具有**直接性**的形式，但只是作为形式，因为上帝绝对地从无中进行创造。只有他才是存在，否定者。但他同时也是其力量的设定。上帝是其力量的设定的必然性，是所有被创造者的出生地。这种**必然性**是上帝从其中创造的**质料**；这种质料就是**上帝本身**。所以，他从无质料中创造；因为他就是自身，而不是直接者、质料者。他不是与另一已现有者相对立的独一者，而是，上帝本身作为**规定性**是他者，然而这是因为上帝**只是**独一者，作为其否定的运动处于他之外。自然的设定必然属于精神生活、自我的概念，而聪慧则属于梦境。当力量被表象为绝对的否定性时，首先是本质，也就是与自身的同一者，就存在于其宁静、永恒寂静和闭锁中。但是，正是自身中的这种寂寞，仅仅是力量的一个环节，而不是整体。力量同时也是**与自己本身的否定关系**，是自身中的中介，而当它与自身发生否定的关系时，抽象同一性的这种扬弃就是区别、规定的设定，也就是世界的创造。但是，世界从中被创造出来的虚无，就是**无区别性**，在这种无区别性的规定中，首先被想到的就是力量、本质。如果人们因此问，上帝在何处取来了质料，那么它正是与自己的那种简单关系。质料是无形式者，与自身同一者；这只是本质的一个**环节**，因此是作为绝对力量的一个**他者**，而且因此，它就是被称为质料的东西。这样一来，只要世界首先被规定为仅

仅与自身同一的东西,世界的创造就称为力量与自己的否定关系。

上帝的创世非常不同于(世界的)产生,或者不同于世界曾经从上帝中产生出来。所有民族都有神谱,或者有与此恰好相合的东西,即**宇宙起源学说**:在这种学说中,基本范畴始终是【世界的】产生,而不是被创造的东西。从梵中产生出诸神;在希腊的宇宙起源学说中,最后产生了诸最高的、精神的神灵,他们是最后的。产生的这种简单范畴现在消失着,因为善,绝对的力量,是主体。这种产生不是被创造者的关系;产生出来的东西是实存者,真实者,以致于它从中产生的**原因**被设定为**被扬弃者**、**非本质者**,已产生者未作为创造物而存在,而是作为**独立者**存在,不是作为没有在其中是独立的这样的东西而存在。

[56]

因此,这是神圣自我规定的形式,是特殊化的方式。它不能缺少;智慧在理念中是必然的。但它不是上帝在自己本身中的特殊化,否则,上帝就被了解为**精神**了。因为上帝是独一者,特殊化就属于另一方面。这种特殊化首先是神圣规定一般,而且因此是**创世**。这设定不是一时的,而是已产生者保持作为**被设定者**的特性,即**创造物**。因此,它身上就留下不是独立的烙印;这是它留下的基本规定,因为上帝作为主体、作为无限的力量存在着。在这种情况下,力量就仅仅为独一者而存在,而且因此,特殊者就与主体相反,只是一否定者、被设定者。

**第二个规定**。这个规定是,上帝是一**作为前提的主体**。否则,创世就是一未被规定的表象,在这方面,人们会轻易想起众人之机械的、技术的生产,人们必定有自己的何种表象。上帝是第一者;他的创世是永恒的创世,在这种创世中,上帝不是结果,而是开始者。更高的,即作为精神,上帝是自身创造者,不是从自己本身显露出来,而且犹如开始一样也是结果;但是在这里,上帝还没有被理解为精神。人之技术的生产是外在的;主体,第一者,是能动的,走近他者,并因此获得与被加工、进行抵抗又被克服的质料有一种外在的关系;二者作为对立的对象是现有的。相反,上帝绝对地**从无中**创世;在这种情况下,就不存在什么与他对立的预先存在的东西。

[57]

上帝在其中是主体的生产,是**直观的、无限的活动**。在人的生产中,我是意识,有某一目的,而且知道上帝,然后也就有我知道的某一质料;因此,我存在于**与某一他者**的某一**关系**中。与此相反,直观的生产,自然的生产,属于生命力的概念;它是一种**内在的行为**,内在的活动,这种活动不是与某一现有者对立的;它是生命力,自然的永恒生产,而自然一般是一被设定者,是一被创造者。

与世界相对立,上帝是其被规定的存在、其否定的总体,与直接存在的总体相对立,前提者,主体始终是绝对第一者。在这里,上帝的基本规定是与自身有关系的主体性;它作为在自身中存在、持久存在的主体性,是第一者。

作为精神者的希腊诸神的产生,属于其有限性。这是其规定性,按照这种规定性,希腊诸神以**其自然**为前提,犹如在有限精神中自然被作为前提一样。

但是,这种主体性是绝对的第一者、开始者,制约性被扬弃了;然而,它只是开始者,所以,这种主体性好像也被规定为结果,又被规定为具体的精神。如果由主体所创造者是它本身,那么在这种区别中,区别同样也就被扬弃了:第一个主体似乎是最后的主体,是自我产生者。我们还没有这种规定,仅仅有这样一种规定,即这种绝对的主体是地地道道的开始者、第一者。

**上帝在与世界的关系中的第三个规定**。这就是我们称为上帝的一些特性的东西。这些特性就是其规定性;也就是说,当我们看到上帝的特殊化,看到上帝的自我规定和上帝作为创世的这种自我规定,把被规定者看作存在着的世界时,于是,**上帝与世界**的一种**关系**就被设定出来了,或者,诸特性就是**被规定者本身**,但却是在**上帝的概念**中被知晓的。其一是被规定者,被了解为存在着的,被了解为不复返于上帝中;另一个则是上帝被规定为**上帝**的规定性。这就是人们称为一些特性、上帝与世界的某些关系的东西,而且,如果人们说我们仅仅知道上帝与世界的关系,不知道他自身,那么它就是一种简单的表达。恰好这就是其**自身的规定性**,因此

[58]

是其自身的特性。

只有按照外在的、感性的表象，才存在某个东西，而且是某个自为的东西，以致于与此不同的是它与他者的关系、它的特性；但是，这些特性正好构成其特有的本性。人与一些他人的关系的方式，这是其本性。酸无非是其与碱的关系的这种方式；这是酸本身的本性。如果人们认识到某一对象的关系，那么人们就认识到这对象本身的本性。因此，这就是一些简单的区别，这些区别立即作为某一知性的产物恰好相合，这知性并不知道这些区别，不知道知性就这些区别而言拥有什么。

作为外在者、**直接者**，作为上帝本身的规定性，这种规定性是其**绝对的力量**，这力量就是智慧，智慧的进一步环节就是善和义。**善**就是，世界存在着。存在并不与善相适宜；存在在这里被贬低为一个环节，而且只是一被设定之存在、被创造之存在。这种判－断是上帝的永恒善：被区别者**没有应存在**的权利，它外在于独一者，是一多种多样者，而且因此是一被限制者、有限者，其规定就是不应存在；然而，它存在着，这就是上帝的善；不过，作为被设定者，它也在消失着，仅仅是现象。存在，真正的现实者，只能是上帝；存在相互外在，外在于上帝，这没有任何要求。

上帝只能在真正的意义上作为无限主体性是造物主。因此，他是自由的，他的规定性，他的自我规定，也可以被自由释放出来；只有自由者可以拥有其规定作为自由者与自己相对立，作为自由者释放。其总体就是世界的这种分离，这种**存在**就是善。 ［59］

但是，世界的存在仅仅是**力量的存在**，或者是实定的现实和世界的独立，不是其**自身的独立**，而是**力量的独立**。所以，世界必须在与力量的关系中被表象为一个**在自身中被打碎者**；其一方面是诸区别的多样性，**定在的无限丰富**；另一方面是世界的**实体性**；但是，这种实体性并不与世界本身相适宜，而是**本质与自己本身的同一性**。世界不为自己本身保持下去，而是，其自为存在是在诸区别中保持下去的力量，犹如它仍旧是自为存在一样，而且因此是世界存在的方面。因此，世界就在自身中被分离开来：一方面，它是非独立的、无自性的区别，另一方面是其存在。

虚无之显示,这种有限者的理想性在于,存在不是真正的独立,作为力量的这种显示,是**义**;其中给诸有限物带来其权利。善和义不是实体的某些环节;这些规定作为存在的,存在于实体中,同样也直接作为非存在的,——作为**变易**的,存在于其中。在这里,独一者不作为实体,而作为独一者、作为主体存在着;在这里存在着**目的**的规定,概念的自身规定性:世界**应该**存在,同样它也**应该**变化、消失。在这种情况下,义作为**主体的规定**存在于主体与这些规定、与这个世界的区别中。

[60] 创造、保持和消失,都在表象中随时分解开来,但是在概念中,它们本质上只是**某一变化过程**、即力量变化过程的一些环节。力量与自身的同一性同样也是世界从中创造出来的**虚无**,犹如世界的**存在物**(Subsistenz)及其**存在物的扬弃**一样。在诸物的存在中也保持着力量的这种同一性,就是诸物的存在,像其非存在一样。在善中,世界仅仅作为**未在自身中被赋予权利者**、作为偶然被承载者和被保持者而存在,而且因此同时也就包含了其在正义中被设定的**否定性**。

已指明的诸规定,也许是**概念的一些规定**本身,但是,拥有它们的主体并没有在其中拥有**自己的本性**;基本规定是独一者和力量;概念,主体的最内在本性还是**独立地**被诸特性设定出来了。如果诸特性实际上属于主体,那么它们本身就是**总体**,因为概念是绝对的善,概念把其诸规定告知自己本身。诸规定本身似乎就是**整个的概念**,这归之于它们属于概念这一点,而且因此概念似乎才是真正实在的;然而在这种情况下,概念就是**理念**,而主体就被设定为**精神**,在精神中,善良和正义似乎就是总体。

善和义尽管包含着区别,但它们并没有被理解为力量的持久规定,而是力量本身就是非规定者,也就是说,**对这些区别本身来说是强大的**:它们的善良过渡为正义,而反过来亦然。自为被设定的每一个,都排除另一个;但是,力量正好是这样一点,即它**仅仅扬弃规定性**。

正义是否定的环节,也就是说,虚无显示出来;因此,这种义就是一种规定,犹如湿婆的产生和消失一样。这只是一般变化过程的方面,即偶然者的方面,偶然者的虚无被显示出来。这不是作为**在自身中的无限复返**

的否定——是精神之规定的东西——,而是,否定仅仅是正义。

b. 世界的形式 [61]

现在,世界是平淡乏味的,本质上作为某些物的聚集是现有的。在东方,而特别在希腊生活中,人们由于在人与自然的关系中的舒适和喜悦而高兴,当人与自然发生关系时,他就与神圣的东西发生关系;他的慷慨大方激励着自然者,使其成为神圣者,使其有生气。

神圣东西和自然东西的这种统一,理念者和真实者的同一,是一种抽象的规定,而且易于拥有。真的同一,就是在无限的主体性中存在的同一,这种主体性不是被理解为中立化、相互冷漠,而是被理解为自我规定和自由释放其作为世界的诸规定的无限主体性。而后,这些自由被释放出来的诸规定作为某些物同时也是非独立的某些规定,犹如它们是真实的、不是某些神、而是某些自然对象一样。

上面的希腊诸神所是的这些特殊的、合乎伦理的威力,仅仅按照形式具有独立性,因为内容作为特殊的内容是非独立的。这是一种虚假的形式。与此相反,直接存在的非独立诸物,按照当前的观点仅仅被了解为某种形式上的东西,某种非独立者,因此存在所适合者,——不是作为绝对的、神圣的存在,而是作为抽象的存在,作为片面的存在;而当抽象存在的规定适合于它时,**存在**的范畴就适合于它,而且作为适合于有限者的就是**诸知性范畴**。它们是一些枯燥无味之物,犹如世界为我们存在着一样,它们在知性——原因与结果、质与量——的多样性关系中,根据知性的所有这些范畴,是些外在的物。

在此,自然是**无神的**;诸自然物都是在其自身中的非独立,而神性仅仅存在于独一者中。事情可能好像是,应该惋惜的是,自然在某一宗教中是无神的,获得无神性的规定;与此相反,人们称赞理念东西和实在东西的统一,自然与上帝的统一,在这里,诸自然物被视为独立的、神圣的、自由被规定的;人们称之为理想性与实在性的同一。这当然就是**理念**;但同一性的那种规定还是非常形式上的,它是很自由的,它是到处存在的。首要的事情则是**这种同一性的进一步规定**,而**真实的同一性仅仅存在于精** [62]

神东西中,存在于自己本身实在规定的上帝中,即上帝的概念的诸环节同时本身也作为总体而存在。诸自然物按其个别性而言实际上都是**自在的**,在其概念中对精神来说、对概念来说都是外在的,而且精神作为有限的精神、作为这种生命力本身也是**外在的**。生命力虽然本质上是一种内在者,但那种总体,只要它只是生命,对**精神的绝对内在性**来说就是外在的;**抽象的**自我意识同样也是**有限的**。诸自然物,诸有限物的范围,连抽象的存在,按其本性都是就存在本身而言的一种外在者。诸物在这里的这一发展阶段上包含着外在性的这一规定;它们按照概念已被设定**在它们的真理中**。如果人们对自然的这种地位表示遗憾,那么人们必定会承认,自然与上帝的美好结合就仅仅被视为幻想,而不是被视为理性。对于尚如此简单地谈论无神化并称赞那种同一性的人们来说,确实很难或不可能相信一条恒河、一头母牛、一只猴子、一片海洋等等就是上帝。倒不如说,这里摆出了对诸物及其联系作知性考察的理由。

但是,这种意识直至科学的理论训练,在这里还没有其位置。因为属于此的是对诸物的一种**具体**兴趣,而且本质不仅被理解为普遍的概念,而且也被理解为**特定的**概念。在抽象智慧的表象方面和在这一有限制的目的方面,尚没有一定的理论训练。

[63]

因此,上帝与世界一般的关系就自我规定为其在同一世界的**直接显现**,按照某一**个别的**、个体的方式,为了一有限制领域中一**特定的**目的,这样就出现了一些奇迹的规定。在以前的一些宗教中,没有什么奇迹:在印度宗教中,一切原来就已经都是古怪的。只是在与自然**秩序**即诸自然规律的**对立**中——尽管没有认识到这些规律,而是有对某一自然联系一般的意识——,只是在这种情况下,奇迹的规定才有了其如此被表象的位置,以致于上帝就在某一**个别者**身上同时与同一个别者的规定**相对立**而显示出来。

自然中真实的奇迹是精神的显现,而精神的真正显现则以彻底的方式是人的精神及其关于自然理性的意识,因此在这种消散和偶然多样性中完全是规律性和理性。但是,在这种宗教中,世界显现为以自然的方式

## 第二章 精神个体性的宗教

相互起作用、处于知性联系中的诸自然物的总合，而且当那种联系不被理解为诸物的**客观**本性时，也就是说，只要不是上帝的显现就诸物而言未从本质上被想象为**永恒的**、普遍的自然规律及其效用，奇迹的需要就因此长时间地是现有的。在这一发展阶段上才被理解了的知性联系仅仅是**客观的联系**，即个别者本身在有限性中是**自为的**，并因此存在于某一**外在的关系**中。奇迹还被理解为上帝的**偶然**显示；与此相反，**崇高**则是上帝与自然世界的普遍的、绝对的关系。

**在自身中**及其与自己的关系中，人们可以**不把无限的**主体称为崇高的，因为这样一来主体就是绝对自在自为和**神圣的**。崇高首先是这种主体的显现和主体**与世界的关系**，即它被理解为主体的显示，但是，作为这种显示，它不是肯定的，或者当它虽然**是**肯定的时，却拥有主要特性，即自然的东西，世俗的东西，被作为**不合适的东西被否定**，并被了解为这样一种东西。[64]

这样一来，崇高就是上帝在世界中的那种显现和显示，而且它应作如此规定，以致于这种显现同时也就作为**超出于实在中的这种显现的崇高**而表现出来。在美的宗教中，存在着意义与质料、与感性方式和为他者的存在的和解。精神东西完全以这种外在的方式显现出来；这种方式是内在者的一种标志，而这种内在者完全是在其外在性中被认识到的。与此相反，显现的崇高同时也消灭着显现本身的实在性、材料和质料。在其显现中，上帝同时也与显现**区别开来**，以致于显现被了解为不合适的**表达**。这样一来，独一者，就显现的外在性来说，并不像美好的宗教的诸神一样，是其自为存在和本质的定在，而且显现的不合适性并不是无意识的，而是在表达上用意识设定出来。

所以，要达到崇高有如下一点是不够的，即内容、**概念**是某种高于**形态**——尽管这种形态被夸大和被设定得过度——的东西，而且作为显示的东西也不得不是居于形态之上的**力量**。在印度宗教中，诸形象是无限度的，但不是崇高的，而是扭曲；或者它们不是被扭曲得像表达自然力量的母牛和猴子那样，而是意义和形态自身不相适应，但不是崇高，而是，不

45

相适应是最大的缺陷。因此,高于形态的力量同时也就被设定出来了。

[65]　　自然意识中的人可以面对某些自然物,但他的精神却与这样的内容不相适应;四处张望并不是什么崇高之举,而是向天空的一瞥。就与诸自然物的关系而言,这种崇高特别就是上帝的特性。所以,《旧约全书》受到赞美。"上帝说要有光,就有了光。"这是最崇高的章句之一。这话最不费力气;这气息在此同时也是光,是光的世界,是光的无限倾泻;因此,光就被贬低为一句话,被贬低为某种如此短暂的东西。此外,可以想象,上帝需要风和闪电作为仆人和使者。因此,自然是听话的。据说:"诸界来自你的气息,面对你的威胁,诸界皆逃避。如果你张开手,它们就吃得饱。如果你掩面,它们就惊恐;如果你屏息,那么它们就消失为尘土。如果你发出你的气息,它们就重新出现。"①这就是崇高,即自然如此完全被否定,被征服,暂时被表象出来。

c. 上帝跟世界一起的目的

**第一个规定**。目的规定在这里作为本质的规定而存在,即上帝是智慧的,首先在**自然**中是智慧的。自然是上帝的创造物,而上帝在其中会认识到其威力,然而不仅仅认识到其威力,而且也认识到其**智慧**。这种智慧在其产品中通过合目的的安置显示出来。这种目的更多的是一非规定者、表面者,更多的是表面的合目的性:"你赐食给走兽。"②真实的目的和

[66]　目的真正实在化并不归于自然本身,而是在本质上归于意识。真实的目的在自然中显示出来,但这目的的本质显现是**在意识中显现的**,在这目的的反照中显现,以致于意识在自我意识中反照,这就是被意识了解的自我意识的目的,而**这种目的**对于意识来说就是目的。

---

① 参见《圣经》"旧约全书·诗篇"第 946 页(104:1—30):"耶和华,我的神啊,你为至大。你以尊荣威严为衣服,披上亮光,如披外袍,铺张穹苍,如铺幔子,……以风为使者,以火焰为仆役……这都仰望你按时给它食物。你给它们,它们便拾起来;……你使地面更换为新。"——译者注

② 参见《圣经》"旧约全书·诗篇"第 995 页(147:7—9):"你们要以感谢向耶和华歌唱,用琴向我们的神歌颂。他用云遮天,为地降雨,使草生长在山上。他赐食给走兽和啼叫的小乌鸦。"——译者注

## 第二章 精神个体性的宗教

　　崇高仅仅首先是威力的表象,还不是某一目的的表象。目的不仅仅是独一者,而上帝一般的目的只能是**他本身**,**他的概念对他来说**成为**对象性的**,他在实在化中拥有其自身。这是普遍目的一般。如果我们在这里顾及到世界、即自然时,想把这自然视之为上帝的目的,那么就只有其**威力**在其中显示出来。只有威力对上帝来说在其中是对象性的,而智慧还是完全抽象的。如果我们谈论某一目的,那么目的就不仅仅必须是力量,必须有**规定性**一般。目的能够是现有的基础,就是**精神**一般;当上帝存在于作为意识的精神中,在与意识相反的精神中,在这里也就是在作为这样目的的有限精神中时,其中就存在着精神的**表象**,存在着精神对目的的**承认**。上帝面对自身在这里就有有限的精神;他者存在还没有被规定为绝对回归于自己本身。有限的精神本质上就是意识;因此,上帝必须是**意识**(作为本质)的对象。这就意味着,上帝被承认、被赞颂。**敬上帝**首先是意识的目的。上帝在**自我意识**一般中的反映还未得到承认;上帝仅仅**被承认**。即使上帝真的被承认,那么属于此的就是,上帝作为精神把某些区别设定在自身之中;在这里,上帝还有已看到的诸抽象规定。

　　因此,这里就存在一种基本规定,即**宗教作为这样一种规定**就是目的,也即是说,上帝在自我意识中被了解,在其中存在着**对象**,有与同一对象的肯定关系。上帝是作为自身中无限威力和主体性的上帝。第二个环节就是,上帝显现,而且本质上在某一别的精神——这种精神作为有限的与上帝相对立——中显现,而且因此,对上帝的承认和赞颂就是这里出现的规定,即敬上帝,普遍的崇敬:不仅犹太民族,而且整个地球,所有的民族,多神教徒,都赞颂主。这一目的,被意识所承认、所了解、所崇敬,可以首先被称为**理论**的目的;更为特定的目的就是**实践**的目的,即真正实在的目的——它实现于世界,但始终实现于精神的世界中。

　　**第二个规定**。这个本质目的是合乎伦理的目的,是伦理,即人在他干的事情中看到合乎法的东西,权利;这种合乎法的东西,权利,是神圣的东西,而且,只要它是一个尘世者,在有限的意识中,它就是上帝的一个被**设定者**。上帝是普遍者;人——他按照这种普遍者规定自己及其意志——

[67]

是自由的人,因此是**普遍的意志**,不是其特殊的伦理;正当行为在这里是基本规定,是在上帝面前的变化,是某些利己主义目的的自由存在,是在上帝面前起作用的正义。在**涉及**上帝时,为了敬上帝,人就厉行这种权利;这种权利在意志中、在内心中都有其地位,而定在、人、行动者的自然性则与考虑到上帝时的这种愿望相对立。

犹如我们在自然中看到这种**分裂**那样,上帝自为存在着,而自然则是一种存在者,但却是被控制者,即使在人的精神中也正是这种区别:厉行权利本身,此外是人的自然定在。但是,这种定在同样也是一种**由意志的精神关系设定**的东西。

人的自然定在,人的外在的、尘世的实存,是在涉及内心的东西时被设定出来的。如果这种意志是一种本质的意志,行为是厉行权利,那么人的外在实存也就应与这种内在的东西、某些权利相适应。人只有在其事业之后,才会感到喜悦,而且他不仅应该一般举止合乎伦理,观察其祖国的法律,为祖国献身——同时他也感到事情会像祖国想要的那样进行着——,而且也产生**一定的要求**,即厉行权利的人也比较愉快。

这里是这样一种关系,即实在的实存是与内在者、即某些权利相适应的,从属于它们,并按照它们规定出来。这种关系出现在这里,是由于和基于上帝与自然的、有限的世界的基本关系。它在这里是一目的,而且这一目的应是完成了的,——一种①同时应在和谐中的**区别**,以致于自然定在表现为是受本质东西、即精神东西控制的。

按照这种方式,人的**幸福**是**有神圣理由的**;但是,只要它**按照神圣东西**、即按照伦理的、神圣的律法行事,它就仅仅有这种理由。这是必然性的纽带,但它不再像我们在其他宗教中将会看到的那样,是盲目的,只是空洞的、无概念的、未规定的必然性,因此,具体者就在它之外。诸神,伦理的力量,处于必然性之下,但必然性在其规定中并不拥有合乎伦理者、正当者。在这里,必然性是具体的,即**自在自为存在者提供**正当者想要的

---

① 《黑格尔全集》:"这"。——德文版编者注

某些法则,即善,而这种善就引起一适合它的、肯定的定在,即实存,这实存是一种幸福、康乐。这就是在这一领域里为人所知道的和谐。

其中的根据是,人可以幸福,确实应该幸福;人作为整体,是上帝的目的。但他作为整体本身是一在整体中未**区别者**,即他有意志,而且有外在的定在。主体知道,上帝是**这种必然性的纽带**,是产生幸福的这种统一,这种统一与正当行为相适应,即存在着这种相互关系;因为神圣的、普遍的意志同时也是**在自身中被规定的**意志,而且因此是属于产生那种关系的力量。已与这种幸福联系在一起,这种意识就是信仰、信心;这种信心在犹太民族中就是一个基本方面,令人惊异的方面。《旧约全书》,特别是《诗篇》充满了这种信心。

[69]

这一进程也是《约伯记》中所表述的进程,这部书是从中知道与犹太民族基础之联系的唯一一部书。约伯称赞自己无罪,认为自己的命运是不公平的,他不满意,也就是说,其中有对立;正义的意识是绝对的,而其状况与这种正义不相适合。上帝的目的已被了解,他使善者平安。

这种转变在于,这种不满意,即这种不愉快,应从属于绝对的、纯粹的信心。约伯问道:"上帝给我的高度奖赏是什么?不公平者难道不应该被驱逐出去?"他的朋友们在同一意义上回答,只是把它倒过来说:"因为你不幸,所以我们推断出,你不正派。上帝这样做,是力戒人不要傲慢。"最后,上帝自言自语说道:"是谁在说无理智的话语?在我创立大地时,你在哪里?"在这种情况下,就出现了对上帝威力的十分美好的、宏伟的描述,而且约伯说道:"我知道这一点;有一个未深思熟虑的人认为隐瞒了上帝的忠告。"①

这种卑躬屈膝是最后的东西;一方面是这种要求,即有正义感的人感觉很好,另一方面,即使这种不满也应该消失。这种放弃,即对上帝威力承认,使约伯重新获得其能力,获得其以前的幸福;但是,这种幸福不应同

[70]

---

① 参见《圣经》"旧约全书·约伯记"第 776 页第 31 篇,2—3;第 33 篇,12—17;第 38 篇,2—4;第 42 篇。——译者注

时被有限者认为是反对上帝威力的一种权利。对上帝的这种信心,这种统一和上帝的威力以及智慧和正义的这种和谐的意识,是依据于上帝在自身中已被规定为目的并拥有目的。

在此还必须注意精神变为内在者,它在自身中的运动。人应该正派作为,这是绝对的命令,而这种正派作为在其意志中有其地位;人由此已被指导注意于其内心世界,而且他必须研究考察其内心,看看内心在正派中,其意志是否善。对非公正的研究和忧虑,心灵向上帝的呼喊,沉入精神之深处,精神对权利、上帝意志适合的这种渴望,都是一种特别的特性。

这种目的同时也进一步显现为一种**受限制的**目的;这种目的在于,众人知道承认上帝,有所作为的众人为了敬上帝,应该按照上帝的意志做他们想做的事情,他们的意志应该是真正的意志。这种目的同时有一种限制,而且必须考察这种受限制性有多少存在于**上帝的规定中**,这种概念、即上帝本身的表象在多大程度上还包含这种受限制性。

如果上帝的表象是受限制的,那么,上帝的概念在人的意识中的这种进一步实在化也是受限制的。在独一者中认识到受限制性始终是本质的东西,但也是最困难的,犹如它还是理念的受限制性,以致于它尚未作为绝对理念存在一样。

[71] 上帝,即是在其自由中并按照自由自我规定者,因此精神者就是自由者——这就是智慧;但是这种智慧,这种目的仅仅**一般来说**才是目的和智慧。上帝的智慧,自我规定,还没有其**发展**;在上帝理念中的这种发展,仅仅存在于上帝本性完全显示的宗教中。这种理念的缺陷在于,上帝是独一者,然而因此就自身而言也就**仅仅存在于这种统一的规定性中**,不是在自身中永恒的发展者,它还不是发展了的规定;就此而言,我们称为智慧的东西,也就是一抽象者,**抽象的普遍性**。

我们有的**实在目的**,是**第一个目的**;它是作为现实精神中上帝的目的存在的,——因此,它必须**在自身中**拥有**普遍性**,必须在自身中有神圣的真实目的,这种目的有实体的普遍性。精神中实体的目的在于,诸有精神的个人把自己了解为一,把自己作为一来对待,是一致的;有一伦理的目

第二章　精神个体性的宗教

的,它在实在的自由中有其基础。这是其中出现实践东西的方面,——**现实意识**中的目的。但它是第一个目的,而伦理还是**直接自然的**伦理;因此,目的就是家族和家族的联系,而目的就是排除其他家族的**这**一个家族。

这样一来,神圣智慧之实在的、直接第一个目的还是完全有限制的、个别的目的,因为它是第一个目的。上帝是绝对的智慧,但还是在完全抽象智慧的意义上,或者,神圣概念中的目的就是还**完全普遍**并因此**空无内容的目的**;这种未规定的、空无内容的目的在定在中突变为**直接的个别性**,突变为完全的受限制性。或者换言之:智慧尚包含于其中的**自在**,**本身**就是**直接性**,就是**自然性**。

因此,上帝的实在目的就是家族,也就是说**这个**家族;许多个别的家族已经是个别性通过反思的扩展。这是值得注意的、有限生硬的、最生硬的对比。上帝一方面是天地的上帝,是绝对的智慧,是普遍的力量,而且这个上帝的目的同时因此也是受限制的,即它只是**一个**家族,只是这一个民族。也许所有民族也**应该**承认上帝,赞扬他的名字,但是,只有这一民族在其情状中,在其定在中,即在其内在的、外在的、政治的、伦理的定在中,才是**实在的**、完成了的、真正的创作。因此,上帝就只是亚伯拉罕、以撒、雅各的上帝①,是引导我们走出埃及的上帝。因为上帝只是独一者,因此,他也就仅仅存在于**一个**普遍的精神中,存在于**一个**家族中,存在于**一个**世界中。最初的家族就是作为一些家族的诸家族;被引导出埃及的家族就是民族,——这里就是诸家族的首领——他们构成目的的被规定者。如此,普遍性还是自然的普遍性。这样,目的仅仅是人的,因此也是

[72]

---

①　亚伯拉罕、以撒、雅各是《圣经》中上帝(神)挑选的三个子民。上帝经常说:"我是亚伯拉罕、以撒、雅各的神"。亚伯拉罕是个老实巴交的人,上帝让他干什么他就干什么。以撒是亚伯拉罕的儿子,是个有点面目模糊的人,性情不太明显。雅各让人觉得是个颇有心计的人,有点小坏。在以色列人的历史上,在神的永恒的计划里,雅各是不可缺少的一环。它承上启下,上没有父亲和祖父的敬虔,下没有儿子约瑟那么单纯美好的品行,但上帝依然重用他。上帝给他更名为"以色列"。这是以色列民族的名字,直至今日。——译者注

家族。所以,宗教就是宗法式的。然后,家族就扩展为民族。**民族**称为某一人民,因为人民首先通过**民族**而存在;这个人民就是有限制的目的,而排除他者,就是神圣的目的。

摩西五经书始于创世;然后我们立即就在其中发现原罪:它涉及人作为人的本性。创世的这种普遍内容以及此后人的那种情况就是按照族类的人,这种情况没有影响以后成为犹太教的东西。仅仅有这种预言,它的普遍内容对以色列民族来说并未成为真理。上帝仅仅是这个民族的上帝,不是众人的上帝,而这个民族就是上帝的民族。

鉴于上帝自身中普遍智慧与实在目的的完全局限性之联系,为了使表象能够一清二楚,还必须指明,人,如果他想要**普遍的善**,而且这就是其目的,那他就使其**任意**成为其决定、其行为的原则了。因为这普遍的善,这个普遍的目的,并没有包含他者、**特殊者**于**自身之内**。然而,如果必须有所作为,那么这个实在的目的就要求某一规定性;这种规定性**外在于**概念,因为概念在自身中还没有什么规定性,还是抽象的,而特殊化之所以尚未被神圣化,是因为它尚未被纳入善的普遍目的之中。在政治中,如果只有诸**普遍的**法律才应该有统治地位,那么掌权之事就是暴力,就是个人的任意;倘若法律**被特殊化**,它就只是实在的,因为只有通过它被特殊化,普遍者才是有生命力的。

诸其他民族就**被排除**在这个个别的实在目的之外。人民有其自己的民族性。民族由某些家族及其成员组成;这种归属于人民并因此处于与上帝的这种关系中,都基于**出身**。这自然要求一种特殊的宪法、法律、仪式、礼拜。

此外,个别性如此组成,以致于它把某种**特殊土地**的占有包括在自身之内;这种土地必须分配给各种不同的家族,而且这种土地是一**非外化者**,因此这种排除获得这种完全经验上的外在当前状态。与此同时,这种排除首先不是论战性的,也就是说,各其他民族也**会**达到这种程度,即受到这种敬重。它们**应该**赞美主;但是,它们达到这种地步,并不是实在目的,仅仅是一种懒惰的、**非实践的**应有。这种实在目的首先在伊斯兰教中才产生,在那里,**个别的**目的被提升为**普遍的**目的,而且因此变得**狂热**。狂热信仰可能也会在犹太人那里找到,但是,只有他们的所有物,他们的宗教受到攻击,狂热就出现了;以后狂热之所以出现,是因为只有这一种目的是完全排他的,而且不允许有任何中介、共同体,不允许同某种他者联合行动。 [74]

**第三个规定**。在整个创世中,首先人是崇高的。人是本质者、认识者、思维者;因此,当这一点对世界适合时,人就在完全另一种意义上是上帝的相似者。在宗教中被感觉到的东西,就是上帝——他是思想;上帝仅仅在思想中受崇敬。

在印度袄教徒的宗教中,我们可以看到**二元论**;我们在犹太教中也可以看到这种对立,但这种对立**不在上帝中**,而在**另外的精神**中;上帝就是精神,而且其产物,即世界,也是精神;这产物也属于精神,靠精神本身成为其本质的他者。**有限性**包含这种产物,即其中作为**分裂**的区别。在世界上,上帝在自身中;世界是善的,因为世界本身的虚无——世界从中被创造出来——就是绝对者本身;但是,作为上帝的这第一个判断,世界并没有趋向绝对的对立,只有精神有能力是这种绝对的对立,而且这是其深刻之处。这种对立归于因此是**有限精神**的其他精神:这种精神是善与恶斗争的地方,在这里,这种斗争也必须进行到底。所有这些规定都产生于概念的本性。

这种对立是一难点,因为它构成矛盾;善由于自身不是矛盾的,而只是由于恶,矛盾才进入之,矛盾只涉及恶。在这种情况下,产生的问题就是:**恶怎么来到了世界上**?这个问题在这里有意义和兴趣。在袄教徒的宗教中,这个问题不会产生困难,因为在这种情况下**有恶**,正如**有善**一样;二者都来自于无规定者。与此相反,在上帝是威力和这一主体的地方,在这种情况下,恶是矛盾的,因为上帝确实只是绝对的善。关于此事,对我们来说,就是一种旧的表象,即圣经中保留下来的**原罪**。这一著名的表 [75] 述,如恶来到了世界上一样,仿佛是用某一种神话、寓言的形式表达出来的。如果思辨者、真实者因此在感性的形态中以发生的方式表述出来,那么就不会缺少其中出现不合适的特征。因此,当柏拉图形象地谈到了理念,说一种不合适的关系显露出来时,这也发生在他那里。这样一来,被讲述出来的就是:在亚当和夏娃被创造出来以后,上帝就禁止了这始初的人吃某一棵树上的果子;但是蛇还是引诱他们,说道:"你们将变得跟上帝一样。"接着,上帝给他们以沉重的惩罚,然而仍然说道:"**你看,亚当变得像我们中的一个,因为他知道什么是善与恶**。"①从这一方面来看,人按照上帝的格言变成了上帝,然而从另一方面来看,就是,当上帝把人赶出天堂时,上帝就切断了人的道路。——这个简单的故事也许可以首先采取以下的方式:上帝发布一道命令,而人,受某一无限自大的驱使变得跟上帝一样(从外面来到他心里的思想),违反这一命令;不过然后,因为其可悲的、幼稚的自大,他受到严厉惩罚。上帝仅仅在形式上发布了那种命令,为的是使人进入证明其听从的情况中。

因此,一切都按照这种解释在普通的、有限的后果中继续进行下去。当然,上帝**禁止恶**:这样一种禁止是一种完全不同于只是禁止吃禁果;上帝想要和不想要的东西必须具有**真的**、**永恒的本性**。此外,这样一种禁止应该仅仅向某一个**个别的**个人发出:人有权反对他因为不熟悉的罪过而受到惩罚;他只愿意为他自己作过的事情负责。更确切地说,整个来看这有一种深刻思辨的意义。在这个故事中出现的就是上帝或**一般的人**;这里讲述的涉及**人自身的本性**,而有的不是某一由上帝让人担负起的形式上的、幼稚可笑的命令,而是它称为亚当不应食其果之树,即**知善恶之树**,在这种情况下,某一棵树的外表和形式就消失不见了。人吃树上的果子,而且人认识到善恶。但是,困难在于,传说,上帝禁止人达到这种认识,因为这种认识正好是构成精神特性的东西;精神只有通过意识才是精神,而最高的意识正好在于那种认识。这一点如何才能被禁止呢?认识,知识,是这种两方面的、危险的礼物:精神是自由的;善像恶一样听凭这种自由来决定:同样,任意也由作恶而发生;这是就自由的那种肯定方面而言的

---

① 参见《圣经》第4—5页。——译者注

否定方面。人,意即,就状态而言曾**无罪**:一般来说,这是自然意识的状态;尤其是精神的意识一出现,这种状态就必定被扬弃。这是人的永恒历史和本性。人首先是自然的和无罪的,而且因此是无责任能力的:就儿童而言,没有什么自由。但是,人的规定就在于重新达到无罪。最后的规定所是的东西,在这里被表象为原始状态,——人与善的和谐。这是在这种形象表象中有缺陷的东西,即这种统一被表述为直接存在的状态;人必须脱离本原自然性的这种状态,但是然后出现的分离也应该获得和谐:这种被和谐在此这样自我表象出来,以致于那种最初状态不应被逾越。——在整个形象的表述中,内在的东西被作为外在的表达出来了,必然的东西被作为偶然地表达出来了。蛇说道,亚当将变得跟上帝一样,而上帝证实,事情真的如此,这种认识构成与上帝的相似性。这种深刻的理念进入讲述中。

[77]

但是,此后进一步人受到一种**惩罚**,他从天国里被驱逐出去,上帝还说道:"为了你的缘故,大地受到诅咒,你应该在痛苦中去吃由大地带给你的东西;它应该为你长出荆棘和蒺藜来,而你将会吃农田里的蔬菜。你应该用你自己的辛勤劳动吃你的面包,而且你应该重新成为泥土,因为你从它那里已经有所索取;因为你是尘土,所以你将回归于尘土。"[①]

我们已经承认,这是**有限性的结果**,但是另一方面,这正是人之**高贵**,用辛勤劳动换得吃食,通过自己的活动、工作、知性获得自己的生计。动物获得福运(如果我们想这样说的话),即自然赠给我们所需要的东西;相反,人自己把对他来说按自然方式必然的东西提升为其**自由**的事业。这正是人的自由的运用,尽管不是最崇高的东西,这种东西更确切地说在于知道善并想要善。即使按照自然的方式,人也是自由的,这就在他的本性中,不应**自在地**被视为惩罚。自然性的悲哀当然与人之规定的高贵相联系。对于还不知道精神更高规定的人来说,可悲的思想就是,人不得不死;这种自然的悲哀仿佛对他来说是最终者。然而,精神的崇高规定却在

---

① 参见《圣经》第4—5页。——译者注

于,它是永恒的,而且是不死的;但是人之高贵尚未包含在这种故事中。
[78] 因为据说:上帝说道:"然而现在他并没有伸手从生命之树上摘果子吃,摆脱自然性,意识超越于善恶的必然性,是上帝在这里自己所表达的东西之崇高者。缺陷在于,死亡被如此表述出来,并永远活着。"(《旧约全书·创始记》,3:22)此外还有:"直到你重新成为你所出自的尘土为止。"(《旧约全书·创始记》,3:19)精神不死的意识在宗教中还未存在。

在原罪的整个故事里,这些巨大的特征因为整体的形象表象现存于表面的不连贯中。从自然性退却,意识高出于善与恶的必然性,是上帝自己在这里说出的崇高者。错误之处在于,死这样被表达出来,以致于好像对它来说没有什么慰藉。表述的基本规定是,人不应是自然之人:其中有真正神学中所说的东西,即人本性恶;恶是在这种自然性中被保留下来的东西,人必须随自由、随其意志一起从中走出来。然后进一步的东西是,精神在自身中重新达到绝对的统一,达到和谐,而自由恰恰在于,精神这种返回自身包含着与自身的这种和谐,但是,这种返回在此尚未发生,区别尚未为上帝接纳,也就是说,尚未和解。恶的抽象尚未消失。

还应该指明,这个故事在犹太民族中被创造出来了,而其形成并不包含在希伯来人著作中;后来诸伪经著作中的几个暗示被删除了,它们在其中完全没有出现。它们长时间被搁置起来,而只有在基督教中,据说它们才获得其真正的意义。但绝不是说在犹太民族中不曾有**人本身的斗争**,不如说,人在希伯来人中间构成宗教精神的一个基本规定;但人并不是在思辨的意义上被理解的,即他来自**人的本性**自身,而是仅仅被理解为**偶然**
[79] **的**,在个别的个人那里,人被表象出来。然后另一方面,跟有罪者和斗争者相反,正义者的形象被勾画出来了,恶与斗争在这种形象中并没有被表象为本质的环节,而是正义被设定进去,即人们厉行上帝的意志,而且既通过观察伦理的命令也通过观察宗教仪式和国家法的规章效力于耶和华。但是,人本身的斗争处处显现出来,特别是在大卫的诗篇中;从灵魂的最深处,在其罪恶的意识中发出痛苦的呼喊,而接着就是对宽恕与和解的痛苦请求。因此,当然有这种深切的痛苦,但要比属于个别的个人多一

些,以致于他被了解为精神的永恒环节。

这就是独一者的宗教的首要规定,只要它们涉及独一者的特殊化和目的规定。目的的最后规定把我们引至崇拜。

### 3. 崇拜

因为上帝的目的显现所依据的基础是有限的精神,所以上帝本质上就有与**自我意识**的一种关系,我们应该考察这种自我意识中的**宗教信念**。中介,只要它是信念,就是自在被设定的**同一性之设定**,而且因此它就是中介的运动。信念表象自我意识的诸最内在环节。

a) 自我意识对独一者采取态度,——因此,它首先是直观,**对纯粹本质**(作为纯粹力量和绝对存在)**的纯粹思维**,除此之外,没有别的什么以同一尊严存在。现在作为**自身中的反思**、作为自我意识的这种纯粹思维,就是**无限自为存在**或**自由**(然而是**没有任何具体内容**的自由)的规定中的**自我意识**。这样一来,这种自我意识就与**真正的意识**区别开来;由精神生命和自然生命的所有具体规定所充满的意识(欲望,兴趣,丰富的精神关系)——所有这一切,还没有什么被纳入自由的意识中。生活的实在性还处于自由的意识之外,而自由还不是理性的,还是抽象的,而且还没有充满了的、神圣的意识存在。[80]

不过,当自我意识**仅仅**作为**意识**、即作为为了思维单纯性的对象存在着,还不是**相应的对象**,而且意识的规定性还未被纳入时,我对自身来说成为对象就仅仅在**与自身一起的抽象的独一者存在**中,作为**直接的个别性**存在。因此,自我意识就在没有广延、没有任何具体规定的情况下存在着。作为无限威力的上帝在自身中也是无规定的,而且没有**第三者**,没有其中所有具体规定聚集在其中的定在。就此而言,存在着无中介的关系,而各种对立——与纯粹思维和直观中独一者的关系,和抽象回归自身,自为存在——是**直接联系在一起的**。因为自我意识,在与其对象(它就是纯粹的思想,而且仅仅在思想中才能加以理解)的**区别**中,即空洞的、**形式上的自我意识**,是赤裸裸的,而且没有自身中的规定,因为此外,所有真实的、实行了的规定仅仅属于**力量**,所以在这种绝对的对立中,自我意识的纯粹自由就**颠倒**为**绝对的不自由**,或者,自我意识是仆人对主人的意识。**对主人的恐惧**是该关系的基本规定。

[81] 我已经通过高于我的一种力量(此力量在我的作用——它无论内在地还是外在地显现为拥有——中)的表象否定了一般的恐惧。一方面,如果我在拥有没有受到损害的独立性时不重视暴力、而且与此相反把我了解为力量,以致于它没有什么高于我之上,那么我就是无恐惧的;然而另一方面,如果我不重视它能够消灭的兴趣并按这种方式(即使受到损害)是没有受到损害的,那我也是无恐惧的。恐惧通常对自身有一种坏的成见,好像谁恐惧,谁就不想显示为力量,而且不能够做这件事一样。但是在这里,恐惧不是恐惧有限者和有限的暴力(有限者是**偶然的力量**——它即使没有恐惧也来到我身上并使我受到损害),而是,恐惧在这里是作为有限者、无限的自我而**恐惧看不见者**、绝对者、**我的意识的对立面**、与我对立的意识。由于这种绝对者(作为唯一的、全然否定的威力)的意识,任何自身的力量都消失;属于尘世自然的一切都全然毁灭。这种恐惧作为其自身的这种否定性是向独一者绝对力量的纯粹思想中的提升。而且对主人的这种恐惧是智慧的开端,这种开端就在于不让特殊者、有限者自为地作为一独立者起作用。起作用者只能作为独一者组织的环节起作用,而独一者则是所有有限者的扬弃。这种有智慧的恐惧是自由的本质环节,并在于解放所有特殊者,在于摆脱所有偶然的兴趣,一般来说在于,人感到所有特殊者的否定性。所以,它不是对特殊者的特殊恐惧,而正是这种特殊恐惧(作为虚无)的设定,是脱离恐惧。因此,恐惧不是依赖感,而是**摆脱任何依赖**,是**绝对自身中行事的纯粹保险**,与此相反,特有的自身消失飘没于这种保险之中。

[82] 但是因此,主体仅仅存在于无限的独一者中。不过,绝对的否定性就是与自己本身的关系,即**肯定**;所以,由于绝对的恐惧,自身就存在于其自我放弃中,存在于**绝对的实定者**中。恐惧以这种方式回归于绝对的信心、无限的信仰。在另外一些发展阶段上,信心可以拥有这样的形式,即个人

由自身产生。这是镣铐中的斯多葛派的自由。但是在这里,自由还不具有主体性的这种形式,而是,自我意识在这里不得不**专心致志于独一者**;但是,这独一者却被表象为他者,即重新被表象为**排斥原则**,在这种排斥中,自我意识重新获得其**自信**。这一过程也应以下形式来理解。被奴役即是自我意识、**反思自身**和自由,然而,这自由的存在并未普遍扩展,且没有理性,而对于其规定性、对于其内容,则有**直接的**、**感性的**自我意识。所以,作为**这一发展过程**的我,就直接的个别性而言,有目的和内容。就与主人的关系而言,仆人有其绝对的、本质的自我意识,与主人相反,仆人**消灭**自在的一切;但他同样也绝对自为地被重建,而且其个别性,因为它作为具体的方面被纳入那种直观中,就通过这种关系而获得**绝对权利**。仆人在其中把自己视为无之恐惧,给予他重建其权利。因为奴才相的意识顽强地以其个别性为依据,因为其个别性直接被吸纳入统一之中,所以它就是**排他的**,而且上帝就是

b) 犹太民族**排他的主和上帝**。使我们惊奇的是一个东方民族使宗教局限于自己,而且这个民族显得与其民族性相联系,因为我们在东方国家那里一般都看到这一点。只有希腊人和罗马人才接受了异域的礼拜仪式,而且在罗马人那里,所有的宗教都进入其中,且不被视之为民族的东西;但在东方国家,宗教则已完全与民族性联系在一起。中国人,波斯人,有仅仅为他们而存在的国家宗教;在印度人那里,出生甚至给每一个个人规定其等级及其与梵的关系;所以,这些印度人决不要求他人承认他们的宗教。在印度人那里,这样的要求完全无意义:地球上的所有民族按照其表象都属于其宗教;诸异己民族整个地都被算作一个特殊的阶层。但是犹太民族的这种排他性仍有理由更为引人注目,因为这样一种受制于民族性完全与这样一种表象相矛盾,即上帝仅仅在普遍的思想中而不是在一个别的规定中被理解。在波斯人那里,上帝是善;这也是一种**普遍的**规定,但它本身尚存于直接性之中;所以,上帝与光明是同一的,而且这是一种个别性。犹太人的上帝仅仅为思想而存在;这与局限于民族形成一种对比。这虽然也把犹太民族中的意识提升到普遍性,犹如这在几个地

[83]

59

方已表达的那样。《圣经·旧约》中的诗篇 117 说:"你们,所有的异教徒,都称赞主;所有民族,都颂扬主啊!因为他的仁慈和真理将永远赐给我们。"敬上帝应该在所有民族那里成为公开的;特别在后来的先知那里,这种普遍性作为一种更高的要求表现出来。以赛亚甚至让上帝说:"我想从成为耶和华的敬仰者变成祭司和祭司助手"①;而且那里还说道:谁惧怕上帝,并在所有民族中获得权利,谁就会令上帝适意。然而所有这一切都**晚**些;根据**占统治地位的基本理念**,犹太民族是选中了的民族,因此,普遍性就被归结为个别性。然而,如果我们已经在上面神圣目的的发展中看到这种目的的局限性如何以局限性——其原因还在于上帝的规定——为基础,那么这种局限性就从**奴颜婢膝的自我意识的本性**向我们作出了解释,而且我们也看到,这种个别性如何也来自于**主观的**方面。对耶和华的这种敬仰和赞赏是他们这些仆人所特有的,而且这种敬仰和赞赏就是他们的意识,即它是他们所特有的。这也与民族的历史相关联:犹太人的上帝是亚伯拉罕、以撒和雅各的上帝,是引导犹太人走出埃及的上帝,而且没有最少的反思,即上帝也做过别的事情,即使在其他民族那里也**肯定地**有所行动。这样一来,从主观的方面、即从**崇拜**方面就产生出个别性,当然人们也可以说:上帝是敬仰者的上帝;因为上帝就是在主观精神中被了解且自身在其中知道的这种情况。这一环节本质上属于上帝的理念。知识、赞赏本质上属于这种规定,即是说,如果关于上帝所说的是,上帝是比其他诸神都更有力量些和强大些,似乎除了上帝外还有一些神,那么这一点就常常以一种对我们来说是不确切的方式表现出来:但在犹太人看来这些神却是些**虚假的**神。

崇敬上帝的就是**这个**民族,而且因此上帝就是这个民族的上帝,也就是这一民族的主。他就是被了解为天地创造者之主;上帝为一切设定了目的和尺度,给予了他特有的本性,——因此,上帝也给予了人之尺度、目的和权利。这就是规定,即上帝作为主给予他的民族以**法规**,在其整个范

---

① 参见《圣经》"旧约全书·以赛亚",(66,21)——德文版编者注

第二章　精神个体性的宗教

围内的法规,既有普遍的法规即**十诫**——它们是立法和道德之普遍的、伦理的、权利的基本规定,而且它们并不被视为理性法规,而是被视为由主规定出来的——也有一切其他的国家法律和安排。**摩西**被称为犹太人的立法者,然而,他对于犹太人,不同于**梭伦**和**莱喀古士**(这两个人都作为人制定了**他们的法律**)对于希腊人;他只是使耶和华的诸法规家喻户晓;耶和华自己将它们,根据所述,刻于石上。所有还很细微的规定,教会房舍安排,献祭品的风俗习惯和其他礼节,在圣经中都附有简单明了的表达形式:耶和华晓谕。所有法规均为主所授予,它们是绝对实定的诫命。其中有一种形式上的、绝对的权威。政治宪法的特殊之处一般并不是从普遍的目的中发展出来的,它也不是转让给人去给予规定——因为统一并不让人的任意、人的理性在自身之外存在,而且某一政治的变化每次都被称为上帝的脱离——而是特殊之处作为一种由上帝所给予的东西已被确定为永恒。而且在这里,权利、道德的诸永恒法规以相同的等级、相同的实定形式取决于细小的规定。这形成与我们关于上帝所拥有的概念的强烈对比。——**崇拜**就是对上帝做弥撒;当善既是遵循伦理的诫命又要恪守礼仪法规时,善,义,就是做弥撒。这是**对主的弥撒**。

[85]

在恐惧和弥撒的条件下,上帝之民是通过结盟和协议**被接受的**子民。也就是,自我意识的社团不再是**原来的和直接的本质统一**,像自然宗教中的情况那样。自然宗教中本质的外在形态只是自然表象,是使宗教关系两方面**不真正区分开来**的表层,因此只是一种**非本质的分离**,只是一种表面的区别。与此相反,当前的观点则从**作为抽象自为存在的绝对自身反思**出发;所以这里就出现了自我意识与其绝对本质之间**关系的中介**。但是,自我意识不是普遍意义上作为人之人。宗教的关系是人们按照人的方面可以称为**偶然的**一种**特殊性**,因为**所有有限者**对绝对力量来说都是外在的,而且其中并没有包含**实定的规定**。然而,宗教关系的这种特殊性并不是除他者之外的一种特殊性,而是一种**被排除在外的**、**无限的优点**。为了这些规定起见,关系处于如此境况,以致于那个民族在其依赖(被奴役)的基本感情的条件下被接受。所以,无限力量和自为存在者之间的

[86]

61

这种关系就不是一种**自在原始的**或只是由于**上帝**对**人之爱**而设定出来的这样的关系；而是这种统一以外在的方式、在**协议**中被造成的。也就是说,对这个民族的**接受**是一劳永逸发生了的,而且这种接受占据着在启示宗教中以完善的形式所是**拯救**与**和谐**的那样一种东西的地位。

  犹太民族已完全献身于给上帝做弥撒,这一点与作为主的上帝的表象联系起来；由此也就可以解释这种值得惊异的强度,这种坚毅不像伊斯兰教——它已经被民族性所净化,而且只承认**信教者**——那样是皈依的盲目信仰,而是**顽强性的盲目信仰**；它单单基于这一位主的抽象之上。只有当不同的兴趣和观点并存时,在精神中才出现一种摇摆；人们能够在这样一种斗争中理解这一种或另一种摇摆；然而,在这一位主的这种凝聚中,完全抓住了精神。由此就可以得出结论,对于这种坚固的束缚来说,**没有任何自由可言**；思想完全束缚于作为绝对权威的这种统一中。与此

[87] 相联系的此外还有许多东西。即使在希腊人那里,也曾有某些公共机构被视为是神圣的,但它们曾是由人来设置的；不过,犹太人并未对神圣的东西和人性的东西作出区别。因为自由的缺陷,犹太人也就不相信**不死**；如果人们也许想证明几个不多的痕迹,那么这样一些地方就始终完全停留在普遍者方面,而且对宗教观点和道德观点不会有最小的影响。灵魂的不死尚未被认识到；所以就没有更高的目的作为对耶和华的弥撒,而人则自为地有为自己及其家族获得如此长久生活之可能的目的。即**一时的拥有财物**是为了实现弥撒,不是为永恒的东西,不是为**永恒的福乐**。灵魂与绝对者的统一或灵魂纳入绝对者的怀抱之直观和意识尚未产生。人还没有**内在的空间**、内在的广延,或拥有关于范围的灵魂——它愿意对**自身**满足——,而灵魂的满足和实在性则是尘世的东西。按照法规,每个家庭都得到一块土地,它不许被出让；因此这应该够维持家庭之生计。因此,生活的目的主要就是维持生计。

  这一规定包括了家庭以及属于它的土地,靠此,家庭可以自给自足。拥有一块土地就是这一自我意识从其上帝那里得到的东西。那种信心正好因此就是诸个别家庭生存的绝对有限内容。正是因为人就自我放弃的

第二章　精神个体性的宗教

绝对否定性而言在**完全的实定**中，而且因此又在直接性中，所以信心作为**已放弃了的有限兴趣**就突变为**对放弃的放弃**，因此又突变为**实在化的、有限的个体**、其幸福和拥有。这种拥有和这一民族是同一的，是不可分割的。上帝的子民拥有迦南（Kanaan）。上帝与亚伯拉罕结下了同盟，亚伯拉罕的一方面就是这种拥有，即经验特殊性的这一领域中肯定的方面。两方面，特殊的拥有和信心、虔诚，是不可分开的。拥有因此获得一种无限的、绝对的资格，一种**神圣的资格**，然而这种资格同时也没有犹太人的权利的形态，没有**所有制**的形态；这种与拥有不同的所有制在这里没有被运用。所有制以**个性**、即个人的这种自由作为其滥觞。人只要是个人，本质上就是所有者；但是，拥有的经验方面是完全自由的，经受了偶然。我所拥有的**东西**，是偶然的，无关紧要的；如果我是被承认为所有者的，那我就是**自由的**主体性，——拥有是无关紧要的。与此相反，**这种拥有本身**与信心是同一的，而这种拥有因此具有绝对的资格。在其中，所有制并不出现，任意也不出现。上帝，绝对的理念，然后是所有制和拥有，是三个不同的阶段。这里略去了**联结的中项**，所有制，而拥有**直接**被纳入神圣的意志；这种经验的个别拥有应被视为这样的拥有和很合理的东西，而个别人的自由规定——他不会将这种拥有出卖出去，而是仅仅会在一些时间里抵押一直至（犹太史）五十年节①——就被取走了。

另一方面，即**否定**的关系，是与肯定的方面相适应的。对力量的承认同样也不得不在经验上外在地**按照所有制**被规定为否定的方面。特殊的行动，实在的行为同样也必须有其否定的方面，犹如承认主人一样；必须有某种弥撒，不只是有恐惧，而且是**在特殊者中的放弃**②。这是联盟的另

[88]

---

① 参见《圣经》"旧约全书·利末记"第193页第25篇（10—14）："第五十年你们要当作圣年，遍地给一切的居民宣告自由。这年必为你们的禧年，各人要归自己的产业，各归本家。第五十年要作为你们的禧年，这年不可耕种，地中自长的，不可收割；没有修理的葡萄树，也不可摘取葡萄。因为这是禧年。你们要当作圣年，吃地中自出的土产。这禧年，你们各人要归自己的产业。你若卖什么给邻舍，或是从邻舍的手中买什么，彼此不可亏负。"——译者注

② 拉松版："必须有某种弥撒，不是放弃恐惧，而是某种弥撒"。——德文版编者注

[89]　一方面,联盟一方面具有拥有的作用,然而另一方面也要求弥撒,即这土地是如何与这一民族联系在一起的,它本身是如何在法规的帮助下受约束的。这些法规一方面是家庭法规,涉及家庭关系,有关于伦理的内容,然而另一方面,首要的事情是,就自身而言是伦理的东西被看作为一个纯粹的否定者,而且因为与此相联系的自然是一批外在的、偶然的规定,这些规定全然应该被保持下去。弥撒的无理性与拥有的无理性相适应;因此弥撒就是一种抽象的听从,由于弥撒是一种抽象的资格,这种听从鉴于自身中的规定性就不需要有内在性,因为上帝是绝对的力量,所以行为自在地是非规定的,而且因此是完全外在的,任意规定出来的。弥撒诫命的保持,对上帝的听从,都是民族状态保持下去的条件,——这是联盟的另一方面。由于个人或整个民族的任意,偏离各种法规是可能的;然而,这只是对诫命和仪式弥撒的一种偏离,不是偏离**本原的东西**,因为这本原的东西被视为它应该所是的这种东西。按此,惩罚也是与不听从联系在一起的,不是绝对的惩罚,而只是**外在的**不幸,也就是拥有的丧失,或拥有的缩小、减少。受恐吓的惩罚具有感性-外在的本性,而且与土地不受干扰的拥有相联系。同样也像听从不具有精神-伦理性一样,而只是没有伦理自由的人们被规定的、盲目的听从,惩罚也是外在被规定的惩罚。各种法规、诫命,都应该仅仅像被奴仆所遵从一样被转达。

[90]　值得注意的是,应该考察在恐惧的咒骂中被恐吓的这些惩罚,这个民族如何在诅咒中获得了一种正式的高超技能;然而这些诅咒仅仅击中外在的东西,未击中内在的东西,伦理的东西。"摩西五经"第三部第26章这样说道:"你们若蔑视我的规章,而且不厉行我的所有诫命,将破坏我的联盟,我就想用恐吓、烘焙和发烧侵袭你们,使你们的容颜衰颓,身体受折磨。你们应该不要报酬地播种,而你们的仇敌将会吃掉它……这仇敌憎恨你们,将会统治你们,而当没有人追赶你们的时候,你们也应该逃跑。然而,你们若还没有听从这些话,我还想七倍多地做这件事,为你们的罪恶惩罚你们……我想使你们的上天像铁链,使大地像矿砂。而你们的辛苦和劳作将会白费,即你们的土地不提供产品,而各种树木没有结出你们

的果实。而在你们违弃我,且不想听我的话时我还想七倍多地为你们的罪恶而惩罚你们。我还想把野兽送到你们中间,它们将会吃掉你们的孩子,撕吃你们的牲畜,使你们变得稀少,你们的街道将变得荒凉。然而,如果你们还将没有因此受到我的惩罚,而且还反对我,那么我就想再七倍多地打击你们;而且我想将为我的联盟报仇的复仇之剑悬在你们头上。你们是否聚集在你们的城市,我都想把瘟疫送到你们中间,并把你们交到你们的仇敌手里。然后,我想使你们储存的面包腐烂,即十个女人将在**一个**炉子里烤你们的面包,而人们将用秤称你们的面包,你们要吃,也吃不饱。但是,如果你们将因此还不听从我的话,而且还反对我,那么我也想在怒气中反对你们,而且想七倍多地惩罚你们,即你们将吃你们儿女的肉。而且我想根除你们的振兴,且消灭你们的画像,并把你们的尸体扔到你们的神像上,而我的灵魂将使你们厌恶。我还想使你们的城市荒凉,并把你们的圣地拆毁,也不想闻你们的甜味。这样一来,我想使土地荒芜,即住在其中的你们的仇敌将对此大吃一惊。但我想使你们迷入荒原之中,并拔出剑追赶你们。" [91]

我们已经看到,在犹太人那里,恶属于主观的精神,而主并不在同恶的斗争中,但他**惩罚**恶;因此恶显现为一种**外在的偶然之事**,犹如当人被蛇引诱时恶在原罪的表象中来自外面一样。

当恶不应存在时,上帝就惩罚恶;恶只应是主所要求的善。在这种情况下,就还未有即使不研究自由的自由,这是神圣的和永恒的法规。当然也是理性规定的善之诸规定被看作为主的某些规定,而主则惩罚对这些规定的逾越:这是上帝之怒。在主的这种情况中,仅仅存在一种**应有**:他所要求的东西,就是应该存在者,就是法规。惩罚性的正义归主所有;善恶之斗争属于作为有限者的主体。因此,在他之中就有矛盾,而且因此就出现了悔悟、痛苦,即善只是应有。

c)崇拜的第三个方面就是**和解**;它其实只能涉及个别个体的特殊错误,且通过献祭品而发生。

献祭在此不仅具有象征性地了结其有限者、在统一中保持自身的简单意义,而且进一步具有**赞赏主**、证明**敬畏**他的意义,而后进一步的意义就是,由此就**买下**和赎回其余者。人可以把自然不看作为他可以按照其任意使用的这样一种东西;这样一来,他在此就不会直接抓住,而是他必[92]须通过**某一他者的中介**收到他想有的东西。一切都属于主,而且必须从他手中而买下,——因此,十分之一被缴纳,长子被赎回。

特有的是,赎罪如何发生,也就是在这样一种表象之下,即应得的惩罚就是已提升为有罪的东西之虚无的应得显示,这可以转送到被献的那部分上。这就是献祭。个体显示其作用的虚无。由此,直观就参与进来,即当上帝赞赏献祭并因此把自身重新实定地或在其中存在地设定出来时,罪人之虚无的应得显示就被转送到献祭上。

献祭的这种外在性之所以表现出来,是因为赎罪作为惩罚没有被想象为作为清除本身,而是被想象为损失意义上**邪恶意志的损害**。与此相联系的也就是,特别是用血献祭,使之涂抹在祭坛上。因为,如果**生命力**被作为**拥有的最高者**加以放弃,那么就必须把**真有生命者**献出去,而动物生命在于其中的血回归于主。在印度人那里,还有整个动物被敬献出来;在此,这种敬献回归了,但血还是作为不可触犯的东西和神圣的东西受到重视、尊敬,而人不可喝之。人还没有其具体自由之感,在此面前,纯粹的生命作为生命是某种从属的东西。


向以下阶段的过渡

虽然我们在这里一般处于自由主体性的领域里,但这种规定在崇高的宗教中还没有贯穿**宗教意识的总体**。上帝曾经被规定为思想的实体威[93]力和造物主;但是,作为这种造物主,他首先只是其创造物的**主**。因此,威力就是自身分裂的原因,然而仅仅统摄原因自身在其中分裂的东西。

继续的进步在于这一他者是一个**自由者**、解脱者,而上帝则成为一些**自由人**的上帝,这些人也在其对上帝的听从中对自己来说是自由的。这种观点,如果我们抽象地考察它,就包含着以下一些环节于自身中:只要上帝设定其面对自身的他者,**上帝**就自为地是自由的精神,且显示出来。

第二章　精神个体性的宗教

这一他所设定者是其相似者,因为主体仅仅创造自身,而且主体自身规定所成为的那种东西,又只是主体本身;然而因此主体真的已被规定为精神,他不得不否定这一他者,并**回归于自己本身**,因为只有当主体在他者中知道自己本身时,主体才是自由的。不过,如果上帝在他者中知道自己,那么他者因此同样也是自为的,并知道它自己是自由的。

这是他者作为某一自由者、独立者的解脱;因此,自由首先属于**主体**,而上帝则待在自为存在并解脱主体的**力量**的同一规定之内。区别或加入进去的进一步规定,似乎按此仅仅在于,诸创造物不再只是侍奉性的,而是在侍奉中本身有其自由。

我们已经在自然宗教(即**叙利亚宗教**)领域中处于某一较低级阶段上看到主体自由的这种环节,上帝为这种自由而存在,被考察的崇高宗教的观点缺少这一环节,而在我们将要阐述的**更高级**阶段上,在那里还以自然的、直接的方式被直观到的那种东西,必定转化为**精神的纯粹基础**及其内在的中介。在那里、即痛苦的宗教中,我们曾经看到,上帝失去自身,即死亡,而且仅仅借助**对其自身的否定**而存在。这种中介就是在此必须重新加以接受的环节:上帝死去,而从这种死亡中,他又复生。这是他的否定,我们一方面把这种否定理解为**上帝的他者**,理解为世界,而他自己死亡,这有这样一种意义,即他在这种死亡中复活。然而由此,他者就被设定为自为自由的,而中介和复活按此就属于另一方面,属于被创造者的方面。[94]

因此,上帝的概念本身似乎并没有变化,而只是他者的方面变化了。即这里出现自由,这一方面变得自由,被包含在其中,即在有限者中,**上帝的异在消失**,而这样一来,神圣东西在有限者中就又产生了。因此,尘世的东西就被了解为**神圣东西就它而言所拥有**的这样的东西,而首先只有否定规定的异在被重新否定,而且是**就它自身而言否定之否定**。这是属于自由的中介。自由不是纯粹的否定、某种逃避和放弃;这还不是真正的和肯定的自由,而只是否定的自由。只有当这种否定本身已经作为否定者存在时,自然性的否定才是自由的肯定规定。当他者,即世界、有限意

67

识及其受奴役和偶然性被否定时,自由的规定就存在于这种中介中。精神的提升就是这种提升到自然性之上,就是这样一种提升,在这种提升中,如果它应该是自由,那么主体的精神也自为是自由的。这样一来,这就首先仅仅在主体身上显现出来:"上帝是一些**自由**人的上帝。"

不过,形式规定同样也涉及**上帝的本性**。上帝就是精神,但本质上只有当他这样被了解,以致于他就他本身来说是其分离(Diremtion),是永恒的创造,以致于正是他者的这种创造是一种回归于自身,回归于其自身之知时,他才是这精神;因此,上帝是一些自由人之上帝。当这一点属于上帝本身的规定,即他就他而言是作为其自身的他者这种情况,而且,这他者就他自身而言是一种规定,以致于他在其中回归于自身,而且这人性的东西同他和解了时,规定就被设定出来了,即**人性存在于上帝本身中**,而且因此,人就把人性的东西了解为神圣东西本身的一个环节,且就其对上帝的态度而言是自由的。因为上帝所对待的东西(作为对其本质的态度),在他自身之中有人性的规定,而且在其中,人一方面对**其自然性的否定**采取态度,另一方面对某一神灵采取态度,在这一神灵中,人性的东西本身**肯定地**是**一本质的规定**。这样一来,人就在对上帝的这种行为中是自由的。在具体的人中所存在的东西,就是这已被表象为某种神圣的东西、实体的东西,而人按照其所有的规定,按照对他来说有价值的一切,在神圣东西中都是当前的。一位老人说,人从自己的激情中,也就是从其精神的力量中,造出了其诸神灵,在这些力量中,自我意识有其本质成为对象,并知道自己在它们中是自由的。但自我意识并不是**特殊的**主体性,这种主体性在这种本质中有自身作为对象,并知道在其中建立其特殊性的**幸福**,犹如在独一者的宗教中那样,在这里,只有这**直接的定在**,这自然的实存,是这一主体的目的,是个体,不是其普遍性,不是本质的东西,所以,奴仆有其利己主义的观点;而他的**族类**,他的普遍性,在这里拥有自我意识在神圣的力量中作为对象。因此,自我意识就为其直接的个别性被提高到绝对的要求之上,超出于对此的关心之外,而自我意识则在一种实体的、客观的力量中有其基本的满足:自我意识只是伦理的东西,普遍理

[95]

性的东西,这东西被视为自在自为本质的东西,而自我意识的自由则在于其真实本性及其理性的本质。

这就是这种关系的整体,这整体现在已进入宗教的精神中。**上帝就他本身而言是人所是的中介**;人知道自己在上帝中,而且上帝和人都相互谈及对方:这是属于我的精神之精神。人如上帝一样是精神;人虽然就他而言也有有限性,也有分离,但在宗教中,由于人是其在上帝中之知,所以人就扬弃自己的有限性。 [96]

这样一来,现在我们就转向人性和自由之宗教。但是,这种宗教的**第一种**形式,本身就带有**直接性**和自然性,而且因此,我们还将以自然的方式来从上帝本身来看人的东西。内在者,理念,虽然就自身而言是真实者,但还没有从自然性的第一种、直接的形态中突出出来。就上帝而言的人的东西仅仅构成其有限性,因此,这种宗教按其基础也还属于诸**有限的宗教**。但它是**精神性**的一种宗教,因为直接性——它分离和划分成其诸环节——形成先行的诸过渡阶段,作为联合成的总体,构成其基础。

## II. 美的宗教[希腊的宗教]

如已经指明的那样,美的宗教在实存上就是**希腊的**宗教,按外在的和内在的方面都是一种无限的、取之不尽的材料,人们因为其友善、优美和可爱而喜欢停留在这上面;但是我们在这里不可能研究细节,而是必须抓住概念的诸规定。

这样一来,应当说明1.这个领域的**概念**,然后2.上帝的**形态**,以及3.**崇拜**作为自我意识在与其本质力量的关系中的运动。

### 1. 该领域的一般概念

a) 基本规定是作为**自我规定的力量**之**主体性**。我们已经把这种主体性和智慧的力量看作为独一者,这种独一者在自身中尚未被规定,所以其目的就在实在中成为最有局限性的目的。下一个阶段就是,这种主体 [97]

性,这种有智慧的力量和有力量的智慧,**特殊化于自身之中**。这一阶段正好依此一方面是**普遍性**、抽象个别性和无限威力**降低**至局限于特殊性之范围内;然而另一方面,与普遍性相反,同时也联系在一起的是**提升**实在目的的**有局限的个别性**。二者都存在于这里显示出来的特殊者中。因此,这就是普遍的规定。然后我们就得考察,一方面,被规定的概念,自我规定的力量之特殊内容(因为它存在于主体性的环节中),**在自身中自我主体化**;这是一些特殊的目的,它们首先自为地自我主观化,并给出大批特有的神圣主体一个范围。作为目的的主体性就是自我规定,而且因此,它就有了自身的特殊化,也就是说,有了特殊化本身(作为**定在区别**的一个世界),这些区别作为一些神圣形态而存在。崇高宗教中的主体性已经有一种被规定的目的,即家庭、民族。但是,这一目的只有对主的弥撒不被耽误时才会实现。由于这种要求,即为被规定的目的而对主观精神的**扬弃**,这一目的就成为一种普遍的目的。因此,如果一方面由于这一种主体性一分为二为许多目的,使主体性降低为特殊性,那么另一方面,普遍性之特殊性就相反得以提升,而这些区别则因此在这里就成为神圣的、普遍的区别。诸目的的这种特殊性因此就是抽象普遍性和目的个别性的聚合,是**其美的中心**。这样一来,这种特殊性就构成普遍主体性的内容,而且只要这内容被设定进这一环节,它本身就主体化为主体。因此就出现了**实在的伦理**;因为神圣的东西进入真正精神的一定关系中,就自我规定地按照实体的统一,是伦理的东西。以此,主体性的实在**自由**也就被设定出来了,因为**一定**的内容对有限的自我意识来说是与其上帝共有的;其上帝不再是一彼岸者,而且有一定的内容,这内容按照其一定的方面被提升进**本质**里,并通过对直接个别性的扬弃而成为一种本质的内容。

  这样一来,涉及内容本身的东西,实体的基础,就犹如联系中已经表明的那样,一般来说就是理性,精神的自由,本质的自由。这种自由不是任性,也许必须与任性区别开来;它是本质的自由,是在其诸规定本身中自我规定的自由。当自由作为自我规定是这种关系的基础时,这种关系就是**具体的理性**,这种理性本质上包含着伦理的一些原则。自由就是这样一点,不想要什么东西,不想作为自由要什么东西,这一点就是伦理的东西,由此就产生出伦理的规定,自我规定的形式的东西突变为**内容**。这一点在这里不能进一步地说明。

然而,当伦理构成本质的基础时,这一点还是**第一个**基础,是在其**直接性**中的伦理。它就是这种理性,犹如它是一种普遍的理性一样,因此还是就其**实体**的形式而言的。理性尚未作为某一主体而存在,尚未从这种纯正的统一——在其中,理性就是伦理——提升为**主体的统一**,或者专心致志于自身。[99]

**绝对的必然性**和精神的、人的形态还是不同的。虽然规定性被设定进普遍者,但这种规定性一方面是**抽象的**,另一方面则被自由释放为**各种不同的规定性**,而且还没有被取回那种统一之中。它成为、属于此,即规定性被提升为**无限的对立**(如在崇高的宗教中那样),同时进入无限者中,因为只有在这一极上,这种对立同时才能够**就它自身而言**成为**统一**。形象的神灵们范围本身必须纳入必然性(进入**一神殿**)之中。但是,当它的各种不同性和差别性普遍化为**简单的**差别时,它就只能是这样,而且它只配得上这样;因此,它首先适合于那种环节,然后就它自身而言也直接是同一的。诸精神必须被理解为**这种**精神,以致于**这种**精神是其**普遍的本性**,本身已被加以强调。

b) 因为必然性之统一尚未被归因于无限主体性的最后之点,所以,精神的、本质上是合乎伦理的诸规定就作为**相互外在者**显现出来;它是最充满内含的内容,但却是作为相互外在者存在。

一般应区别伦理,也应区别希腊的道德与伦理,即伦理者的主体性——它知道自己在自身中有说明,有伦理者的决心、意图和目的。伦理在这里还是**实体的存在**,是伦理者的真正存在,但还不是这一存在之**知**。这存在于客观的内容中,以致于因为尚没有**一种**主体性,即这种自身中的反思,为了这种规定起见,伦理的内容就发生分化,构成其基础的是激情(παvη),即本质上的诸精神力量,合乎伦理的生活的诸普遍力量,特别是实际的生活,国家生活,除此之外还有正义、勇敢、家庭、誓言、农耕、科学等等。[100]

71

与伦理分化为这些特殊规定相联系的是**其他的分化**,即与这些精神的力量相反,**自然的东西**也产生了。有这种瓦解结果的直接性之规定,包含着这样的规定:与此相对的是诸自然力量,即天、地、河流、时间划分。

c)最后的规定终究是本质的自我意识与有限的自我意识、本质的精神与有限的精神的对立之规定。在这种规定中出现了主体性的**自然形态**的形式;自然的形态被有限的自我意识想象成神,而这种自然的形态则与自我意识相对立。

2. 神圣者的形态

a. 精神者与自然者的斗争

当基本规定是精神的主体性时,**自然力量**就不自为地被视为本质的力量。但是,它是**诸特殊性之一**,而且作为**最直接的特殊性**,**始初的特殊性**通过其扬弃才产生出其他的精神力量。我们已经看到独一者的力量,而且如同其自为存在的崇高首先从创造中产生出来一样。作为**绝对者的自身**,这里缺少这一**基础**。这样一来,出发点就是从**直接自然性**的范围之出发点,这种自然性在这里并不会显现为由独一者所创造。诸自然力量的这些特殊性所立足的统一,并不是精神的力量,而是一种本身**自然的统一**,**混沌**。

[101] 赫西奥德说过,"最初首先出现的是混沌"(《**神谱**》,v.116)。因此,混沌本身就是一种被设定者。但是,何谓设定者,却是没有说的。这只是说:**它曾形成**。因为基础并不是自身,而是非自身,是仅仅能被说的必然性:它存在。混沌是直接者的运动着的统一;但是,它本身还不是主体,特殊性;所以,关于它没有说:它产生;而是如它自身仅仅形成一样,也从它之中又形成这种必然性:遥远被扩展开来的大地,塔塔罗斯(Tartaros)的恐惧,埃瑞波斯(Erebos)的黑夜,以及用美打扮起来的埃罗斯(Eros)①。

---

① 在古希腊神话中,塔塔罗斯为冥府的最底层,亦为宇宙的最底层,主神宙斯将战败的提坦诸神囚禁于此;埃瑞玻斯为混沌(卡奥斯)之子,被视为幽暗之神,据赫西奥德所述,埃罗斯与塔塔罗斯和地神盖娅均生于混沌(卡奥斯),埃罗斯曾促使天神乌兰诺斯与地神盖娅结合,后渐演化为"小爱神"。——译者注

第二章　精神个体性的宗教

我们看到**特殊性总体**形成：大地、肯定者、普遍的基础；塔塔罗斯、埃瑞波斯、黑夜、否定者；以及埃洛斯、联结者、活动者。诸特殊性本身已经是生育者：大地[盖娅]从自身产生天宇，它没有受孕而生育诸山脉、荒凉的彭托斯（Pontos），但与天宇相联系的是奥克阿诺斯（Okeanos）及其统摄者；此外，它生育独眼巨人，生出诸自然威力，与此同时，以前的诸孩子们都作为主体是诸自然物本身①。这样一来，天宇与大地就是诸抽象的威力，这些威力自我受孕地让自然者的范围产生出来。最年幼的孩子是未探明的王子（Kronos）。自然，第二个环节，生育出否定的环节在自身中来自自然方面所拥有的一切。第三是，这些特殊性相互联系起来，并产生出肯定者和否定者。所有这些后来都为精神主体性的诸神灵所战胜；只有赫卡特（Hekate）②独自作为来自自然方面的命运留存下来。

首先威力是凌驾于自然暴力这一范围之上的统治者，是**抽象一般**，从中产生出这些自然暴力，**乌兰诺斯**（Uranos），而当它作为其抽象的设定仅仅是力量，以致于这力量就是起作用者时，它就把它的所有孩子们遏制住。但是，天之结果就是未探明的时间，最年轻的孩子。这个孩子通过地之光战胜乌兰诺斯。一切都在这里以主观目的的形态存在，而狡计则是暴力的否定者。但是，当现在诸特殊暴力成为自由的和起作用时，乌兰诺斯就用惩罚的名义称它们为**提坦**（Titanen）③，其不公正将受到惩罚。

[102]

---

①　盖娅为古希腊神话中的地神和母神，又被视为最古老的前奥林波斯神；相传，她生于混沌之后，自生天神乌诺斯、海神彭托斯及众山神，后又与天神乌兰诺斯结合，生提坦诸神、百臂巨灵、独目巨灵等。独目巨灵称为"基克洛普斯"，即：阿格斯（光亮），布戎忒斯（雷霆）和斯忒罗佩斯（闪电）。——译者注

②　赫卡忒（Hekate），为希腊神话中前奥林波斯的一个重要的提坦女神，也是掌管幽灵和魔法的女神，是星夜女神阿斯特里亚同破坏神珀耳塞斯所生的女儿。赫卡忒总是和月光、夜晚、鬼魂、地狱、精灵、魔法、巫术和妖术联系在一起。古希腊人认为赫卡忒代表了世界的黑暗面，而在晚期神话中，赫卡忒也被认为是月亮女神之一：代表冥月。——译者注

③　提坦诸神为天神乌兰诺斯与地神盖娅所生六男六女，兄妹相婚，即：克里奥斯与欧律彼娅、科奥斯与福伯、克罗诺斯与瑞娅、许佩里翁与提娅、伊阿佩托斯与忒弥斯、奥克阿诺斯与忒提斯；又说，谟涅摩叙涅亦为提坦女神。他们为老辈神，被视为自然之力及灾害的化身，其名与太阳的炎热相关联；后被以宙斯为首的幼辈神战胜，被囚禁于地下的塔塔罗斯。——译者注

这些特殊的自然力量也被拟人化了;但拟人化就这些自然力量而言仅仅是表面的,因为例如赫利奥斯(Helios)或奥克阿诺斯(Okeanos)的内容是一自然者,不是精神的力量。所以,如果**赫利奥斯**按人的方式被表象为活动的,那么就有拟人化的空洞形式。赫利奥斯不是太阳之神,不是太阳神(因此,希腊人没有显示出来),奥克阿诺斯不是海神,以致于这神和他统治的东西是**不同的**,而这些力量就是一些**自然力量**。

因此,这一自然范围中的第一个环节就是混沌,随着其诸环节通过抽象的必然性而被设定出来;第二个环节就是乌兰诺斯统治下生产的时期,在这里,这些抽象的、来自于混沌的环节都是生育者;第三个环节是**克罗诺斯**(Kronos),在这里,**特殊的、自身已经被生育出来的自然力量正在生育**。由此,法规本身就是设定者,**向精神的过渡**也被搞出来了。这种过渡进一步由于它本身生育出过渡而在克罗诺斯身上显示出来。它一般通过**诸直接形态的扬弃**而是统治者。不过,它**本身**是**直接的**,而且因此是矛盾,就它本身而言直接作为对直接性的扬弃而存在。它从自身中生产出精神的诸神;但是,只要他们首先只是自然的,那么它就扬弃他们,吞下他们。但是,它对诸精神神灵的扬弃本身必须被扬弃,并重新通过反对克罗诺斯自然力量的狡计而产生出来①。**宙斯**,精神主体性之上帝,在活着。因此,克罗诺斯就与他的他者相对立,而且一般来说产生出自然力量与精神诸神的斗争。

这样一来,不管这种分裂怎么样——其中诸自然力量作为自为的显现出来——,都同样一再出现精神者和自然者的统一——而这是本质的东西——,然而,这种统一不是二者的中立化,而是那种形式,在这种形式中,精神者不仅仅是占优势者,而且也是统治者、规定者,自然者则是理念

---

① 相传,盖娅曾预言:克罗诺斯之子亦将取代其位。于是,克罗诺斯将其妻瑞娅所生的子女全部吞入腹内。瑞娅生宙斯后,以襁褓裹石,谎称为初生的婴儿,克罗诺斯深信不疑,亦吞入腹内,宙斯被送到克里特岛抚养,长大后娶墨提斯为妻;墨提斯设法让克罗诺斯服下催吐剂,将宙斯的兄弟姊妹全部吐出。宙斯和众兄弟姊妹与克罗诺斯等提坦诸神鏖战十载,最终获胜。克罗诺斯与提坦诸神被囚禁于地之深层的塔塔罗斯,由百臂巨灵看守。——译者注

的,从属者。

关于诸自然力量屈从于精神者的意识,希腊人表达如下:宙斯通过战争建立了诸精神神灵的统治,并战胜了自然力量,且将其推下王位。精神的诸威力就是控制世界的威力。在这种神灵战争中,希腊诸神的**整个历史**及其本性已被表达出来了。否则,在这种战争之外,他们什么都没有做;即使他们自身进一步接受某一个人或特洛伊人等等,这也不再是**他们的历史**,而且不是他们本性的历史发展。然而,他们作为精神的原则已被提升到统治地位,并战胜了自然的东西,这是他们**本质的行为**,而且是希腊人关于他们的本质意识。

这样一来,诸自然神灵就都被奴役,被从王位上推下去;精神的原则战胜自然宗教,而诸自然力量就被排挤到世界的边缘,自我意识世界的彼岸;但它们也**保留了自己的权利**。它们作为自然力量同时也被设定为理念的,被屈从于精神的东西,以致于它们就精神的东西而言或者就诸精神神灵本身而言构成**一种**规定,在这些神灵本身中还包含了这种自然的环节,但只是作为与自然环节的相似之处,只是作为他们的一个方面。

但是,不仅自然力量,而且**狄克**(Dike)、**欧墨尼德斯**(Eumeniden)、**埃里尼斯**(Erinnyen)也属于这些古老神;即使**誓约**、**斯提克斯**(Styx)①也属于诸古老神。他们区别于诸新神,这是由于虽然他们是精神的东西,精神的东西作为一种仅仅**在自身中存在的力量**或作为粗野的、**未发展的精神性**而存在;**埃里尼斯**只是诸内在的指向者,**誓约**则是我的良知中的这种确信性,——良知的真理,我是否已经把誓约置于其外,都在我之中;我们可以把誓约与良心做一比较。

[104]

与此相反,**宙斯**是政治之神,诸**法规**、统治、又是**著名**法规之神,不是良知的诸法规之神。良知在国家中没有权利,——如果人依据于其良知,

---

① 斯提克斯(Styx)被视为冥河斯提克斯之神,为奥克阿诺斯之长女;提坦诸神与宙斯相争,斯提克斯与其子女拥戴宙斯,博得宙斯的褒奖,斯提克斯之名亦成为誓约的象征。据说,众神如发生争执和纠纷,须向斯提克斯河水盟誓。如违誓约,盟誓者便昏迷(或痴呆)1年,之后,须远离奥林波斯神域9年,或永远被逐离神域。——译者注

那么这一个人就有这种良知,另一个人就有另一种良知——,而有法规的东西。与此一起的是正派的良知,良知被了解为正派的东西,必定是客观的,必定适合于客观的良知,因此,如果国家是一个伦理的结构,良知就是一种由国家承认的良知。

因此,**涅墨西斯**(Nemesis)也是一古老神;他只是**形式者**,贬低崇高者的高贵者,只是平等化,贬低优点的妒忌,以致于高贵者与他者处于同等地位。在**狄克**中,已包含了严格的、**抽象的**权利。奥瑞斯忒斯受到欧墨尼德斯的迫害,而雅典娜则为伦理法权、国家开脱。伦理权利是一种不同于纯粹严格权利的权利;诸新神都是**伦理权利**的诸神①。

不过,诸新神也是双重性本身,并**把自然者和精神者统一于自身**。对于希腊人的本质观念来说,自然环节或自然力量当然并不曾是真正的独立者,而只是精神的主体性。充满内容的主体性本身——它按照诸目的自我规定——,不会在自身中具有一种纯粹的自然形态。所以,希腊人的幻想也没有用一些神挤满自然,犹如对印度人来说,从所有自然的形态中突出某一神的形态一样。希腊人的原则其实是主观的自由,而在这种情况下,自然者当然就不再有价值构成神圣者的内容。然而另一方面,这种自由的主体性还不是**绝对自由的**主体性,不是作为精神真正实在化了的**理念**,也就是说,它还不是**普遍的**、**无限的主体性**。我们仅仅处在导向那里的阶段上。自由主体性的内容还**更特别些**;它虽然是精神的,但由于精神没有把自身作为对象,那么特殊性就还是自然的特殊性,而且本身还作为诸精神神灵的这一规定存在着。

因此,**朱庇特**(Jupiter)就是天宇、大气(在拉丁文中还写着"在冷峭的天幕下(sub jove frigido)")②、雷鸣;但是,除了这种自然原则,尤皮特

[105]

---

① 奥瑞斯忒斯为古希腊神话传说中的迈锡尼和斯巴达王阿伽门农与克吕滕涅斯特拉之子。——译者注

② 朱庇特其名来自普通名词"天宇";"sub jove",意即"在天幕下","sub jove frigide"——"在冷峭的天幕下"。此处之朱庇特,系指古希腊神话中的主神宙斯,其名来源于印欧语"明朗的天"。两神往往相混同。——译者注

不仅是诸神和诸人之父,而且他也是政治之神,是国家的法权和伦理,是地球上最大的力量。否则,他就是一种多方面的伦理力量,是诸旧风俗中热情好客之神,在这里,一些不同国家的关系还没有规定出来,热情好客本质上涉及属于一些不同国家的公民伦理关系。波塞冬(Poseidon)是海洋,犹如奥克阿诺斯、彭托斯一样:他保持着基本部分的野性,但也在诸新神中间被接纳了。**福玻斯**(Phöbos)①是知识之神;他已经按照相似、即实体的、逻辑的规定与光相称,而福玻斯则是太阳威力的反响。**吕基亚之阿波罗**(der Lykische Apoll)则有与光的直接联系。这来自小亚细亚;自然的东西,光,则更多来自东方。福玻斯在希腊军营里施下瘟疫;这同时也与太阳相关联:瘟疫是炎热夏天、阳光灼热的这种作用②。即使福玻斯的造像也有与太阳相联系的标志、象征。

以前是泰坦神的和自然的这同一些神,以后都以某一种精神的基本规定显现出来,这种规定是占统治地位的,人们甚至已经争论在**阿波罗中**是否还存在某种自然的东西。在荷马中诚然赫利奥斯就是太阳,但直接同时也是明亮,即照射和照亮一切的精神环节。但是,即使还稍后一些,对于阿波罗来说,始终还留下了其某种自然环节:他以闪闪发光的头脑被表现出来。

[106]

这就是普遍者,尽管它在诸个别的神灵那里也没有特别可以觉察出来。一般来说,完善的结论在其中未被探寻到。一个环节有时显得强烈一些,有时显得弱一些。在《复仇神》(Aischylos)的**欧墨尼德斯**中,最初的场面发生在阿波罗神庙前。在那里呼吁进行敬奉;首先应该敬奉的是女预言者(die Γαῖα)③,自然原则,然后是敬奉忒弥斯(Themis)④,她已

---

① "福玻斯"(Phöbos),为古希腊神话中阿波罗的称谓,意即"光辉灿烂的"。——译者注

② 阿波罗为古希腊神话中最主要的神之一。相传,阿波罗的由来同古小亚细亚不无关系。阿波罗曾在特洛伊战争中帮助居于小亚细亚地区的特洛伊人。——译者注

③ 即女神盖娅。——译者注

④ 忒弥斯为普罗米修斯之母,善预卜,曾继盖娅之后司掌德尔斐神托所,后被视为法制的化身。——译者注

经是一种精神的力量,但像狄克一样,她属于诸古老的神;然后夜间就到来了,然后是福玻斯,——预言已转到诸新神那里①。**品达罗斯**(Pindar)也谈到涉及预言的继承;他使黑夜成为第一个女预言者,随后是忒弥斯(Themis),再后就是福玻斯。因此,这是从自然形态向诸新神的过渡。在诗歌艺术、这些教义产生的范围里,这不可历史地被认为不是固定的,以致于未曾能偏离于此。

因此,即使嘈杂声,树叶的沙沙声,悬挂起来的钹,也是给予预言的第一种方式,纯粹的自然声音;稍后才出现某一个女教士,这女教士以合乎人性的、即使不是清楚的声音预言。同样,**缪斯**(Musen)首先是宁芙女神、源泉、波涛、声响、潺潺流水,——处处的开端都从自然的方式始,从某些自然力量始,这些自然力量变为具有精神内容的某一个神。即使在**狄安娜**(Diana)②那里也出现了这样一种变化。以弗所(Ephesus)的狄安娜还是亚细亚的,并用许多乳房表象出来,且用一些动物的画作加以遮盖。一般来说,狄安娜是自然生命,以自然产生和抚养的力量为其基础。与此相反,希腊的狄安娜是捕杀动物的女猎者;她没有一般狩猎的含义和意义,而有对野兽狩猎的含义和意义。也就是说,由于精神主体性的勇敢,这些动物被击毙和杀死,这些动物在以前的宗教精神领域里被看作是绝对有用的。

被视作提坦神的**普罗米修斯**(Prometheus)是一位重要的有趣人物形象。普罗米修斯是自然力量;但当他教会了众人最初的技艺时,他也是众人的行善者。他从天界给他们取来了火种。点着火已经属于某种教育;人已经从最初的野蛮中走出来。因此,教育的诸种开端以可想象的纪念保留在诸神话中。普罗米修斯也教会了众人献祭,以致于他们也从祭品中得到某种东西。诸动物并不属于众人,而属于一种精神的力量,——也

---

① 黑格尔在此系指埃斯库罗斯在《复仇神》中之描述;德尔斐诸预言之神,即:地神盖娅——智慧女神忒弥斯——福伯(盖娅之女)——阿波罗(福玻斯)。——译者注

② "狄安娜"为古希腊神话中狩猎女神,阿尔忒弥斯的古罗马称谓;阿尔忒弥斯曾被奉为植物女神,后演化为丰饶女神和生育的保护神。——译者注

就是说,他们尚未食肉。但普罗米修斯从宙斯那里取走了整个祭品;因为他将其作成了两堆,一堆是骨头,上面盖着动物的皮,另一堆是肉,而宙斯拿走了前者①。

因此,**献祭**成了一次盛宴,在此,诸神得到内脏和骨头。这位普罗米修斯教会了诸人捕捉动物并将使其成为他们的食物。人一向不可碰诸动物;动物是受人尊重者;在荷马中就提到赫利奥斯(Helios)的太阳牛(Sonnenrind),这牛不许可人触摸②。在印度人、埃及人那里,禁忌宰杀某些动物。普罗米修斯教会了众人自己吃肉,仅仅把肉皮和骨头留给尤皮特(宙斯)。

但是,普罗米修斯是一提坦神,被锁于高加索山崖上,而兀鹫每日啄食他不断增强的生命——从未停止的痛苦。普罗米修斯教会了众人的东西,仅仅是这样一些技巧,这些技巧涉及对自然需要的满足。在对这些需要的纯粹满足中,绝不是满足了,而是需要始终继续增长,而忧虑始终是新的,——这是那个神话所提到的。在**柏拉图**那里,有一个地方③说道,普罗米修斯没有能够把政治传达给众人;因为政治被保存在宙斯的神宫里。这里以此表示,政治是宙斯所属特有的。因此,也许可感激提到的是,普罗米修斯使人由于有技艺而使生活轻松一些;然而尽管这一点就是人的知性力量,但他确实属于提坦神,因为这些技巧还没有法规,没有伦理的力量。

[108]

如果诸神是来自实体——它分裂为诸神——的精神特殊性,那么正好因此另一方面特殊者的局限性就被提升为与实体的普遍性处于相反的地位。由此,我们就获得了二者的统一,使神的目的人性化,把人的目

---

① 普罗米修斯是古希腊神话中的提坦神,被视为文化英雄。马克思称他为"最高尚的圣者和殉道者"。——译者注

② 据荷马在《奥德修斯纪》中所述,奥德修斯的伙伴们不听忠告,竟杀死赫利奥斯的神牛为食,他们后来均遭惩死于非命。——译者注

③ 柏拉图在《普罗塔哥拉篇》中写道:"世人学会维持生存,而他们尚不善于共同生活,——宙斯却谙于此。而进入宙斯所在之地,抵达其高天的神域,普罗米修斯却不能;况且,宙斯的守卫者十分可畏。"——译者注

提升为神的目的。这就产生了**英雄**、半神。特别突出的是这种考虑中**赫拉克勒斯**(Herakles)的形象。他是人的个体性,历尽艰辛;他因为其德行而升入天堂。所以,英雄们**不直接就是神**;他们只有通过劳作才使**自己进入神圣者**。因为精神个体性的诸神,虽然现在是安静的,但只有通过与诸塔坦神的斗争才存在;他们的这一自在已进入英雄之中。因此,英雄们的精神个体性高于诸神本身的精神个体性;英雄们是诸神自在所是者,是**真实的**,是**自在的活动**,而且尽管必须在劳作中搏斗,这仍是诸神还自在具有的自然性的了结。诸神来自自然力量;但英雄们来自诸神。

[109] 因此,当诸精神神灵是克服自然力量的结果,但只是由于这种克服才存在时,他们就拥有其自身的变易,并显示为具体的统一。自然力量已包含在他们之中作为其基础,尽管这自在者在他们之中被美化了。因此,在诸神中存在自然环节的这种影响,是赫拉克勒斯并不拥有的一种影响。这种区别也为希腊人本身意识到,关于此有更多的迹象。在埃斯库罗斯的剧作中,普罗米修斯说道,他有其安慰、抗拒及其认错,原因在于,宙斯将有一子出生,此子将把他推下王位。宙斯统治倒台的这同一种预言,也就是通过神的东西和人的东西的被设定的统一——它存在于诸英雄中——在阿里斯托芬(Aristophnes)那里的剧作中表达出来了。巴克科斯对赫拉克勒斯说道:如果宙斯死去,你就继承他的遗产①。

b. 无形态的必然性

把大多数特殊神联系起来的统一,首先还是一种表面的统一。**宙斯**用家长、族长制的方式统治他们,在这里,君主最后做其他人全部也想做的事情,其他人对所有发生的事情总爱发表自己的意见。但是,这种统治并不是严肃认真的。绝对力量形式中的更高绝对统一作为其纯粹的力量凌驾于他们之上;这种力量就是**命运**,纯粹的必然性。

作为**绝对必然性**的这种统一在它自身之中有着普遍的规定性;它是

---

① 相传,普罗米修斯知一古老的隐秘:宙斯与女神忒提丝所生之子必定胜过宙斯。宙斯唯恐其统治地位受到威胁,便将忒提丝嫁与凡人佩琉斯。据考证,在阿里斯托芬的《鸟》(以神话为题材的喜剧)中,海神波塞冬曾向赫拉克勒斯讲这一番话。——译者注

第二章　精神个体性的宗教

丰富多彩的所有规定,但它并没有**在自身中得到发展**,因为内容其实已以特殊的方式分配给了许多来自于它的诸神。它本身是空洞的,且无内容,蔑视所有的共同体和造型,并作为盲目的、不可理解的、无概念的力量令人可怕地端坐在一切之上。它是无概念的,因为只有具体者才能被理解,然而它本身还是抽象的,而且尚未发展至目的概念,尚未发展至**被规定的规定**。 [110]

必然性本质上**涉及世界**,因为规定性是必然性本身的环节,而具体的世界则是发展了的规定性,一般是有限性、即一定定在的领域。必然性首先仅仅与具体的世界有一种抽象的关系,而且这种关系是世界的外在统一,是一般**相同性**——这种相同性在没有进一步规定的情况下就自身而言是无概念的——,**涅墨西斯**(Nemesis)①。她使高贵和崇高低下,并因此建立相同性。但是,这种平等化不可这样来理解,以致于如果自我产生者和至高者遭到贬低,那么低下者就被提升。而且低下者就应该如此,它是有限者,这有限者没有特殊的要求,也没有其能向之呼吁的无限的内在价值。因此,它并不是**太低下**;但它可以超出于一般的命运和有限性的通常标准之上,而且如果它采取打破平衡的行动,那么它就又被涅墨西斯恢复过来。

如果我们在这里立即考察一下**有限自我意识**与这种必然性的关系,那么在其坚强力量的压力下,只有一种听从在没有内在自由时才是可能的。只是自由的**一种**形式至少也来自信念方面。有必然性信念的希腊人因此安静下来:事情**就是**如此,在这种情况下,没有什么可反对的,我不得不忍受。在我不得不忍受此事情、甚至我要喜欢此事情这种信念之下,其中就有自由,此事情就是**我的事情**。

这种信念包含着:人面对着这种简单的必然性。当他站在:"事情就是如此"这种立场上时,他排除了、放弃了所有的特殊者,脱离了所有特

---

① 涅墨西斯为古希腊神话中古老的报复女神,为埃瑞玻斯与夜神尼克斯之女,被视为愤恨(或良心)之化身。相传,她审视人寰,并对行为不轨者施以惩罚。——译者注

81

[111]　殊的目的、兴趣。众人的闷闷不乐、不高兴正是他们坚持某一没有被放弃的一定目的;而且,如果事情不适合或者根本违背这一目的,他们就不满意。在这种情况下,在此时所是的东西和人们想要的东西之间就没有一致,因为他们心中有应该:"这应该存在"。因此,不和,自身中的分裂,是现存在着的;但是,按照这种观点,就没有目的、没有兴趣被抓住,以反对各种情况,犹如它们仅仅在顺利进行一样。不幸、不满意,无非就是矛盾,即某种事情违背我的意志。如果特殊的兴趣被放弃了,那么我就回到了这种纯粹的安静中,回到这种纯粹的存在中,回到这种"是"中。

在这种情况下,对人来说就没有什么安慰,然而也是不必要的。只要他要求补偿损失,他就需要安慰;但在这里,他放弃了分裂与不和的内在根源,也完全放弃了已损失的东西,因为他有能力注意到必然性。所以,意识在与必然性的关系中是被消灭的,完全与某一彼岸者相联系,也没有在其中熟悉自己,这些只是一种虚假的外表。必然性对它来说不是独一者,所以意识也不是**自为**就在其中,或者它不是**利己的独一者**在其直接性中。在与是独一者的东西的关系中它**自为**地存在,它**想**自为地存在,并坚持自身。仆人在其对主人的服侍、屈从、恐惧和卑微中有**利己主义的意图**。然而,在与必然性的关系中,主体,作为不是自为存在的,自为地被规定出来;他其实扬弃了自身,没有为自己保留目的,而且,正是对必然性的尊重才是自我意识的这种规定的-和完全没有对立的倾向。现今我们称

[112]　为命运的东西,正好是自我意识这一倾向的反面。人们谈到**公平的**、不公平的、应得的命运;人们需要对命运作出说明,也就是说,作为个体某一状态和命运的原因。这里有原因和结果的一种外部联系,由此在个体身上就突然产生一种传统恶习、一种古老诅咒(延及其家人)等等。因此在这样一些情况下,命运就有这样的意义,即有某一种**原因**,但却同时也是一种**彼岸**原因的一种原因,而此后,命运无非是**一些原因和一些结果的某种联系**,是这样一些原因的联系,这些原因应该为命运所碰到的联系、即最终原因而存在,但是在这里,一种隐蔽的联系存在于忍受痛苦者自为所是的东西和不应降临到他身上的东西之间。

对必然性的直观和重视其实正是相反的事情;就此而言,那种中介和**关于原因与结果的推理已被扬弃了**。人们可以不谈对必然性的信任,好像必然性是一种本质或**一种关系**,像来自原因和结果一样来自某些关系,而且好像它因此就以客观的形态与意识相对立。更确切地说,人们说道:"这是必然的",这一点都以所有推理的放弃和使精神变为烦恼的简单抽象为前提。精神的这一倾向,放弃了如人们所说的为命运所夺走的东西,给予高贵东西和美好性格一种伟大、安静和我们也在诸古人那里找到的自由高贵。然而,这种自由只是仅仅高居于具体者、特殊者之上的抽象自由,而没有用与被规定者一起被置入和谐中,也就是说,它是纯粹思维、存在、己内存在、对特殊者的放弃。与此相反,在更高级的宗教中,安慰就是,绝对的最终目的也在不幸中被达到,以致于否定者就突变为肯定者。"这个时代的痛苦是通向福乐之路。"

抽象的必然性作为思维和复归自身的这种抽象是这一个极端;另一个极端是诸特殊神圣的威力的个别性。[113]

c. 被设定的必然性或诸特殊的神,其现象与形态

神圣的特殊威力属于自在的普遍者、必然性,但超出这种必然性,因为它自为地还未被设定为概念,也未被规定为自由。理性和理性内容都还存在于直接性的形式中,或者主体性未被设定为无限的主体性,而**个别性**所以就作为**外在的个别性**产生出来。概念尚未被揭示出来,而其定在的方面还没有包含必然性的内容。但是,因此也已被设定出来的是,特殊者的自由仅仅是自由的外表,而诸特殊力量则被保留在必然性的**统一和力量**之中。

自为的必然性并不是神圣者或不是神圣者一般。人们也许可以说:"上帝是必然性",也就是说,必然性是上帝的诸规定之一,尽管是一种还未完成的规定,——但不可以说:"必然性是上帝"。因为必然性不是理念,它其实是抽象的概念。然而涅墨西斯,还有更多这些特殊力量,只要作为那些力量与定在的实在性有关,而这些力量就它们本身而言又被规定为**与必然性是不同的**,而且因此被视为是**相互**不同的,且在必然性中,

作为**普遍者和特殊者的统一**存在着,那么它们就是神圣的威力。

但是,因为特殊性尚未被理念所减弱,必然性并不是智慧的充满内容的尺度,那么,**内容**的不受限制的**偶然性**就进入诸特殊神的范围。

[114]　α. 形态的偶然性

奥林波斯的十二大神①就没有通过概念排列成次序,而且他们没有构成体系。理念的一个环节也许有所暗示,但未被阐明。

作为与必然性的分离,同一外在的、也就是直接的、完全直接的诸对象的神圣威力,是一些自然的实存:太阳、天宇、大地、海洋、山脉、众人、一些国王等等。但是,它(他)们也始终被**必然性**所保持,而且因此,自然性就被它们**扬弃**了。如果事情始终如此,即这些威力按照自然的、直接的实存是神圣的本质,那么这就是向自然宗教的倒退,在这里,光、太阳、按其直接性的这位国王,就是上帝,而且内在者、普遍者尚未达到**关系**的环节,不过,这种关系确实在本质上包含了必然性全然于自身之内,这是由于在这必然性中直接者仅仅是一个**被设定者**和被扬弃者。

然而,**自然环节**虽然被扬弃了,它还是诸特殊力量的一种规定性,而且,当它被吸收进自我意识的个人形态之中时,它就成为一些**偶然规定**的一个丰富源泉。时间规定,年、月份划分,还更要借助于诸具体神灵来施行。有人,如杜毕伊(Dupuis)②,企图使他们成为一些历法神。即使自然产生、形成和消逝的直观,也还以多种相似之处在诸精神神灵领域里起作用。但是,作为被提升为这些神灵的自我意识形态,那些自然的规定显现

[115]　为偶然的,并过渡为**自我意识主体性的**一些规定,它们由此就失去了其意义。应该承认这伟大的权利,即在这些神灵的行为中寻找所谓的哲学命

---

① 奥林波斯山为希腊境内一巍峨的山峰,被视为宙斯所主的神域。所谓"奥林波斯十二大神"为:主神宙斯、赫拉(天后)、波塞冬(海洋主宰)、德墨忒尔(农事女神)、阿波罗(太阳神、光明之神)、阿尔忒弥斯(狩猎女神)、阿瑞斯(战神)、阿弗罗狄忒(爱与美之女神)、赫尔墨斯(众神使者)、雅典娜(智慧女神、战神)、赫淮斯托斯(工匠神)、赫斯提娅(女灶神)。——译者注

② [法]查理·弗朗西斯·杜毕伊(Charle-François Dupuis):《一切崇拜的起源》,4卷本,巴黎1795年版(L'origine de tous les cultes, uo Religion universelle, 4 Bde., Paris 1795)。

题。例如,宙斯与诸神一起在埃塞俄比亚人那里饮宴 12 天,将朱诺(Juno)①悬于天地之间等等。这样一些表象,也像归咎于宙斯的无限多的恋爱关系一样,自然在一种抽象的表象中有其始初的源泉,这种表象与一些自然情况、自然力有关,与本身中的合乎规则者和本质者有关,而且人们因此有权利按照这样的表象进行研究。但是,这些自然的关系同时也被贬低为一些偶然性,因为它们没有坚持其纯洁性,而是变成为适合于人的主观方式的一些形式。自由的自我意识没有从这样一些自然规定中做出更多的东西。

一些偶然规定的另一个源泉是精神者本身、精神个体性及其历史发展。上帝可向人显示在其自己的诸种命运中,在某一个国家的命运中,而且这正成为某一种被视为**上帝**的行为、友好或敌意的事情。如果某一种事情,幸或不幸被提升为某一神灵的行为,并有助于进一步和单独规定这神的行为,这就产生出无限多种多样的、然而也是偶然的内容。犹如犹太人的上帝给了人民以土地,并引领始祖走出埃及一样,一位希腊的神干了某一个民族所遇到的和它所视为神圣的或神圣东西自我规定的这一件事情或那一件事情。

然后,也考虑到某一个神灵的意识首先开始的**地点**和**时间**。被限制产生的这一个环节,与希腊人的兴高采烈相联系,是一系列优美历史的起源。

最后,诸神的**自由个体性**是归之于他们的多种多样偶然内容的首要来源。他们即是,尽管还不是无限的、绝对的精神性,但却是**具体的**、主观的精神性。作为这种精神性,他们并不具有抽象的内容,而且这不仅仅是他们中的一种特性,他们也把更多的规定集中于自身之中。如果他们仅仅具有一种特性,那么这种特性就只是一个抽象的内在者或简单的意义,而他们本身只是**比喻**,也就是说,仅仅**被表象**为具体的。但是,他们就其

[116]

---

① 朱诺(Juno)罗马神话里的神后,朱庇特之妻,是女性、婚姻和母性之神。她是宙斯的姐姐,在宙斯取得统治权后成为宙斯的妻子,与宙斯结合生下战神阿瑞斯、火与工匠之神赫淮斯托斯和青春女神赫柏。——译者注

具体丰富的个体性而言,并没有与某一唯一的特性有限制的方向和作用方式相联系,而是他们能够自由地诉说任一、但因此也是**任意的**和偶然的方向。

至今我们已经考察了神圣东西的形象,犹如它根据于自在,也就是根据于这种神的个体本性,根据于其主观的精神性,根据于其地点和时间的偶然出现,或发生于自然的一些规定向自由主体性表现的不由自主的过渡中一样。应该考察这种形象,它是如何**随意识一起**完成的。这是诸神圣威力的显现,这种显现是为他者、即为主观的自我意识而存在的,并在其理解中被知晓和被塑造出来。

β. 神圣者的显现与理解

上帝在其显现和显示于有限精神中获得的形象,有**两个**方面。即上帝面向于外,由此就出现了一种分裂和一种区别,这种区别这样被规定出来,以致于它是显现的两方面,这两方面的一个方面就应归于上帝,另一方面则归于有限的精神。归之于上帝的方面是上帝之启示,上帝之表现。

[117] 按照这一方面,只有消极的接受才归之于自我意识。这种表现的方式主要为**思想**而产生;永恒者被教授,被给予,且不通过个别者的任意而设定出来。**梦想**、**神谕**便是这样一些显现。希腊人有了所有的形式于其中。例如,一个神像从天上掉落下来,或一块**陨石**或雷鸣或闪电都被视为神圣者的显现;或者,这种显现作为对意识的最初的而且还模糊的预示,是诸树木的沙沙作响,森林的寂静,其中**潘神**(Pan)①就在当前。

因此,当这一阶段仅仅是始初自由和理性的阶段时,精神的力量或者以外在的方式显现出来,而**自然的**方面就是根据于此,这种观点还未摆脱这一方面;或者向内心预示的诸力量和法则就是精神的和伦理的,因此它们首先存在是**因为**它们存在着,而且人们不知道它们来自何处。

显现是其**分离**也彼此相**关联**的两方面的边界,然而,从根本上说,**活动**

---

① 潘神为古希腊神话中的山林、畜牧神,与林木女神("宁芙")同受敬奉。——译者注

归之于**两方面**,真正理解这一点自然有很大困难。这种困难稍后在表象上帝的仁慈时还会重新出现。仁慈照亮人的心,它是上帝在人心中的精神,以致于人在仁慈起作用时可以被表象为消极的,以致于这种作用不是人自己的活动。但是在概念中,这种双重的活动却被理解为**一种活动**。在当前的这一阶段上,概念的这种统一还没有被设定出来,而且,也归之于主体的生产活动方面,则显现为自为独立的,其方式是,主体用**意识**产生出神圣者的显现作为**其作品**。自我意识就是这样的意识,不管它是内在的还是外在的,它理解、**说明**、**组成**始初抽象者,并把它**生产**成被视为**上帝**的东西。

然而,自然现象或这直接者、外在者,都不是以下意义上的现象,即本质只是**我们心中的一种思想**,犹如我们谈论自然的**某些威力**及其表现一样。在这里,本质并不就自然对象本身而言,就它们本身而言不是客观的,即它们作为内在者的显现实存着;它们作为自然对象仅仅为我们的感性知觉实存着,而对于这种知觉来说,它们并不是**普遍者的显现**。例如,思想、普遍者显示并不靠光本身而存在;在自然本质方面,我们必须更多地首先突破这种外表,在它背后隐藏着思想、万物的内核。 [118]

而自然者、外在者同时也应该就其自身而言、应该就其外在性而言被设定为**已扬弃者**和**就它自身而言被设定为显现**,以致于这种显现仅仅作为思想和**普遍者**的**表现**和感觉器官具有含义和意义。**思想**应该为**直观**而存在;也就是说,已显示的东西一方面是感性的方式,而被知觉的那种东西同时也是思想、普遍者。这普遍者是按照神圣的方式**显现**、即就定在而言应作为直接统一中的必然性与同一定在一起而存在的**必然性**。这是**被设定的必然性**,也就是定在着的必然性,这种必然性作为**简单的自身内的反思**实存着。

幻想是这样一种机能,借助于它,自我意识塑造内在的抽象者或者塑造首先是一直接存在者的外在者,并将其设定为具体者。在这一过程中,自然者失去其独立性,并被贬低为内在精神的标志,以致于它只是让这种精神自在地显现出来。

精神的自由在这里还不是**思想**的无限自由,精神的诸本质尚未被思;

[119]　如果人是有思维的,以致于纯粹的思维构成基础,那么对他来说,就只有**独一的上帝**。然而,人很少发现其本质是现有的、**直接的**自然形态,而是为表象创造出它们,而这种**创造**作为纯粹思维与直接自然直观之间的中间者就是幻想。

因此,诸神都是由人的幻想**创造**出来的,他们以**有限的**方式产生出来,由诗人、缪斯女神(Muse)创造出来。他们自在地有这种有限性,因为他们按照其内容是有限的,而且按其特殊性是分化的。他们不是按照其**自在自为理性的内容**由人的精神发明出来的,然而他们却像**一些神**一样。他们是造就出来的,创作出来的,虚构出来的。虽然与现有者对立,他们来自于**人的幻想**,但却是作为本质的形态产生出来的,而这一产物同时也被了解为本质的东西。因此,我们应该理解**希罗多德**所说的话:荷马和赫西奥德为希腊人造出了其诸神①。每一个神甫和有经验的老者也会说同样的话,这种老者在自然的东西上善于理解和解释神圣者和诸本质威力的显现。

当希腊人在阿基琉斯(Achill)的遗体旁听见大海的咆哮时,于是奈斯托尔(Nestor)就出现了,并解释说:这是忒提斯(Thetis)在分担悲痛②。因此,卡尔卡斯(Kalchas)在瘟疫期间说道,阿波罗生希腊人气,就降祸于他们。这种解释正意味着,自然现象**已塑造出来**,给予它某一**神圣行为**的形态。对**内在者**同样也予以说明:例如在荷马那里,阿基琉斯想抽出其宝剑,但他镇静下来,强忍住自己的怒火;这种内在的镇静就是抑制愤怒的帕拉斯(Pallas)③。从这种解释中产生了那些无数的优美的故事和无限

---

① 《希罗多德著作集》第Ⅱ卷,第53页。——德文版编者注
② 奈斯托尔为一睿智的老者,阿基琉斯战死后,希腊联军为一种奇异的声音所扰,惊恐不安。奈斯托尔当即向人们解释:此乃是其母、女神忒提斯及众海洋女神为哀悼阿基琉斯而唱挽歌。——译者注
③ 帕拉斯为女神雅典娜的另称;据说,她与女友帕拉斯游戏,误伤帕拉斯致死,为志此事,遂称"帕拉斯·雅典娜"。在荷马史诗《伊利昂纪》中,阿基琉斯、奥德修斯等希腊英雄经常得到雅典娜的眷顾和忠告。阿基琉斯劝希腊联军统帅阿伽门农将阿波罗的祭司克律塞斯之女归还其父,以免除阿波罗的惩罚。阿伽门农虽勉强应允,却将阿基琉斯的女俘布里塞丝占为己有。阿基琉斯怒不可遏。只是由于女神雅典娜的干预,一场火并才得以避免。——德文版编者注

多的希腊神话。

从各方面来看,我们只能按此考察希腊的原则,探究这同一原则的感 [120]
性的东西和自然的东西。犹如其来自必然性一样的诸神,都是有限制的,
所以也就有自然的东西与自身的相似之处,因为他们显露了自己来自与
自然力量的斗争;他们借以向自我意识预告的显现还是外在的,而即使造
成这种显现的幻想也尚未在诸纯粹的思想中提升自己的出发点。我们应
该看到,这一自然的环节如何被美化为美的形态。

Υ.诸神圣威力的美的形态

在绝对的必然性中,规定性仅仅归结为"这就是如此"的**直接性之统
一**。然而对此,规定性、内容都被扔掉了,遵循这种直观的心灵的稳定和
自由就仅仅在于,它坚持毫无内容的"存在"。但是,**定在着**的必然性为
直接的**直观**存在着,也就是说,作为**自然的定在**存在着,这种定在就其规
定性而言**复返**于其简单性之中,而**这种复返本身则自在地显示出来**。仅
仅是这一过程的定在,存在于自由之中,或者,规定性作为否定性,作为在
自身中是被反思的和专心致志于简单的必然性而存在;这种与自身有关
的规定性就是**主体性**。定在必然性的那种过程的实在是精神的即人的形
态。它是一个感性的和自然的定在,因此为直接的知觉而存在,同时它也
是简单的必然性,是涉及自身的简单关系,由于这一关系,它完全预示着
思维。任何接触、任何表现都被直接瓦解、溶解和融化为简单的同一性;
它是一种表现,这种表现本质上是**精神的表现**。

这种关系不易被把握住,即基本规定和**概念**的方面就是**绝对必然性** [121]
和**实在性**方面——因此,这一概念就是**理念**——,就是**人的形态**。一般来
说,概念必定有本质的实在。然后,这种规定更仔细地在于必然性本身,
因为它不是抽象的存在,而是自在自为的被规定者。此外,因为规定性同
时也是**自然的、外在的实在性**,规定性同时也**复归于简单的必然性**,以致
于这种必然性就是呈现在五彩缤纷者、感性者中的必然性。只有当这不
再是必然性,而是构成神圣东西的精神时,这种神圣东西才完全在思维的
环节中被直观到。但是在这里始终还留有外在直观性的环节,而简单的

必然性就呈现在这种直观上。这仅仅是人的形态的情况,因为这种形态就是精神者的形态,而且仅仅在这种形态中,意识的实在性才会复返于简单的必然性。

**生命一般**就是自由定在的这种无限性,而且作为有生命者就是这种主体性,这种主体性对直接的规定性作出反应,而且把这种规定性设定在知觉中与自身同一。但是,**动物**的生命力,也就是它的无限性的定在和表现,完全具有一种只是**有限的**内容,仅仅陷入个别的状态。这种规定所复返的简单性,是一有限者,而且只是形式上的,而且,内容并不适合于它这种形式。与此相反,就有思维的人来说,即使在其一些**个别**状态中,也把**精神者**表达出来了;这种表达给予断定,人也在这种或那种有限制的状态中,同时也超出于此,是**自由的**,并**保持于自身不变**。人们很可能会区别一个人在其需要的满足中情况是否像动物一样,或者像人一样。人的东[122]西,是纯粹的魅力,它扩展至所有行为。此外,人不仅有纯粹生命力这样一种内容,而且同时也有一些无限广博的更高的表现、活动和目的,其内容本身是**无限者**、**普遍者**。因此,人是自身中的绝对反思,我们在必然的概念中就有这种反思。其实,归之于生理学的就是认识到人的有机体、即人的形态是唯一真正适合于精神的形态;但生理学在这方面干的事情还很少。当**亚里士多德**把精神者称为灵魂转移表象之缺陷,即按照这种表象,人的身体组织只是一种偶然组织时,他已经把只有人的组织才是精神者的形态这一点表达出来了①。

但是,个别的、真正的人就其直接的定在而言还有自在的**直接自然性的**方面,这种自然性显现为从普遍性跌落下来的一时者和短暂者。按照有限性的这一方面,出现了人自在存在和他实际上所是的东西的**不和谐**。简单必然性的标志并不反映在个别人的所有特征和部分上;经验的个别性和简单内在性的表达是混合在一起的,而自然者的理想性、自由和普遍

---

① 亚里士多德《论灵魂》中指出:灵魂是形式,肉体是质料;灵魂是肉体的动因,是实体;灵魂具有理性、感觉和营养的机能。1,3,407b。——译者注

性都由于纯自然生活的诸条件和一系列困苦情况而变得暗淡。按照一个**他者**显示在人心中这一方面,形态的显现并不与简单的必然性相适应;而是这样一点,即在其所有特征和部分上,普遍性、即简单必然性已对它的定在产生了强烈影响(歌德恰当地把**重要意义**称为经典艺术作品的特性),这一点构成了必然性,即形态仅仅在**精神**中被构想出来,仅仅从精神中生产出来,在其中介中创作出来,也就是**理想和艺术品**。这是高于一种自然产物的;虽然说,某一种自然产物其实是出色的,因为它是上帝创造出来的,然而艺术品却**只**出自于人。好像诸自然对象也未把其定在归之于诸直接的、自然的、有限的物,归之于种子、空气、水、光,而且神的威力仅仅活在自然中,也未活在人的东西中,也未活在精神者的王国中。更确切地说,如果诸自然产物仅仅在为了它们的**外在的**和**偶然的**情况的条件下,并在这同一条件来自外部的影响下发展繁荣起来,那么也在艺术品中显现为内在灵魂和外在性概念的**这种**必然性。因为这种必然性在这里并不意味着,一些对象是必然的,并以必然性为其**谓语**,而是,必然性就是**显现**在其谓语中、在外部定在中的**主体**。

[123]

如果在这一过程中显示属于主观的方面,以致于上帝显现为一个由人所创造的东西,那么这只是**一个**环节。因为上帝的被设定存在其实是**通过个别的自我被中介的**,以此,希腊人有可能在**菲狄亚斯**(Phidias)的宙斯身上直观到他们的神。艺术家不是抽象地向他们提供了其作品,而是提供了本质的特有显现,**即定在必然性的形态**。

这样一来,上帝的形态就是理想的形态;在希腊人面前,没有什么真正的理想性,而且它也不会再在今后出现。基督教的艺术虽然美,但理想性并不是其最后的原则。因此,人们不会遇到希腊诸神的缺陷,如果人们说他们是**与人同形同性的**(Anthropopathisch),在有限性的规定之下,人们也估计到非道德的东西,例如宙斯的诸爱情故事,这些故事可能在还是自然直观的更古老的神话中有其起源;主要缺陷并不在于这些神中的与人同形同性的东西太多,而是**太少**。神圣者的显现和定在方面尚未进一步达到直接的现实和作为**这一**、即**这一人**的当下在场。最真实的、最特有

[124]

的形态必然是这样的形态,即绝对自为存在的精神继续达到这样的程度,即显示为个别的、经验的自我意识。进展直至感性的这种自我意识的这一规定在这里尚不是现有的。由人所创造的形态——在这种形态中,神性显现出来——虽然有一个感性的方面,但是这一方面还有不稳定性,即它**可以完全适合于显现的内容**。只有当特殊化在上帝中前进至外在的界限时,可以说,这种感性和作为感性的外在性才**被解脱出来**,也就是说,外在性的规定性及其**对概念的不适合**才在上帝身上显露出来。在这里,质料,感性还不是这种形态,更确切地说,它始终与其内容一致。不管上帝——尽管是精神的普遍威力——怎么来自于自然性,他也必须以自然的东西为其形象的环节,而且它必定显露出来,即正是自然的东西才是神圣者的表现方式。因此,上帝显现于石头中,而且感性的东西仍被看作对表现作为上帝的上帝是合适的。只有当上帝本身显现并显示为**这一个别者**,精神,关于精神作为精神的主观知识是上帝的真正显时,感性才是自由的;也就是说,它不再与上帝相结合,而是显得与其形态是合适的:感性,直接的个别性,被钉在十字架上。但是,在这种倒转中也表明,上帝这种外化为人的形态仅仅是神圣生活的**一个**方面,因为这种**外化**、显示在**独一者**——它首先作为精神为思想和社区而存在——中**被取消**;这种个别的、实存的、真正的人**被扬弃**,并被设定为**环节**,在上帝中被设定为上帝的诸个人之一。犹如人首先在上帝中作为这种人是真实的一样,神圣者的显现也是绝对的,而精神的显现环节也是如此。犹太人的表象,即上帝是本质的,但仅仅对思想来说是如此,而希腊的美的形态同样已包含在神圣生活的这一过程中,并作为被扬弃的从其局限性中解脱出来。

[125]

在这一阶段——在此,神圣者还需要感性者对其作出本质的表述——上,它显现为**众多的神**。就这种复多性而言,虽然是这种情况,即必然性呈现为简单的反思自身,但是这种简单性只是**形式**,因为它呈现所依赖的质料还是直接性的、自然性的,而**不是绝对的质料**:精神。这样一来,精神并不作为在此被表述的精神而存在;更确切地说,**精神的定在先于内容的意识**而存在,因为这一内容还不是精神本身。

### 3. 崇拜

在这里,崇拜就是某些有很多层次的东西。崇拜按其规定就是,依据经验的意识自我提升,而且人意识和感觉到神圣者就居住在自身中和在其与神圣者的统一中。如果艺术品就是上帝和人生产性的显示(这种显示**由人的特殊知识和意愿的扬弃**来设定),那么另一方面,在艺术作品中同样也存在着人和上帝作为相互陌生者的被扬弃存在。对在艺术作品中自在存在的东西之设定就是崇拜;所以,崇拜就是这样的关系,即与主观知识相反,上帝的**外在客体性**被这种关系**所扬弃**,而二者的**同一性**也被表象出来。由此这样一来,外在的神圣定在就被作为与主观精神中的定在的分离而被扬弃了,而且因此上帝就进入主体性中被回忆起来。这种崇拜的普遍性质就是,主体与他的上帝有一种本质上肯定的关系。

崇拜的诸环节就是

a. 信念

诸神是**被承认的**,被尊崇的,他们是实体性的威力,是自然宇宙和精神宇宙的本质内容,是普遍者。这些普遍的力量,像它们是取自偶然性一样,为人所承认,因为他们是**有思维的**意识,因此,世界不再按外在的偶然方式而是按真实的方式,对他们来说是现有的。因此,我们崇敬义务、正义、科学、政治生活、国家生活、家庭关系;这些都是真实的东西,它们是把世界密切联系起来的内在纽带,是他者所存在于其中的实体者,是起作用者——它仅仅坚持抗衡违背它的偶然性和独立性。

这种内容同样也是真实意义上的客体者,也就是说,是自在自为的起作用者、真实者,不仅在外在的客观的意义上,而且也在**主体性**中。这些威力的内容是众人的**真正伦理的东西**,**他们的**伦理,他们的现有和起作用的力量,他们的真正的实体性和本质性。所以,希腊民族是最人性的民族:所有人性的东西都是**肯定合理的**,发展了的,而且**度**就在其中。

一般来说,这种宗教就是**人性**的一种宗教,也就是说,具体的人按照其所是者,按照其需要、爱好、激情、习惯,按照其伦理的和政治的规定,按照其中有价值和诗本质的一切,**在其诸神中自身是当前在场的**;或者,他的众神有高尚者、真实者的这种内容。这内容同时也是具体人的内容。诸神的这种人性就是有缺陷者、同时也是持存者所是的东西。在这种宗教中没有什么东西是不可理解的，没有什么东西是不可把握的；在神中，没有什么不为人所熟悉、他在自身中找不到、不知道的内容。人对诸神的信心同时也是其**对自己本身**的信心。

抑制阿基琉斯(Achill)之怒发作的**帕拉斯**(Pallas)，是其自身的深思熟虑。雅典为雅典娜之城邦，也是这个民族的精神，不是外在的精神、守护精神，而是生动的、当前的、真正活在人民中、个人内在的精神，这种精神按照其本质的东西被表象为帕拉斯。**埃里尼斯**①(Erinnyen)并非外在地被表象为复仇女神(Furie)，而是人自己的行为和折磨、烦扰他的意识，只要他把这种行为了解为他中之恶。埃里尼斯不仅是追捕弑母犯奥瑞斯忒斯(Orestes)的复仇女神，而且弑母的精神在向他挥舞火把。埃里尼斯是正义的，而且正是因此是善意的，是**欧墨尼得斯**(Eumeniden)；这不是一个婉转语，而是埃里尼斯就是需要法的埃里尼斯，而且谁破坏法，谁就在其自身中有欧墨尼得斯：法就是我们称为良心的东西。

在悲剧《**俄狄浦斯**(Ödipus)**在科洛诺斯**》中，俄狄浦斯对其儿子说：你将遭到父亲的欧墨尼得斯的迫害。因此，**埃罗斯**，爱，不仅是客观者、神，而且作为威力也是人的主观感觉。**阿那克里翁**(Anakreon)描写了同埃罗斯的斗争。他说："我也想现在爱；埃罗斯早就要求我爱；但是我不想听他的话。在这两种情况下，埃罗斯就攻击我。我身披盔甲、手持长矛抵抗。埃罗斯未射中，但是然后他自己就一跃而起进入我的心中。在这种情况下，弓和箭有什么用？"阿那克里翁最后说道，"斗争在我心中。"因此，在这一承认和崇敬中，主体完全在自身上；诸神是主体自己的激情。

[128]

---

① 埃里尼斯为古希腊神话中复仇女神的统称；欧墨尼得斯为埃里尼斯的另称，意为"仁慈者"；福里斯为埃里尼斯的古罗马称谓。相传，她们的形象奇丑，背生双翼，其发为蛇，手持蛇鞭和火把。举凡弑亲者，作伪证者，她们无不予以严惩。国家形成后，血亲复仇之风逐渐消失，埃里尼斯亦从复仇女神成为罪者内心痛苦的体现；据信，只有忏悔和净罪，始可摆脱这种痛苦。后来，埃里尼斯又演化为慈惠的女神欧墨尼得斯。——译者注

第二章　精神个体性的宗教

关于诸神之知不是什么在现实之外仅仅关于作为抽象的他们之知,而是同时也是关于**人本身的具体主体性**(作为一种**本质者**)的一种知,因为诸神同样也在人心中。在这种情况下就不存在这种否定的关系,在这里,主体的关系,如果它是最高的,就仅仅是这种献身、否定,是其意识。诸威力对众人是友好的和仁慈的,它们就居住在众人自己的胸中;人实现它们,并知道它们的现实同时也是他的现实。自由的气息吹遍这整个世界,并构成这种态度的基本规定。

但是,还缺少人的无限主体性之意识,即合乎伦理的关系和绝对的法权应归于人**本身**,他由于自己是自我意识而在这种形式上的无限性中有类属的权利和义务。自由,伦理,是人的**实体者**,而把这种实体者**了解为**实体者并把**人的主体性**设定进去,则是人的价值和尊严。但是,**形式上的主体性**,作为这样的自我意识,在自身中是无限的个体性,不是纯粹自然的、直接的个体性,就是那种价值的可能性所是的个体性,也就是**实在的可能性**,而且为此起见,他自己就有无限的权利。因为在无偏见的伦理中,形式上的主体性之无限性没有被承认,所以绝对的起作用就不应归之于人本身,即他要自在自为地起作用,不管他是否存在于其内在的满足中,不管他想出生在何处,富有的还是贫穷的,属于这个民族还是属于那个民族。自由和伦理都是人特有的,并是人的权利,且带有偶然性,以致于奴隶制基本上就发生在这一阶段。人是否是这个国家的公民,他是否是自由的或者是不自由的,这还是偶然的。因为此外,**无限的对立**还不是现有的,而且缺少**自身中自我意识的绝对反思**,缺少主体性的这种高峰,因此,道德性作为自身的态度和认识还不是发展了的。

[129]

但是,在伦理中,个体性一般都已被纳入了**普遍的主体性**之中,而且因此,尽管首先仅作为一种微弱的假象而还未作为精神的绝对要求,在这里仍出现了主观的、个体的精神之永恒性表象,即关于不死之表象。在过去被考察的诸阶段上,灵魂不死的要求尚未出现,既没有出现在自然宗教中,也未出现在一神教中。在自然宗教中,精神者和自然者的还是直接的统一就是基本规定,而精神还不是**自为的**。在一神教中,精神也许是自

95

为的,但尚未充实,精神的自由还是抽象的,而且它的存在还是一自然定在,对这一地域的拥有及其安宁。但是,这不是作为精神在自身中的定在的存在,不是精神者中的满足。持续只是部落、家庭的持续,一般是**自然普遍性**的持续。但是在这里,自我意识**在自身中**是**充实的**,是精神性的,主体性被纳入了普遍本质之中,因此在自身中也被了解为**理念**:在这里已有关于不死的表象。但是,这种意识,如果产生出德性,就使自我意识深入自身之中,并达到这种程度,即仅仅承认自我意识按照自身及其思维所是的东西是善的、真的和正确的。所以,在苏格拉底和柏拉图那里,灵魂的不死立即就被说得非常明确,而这种表象预先就多于仅仅被视为普遍的表象,也被视为这样的表象,即它本身并不自在自为地具有绝对的价值。

[130]　犹如自我意识尚缺少无限的主体性,缺少**概念的绝对统一之点**一样,这种主体性也还缺少**概念的本质**。这种统一属于我们已作为其**必然性**所熟悉的东西;然而,这种东西却处于特殊的、实体性的本质范围之外。与这样的人一样,诸特殊本质也没有**绝对的合理性**,因为它们仅仅把这种合理性作为必然性的环节来拥有,也作为植根于这种绝对的、在自身中反思的统一之中来拥有。尽管它们具有神圣性,它们却是许多本质,因此它们的分散复多同时也是一种限制,以致于就此而言不能**认真**对待那种复多。在实体的众多本质的上面浮现着绝对形式的最后统一,即必然性,而且它同时也把自我意识在其与诸神的关系中从他们之中**解脱出来**,以致于自我意识会认真对待它们,又是不认真地对待它们。

一般来说,这种宗教具有**绝对快乐**的性质;自我意识在与其诸本质的关系中是**自由的**,因为其诸本质是**自我意识的**本质,而同时并不为它们所束缚,因为在它们本身的上面浮现着绝对的必然性,而且它们也回到这种必然性中,犹如意识连带其特殊目的和需要专心于这最终必然性一样。

主观自我意识在与必然性的关系中的态度就是保持在寂静中的安静,即保持在这种自由中,但这种自由还是一种抽象的自由。就此而言,它是一种逃避;但它同时也是自由,只要人未被外在的不幸所战胜而屈从。谁有独立的这种意识,谁在外表上也许失败了,但没有被战胜、认输。

必然性有其自身的范围;只要精神力量的某种冲突是可能的,而且诸个人已屈服于特殊性和偶然性,必然性就仅仅涉及个体性的特殊者。按照这一方面,他们为必然性所触动,并屈服于它。那些个人尤其已屈服于必然性,而且是悲剧性的,他们把自己提升于伦理的状态之上,他们想为自己实行某种特殊的东西。例如众**英雄**,他们由于特有的意愿而不同于其余者:他们有这样一种兴趣,这种兴趣高于统治、即上帝激动的安静状态;他们是特有意愿和行为的个人;他们处于**众人**之上,处于安静的、持续不断的、没有分裂的、伦理的过程之上。这一过程来自于命运,在日常的生活范围内始终是有限制的,也未激起任何伦理力量反对自身。众人,民众,也有特殊性的方面;民众已遭遇尘世人死亡、有不幸等等的共同命运,但是这样的结局是尘世人们的通常命运和正义反对有限者的过程。个人有偶然的不幸,死亡,这是正常的。

[131]

在**荷马**那里,阿基琉斯为其早死而哭,他的马也为此哭泣。在我们看来,说这来自一位诗人似乎是愚蠢的。但荷马可以把这种前意识赋予他的主人公,因为它不会在其存在行为中改变什么;因此,它为其主人公而**存在**,除此之外,主人公是他所是者。前意识也许会使他悲伤,但也只是一时的;它是如此,但它并没有进一步触动他;他也许会悲伤,但不会变得烦恼。烦恼是现代世界的感觉;烦恼以某一目的、即现代任意的某一要求为前提,为此它保持着有理由、合理,如果这样的目的未实现的话。因此,现代的人轻易地转向让其余者也降低勇气,而且也不要求他自身一向会使其成为目的的其他者;为了报复,他放弃自己其余的规定,毁坏自己的勇气、自己的精力,毁坏他通常还会达到的命运之目的。这就是烦恼,它并不能构成希腊人、即古人的特性,而对于必然性的悲伤来说只是简单的。希腊人没有假定任何应该被赞同的目的为绝对的,为本质的;所以悲伤就是已出现的悲伤。它是简单的痛苦,简单的悲伤,所以这种悲伤在自身中就有喜悦;对个人来说,并没有失去绝对的目的,即使在这里,个人仍在自身中保持不变;个人不会放弃未被实现的东西。他**就是**如此;因此他

[132]

已退回抽象之中,并使**其**存在不与这种【他**就是**如此】对立起来,解脱就是主观意志与所**存在**的东西的同一;主体是自由的,但仅仅以抽象的方式。

如已经提到的那样,英雄在简单必然性的过程中出现了一种变化,即出现了一种分裂,而对于精神来说,更高的、真正有趣的分裂就是,它是诸**伦理力量本身**,这些伦理力量显现为分裂的,陷入冲突之中。这种冲突的解决就是,按其**片面性**存在于冲突中的这些伦理力量摆脱了独立起作用的片面性;而对片面性的这种摆脱的显现就是,以实现某一**个别**伦理力量自居的个人在走向毁灭。

天命是无概念者,在这里,正义和不正义消失在抽象中;与此相反,在悲剧中,命运存在于**伦理正义**的范围之内。我们在索福克勒斯的悲剧中找到最崇高的命运。那里谈到命运和必然性;个人的命运被表述为某种不可理解的东西,但必然性不是一种模糊不清的必然性,而是被看做是真正的正义。正是因此,那些悲剧就是伦理理解和领会的不朽精神作品,是伦理概念的永恒典范。模糊不清的命运是某种不满意的东西。在这些悲剧中,正义得以理解。按照某种形象化方式,两种最高的伦理力量的相互冲突在悲剧的绝对典范《**安提戈涅**》中被表述出来①;在这种情况下,家庭之爱、神圣者、内在者、有情感的亲属者——这些因此也称为低级神的法规——,与国家的法发生冲突。**克瑞翁**(Kreon)并不是一位暴君,而同样是一种伦理力量。克瑞翁并非没有道理;他断言,国际的法规、政府的威信必须受到尊重,而惩罚则来自违犯。这两个方面的每一方面都只实现诸伦理力量之一种,仅仅以该力量之一种为内容。这就是片面性,而永恒正义的意义就在于,因为两种不公平都是片面的,所以二者也都有道理。二者在伦理的纯洁过程中都被承认有其作用;在这里,它们二者都有其作

---

① 安提戈涅为俄狄浦斯与约卡斯塔之女。安提戈涅之父弑父娶母,悔恨交集,自刺双目,流落异乡,安提戈涅始终与其父相伴。后来她的两兄弟为争王位而双双丧生,安提戈涅遵律而葬其兄,被囚禁于洞穴;安提戈涅不堪其苦,自缢而死。索福克勒斯著有悲剧《安提戈涅》。——译者注

用,伦理有其**平衡**的作用。正义仅仅反对片面性。

例如在《俄狄浦斯王》中,另一种冲突被表述出来了。他杀死了他的父亲,表面上是有罪的,然而,他之所以有罪,是因为它的伦理力量是片面的。也就是他**无意识地**陷入这种可怕的行为中。但是,他是猜破斯芬克斯谜的人:崇高的**知者**。因此,涅墨西斯成为一种平衡:他是如此之知者,处在无意识者的力量中,以致于当他处于高位时,他就陷入深深的罪孽中。因此在这里,两种力量的对立就是意识与无意识的对立。

还要举出一种冲突:**希波吕托斯**(Hippolyt)变得不幸,是因为他仅仅供奉对**狄安娜**(Dianaa)的崇敬,而蔑视向他报复的**爱神**(Liebe)①。在拉辛给予希波吕托斯另一种情爱(Racine)的法国改制中,它是一种愚蠢胡闹;在这种情况下,它就不是对作为他所忍受的激情的爱神的惩罚,而只是一种不幸,即他热恋一位姑娘,而不听另一位女人的话,这位女人虽然是其父亲的夫人,但他父亲的伦理障碍由于他对阿里奇亚的爱②被掩盖住了。所以,他灭亡的原因不是损害或忽视这样一种普遍力量,不是什么伦理的东西,而是某一种特殊性和偶然性。

悲剧的结局是和解、理性的必然性,是这里开始、**自我促成**的必然性;它是以这样一种方式满意于箴言的正义:它不是什么非宙斯所是的东西,即永恒的正义。这里是一种激动人心的必然性,但却是完全合乎伦理的;所遭遇的不幸是完全清楚的;这里没有什么模糊不清者,无意识者。希腊在其最高的发展阶段上达到了这种清晰的洞见和艺术表现。但是当更高者没有作为无限的精神力量出现时,这里仍留下了未解决的东西;当个人消失时,其中就留下了不满意的悲伤。

[134]

---

① 希波吕托斯为女神阿尔忒弥斯(即狄安娜)的使者,英雄忒修斯之子。其母希波吕忒死后,忒修斯娶费德拉为妻。费德拉钟情于希波吕托斯,求爱遭到拒绝,遗书反诬希波吕托斯不轨,自缢而死。忒修斯勃然大怒,对希波吕托斯的辩解置若罔闻,竟求海神波塞冬使其子丧生。相传,希波吕托斯崇敬狩猎女神阿尔忒弥斯,对爱与美之女神阿芙罗狄忒却十分冷漠,因而招致此祸。——译者注

② 阿里齐亚(Aricia)位于罗马东南方,相传,那里有女神狄安娜(阿尔忒斯)的圣林。——译者注

更高的和解,即**在主体中**片面性的态度被扬弃了——似乎是对其不公平的意识——,而意识则在其情感中解决不公平。但是,他认清和解决片面性的这种责任就这一领域而言并不在本地。这种更高者使外在的惩罚和自然死亡成为多余的。这种和解的开端和相似之处当然也出现了,但是这种内在的转换显现得要多于外在的净化。**弥诺斯**(Minos)之子曾在雅典丧生①,所以就需要净化:这一行为被宣布为未发生。它是想使已发生的事情不发生的精神。

在《复仇女神》(Eumeniden)中,奥瑞斯特(Orest)被阿瑞奥帕戈斯(Areopag)宣判无罪。在这里,一方面是反对虔诚的最高罪行②,另一方面他为其父谋得了权利。因为这位父亲不仅是家庭的首脑,而且也是国家的首脑。就**一种**行为而言,他犯了罪,同样也产生了完全、本质的必然性。宣判无罪正意味着这样一点:使某种事情不发生。《**俄狄浦斯在科洛诺斯**》暗示和解,而且进一步暗示和解的基督教表象:诸神给予俄狄浦斯恩赐,诸神把他召到自己身边来③。今天我们之所以有更多的要求,是因为和解的表象在我们这里更崇高了:意识,即在内心里会发生这种逆转,由此就不发生已发生的事情了。皈依、放弃自己片面性的人,在自身、自己的意志中——这里是行为的永久地点、场所——,彻底消灭了片面性,也就是从其根源上消灭了行为。它符合我们的感觉,即诸悲剧都有和解的结局。

b. 作为侍奉的崇拜

如果问题取决于主体性用意识提供出与处于对立的诸神的同一性,那么**两部分都必须放弃其规定性**:上帝从其世界王位上下来,自己放弃自

---

① 相传,弥诺斯之子安德罗格奥斯,在雅典运动会上丧生于一马拉松母牛之角;他遂发兵征服雅典,并迫使雅典人每年(或数年)向克里特献7对童男童女,供"迷宫"的魔怪弥诺托享用。——译者注

② 相传,奥瑞斯忒斯为报杀父之仇,亲弑其母,因而为复仇女神所追究。——译者注

③ 据古希腊神话传说,年迈的俄狄浦斯流落到科洛诺斯,蒙雅典王忒修斯竭力照顾。俄狄浦斯向忒修斯声称:他亡故于此间,可使忒修斯永远立于不败之地。说完,大地拆裂,俄狄浦斯安然走向死亡。忒修斯独自目睹这一壮烈场面。——译者注

身,而人则必须在接受赠品时否定主观的自我意识,也就是说,必须承认上帝,或者随同承认其中所存在的本质来接受赠品。按此,侍奉上帝就是给予和接受的相互关系。每个方面都放弃将其相互区分开来的特殊性。

α)两方面相互间的外在关系是,上帝在自身中有一**自然环节**,并与自我意识相对立而独立地直接在此场,或者在某种外在的自然的显现中有其定在。在这种关系中,侍奉上帝一方面是**承认**,即诸自然物是自身中的一**本质**;另一方面,上帝在其中显现的自然力中**牺牲**自身,并让自身为自我意识所拥有。如果说诸神圣的威力作为自然的赠品放弃自身,并友好地呈现为有用,那么,人在其中表现出与其力量相统一的意识的侍奉就有以下意义。[136]

这些果实,这种泉源,它们都让自己无阻碍地抓住吃掉或者汲取;它们容易得到。人吃赠品,喝酒,其知觉得以增强和鼓舞,而它们在其中环节的这种增强就是其作用。在这种关系中,没有碰撞和反碰撞,没有机械东西悲伤的、繁殖的单调,而是当人吃喝那些赠品时,它们就**得到好评**;因为当诸自然物显现为精神行为的强有力时,它们会得到何等高的荣誉啊?酒鼓舞人;但是**人**首先把酒提升至鼓舞者和强有力者。就此而言,**困境**的情况消失了;生计之必需应感谢诸神的接待,而生计之必须以这样一种**分离**为前提,扬弃这种分离并未处于人的暴力之中。真正的困境首先由于财产和某一意志的坚持而出现。然而,对于诸自然赠品来说,人并未处于这样一种困境中;相反,它们应该感谢人享用了它们的东西;没有人,它们将会腐烂、干枯和无用地消失。

与对这些自然赠品的享受相联系的**献祭**,在这里并不拥有**内心**献祭或精神具体完成的意义,而这种完成其实就是,它被**证实**,而且本身被享受。献祭品只能具有**承认**普遍力量的意义,这种普遍力量表达了在理论上放弃一部分应被享受的东西;也就是说,这种承认是无益的、无目的的、即不是实践的、不是自私自利的献身精神,例如把酒杯子倒干净。然而同时,献祭本身就是享受:酒被饮用,肉被食之,而肉就是自然力本身,它的个别定在和表现被献身和被消灭。食之就是献祭,而献祭本身就是食之。[137]

因此,对这种更高的意义和享受就在其中与生活的所有行为联系起来;每一事务,日常生活的每一享受,都是一种献祭。崇拜不是放弃,不是某一财物、某一特点的献出,而是理想化的、理论的-艺术的享受。自由和精神性扩展到整个日常的和直接的生活,而崇拜一般是生活的一首继续不断的诗歌。

所以,对这些神的崇拜不是在本来意义上被称为与某一**陌生的**、**独立的意志**相反的**侍奉**,被渴求的东西应该由这种意志的偶然决定来获得;而崇敬本身已经包含着某一**先行的满足**(Gewährung),或者它本身就是**享受**。因此不应做这样一件事情,即从满足的彼岸把某一力量唤回自身,并唤回终点,以使这种力量成为易于接受的,使自身摆脱那种与自我意识的主观方面相分离的东西;如此一来,这并不涉及**缺乏**、**放弃**、摆脱某一主观的特性,不涉及害怕、自我烦扰、自我痛苦。对巴克科斯、塞丽斯的崇拜就是对面包、酒的拥有、享受,因此就是吃喝这同一些东西的直接满足本身。荷马所呼唤的缪斯女神同时也是其天才等等。

[138] 但是,诸普遍的力量也自然继续**回到**与个体相反的**远方**。源泉让自己无阻碍地被吸取,海上可以行驶,但大海也汹涌澎湃成风暴,而对人来说,大海和天体不仅不顺从,而且是可怕的,能带来毁灭。对诗人来说,缪斯女神也不总是有利的,她引退,不好好接待他(其实,如果诗人作诗,他一般只是呼唤她,而呼唤和赞扬本身就是诗歌);雅典娜本身,精神,上帝,则成为不可靠的。——推罗人(Tyrer)用锁链把其大力之神赫尔库勒斯①(Herkules)绑住,即他不能离开他们的城邦,不能离开自己的现实及其真实的定在,但是提罗(Tyros)仍然陷落了。不过,他们本质的这样一种异化并未导致**内心的绝对一分为二**和**破裂**,这将迫使众人仿佛要用精神的力量在崇拜中把这种本质拉到自己一边,与此联系在一起的就是法术中的衰落。个体则不会在无限的对立中走向这些特殊的力量,因为这

---

① 赫尔库勒斯为古罗马神话中的胜利之神和英雄,与古希腊神话中的赫拉克勒斯相混同。古罗马人将其奉为勇武之神;相传,他所向披靡,无往而不胜。对赫尔库勒斯的崇拜,遍及古罗马全境。——译者注

## 第二章　精神个体性的宗教

些力量作为特殊的目的将陷入必然性,并在其中自身被扬弃。

所以,侍奉就在于,诸普遍力量自为地被突出出来,并**被承认**。思想把握住其具体生活的本质者、实体者,并因此既不依然沉闷地陷入和分散于生活的经验个别性中,它也不从这种个别性仅仅走向抽象的独一者,走向无限的彼岸;而当精神表述真者、其多样定在的理念时,就对这种普遍者本身的承认和尊敬而言,它就处于享受中,而且对它自身来说始终是当前的。精神在其本质中的这种当前性一方面是相称的、有思维的理论关系,另一方面就是这种快乐、愉快和自由,它们对其自身来说在其中是确凿无疑的,而且就出自于自身。

β)即使作为对诸神按其精神方面的侍奉,也不具有首先获得这些力量、首先意识到与它们相同一的意义。因为这种同一已经是现有的,而且人已经实在地在其意识中找到这些力量。一定的智慧、权利、风俗习惯、规则或普遍本质,如爱神、阿芙罗狄忒(Aphrodite)①,都在个人、伦理的个人、知者、爱者中达到其现实;它们都是个人自己的意志、自己的爱好和激情,是他们自己的、愿意的、有作为的生活。因此,对崇拜来说,仅仅剩下承认这些力量、重视它们,并因此把同一性提升至**意识**的形式,并把它变成为**理论的**对象性。

[139]

如果我们把这种对象性与我们的表象加以比较,那么我们也就会强调来自我们直接意识的普遍者,并思考这种普遍者。我们也就会继续进到把这些普遍力量提升为理想者,并给予它们以精神的形态。但是给这样的形成物做祈祷、献祭,这是我们与那种观点分离开来的所在之点;我们不会达到那儿,即给予的确不是想象而是本质力量的那些形象以分散的独立性,并与我们相反把个性归因于它们。作为普遍的无限主体性的我们的意识,耗尽了那种特殊性,并把它贬低为美的幻想形象,对于其内容和意义,我们也许知道给予评价,然而,对于这种内容和意义,我们不能视为真正独立的。

---

①　即维纳斯,希腊神话中爱情和美的女神。——译者注

103

但是在希腊生活中,诗歌,**思维的幻想**本身,就是**本质的敬神**。当一方面,这些力量**分裂**成无限者,而且,虽然它们形成一个自成一体的范围,因为它们是特殊的,也接近**其现实魅力的无限**(例如有多少特殊的关系已在帕拉斯中被理解了啊!),而另一方面,因为它是人的、感性的-精神的形态——在这两种形态中,理想应被表现出来——,所以这种表现就是**取之不尽的**,而且必定始终继续下去和更新,因为**笃信宗教**本身就是从经验的定在向理想的这种持续不断的过渡。它不是某一稳定的、在精神上一定的教义概念,教义不是现有的,这样的真理不在思想的形式中,而神圣者是在与现实的这种内在联系中,所以也就靠现实并从中始终**重新自我提升**和**产生出来**。如果这种活跃的生产由于艺术而完成了,那么幻想就达到了其最后的稳定形态,以致于理想就设立起来了,因此与此相联系的就是**宗教生命力的衰亡**。

[140]

但是,只要这种观点的生产能力是新鲜的和活跃的,**神圣者的最高同化作用**就在于,主观使上帝**通过自身**而成为当前的,并使上帝**自在地**显现出来。当在此方面上帝的自觉主体性同时也停留在作为彼岸的一方面时,神圣者的这种表现同时也就是其**对其主观本质的承认和崇敬**。因此,当神圣者在节日、游戏、戏剧、歌唱中,尤其在艺术中被表象出来时,它就被尊敬和承认。因为只要人们有关于某一个人的某种崇高表象,而且也使这种表象通过行为得以表象出来,并通过其行为使其得以显现出来,那么他就受到尊敬。

当民众在艺术生产中、在歌唱和节日的荣誉中让神圣者在其自身上显现出来时,民众就**在其自身上**有了崇拜,也就是说,民众在其节日中同时也从本质上表现**其**卓越之处,民众从自身出发表现出其所拥有的最好的东西,为了这种最好的东西,民众能够顺利发展下去。人自己打扮起来;华丽的场面、服装、首饰、舞蹈、歌唱、格斗,所有这一切都属于向诸神表示尊敬。人表示自己精神的和体力的熟练技巧、其财富,他在对上帝的尊敬中表现自己,并以此享受上帝在个人自身中的这种显现。这现在还属于节日。这种普遍的规定足够使人让诸神在他身上通过自身的表象显

第二章　精神个体性的宗教

现出来,他最卓越地表现自己,并因此表现出其对诸神的承认。格斗中的［141］诸获胜者得到崇高的荣誉;他们是民族的最自豪者,在隆重的机会坐在执政官的身旁,而事情本身已经发生了,即当他们因此由于他们证明了的技巧自在地显现神圣者时,他们在有生之年作为一些神灵而受到尊敬。诸个人以这种方式自在地显现神圣者。在实践中,诸个人尊敬诸神,是有伦理的(诸神的意志所是的东西就是伦理),而且因此,他们使神圣者成为现实,例如雅典民族在帕拉斯(Pallas)的庆典时就举行游行,它曾经是雅典娜的当前在场,是这个民族的精神,而这个民族就是有生气的精神,这种精神自在地表现了雅典人的所有技巧、行为。

γ)然而,尽管人对与本质力量的直接同一毫不怀疑,获得了神性,并对其自身的当前在场和人自身在神性中感到高兴——尽管他总会耗尽那些自然神,使有伦理的神在风俗习惯中和国家生活中表现出来,或者他会在实践中过神性的生活,并在节庆侍奉中在其主体性中产生出神性的形态和显现——,但是对意识来说,还留下某一**彼岸者**,即**个人的行为和状态中的整个特殊者和这些情况与上帝的关系**。我们对**天意**的信仰,即天命也延伸到**个别者**,在其中看到其证明,即上帝变成了人,也就是说,以现实的、时间的方式变成了人,因此在这种方式中,所有的局部个别性都一起包括在内了,因为由此,主体性获得了绝对道德的理由,这样,它就是无限自我意识的主体性。在诸神的美的形态中,在诸神的形象、历史、地方表象中,虽然无限个别性、最外在的特殊性的环节已直接包含在内并表达出来了,但是却是这样一种特殊性,它一方面是对荷马和赫西奥德神话的［142］重大责难之一,另一方面这对这些被表象出来的神灵来说同时也是**很特有的**历史,即他们与其他神灵和众人无关;犹如在众人中间,每个个人都有其特殊的事情、行为、状况和历史一样,这些都完全仅仅属于其部分。主体性的环节并未作为**无限的**主体性而存在;它不是**这样的**精神,即它在客观的形态中被直观,而智慧就是,它必定构成神圣者的基本规定。这种基本规定必定作为合乎目的起作用的被概括进某一种无限的智慧、某一种主体性里。所以,人的诸物由诸神来统治,这一点也许已经包含在那种

105

宗教中,但却是在一种**不确定的**、**普遍的意义**上;因为正是诸神才是在所有人性东西中起作用的力量。此外,诸神也许是公正的,但公正作为**一种力量**是一种**巨大**力量,且属于老辈神;诸美的神使自己**在其特殊性中**起作用,并陷入仅仅在同一荣誉中被解决的**冲突**之中,然而因此当然就没有了内在的消解。

个体不可能从未设定出绝对复返自身的这些神灵中期待绝对的智慧及自己命运中的合目的性。但是,需要仍留在了人那里,关于其特殊的行为和个别的命运有一种客观的规定。在神圣智慧和天意的思想中,人并没有同一种规定,能够对此一般给予信任,此外也信赖其形式上的知和愿望,并自在自为地期望同一愿望的绝对完美,或者在某一永恒的目的中为其特殊兴趣和目的、为其不幸寻找某一种替代者。

[143] 如果这关系到人的诸特殊兴趣,关系到其幸运或不幸运,那么显现的这种外在者还取决于人是否做这件事情或那件事情,到这里去或者到那里去等等。这就是**其作为**,其决定,但是他也重新把他这种决定了解为**偶然的**。按照我所**了解的**诸环境,我虽然可以作出决定,但在我所熟悉的这些环境之外也会有**某些他者**存在,由于这些他者,我的目的的实现就破灭了。这样一来,在这些行为方面,我存在于偶然性的世界之中。因此,在这个范围之内,知是偶然的,知并不涉及伦理的东西,真正的实体者,祖国、国家的义务等等;但是,人并不能知道这种偶然者。所以就此而言,决定不会是什么固定的东西,不会是什么在自身中有根据的东西;而当我作出决定时,我同时也知道我依赖于**他者**、**不熟悉者**。由于无限主体性的环节既不在神圣者中也不在个人中是现有的,那么事情也不归于个人,即**最后决定**,最后愿望——例如今天进行会战,结婚、旅行——并**不出自于自己本身**;因为人有意识,即在他这种意愿中没有客体性,而且他这种意愿只是**形式上的**。为了满足对这种**补充**的要求,并把这种**客体性加进去**,那么当个人存在时,即有一种外在的、决定性的和规定性的**标志**的个体时,为此就需要**来自外面**和某一更高者的规定。个体是**内心**的任意,这种任意不是为了任意,就使自身成为客观的,也就是不可转让地使自身成为其

自身的某一他者,而且认为**外在的任意**就高于自己本身。从整体来看,个体是自然力量,是什么东西在决定着的一种**自然现象**。惊异的人发现这样一种自然现象与**自身**有一种相关性,因为他在其中还未看到客观的、自在的意义,或者一般尚未在自然中看到某些规律的一种自在完善的体系。［144］形式上的理性、感觉和信仰是**内在者和外在者的同一性**的基础,但是自然的内在者或者自然与之相关的普遍者并不是其规律的联系,而是**人的一个目的**、人的一个兴趣。

因此,当人有所欲时,他为了真正作出一项决定,就要求一种外在的、客观的证明,即他把自己的决定了解为这样一种决定,即它是主观者和客观者的统一,是**一个被确认和证实的决定**。而这里就是出乎意料者、偶然者、某种感性上重要的、无关联的改变,晴天霹雳,从一遥远的地平线上升起的一只鸟儿使内在未下决心的不确定性中断,这是在没有意识到联系和根据的情况下,对心灵突然行动和**偶然安居于自身**的召唤;因为正是在这里,诸根据被中断或者根本缺少诸根据之点。

最明显适合为行动找到规定之目的的外在现象,是某一声音,响声,某一呼唤(όμφη),由此,德尔斐(Delphi)按照其他的意义,也许更正确地有 ὄuφαλος(地脐)①这个名字。在**多多纳**②有三种方式:橡树叶的运动产生的声音,某一泉水之潺潺水声,和风使金属器具敲击某一金属容器之声。在**提洛岛**,有月桂树沙沙作响;在**德尔斐**,风吹向青铜三足鼎,是一主要环节,后来,蒸汽使**皮提娅**(Pythia)昏厥过去,她在恼怒中说出无联系的话语,对此,教士不得不首先作出解释。教士也对梦作出过解释。在**特罗福尼奥斯**的洞中,有求问者看到并得到解说的故事。在**阿凯亚,鲍萨尼亚斯**(Pausanias)讲述道,有过玛尔斯(Mars)的雕像;人们对这一雕像说出听到的问题,并手捂双耳远离交易市场。人们敲开双耳之后听到的［145］最早的话曾经是通过解释在与问题的联系中所带来的答复。归之于此的

---

① 在古希腊神话中,德尔斐被描述为地之中央,即所谓"地脐";据古犹太教和基督教观念,耶路撒冷亦居于同样的地位。——译者注

② 多多纳为古希腊中部一城市,设有宙斯的神坛,人们在此求神问卜。——译者注

还有对献祭牲畜内脏的询问,对鸟飞翔的解释,以及好多这样一些纯粹的外在现象。人们宰杀献祭牲畜,直至人们找到幸运的信号。在预言方面,两个环节给出了决定、**外在者**和**解释**。按照那一方面,意识采取接受的态度,然而按照另一方面,意识作为解释的是主动的,因为自在的外在者是**不确定的**(希腊语:魔鬼的声音都是含混不清的)。但是,即使作为上帝的具体格言,预言也是**意义双关的**。按照预言,当人自己想出**某一方面**时,他就采取行动。与此相反,另一方面就出现了;人陷入**冲突**之中。预言就是这样一种情况,即人把自己设定为无知者,把上帝设定为知者;人无知地接受知者上帝的箴言。因此,他不是知启示者,而是不知启示者。他不知地按照上帝的启示行动,而上帝作为普遍者在自身中并不拥有规定性,而且因此,在两方面的可能性中必定是意义双关的。如果预言说:"去吧,敌军将被战胜",那么双方的敌军就都是"敌人"。神圣者的启示是普遍的,而且必定是普遍的;人把这种启示解释为更无知的;他按此行事;行为是他自己的行为;因此他知道自己是有责任的。鸟飞翔,橡树沙沙作响,都是普遍的迹象。按照一定的问题,上帝作为普遍者给出一种普遍的答复,因为只有普遍者,而不是个体本身,才是诸神之目的。但是,普遍者是不确定的,是意义双关的,因为它包含着两个方面。

[146]  c. 和解的奉神

  崇拜中的第一个环节曾经是态度,作为侍奉的崇拜之第二个环节则是具体关系,但是在这里,否定性本身尚未出现。第三种侍奉神就是**和解之奉神**。诸神灵应该靠**被假定**为**异化了的灵魂、主体上被现实化**,而主体被否定地规定为与神圣者相对立,面对着它。成为"一"不会按照直接的方式发生,如在上述的方式中那样,而是要求一个中介,在其中,必须贡献出一般被视为固定和独立的东西。这种必须被献出的否定者,为了扬弃异化、扬弃两个方面的疏远,就具有双重性。第一就是,与精神相对立,灵魂作为没有成见的自然的**灵魂**是否定的;第二个否定者就是所谓实定的否定者即某种**不幸一般**,而第三,某一种道德上的不幸或罪过——主观自我意识的最高异化与神圣者相对立,是比较确定的。

## 第二章 精神个体性的宗教

α)自然的灵魂并不是像它应该存在的那样。它应该是自由的精神；但是，精神只有通过扬弃自然的意志、欲望才是灵魂。这种扬弃和屈服于伦理和习惯就在于，伦理、精神成为个体的第二自然，一般来说是培养教育的作品。人的这种改造必定按照这种观点(因为它是自我意识的自由之观点)被**意识到**，以致于这种转变**被认为**是必需的，如果这种教育和过渡被表象为**本质的环节**和本质的**有生命者**，那么这就有了灵魂必须经历过的某一道路，并引起某种准备，在这种准备中，被给予灵魂的是这一途径的**直观**。但是，如果对于这种直观来说，自我转变、自我否定和死亡的这种过程作为**绝对的**和**本质的**而呈现出来，那么它就必须**在神圣对象本身中**被直观到。这种需要就要在行动中通过某一**过程**得到补救，这种过程**在对诸神世界的直观中**以如下方式被阐明了。

但是，对许多神圣的(因为许多都是)、有限制的本质的敬仰来说，容易理解的是，即使向神圣力量的**普遍性**的转变也在进行中。诸神的有限性本身直接提升到这些神之上，并尝试把他们结合进**某一具体的直观**中——即不仅仅结合进抽象的必然性中，因为这种必然性不是什么对象性的东西。这种提升在这里还不会是绝对的、在自身中具体的主体性(作为精神)，但是，也不会是复返于关于独一者力量的直观和对主的否定侍奉；而是独一者，这种独一者对于自我意识来说在这种观点上正成为对象，是按具体方式包罗万象的一种统一。这是**普遍的自然一般**，或是一些神灵的**总体**:感性-精神世界的内容在质料性上被统一起来。当自我意识未能前进至无限的主体性——它作为精神在自身中是具体的——时，实体性统一的直观对这个阶段来说就是一个**已经现有者**，并从古老的宗教中给以保存。因为比较古老的宗教都是一定的自然宗教——在这里，这种斯宾诺莎主义，精神东西和自然东西的直接统一，构成了基础。然而此外，比较古老的宗教，尽管它在当地是确定的，而且在其表述和理解方式上是有局限性的，它在其自身中形成之前，还是**比较不确定的**和**比较普遍的**。每一个当地宗教在其关于当地性的规定中同时都有意义，而且当这种意义与在美的宗教里形成了的**碎化**和特殊化为特性和个体性相

[147]

[148]

109

反而被固定下来时,在**粗糙者**中,在**古老者**中,在非美者和未形成者中就有某一**深刻的**、**内在的普遍者的侍奉**保持着,这普遍者同时也不是**抽象的思想**,而宁可说自在地保持着那种**外在的和偶然的形态**。

这种比较古老的东西,为了其单纯性和实体的强化起见可以被称为更深刻的、纯粹的、纯正的,而其意义可以被称为比较真正的,但是其意义自为地为模糊性所笼罩,没有形成思想,也就是没有形成诸特殊神灵的明净,在这些神灵中,精神的时代被启示出来,他们因此获得了特性和精神形态。然而,对这种深刻者和普遍者的侍奉,却包含着这种深刻者和普遍者本身与诸特殊的、有限制的启示力量之**对立**,——它一方面是从这些力量复返于深刻者、内在者,就此而言的更高者,是**诸分散的许多神灵复返于自然统一性**,但它也在其中包含着对立,即**这种深刻者**是**模糊者**、**无意识者**、**粗糙者和野蛮者**,与**明确的自我意识**相对立,与时代和理性的轻松愉快相对立。所以,这种崇拜中的直观一方面将会是**普遍自然生活**和自然力的**直观**,将会是向内在纯正性的回归,但是另一方面也将同样会是**过程**、即**从野蛮到合法**、从粗俗到礼貌、从模糊到自我意识变得清晰的确信、从强大提坦者到精神者的**转变的直观**。因此不存在被直观的一**完善的神**,没有抽象的教义被朗诵,而直观的内容则是**始初者**、**古老者的冲突**,这种古老者从其未发展的形态被引向**清澈**,引向意识的形式和时代。这种

[149] 表象已经现存于神话的许多公开的直观中。诸神战争和强大提坦神的被战胜就是精神者从克服粗糙自然力中产生的神圣活动。

这里的情况是,即使主观方面的行为及同一方面的运动,也获得了其比较深刻的规定。崇拜在这里不会只是快乐的享受,不会只是与诸特殊力量之**现有**、直接统一的享受;因为当神圣的东西从其特殊性走向**普遍性**,自我意识也返回了**自身**时,随此,**对立一般**就是现有的,而当启示达到崇拜以协调一致为前提时,协调一致就开始更大的**分离**。崇拜在这里其实就是灵魂的某种内在被把握、某一种导入和透露于一种为**灵魂感到陌生的和抽象的本质**,导入和透露于一些解释情况之运动,其日常生活和根源于其中的崇拜并不包含这些情况。当灵魂进入这一领域时,就向它提

出了要求,即它改掉自己的**自然存在**和本质,因此,这种崇拜同时也是**灵魂之净化**,是这种净化之路和上升之道,而且纳入崇高的、神秘的本质,并获得对其诸秘密的直观,但是这些秘密对于知内情者来说已不再是秘密了,而仅仅在此意义上还应会留下来的就是,这些直观和这种内容并没有被纳入日常生活和意识及其游戏和反思的范围之中。

雅典的所有公民都曾经获悉埃莱夫西斯(Eleusinis)的神秘宗教仪式①。因此,秘密本质上是仅仅被秘密处理,即只是没有被搞成日常生活喋喋不休东西的某种已知者;犹如犹太人并不叫呼耶和华之名字,或者像在日常生活中倒过来存在着每个人都明白、但并不谈论的事物和情况那样。但是那些直观并不在这种意义上是神秘的,犹如基督教的诸启示教义被称为神秘一样。在这些教义方面,神秘者就是内心者,思辨者。那些直观必定主要仅仅始终是神秘的,是因为希腊人无非在**神话**中能够谈论它们,也就是说,并非不**改变**古老的东西。

[150]

然而,即使在这种崇拜中,尽管它从某种一定的对立出发,**快乐**仍然是**基础**。净化之路虽然被游历一遍,但这并不是无限的痛苦和怀疑,其中,抽象的自我意识在其抽象的知中与自身隔离开来,所以在这种空无内容的形式中就仅仅在自身中运动、搏动,仅仅是自身中的一种颤动,并在对其自身的这种抽象确信中不可能绝对地达到固定的真理和客体性以及对其有所感,而是始终在那种统一的基础上,并且这种游历被视为真正完成了的灵魂净化,被视为**绝对**,而且随着那种原始的无意识的基础留下的更多的是灵魂的一种**外在过程**,因为这种灵魂并不降低进入否定性的最内在深处,犹如事情在这种情况下就是这样一种情况一样,在这里,主体性充分发展成了其无限性。如果惊恐、可怕的景象、令人担忧的形象和诸如此类的东西像在对立中一样被使用于调剂这种夜晚的方面,使用出色敏锐的直观、充满感性的壮丽景象,以便在情感中产生出一种更深刻的效

---

① 埃莱夫西斯位于雅典以西 25 公里处,每年 9 月于此举行欧摩尔波斯与克琉斯所创立的神秘仪式。为期 9 天,演现农事女神得墨忒尔失去爱女佩尔塞福涅(为冥王哈得斯劫走)之悲痛、寻觅爱女之艰难、生与死两界之关联、肉体与灵魂的净化。——译者注

果,那么这样一来,知情者就正好通过这些直观和内心感动的**通道**得到了**净化**。

因此,这些神秘的直观就与神圣生活的诸直观相符合,神圣生活的过程就在**悲剧**和**喜剧**中被表现出来。恐惧、参与、悲剧中的悲痛,自我意识一起被带入其中的这些情况,都是产生应该被产生的一切的同一种净化途径,犹如喜剧的直观和放弃其尊严、其作用、其关于自身的意见以及其更基本的力量一样,这种普遍抛弃所有自我正是这样一种崇拜,在这种崇拜中,精神通过抛弃所有有限者来享受和得到**对其自身的牢固确信**。

[151]

在公开的崇拜中,与其说与诸神灵的名誉有关,不如说与**对神圣者的享受**有关;但是,当在对神秘的这种崇拜中,**灵魂自为地**被强调为某一目的,并在这种对立中被**更抽象地**、**更独立地**、仿佛**更分离开来地**被考察时,在这里必然就出现关于**灵魂不死**的表象。完成了的净化把灵魂提升到有时间性的、短暂的定在之上,而当灵魂作为自由的确定下来时,与这种崇拜联系在一起的,就是关于个别人作为自然死亡了的个别人向**永生**过渡的表象。个别人就加入地下的、本质的、**理想的王国**之国籍,在这里,有时间性的现实就降低至幽灵世界。

因为神秘是希腊精神向其最初开端的复返,所以其内容的形式在本质上就是**象征性的**,也就是说,意义就是不同于外在表现的一种意义。希腊诸神本身并非象征性的;他们是他们所表现的东西,犹如艺术作品的概念就是表达所指者,而非内在者就是作为外在者的一个他者。尽管希腊的神选择了关于这样古老的重大事件的开端,但这样古老的重大事件却成了艺术品——它完美地表达了这样古老的重大事件的所应是者。多种多样地,特别是通过克罗伊策①,人们研究了作为基础的希腊诸神的历史起源和意义。但是,如果神是艺术的对象,那么只有这才是将他表现为他所是者的一种好艺术品。在自然宗教那里,这是秘密,是一内在者、象征,

[152]

---

① 弗·克劳伊策(Friedrich Creuzer):《古老民族,特别是希腊人的象征手法和神话》(Symbolik und Mythologie der alten Völker, besonders der Griechen),4卷,第1810—1812页。——德文编者注

因为形态在这种情况下并没有暴露由此而发生的意义,而仅仅**应该**暴露之。奥西里斯是太阳的一种象征;赫尔库勒斯(Herkules)也是:他的十二项工作①都与月份有关;因此他是日历神,不再是现代希腊神。在秘密的宗教仪式中,内容,显现,本质上都是象征性的,特别是**塞丽斯**(Ceres)、**得墨忒尔**(Demeter)、**巴克科斯**(Bacchus)及其秘密。犹如寻找自己女儿的塞丽斯为获得其自在和重生而平淡地必定要死去的种子一样,种子和后代又是某种象征性的东西;因为它有更高的再生意义——如在基督教中,或者人们会有这方面的意义,即它适合于精神,这种精神的自在只有通过自然意志的扬弃才能结出花朵。因此,这种情况就一再出现;这种内容一下子具有了一种表象、一种事情发展过程的意义,而它本身,意义,对他者,有时会是象征。**奥西里斯**是尼罗河,尼罗河被**提丰**(Typhon)②、即火的世界弄干涸了,然后又产生出来;但是,他也是太阳的象征,是一种普遍活跃起来的自然力。奥西里斯最后也是一种精神形态,因为在这种情况下,尼罗河和太阳又是精神者的象征。这样的象征因本性而是秘密的。内在者还是不清楚的,首先作为含义、意义才存在,这意义还没有得到真正的表现。形态没有完全表达出内容,以致于内容仍旧部分地是未表达出来、未获得实存的根据。所以也就出现了这样一种情况,即对于希腊人的自我意识来说,神秘的宗教仪式未能产生出真正的和谐。苏格拉底被神谕宣布为最智慧的希腊人,从他出发,希腊人自我意识的真正转折才开始写出来;但是,自我意识的这种关键并没有透露给秘密的诸宗教仪式——它们大大地居于他使之已意识到有思维的世界的东西之下。

[153]

---

① 据古希腊神话,赫拉克勒斯在为欧律斯托斯服役期间完成了12项业绩:(1)赤手空拳扼杀内梅亚森林的猛狮;(2)在伊奥拉乌斯的帮助下除掉莱尔纳沼泽的九首水蛇;(3)生擒克律涅亚山中金角铜蹄的赤牡鹿;(4)生擒埃里曼托斯山密林中的野猪;(5)用阿尔斐奥斯河水清洗奥格阿斯那积粪如山的牛栏等。——译者注

② "提丰(Typhon)"为古代埃及童话中的恶神塞特的古希腊称谓。相传,塞特为奥西里斯之弟,以毒计将其兄害死,后为奥西里斯之子霍鲁战胜。据说,古希腊神话中的提丰生有一百蛇首,其目冒火;后来宙斯抓起一座小岛,压在提丰的躯体之上,这便是西西里岛;提丰从埃特纳山喷出火焰,常年不熄。——译者注

β)另一否定者就是一般不幸,疾病,物价上涨,其他的不幸情况。这种否定者已有预言者说明了,并放进某一过错、某一罪行之中。这样一种否定者首先显现在肉体中。然后,不利的风,肉体的状况,就被这样做出了说明,以致于它有一种精神上的联系,并把诸神由于某一罪行和对神圣者的亵渎而产生的不满和愤怒包括进自身之中。或者,闪电、雷鸣、地震,蛇的出现等等,都被宣布为应归因于某一精神的、伦理的力量这样一种否定者。在这种情况中,侵犯必须通过献祭来扬弃,以致于由于罪行而使自己变得傲慢的人就接受某一损失;因为傲慢是对谦恭必须献出某些东西所给予的某一精神上更高力量的侵犯,为的是使它和解与重建平衡。在希腊人那里,这似乎更是**古代的**。当希腊人想从奥利斯启程,而不利的风挡住他们时,卡尔卡斯就宣布风暴为波塞冬之怒所引起,需以阿伽门农(Agamemnon)之女献祭之。阿伽门农准备把她献给神。狄安娜(Diana)救了这位少女。在索福克勒斯的《**俄狄浦斯王**》中,城邦引发了一场疾病,由于这场疾病,弑父之行为被揭露出来。后来,这样的事情不再出现于世。在伯罗奔尼撒战争中的瘟疫期间,未闻什么侍奉神之事;同一时期,也没有什么献祭,只有献祭停止的预言。这种诉诸**神谕**包括这样的献祭本身在过时。也就是说,如果是请教神谕,那么效果就被视为由神本身来决定。因此,效果就被视为据说已发生的事情,被视为**必然**之事,命运之事,在这方面不可能有什么未避开与未被补救的和解。

γ)和解的最后形式就是,否定者是一种真正的**罪行**,这样被看待和被说出来,并不是人们首先通过对某一种不幸的解释而说到的这样一种罪行。一个人、国家、民族,犯下罪行;采取合乎人性的方式,惩罚就是对罪行的和解(以惩罚形式或更粗野的报复形式)。自由的精神自身中有其使已发生的事情可以不发生的崇高的自我意识。外在的赦免等等是某种另外的事情;但是,已发生了的事情在自身可以不发生,这一点是自由的自我意识之更高优先权,在此,恶不仅仅是行为,而且也是固定的,在情感中、在罪恶的灵魂中有其位置。自由的灵魂会从这种恶中自我净化,对这种内在转变的控告虽然出现了,但和解的性质更多地就是外在的净化。

在希腊人那里,这一点也是某种古老的东西;一些著名的例子就来自雅典。米诺斯(Minos)之子就是在雅典被杀死的;因为这一行为,就进行了一种净化。**埃斯库罗斯**(Aischylos)讲述道,古代雅典最高法院宣判奥瑞斯忒斯无罪;雅典娜之石①于他有利。和解在这里作为外在者而不作为内心皈依②而存在。《**俄狄浦斯在科洛诺斯**》的演出暗指基督教的东西,在这一作品中,这位老俄狄浦斯曾弑父娶母,他与其儿子们一起被赶跑,在诸神那里得到尊敬:诸神把他召到自己一边来。

其他的献祭还更多地属于外在的方式。例如死人献祭,为的是抚慰亡灵。阿基琉斯就如此屠杀一些特洛伊人于帕特罗克洛斯之墓地;这是为了重建两方面命运之平衡。

## Ⅲ. 合目的性或知性的宗教[罗马的宗教]

[155]

### 1. 这一阶段的概念

在美的宗教中居于主导地位的是空洞的必然性,在崇高的宗教中,统一作为抽象的主体性居于统治地位。除了统一之外,无限被限制的、实在的目的属于后一种宗教;但是,除了必然性之外,伦理的实体性,权利,经验自我意识中当下现实的东西,都属于前一种宗教。在必然性内部,存有诸多特殊的威力,并参与其本质:被表象为个体,它们都是精神的、具体的主体,特殊的民族精神,活生生的精神,犹如雅典娜之于雅典,巴克科斯(Baccus)③之于忒拜(Theben),还有家族神,但是这些家族神同时也是间

---

① 相传,奥瑞斯忒斯因弑母遭报复女神追究终日不得安宁。奥瑞斯忒斯赴德尔斐请求救助。阿波罗示意,要他前往雅典战神山法院申诉。法庭由雅典娜主持,阿波罗充当奥瑞斯忒斯的辩护者。复仇女神指控奥瑞斯忒斯犯有弑母之罪。最后,法庭进行表决;结果,定罪与赦免两者票数相等。这时,拥有最后裁决权的雅典娜投了有利于奥瑞斯忒斯的一票,即"石"。奥瑞斯忒斯最终被宣告无罪。——译者注
② 《黑格尔全集》:"宗教信仰"——德文版编者注
③ 巴克科斯,罗马神话故事中的酒神,内容包括忒拜复仇,主要描写印度战争、提丰之战等。——译者注

接的,因为他们按其本性都是些普遍的威力。因此,这样一些神的对象就是一些特殊的城市、国家,尤其是大量特殊的目的。作为被归结于独一者之下的这种特殊性,是较近的规定性。思想的下一个要求即是诸目的的**那种普遍性与这种特殊性的结合**,以致于抽象的必然性用特殊性、用目的于其自身中来充满。

在崇高的宗教中,目的就其实在性而言曾经是一分散的目的,而且,作为**这种**家族,是被排除在外的。因此,更高者就是,这一目的**被扩展为威力范围**,而这种威力本身则因此得到发展。详细发展了的特殊性作为一种神圣的贵族统治而被采纳,并因此作为目的而被纳入神圣者的规定中,而且在其中获得了实在的民族精神,这种特殊性也必须同时被设定进**统一**之中。但是,这不会是真正精神的统一,犹如在崇高的宗教中那样。

[156] 过去的诸规定其实都仅仅被撤回到某一相对的总体里,即撤回到这样一种总体里,在其中,两种先前的宗教虽然失去了**其片面性**,但是两种原则的每一种原则也都同时变坏为其**反面**。美的宗教失去其诸神的个体性及其独立的伦理内容:诸神仅仅被贬低为手段。而崇高的宗教则失去其集中于独一者、永恒者、超世俗者的方向。但是,它们的结合则实现着进步,即**个别**的进步和诸**特殊**的目的被扩展为**一种普遍**的目的。这一目的应该付诸实现,而上帝则是实现这一目的的威力。

**合目的的行为**不仅是精神的特性,而且也是一般生命的特性,——它是理念的行为,因为它是这样一种产生活动,这种产生活动不再是**向他者**的一种过渡,它作为他者是**一定的**,或者**自在地**像在必然性中一样是同一他者,但是**在形态上**则相互是一他者。在目的中,一种内容作为最初者依赖于过渡形式,依赖于变化,以致于它在变化中就保持自身。这些花草自然的本能——它在多种条件的影响下会表现出来——仅仅是**其**自身发展的产生活动,而且只是从主体性向客体性过渡的简单形式:在胚芽中预先形成的形态,在结果中显示出来。

合目的的行为十分接近我们最后已考察的精神形态;但是那种形态仅仅首先是**表面的**方式,在这种方式中,显现出某一种本性和精神的规定性,而不是这样一种规定性本身存在于目的、理念的方式中。也就是说,前一种宗教的抽象规定和基础曾经是必然性,而除此之外,就是丰富的精神的和物理的本性——它因此分散于一定的时间和质中,而同时,自为的统一则是空无内容的,植根于自身中,而且仅仅从精神的形态和**理想性**那里获得那种快乐,它把这种快乐同时提升**到其规定性之上**,与此相反也使它成为无关紧要的。必然性仅仅**自在地**是自由,还不是智慧,没有目的,而且,只要我们放弃目的,我们就在必然性中自我解脱。是必然者,当然就是一种内容,是一种事情、状态、结果等等,但是其内容本身就是一种**偶然性**;它可能是这样或会是别样,或者必然性正好就是这种形式上的东西,只是这种东西借助于内容,即**有**内容,但不是它所是**者**。必然性仅仅是这种抽象者的坚持。

[157]

但是,必然性深入于**概念**之中。概念,**自由**,就是必然性之真理。理解就意味着把某些东西理解为某一联系的环节,这种联系作为联系是一种区别,因此也是一种一定的和完成了的联系。按照原因和结果的联系,本身还是必然性之联系,也就是说,还是形式上的,——缺少的是这一点,即某一内容是被设定为自为一定的,这种内容没有改变地经历了从原因到结果的变换。然后也就是,不同现实的外在关系与形态被贬低为手段。目的需要一种**手段**,也就是需要一种外在的结果,但这种结果有服从于目的——它保持在其运动中,并提升其过渡——的运动之规定。同一内容**自在地**存在于原因和结果中,但是它显现为独立的、相互影响的现实者。但是,目的就是这样一种内容,这种内容与形象和现实之显现着的区别相反已被设定为与自身的同一。所以,在目的的行为中没有产生出什么未事先已存在的东西。

在目的中,**目的与实在的区别**正在于此。目的保持自身,仅仅与自己本身相调解,仅仅与自身相适宜,产生出其作为主观目的与实在的统一——但是要**借助于手段**。目的是高于实在的**力量**,是这样一种力量——它同时也有一种始初的、自在自为被规定的内容,这种内容始终是一始初者和最终者;因此,目的是这样一种必然性,这种必然性在自身中有外在的、特殊的内容,并需要这种内容以反对具有否定规定并把它贬低

[158]

117

为手段的实在性。

现在**生活**中就现有一直熟悉现实并从其力量中解脱出来、始终反对它的内容之统一；但是，这种内容并**不是自由自为地**在**思想**环节中、在其同一方式中被突出出来的，它不是精神的。在**精神上形成了的理想**中就现有这同一种统一，但同时也被表象为自由的，而作为美，它高于有生命者。就此而言，这种统一的质也作为目的存在着，而其生产则是合目的的行为。但其质并不**在诸目的的方式中**被表象出来；例如阿波罗、雅典娜就不必创造出并传布目的、科学和诗歌；塞丽斯、神秘的巴克科斯都没有创造、教会规律之目的，——而且他们保护这种内容，这内容是他们的忧虑；但是在这方面，并没有目的与现实的这种分离。这些神圣的自然性质就是这些**力量**与**活动本身**，缪斯女神本身就是这种创作，雅典本身就是雅典的生活，而该城市的福乐与安泰并不是该城的目的，而是这些力量在其现实中内在地起支配作用，犹如诸规律在诸行星中起作用一样。

此外，犹如诸神在美的阶段并非手段一样，他们也未**相互对立**，宁可说，他们消失在必然性中。尽管他们神气活现，他们却服从于自身，并让自己重新整理好。所以，在必然性中某一规定依赖于另一规定，而且规定性在消失的同时，目的则被设定为不同现实者的同一，即自在自为被规定的统一①，这种统一**与其他的规定性相反**，保持在**其**规定性中。

概念，只要它是自由自为地被设定出来的，实在就首先面对自身，而这种实在与概念相反而被规定为否定者。然后在绝对的概念、纯粹的理念中，这种实在，这种敌对者就融化为统一，融化为对概念本身的熟悉了解，并收回其特点，且从仅仅作为手段的境地中自我解脱出来。这即是真正的合目的性，在其中，概念、上帝、神圣主体与概念于其中实在化的东西即客观化、实在化的统一被设定出来，而上帝的本性本身就是，它自身在客体性中完成，而且因此在**实在性**方面**与自身**是**同一**的。

---

① 《黑格尔全集》："因此，目的被更不同、更真实地设定为同一，即自在自为被规定的统一"。黑格尔手稿(拉松版)："目的被设定为不同现实者的同一，自在自为被规定的统一"。——德文版编者注

但是,目的本身首先还是**直接的**,形式上的;其第一个规定就是,这样在自身中被规定的东西是与自为的实在相反的,并在其作为某一**冲突的**实在中现实化。因此,目的首先是**有限的**目的;这种关系是知性的关系,而且是有这样基础的宗教,即**知性的宗教**。

某种与这样的目的和这样宗教的特性十分接近者和相似者,我们已经在独一者的宗教中看到了。即使这种宗教,只要这种独一者作为目的始终反对所有实在,就是知性宗教,而犹太教则因此就是最顽强、最无生气的[①]知性的宗教。这种目的,作为对上帝的名字的赞扬,是形式上的,不是自在自为规定的,只是抽象的显示。上帝之民,该民的个别性,也许是一更确定的目的;但是,这一目的是这样一种目的,它是完全不可理解的,而且仅仅是目的,犹如仆人对主人来说是目的一样,而不是上帝本身的内容,不是其目的,不是**神圣的规定性**。

[160]

如果**我们**说:上帝是按照目的的规定性,而且是按照智慧的目的起作用的力量,那么这就有另一种意义,在这种意义中,我们在概念发展上看到首先应采用的这种规定。也就是说,在我们的意义上,那些目的虽然也是有限制的、有限的目的,但是本质上就有**一般智慧**的一些目的和某一智慧的目的,也就是自在自为善的一些目的,这些目的与**某一最高最终目的**有关。因此,那些目的绝对服从于**某一最终目的**。诸有限制的目的和在其中的智慧都具有从属的本性。但是在这里,目的的**有限制性**就是还没有高于自己的**基本规定**。

对此,宗教完全不是统一之宗教,而是**多样性**之宗教;既没有**某一种力量**,也没有**某一种智慧**、**某一种理念**是具有神圣本性的基本规定。

这样一来,**被规定的**一些目的就构成这些形态的内容,而这些目的不应在自然中寻找;而在许多实存和关系中,人的实存和关系诚然就是本质的实存和关系。人的东西在自身中有思维,而且对人的每一个在自身中还如此不重要的最终目的——以此为生等等——来说,人有权利尽量以

---

① 黑格尔手稿(拉松版):"totfesten"(死定的)。——德文版编者注

119

一些自然物和动物生命直截了当地来献祭。同样,诸目的也并不应在诸神本身中客观地和自在自为地去寻找。而这就是**人的**一些目的、人的困难或幸运的一些事情和状况,只要这种宗教是一定的宗教,这些事情和状况就有了其根源。

[161] 在前面说过的宗教中,普遍者,在特殊者之上的悬而未决者,曾经是必然性。在这一阶段上,这不会是这种情况,因为在必然性中,诸有限的目的自我建立起来;但是在这里,它们在对立中是规定者和**持存者**。其实在这一阶段上,普遍者乃是**对诸特殊目的的赞同**,也就是**一般的**赞同,因为普遍者在这里只能始终是不确定的,因为诸目的作为个别的目的存在着,而其普遍性仅仅是抽象的普遍性,——因此,它就是**幸福**。

但是,这种幸福并不以这样一种方式与必然性相区别,即它是**偶然之事**;因此,它是必然性本身,在其中,正是诸有限目的只是偶然的,——它也不是一般有限物的天命和合目的的治理,而它就是关于某**一定**内容的幸福。但是,一定的内容也并不意味着每一个一般的**任何一**内容,而它,尽管是有限的和当前的,必定还具有**普遍**的本性,而且必定自为地具有一种更高的理由。因此,这一目的就是国家。

但是,国家,作为这一目的,仅仅首先是**抽象的**国家,是诸人联合在一种关系之下,而因此,这种联合还不是在自身中合乎理性的组织,而它之所以还不是这样,是因为上帝还不是其本身中合乎理性的组织。合目的性是外在的合目的性;被理解为内在的合目的性,它就是上帝自己的本性。因为上帝还不是这种具体的理念,还不是通过其自己本身的、自身中真正的满足,所以,这种目的,国家,还不是自身中理性的总体,并因此也不应得到国家的名字,而它仅仅是**统治**,是诸个人、民众联合在一种关系中,**一种权力之下**,而当我们在这里拥有目的和实在化的区别时,这种目的首先就是现有的,只是主观的,不是作为被完成了的目的,而实在化就是统治的获得,就是某一目的的实在化,这种目的是先验的,它首先高于诸民众,而且首先自我实现。

[162] 犹如外在合目的性的这种规定不同于希腊生活的伦理实体性和不同

于神圣力量及其外在定在的同一性一样,这种统治,无所不包的君主政体,这种目的,也必定区别于伊斯兰教的目的。即使在伊斯兰教中,对世界的统治也是目的,但是应该进行统治者就是**思想**的独一者,来自犹太教。或者,如果在基督教中说,上帝想使**所有的人**应该意识到真理,那么目的就具有精神的本性;其中,每一个个体都作为思维的、精神的、自由的和当前的存在于目的中,目的自身就有一个中心,没有外在的目的,而主体则因此接受目的的**整个范围纳入自身之中**。与此相反,在这里,目的还在经验上、外在全面地是对世界统治。在其中所是的目的,对个体来说,就是一**外在的**目的,而且目的越实在化,它也就变得越来越多,以致于个体仅仅服从于这一目的,服务于它。

首先自在地包含于其中的是普遍力量与普遍个别性的结合,但仅仅可以说是一种粗糙的、**无精神的结合**;力量并非智慧,其实在性并非自在自为地是神圣的目的。它不是独一者、用自身被充满者;这种实现已被设定出来,并不存在于思想的王国之中。尘世的力量,就是尘世性,仅仅作为统治存在着;力量在其中就自身而言是非理性的。所以,与力量相反,特殊者在瓦解着,因为它并不按理性的方式被纳入其中;它是**个体的利己主义**,而且是在非神圣方式中、特殊兴趣中的满足。统治外在于理性,它一方面是冷酷的、利己的,另一方面也是个体。

这就是这种宗教的普遍概念;其中已设定了自在**最高者的要求**,纯粹己内存在和诸特殊目的的结合,但是这种结合就是这种**非神圣的**、粗糙的结合。 [163]

### 2. 作为罗马现象的宗教

就外在现象而言,这种宗教就是罗马宗教。人们以表面的方式把罗马的宗教与希腊的宗教合并在一起,但是一种宗教中的精神在本质上完全不同于另一宗教中的精神;尽管它们有相互共同的形态,但这些形态在这里却有一种完全不同的地位,而宗教的整体和宗教信念是本质上不同的东西,这种东西来自外在的、表面的、经验的考察。人们一般都承认,国家、国家宪法、一个民族的政治命运,都取决于其宗教,这种宗教是基础,是真正精神和政治的实体,是根据;但希腊的和罗马的精神、教养、特性,都是本质上相互完全不同的,而且这一点必定导致宗教实体的差别。

这一领域的神圣本质都是一些实际的神,不是理论的、散文式的神,不是诗意的神,尽管像我们马上将会看到的,这一阶段就一些神越来越新的发现和产生来说将是最丰富的。鉴于抽象的信念、精神的倾向,这里必须注意到

a) 罗马人的**严肃性**。在有一个目的、一个应该实现的、本质上稳定的目的的地方,那里就出现这种知性,以及借此的严肃性,这种严肃性坚持这一目的,反对情绪中或外在状态中的多种多样的他者。

[164] 在前面说过的宗教、抽象必然性和特殊美的神圣个体中的诸神那里,**自由**是基本特性,是这种喜悦,极乐。他们并不受个别实存的制约;它们是一些本质的力量,同时也是对他们想做的事情的讽刺;他们对个别的经验的东西没有什么兴趣。希腊宗教的快乐,考虑到该宗教的信念,即是基本特征,其中有其原因,即也许有某一目的、某一被崇敬者、神圣者;但是同时也现有关于目的的这种自由,它直接就在于,希腊诸神众多。每一个希腊神都有一种或多或少实体的特性,伦理的本质;但正因为其特殊性众多,意识、精神同时也就处于这种多样性之上,来自于其特殊性;意识离开被规定为本质、也能被视为目的的东西,它本身就是这种讽刺。这些神的**理想美**及其普遍者本身就高于其**特殊的性格**;因此,[战神]玛尔斯(Mars)也让自己对和平感兴趣。他们都是瞬间幻想之神,他们没有前后一致性,现在自为地显现出来,而且现在又复归于奥林波斯山。

与此相反,哪里存在一个原则、一个最高的原则和一个最高的目的,哪里就不会有这种快乐。然后,希腊的神就是就自身而言的一种**具体的个体性**,这些许多特殊的个体的每一个个体本身都重新具有许多不同的规定;他是一种丰富的个体性,因此这种个体性必然在自身中一定有矛盾,并必定显示出来,因为对立尚未绝对地被和解。

当诸神就自身而言有丰富的外在规定时,就有对这些**特殊性**的这种**无所谓态度**,并会轻率地对待它们。我们就它们而言在这些神灵故事中

第二章　精神个体性的宗教

注意到的偶然者,就属于此。

哈利卡尔纳素斯的狄奥尼西奥斯(Dionysios)拿希腊的宗教与罗马的宗教作比较;他称赞罗马的诸宗教设施,并指出古罗马宗教优于希腊宗教的巨大优点。罗马的宗教有神庙、祭坛、礼拜仪式、献祭、隆重的集会、节日、象征等等,与希腊的宗教是共同的;但是,罗马的**神话**中没有了诸神的亵渎神圣的特征、曲解、监禁、战争、斗殴等等。而这些都属于诸神的快乐形态,他们自我嘲笑,他们表演滑稽,但他们在其中有自己的无忧无虑的、可靠的定在。在认真方面,也必然涌现出**按照坚定原则**的形态、行为、事态;而在自由的个体性中,尚不存在这样一些坚定的目的、这样一些**片面伦理的知性规定**;诸神虽然包含着伦理的东西,但同时作为特殊的、就其规定性而言丰富的个体性,却是具体的。在这种丰富的个体性中,严肃性不是必要的规定,它其实在其表现的个别性中是自由的,可以以轻率方式在它所是的一切东西中变换(herumwerfn),并始终如此。显现为无价值的诸故事,暗示着诸物本性、世界创造的普遍观点等等;它们在古老传统、关于诸环节过程的抽象观点中有其根源。观点的普遍者是晦暗不清的,但对此有所暗示,而在这种外表、混乱中,就激起了人们对才智的普遍者的注视。与此相反,在现有**某一被规定的目的**的某一宗教中,对**才智的所有理论观点**的考虑都消失了。某些理论,同一些理论的普遍者,都未出现在合目的性的宗教中。上帝在这里具有一种被规定的内容:这就是对世界的统治;它是经验的普遍性,不是伦理的、精神的、而是实在的普遍性。

[165]

我们把作为这种统治的罗马的神视为公共的福运(Fotuna publica),视为这样的必然性,即对他者来说,是一种冷酷的必然性。包含罗马目的本身的真正必然性,就是**罗马**,就是统治,就是神圣的、神的本质,而且这种居于统治地位的罗马(以某一居于统治地位的神之形式)就是**卡皮托利乌姆的尤庇特**①,一位特殊的朱庇特,因为有许多朱庇特,也

[166]

---

① 卡皮托利乌姆为古罗马七丘之一,建有罗马人所崇奉的主神朱庇特的神庙,被奉为圣地,但这个尤庇特(Iupiter)不同于朱庇特(Jupiter)。——译者注

许有 300 个约维斯(Ioves)。这个卡皮托利乌姆的尤庇特不是作为诸神之父的宙斯,而是他仅仅具有在世界上统治及其目的之意义,而罗马民族就是他为之实现这一目的的民族。**罗马民族是共同的家庭**,而在美的宗教中,**许多家庭曾经是神圣的目的**,与此相反,在独一者的宗教中就是**一个家庭**。

b)这种神并不是真正精神的独一者;正是因此特殊者也就处于统治的这种统一之外。威力是抽象的,只是威力;它不是一种自身中的理性组织、总体。正是因此,特殊者也就显现为一种**外在于**独一者、统治者的降临者(Fallendes)。

这种特殊者一部分也显现在希腊诸神的方式中,或者后来被罗马人自己给予与这些神以同等的地位。因此,希腊人也在波斯、叙利亚、巴比伦找到自己的神,这种神同时也不同于他们的神特有的直观和规定性,只具有表面的普遍性。

一般来说,罗马的诸特殊神,或者他们之中的许多神,与希腊的诸神是同一的。但他们不是这些美的、自由的个体性,仿佛显得吓人;人们不知道,他们来自哪里,或者人们知道他们在一定的机会被引进来了。然后,我们也许必须区别后来的诗人维吉尔(Vergil)、贺拉斯(Horz),把希腊诸神吸收进自己作的诗中作为无生气的模仿。他们没有这种意识,这种**人性**——它是人中和诸神中的实体者以及诸神中和人中的实体者。他们表现为无精神的机器,表现为诸知性之诸神——他们不属于某种美的、自由的精神,不属于某种美的、自由的幻想,犹如他们也不作为干巴巴的形象、机器出现在法国人的近代拙劣作品中一样。因此一般来说,罗马的诸神形象较之希腊的诸神形象,前者使近代人更满意,因为罗马的诸神形象更多地作为空无内容的一些知性之神——他们不再属于生动自由的幻想——出现。

除了这些特殊的神——他们显现为与希腊的神是共同的——,罗马人有许多、特有的神和奉神仪式。统治是公民的目的;但是个体尚未仅限于此目的:他还有自己的一些**特殊**目的。个别的一些目的处于这种抽象的目的之外。

第二章　精神个体性的宗教

但是,诸特殊目的将成为完全**平淡**-个别的目的;它是人按照其需要或与这里出现的自然联系的多种方面的**共同个别性**。上帝不是这种具体的个别性,——尤皮特只是统治;诸特殊的神都是死的、无生命-无精神的,更多是被借用的。个别性,撇开那种普遍性不管,因此对自身来说,是完全共同的,是人的平淡的个别性。但是,这种个别性是人的目的;他需要这,也需要那。但是,对人来说是目的的东西,在这一领域中就是神圣东西的规定。人的目的和上帝的目的是一个目的,但却是一外在于理念的目的;因此,人的诸目的都被看作为上帝的一些目的,因此就视之为神的威力;在此情况下,我们就有了这些许多特殊的、极平淡的神。

因此,我们一方面看到作为统治的这种**普遍威力**:在这种威力中,诸个体被牺牲了,没有被视为这样的个体;另一方面,被规定者,因为那种统一、神是抽象者,就处于抽象者之外,而**人的东西**在本质上就是目的;上帝用某一内容来充满,就是人的东西。

在上述阶段中,在美的宗教中,存在着自由的、普遍的和伦理的力量,［168］这些力量构成崇敬的对象。尽管是有限制的,它们仍是自在自为存在的、**客观的**内容,而且正是在对它们的考察中,个体性的诸目的被解决了,个体则被消除其困境和需要。它们是自由的,而个体则从其中解脱出来;正是因此,个体赞美自己与它们的同一性,享受它们的宠爱,而个体也配得上它们,因为个体没有什么要为自己而反对它们,而且在其困境、其需要中,尤其就其特殊性而言,个体本身并不是目的。个体的诸特殊目的,不管是否达到,他都只在神谕中询问,或者他在必然性中放弃它们。诸个别目的在这里仅仅首先具有否定者的意义,不具有自在自为本身存在者的意义。

但是在这种**福乐宗教**中就有崇敬者的**自私自利**,这种自私自利在其作为力量的实际诸神中直观自身,并在他们之中和从他们之中寻找对某一主观兴趣的满足。自私自利有其**依赖**感;正因为它完全是有限的,所以它才特有这种感觉。东方人生活在光明中,印度人将其自我意识沉入梵中,希腊人在必然性中放弃其特殊的诸目的,并在特殊的诸力中直观他对

125

他友好、激励他、使他振奋、与他联合起来的诸力,生活在其没有依赖感的宗教中。他在其中其实是**自由的**,在他的神面前是自由的;他仅仅在神之中才有其自由,而且仅仅在其宗教之外才是不独立的。他在其宗教中已扔掉了其依赖性。但是自私自利、困境、需要、主观幸福和**希冀自身**、执著于**自身**的舒适生活,都感到自己是受压抑的,都起因于其兴趣的依赖感。对主体来说,当凌驾于这些兴趣之上的力量应实现主体的目的时,它就具

[169] 有一种**肯定的意义**,而且本身就有一种兴趣。就此而言,它只具有实现其诸目的的一种**手段**的意义。这是这种谦恭中的缓慢前行、伪装,因为它的目的就是、而且应该就是内容,这种力量的目的。所以,这种意识在宗教中的表现就不是**理论的**,也就是不在主体性、对这些力量尊重的自由直观中,而仅仅在**实际的自私自利**、所要求的对这种个别生活的满足中。知性就是在这种宗教中紧紧抓住其有限诸目的、一种由知性而被片面设定的东西、仅仅使知性感兴趣的东西,而且这样的抽象者和个别化既不沉入必然性,也不溶入理性中。因此,诸个别的目的、需要、力量也显现为一些神。这些神的内容正是实际的**有用性**;这些神服务于共同的得益。因此。

c) 现在就进入**整个的个别者**。诸家神属于个别的公民;与此相反,拉尔(die Laren)①则与自然的伦理、虔诚有关,与家族的伦理统一有关。另外一些神则拥有一种属于纯粹、还多得多的特殊益处的内容。

当人的这种生活、这种行为也获得一种形式,这种形式至少没有恶的否定者时,对这种需要的满足就因此是一种简单的、静谧的、非教化的自然状态。萨图尔努斯(Saturns)时代,无罪的状态,浮现在罗马人面前,而对适合于这种状态的需要的满足,显现为一系列的神,这些神与土地的富饶以及人们掌握诸自然需要的熟练技能有关。因此,我们就有了一位**尤皮特·皮斯图尔**(Iupitr Pistor);烘烤技术被看作一种神圣的事情,而这种神圣的事情则被看作一种本质的东西。福尔纳克斯(Fornx),即其中可以

---

① 拉尔(Lares),为古罗马宗教与神话中社团及其土地的守护神灵的统称;他们通常为家族、公社以及种种社团所敬奉。家族的拉尔与家灶、家祭以及家园的林木相关联;每逢生育、成年、婚配、死亡等,人们则向此等神祈祝。——译者注

烘干谷物的炉子,是一位奇特的女神;维斯塔(Vsta)是烤面包之火;然后她作为赫斯提娅(Hestia)获得一种与家族孝敬有关的更高意义,诸罗马人都有自己的猪节、羊节、牛节;在**帕利利亚节**(Palilien)时,人们试图使**帕勒斯女神**(Pales)偏爱自己,她使喂养家畜的饲料繁茂,并照料牧人们所委托的牧群,以免它们受到任何危害。他们同样也有与国家有关的一些艺术之神,例如**尤诺·莫内塔**(Iuno Moneta),因为硬币在共同生活中是某种本质的东西。

[170]

但是,如果这样一些有限的目的像国家的状态和关系及其繁盛——它属于人的身体所需和进步以及福利——一样是最高者,而且关心某一直接现实——它本身为了其内容只能是**一种偶然的现实**——的成功和定在,那么与有益者和繁盛者相对立,**有害者**和**失败**就自行固定下来。鉴于有限的一些目的和状态,人是不独立的;他所拥有、享用、具有的东西,是**实定的存在**,且在限制中和缺乏中,即它存在于某一**他者**的力量中。在同一者的否定中,人感觉到依赖性,而这种感觉的正确发展通向**崇敬有害者和恶的力量**——膜拜魔鬼这个阶段并不自在自为地通向魔鬼、祸害与恶的这种**抽象**,因为它们的一些规定是某些有限制内容之有限的、当前的现实。这个阶段仅仅害怕**特殊**的损害和匮乏,并对此崇敬之。有限的具体者是一种状态、一种先行的现实、存在的方式,这种方式可以被反思理解为一外在的普遍者,犹如和平(Pax)、宁静(Tranquillitas)、女神**瓦库娜**(Vacuna)一样,它们都由罗马人的无幻想而被确定下来。但是,这样一些比喻的-平淡的力量首先和主要是这样一些力量,它们的基本规定是**一种匮乏和损害**。因此,罗马人祭奉瘟疫、发烧(Febri)、忧虑(Angrona),以谷物(Robigo)敬奉饥饿(Fames)和火灾。在快乐的艺术宗教中,惧怕带来不幸的这一方面受到了抑制:可以被视为敌视的和可怕的阴间诸力量,就是**欧墨尼得斯**(Eumeniden),怀有善意的诸力量。

[171]

对我们来说,要理解把这样的力量作为神圣的来崇敬是困难的。神性的所有规定始于这样一些表象,而只有依赖和恐惧感这类东西会成为某种客观者。**所有理念的整个丧失**,所有真理的衰败——它仅仅会归于这类的真理,而理解这一点则是仅仅来自于精神完全被纳入有限者和直接有益者中的这样一种现象,犹如对罗马人来说,与最直接的需要及其满足有关的一些技巧也就是一些神一样。精神忘记了一切内在者、普遍者、思想,完完全全存在于平淡的诸状态中,而**超越其外**、**提升**,无非是完全形式上的**知性**——它将一些状态、直接存在的方式领会为**一种形象**,而不知道实体的其他方式。

在力量的这种平淡状态中,由于对罗马人来说,这样一些目的和直接的、现实的、外在的诸状态的力量曾经是罗马帝国的福祉,于是就容易理解有这样一些目的的**在场力量**、有这样福祉的**个体**在场,——都把拥有这种福祉的皇帝奉为**神**。皇帝,这位非凡的个人曾经是掌控诸个人、城市和国家的生活与福祉的力量;他作为**罗彼戈斯**(Robigo)①曾经拥有广泛权力。他曾经掌控饥馑和其他公众困难,除此之外还有:决定等级状况、生育、财富、贵族称号——他掌控一切。即使对于形式上的权利——罗马精神对此的造就花费了如此多的力量——,他也有最高的权力。

然而另一方面,所有特殊的神又是屈服于**普遍的**、**实在的威力**;他们退让出普遍的、完全重要的统治威力,即帝国的范围扩展到整个所知的、文明的世界。在这种普遍性中,神特殊化的命运是必然的,即诸特殊的、神的威力消失在这种抽象普遍性中,以及个人的神圣民众精神也被压死在某一抽象的统治之下。这也出现在更多的、经验的特征中。

在**西塞罗**(Cicero)那里,我们可以找到对诸神的冷静反思;反思在这里就是高于诸神的**主观力量**。他编排出诸神的谱系、命运、行为等等,列举了许多**武尔坎**(Vulkane)、**阿波罗**、**尤皮特**,并对他们作出分类一览表;这是进行比较的反思,并借此使固定的形态成为可疑的和不稳定的。他在论文《论神性》(De natura deorum)中提供的诸消息,就其他的考虑而言,例如就考虑到神话的产生而言,都具有最大的重要性;然而同时,诸神

---

① 罗彼戈斯(Robigo)被视为古罗马神话中的谷物男神,谷物女神称为"罗彼戈"。——译者注

因此由于反思而被贬低,确定的描述丢失了,不相信和怀疑产生了。

但是另一方面,也存在一种更普遍的宗教需要,同时也有罗马命运的压倒的力量,它将诸个体神集合在一种统一中。罗马是一座万神庙,在这里,诸神相互并立且相互抵消,并从属于这同一个**卡皮拖利乌姆的尤皮特**。

罗马人征服了伟大的希腊、埃及等等,他们劫掠寺庙;因此我们看到整船运载的一些神被拖往罗马,因此,罗马就成为所有宗教,即希腊宗教、波斯宗教、埃及宗教、基督教、密特拉弥撒的聚集地。在罗马有这种宽容;［173］所有宗教聚汇在这里,并混合在一起。他们关注所有宗教,而整个状况因此就形成这样一种混乱,在这种混乱中,崇拜的每一种方式相互混杂在一起,而属于艺术的形态就消失了。

3. 崇拜

崇拜的性质及其规定就在以上所述中:侍奉神是**为了某一目的**,而这一目的就是**人的**目的;可以说,内容并非始于神——不是神的本性所是的内容——,而内容始于人,来自于人的目的所是者。

所以,对这些神的**形象**的考察几乎难以区别于对这些神的**崇拜**;因为这种区别与自由的崇拜以自在自为存在的某一真理为前提,以某一普遍者、客观者、真正神圣者为前提,并通过其在特殊的、主观的需要之上的内容以自为的持存为前提,而后,崇拜就是这样一种过程,在此过程中,个体自我享受并给予自己享受与自身相一致的自由。主体的困境和这种困境的依赖性产生虔诚,而**崇拜**则是**某一力量的设定**,用以补救和**为了其困境**。因此,这些神自为地有一**主观**原因和起源,而且仿佛有一实存**仅仅在崇敬中**,在节日中,而几乎不在某一种独立性的表象中;而努力和希望通过独立性的力量来克服困境,从中获得需要的满足,仅仅是崇拜的**第二部分**,而那个一向**客观的**方面则**属于崇拜本身**。

因此,这是一种依赖性的宗教和依赖感。在这样一种依赖感中,不自由是居于主导地位的东西。人知道自己是自由的,但是,他在其中拥有自 ［174］

身的东西,是一始终外在于个体的目的。然而,这更多的是特殊的诸目的,而考虑到同一些目的,正好就产生了依赖感。

这里本质上就是迷信,因为这涉及一些有限制的、有限的目的、对象,并把这些当作绝对的来看待,这些按其内容都是有限制的内容。一般来说,迷信就是让把某一种有限性、外在性、通常直接的现实视为这样一种力量,视为实体性;它起因于精神的沮丧、精神在其目的中的依赖感。

因此,罗马人始终就有对某一种熟悉者、无规定者和无意识者的惊恐;他们处处都看到某种**充满神秘的东西**,并感到使他们感动的某种不确定的惊恐,将被认为是某一更高者的难以理解的东西置于突出地位。与此相反,希腊人则把一切都弄明白了,并通过所有关系造就出某一美好的、具有丰富精神的神话。

西塞罗称赞罗马人是最虔诚的民族,它处处都思考诸神,同宗教一起做一切事情,为一切事情而感谢诸神。这实际上是现有的。这种**抽象的内在性**,目的的这种普遍性,就是命运,在这种命运中,特殊个体和伦理、个体的人性受到压抑,不允许具体现有,不允许自我发展,——这种普遍性、内在性,是基础,而且因此,**一切都与这种内在性有关**,**宗教**无所不在。因此,西塞罗也完全在**罗马精神**的意义上从 **religar**(意大利文,意即"**宗教**")中推导出宗教。因为实际上对于这种精神来说,宗教在一切关系中都是一种维系者和占统治地位者。

但是,这种内在性,这种更高者、普遍者,同时也只是形式;这种力量的内容、目的就是人的目的,是通过人陈述出来的。罗马人都崇敬诸神,因为他们有时需要诸神,特别是在战争的困境中。引入一些新神发生在诸困境之时,或者出于誓言。总的来说,困境是他们那里**普遍神谱**。属于此的还有,**神谕**、《西彼尔预言书》(*sibylle*)都是一种更高者,通过此,向民众宣布什么事情应该做,或者会发生什么,以便得到好处。这一类的机构都掌握在国家、高级官员手中。

这种宗教一般是政治的宗教,并不在这样一种方式上,即像在所有至今的宗教中,民众在宗教中有自己国家的最高意识及其伦理,并把国家的

第二章　精神个体性的宗教

普遍活动如农事、财产、婚姻都归功于诸神,而是将对诸神的崇敬和感激部分与**一定的**、**个别的**情况——例如从危难中拯救——,部分与所有**公众的威信和国家的行为平淡地**联系起来,而笃信宗教一般则以**有限的**方式被拉入诸有限的目的及其决定和决议中。

因此,必然性一般已被想象为经验的个别性;这种个别性是神圣的,与作为信念的迷信的一致,产生了神谕、预兆、《西彼尔预言书》的一种范围,这些一方面服务于国家目的,另一方面有利于个人利益。个人一方面消失在普遍者中,消失在**福尔图娜·普布里卡**(Fortuna publica)①的统治中;另一方面,人的诸目的起着作用,人的主体具有一种独立的、本质的作用。这些**极端**及其矛盾就是罗马生活在其中经常发生改变的东西。

罗马的德行,**Virtus**(拉丁文意即"勇敢"、"品格"、"道德"),就是这种冷静的爱国主义,即个人完全服务于国家、统治的事业所是的东西。罗马人也直观到一般个人的**这种毁灭**,这种否定性;这种否定性就是在其宗教游戏中构成一种本质特征的东西。

在没有教义的一种宗教那里,有对诸节日和戏剧的表述,由此上帝的真理就呈现在世人面前。所以在这里,诸戏剧就有一种完全不同于在我们这里的重要性。它们的规定应该在古代直观到**实体力量的过程**,在运动和行为中的神圣生活。对诸神形象的崇敬和直观面临在其**宁静**中、在其存在中的同一形象,而上帝的运动则包含在讲述中,包含在**神话**中,但仅仅为内在的、**主观的表象**而设定。犹如上帝的表象在其宁静中发展为艺术品,发展为直接直观的方式一样,上帝的行为的表象则发展为戏剧中的**外在表演**。这样的直观在罗马人那里未能在本地,未能在其土地上发展起来,而当他们接受这种对他们来说原初就陌生的东西时,他们没有获得伦理的、神圣的理念,就把这种东西——犹如我们在塞内加(Seneca)那里所看到的一样——变成了空洞的东西、可怕的东西和可怖的东西。其

[176]

---

① "Fortuna",即福尔图娜,被视为古罗马神话中的福运女神;后来,被奉为命运之神、司掌成败兴衰之神。——译者注

131

实他们也仅仅接受了后来的希腊喜剧,而且只是表现了放荡的场面以及父、子、妓女和奴仆之间的私人关系。

在对一些有限目的的这种专心致志方面,不可能现有对伦理的、神圣的行为的高度直观,不可能有一些**实体力量的理论直观**,而应使他们作为观众在理论上感兴趣而又不涉及其实际兴趣的一些情节,本身只能是一种外在的、粗糙的现实或者(如果它会**运动**的话)只能是一种**难看的现实**。

[177] 在希腊的戏剧中,被谈论的东西是主要者;表演的人物保持一种平静的、生动的态度,而脸部并没有真正的表情,而表象的精神的东西则是起作用的东西。与此相反,在罗马人那里,主要为哑剧,某一表情并不等于会被放进语言中的东西。

然而,最主要的竞技无非在于动物与人的搏斗,在于血流飞溅、生死格斗。它们似乎是能够给罗马人带来直观的东西的最高极致;其中没有什么伦理的兴趣,没有以不幸、伦理成分为其内容的悲剧冲突。仅仅寻求消遣的观众,并不要求某一精神意外的直观,而是要求某一真实的、也就是作为有限者中最高变换这样一种事件的直观,即干巴巴的自然死亡的直观,所有外在东西的这种无内容事件以及主要之点的直观。在罗马人那里,这些竞技的规模被搞得非同寻常,即数百人,四五百只狮子、老虎、大象、鳄鱼,它们不得不与它们搏斗、而且也被相互杀害的人们杀死。这里亲眼看到的东西本质上都是冷酷无情、无精神死亡的事件,想通过非理性的任意妄为服务于他人,以产生令人悦目的景象,这种必然性只是任意妄为,毫无内容的杀害,这种杀害仅仅以自身为内容。这种情况和命运的直观是最高者,是由于空洞的任意妄为而造成的冷酷无情的死亡,不是自然的死亡,不是诸情况的外在必然性,不是某种伦理的东西遭到危害的结果。这样一来,死亡就是高贵的罗马人能够施行的唯一德行,而且他同奴隶和被判处死刑的罪犯一起分享这种德行。这就是这种冷酷无情的杀害,这种杀害服务于令人悦目的景象,并使人直观到**人的个体性毫无意**

[178] **义**,也使在自身中没有伦理的个人毫无价值,这就是空洞的、**无内容的命**

运,这种命运作为一偶然者、作为盲目的任意妄为与人相比较。

对于空洞的命运的这种极端——在这里,个体毁灭,即这种命运的极端终于在皇帝任意而没有伦理地发泄感情的力量中找到了自己个人的表达,另一个极端就是主体性的**纯粹个别性**起作用,即这同时也是权力的某一目的。权力一方面是盲目的,精神尚未被调解好,达到和谐,所以二者就片面地相互对立起来。这种权力是一目的,而这一目的,即人的、有限的目的,就是对世界的统治。而这一目的的实在化,就是对众人、即罗马人的统治。

这一普遍的目的在真正的意义上有其理由,在自我意识中有其地位;以此,自我意识的这种**独立性**就被设定出来了,因为目的就属于自我意识。一方面,这种无所谓的态度是与具体的生活对立的,另一方面,这种冷淡性,也是神圣者而且也是个人的这种内在性,然而也是个人的一种完全**抽象的内在性**。

在罗马人那里构成基本特征的东西就在于此,即**抽象的人**获得威望。抽象的人就是**合法的人**。然后,一个重要的特征就是权利、财产的形成。这种权利局限于法律的权利,财产的权利。还有一些更高的权利:人的良知有其权利,这种良知也是一种权利;但一种还高得多的权利就是道德、伦理的权利。这种权利在这里不再存在于其具体的、真正的意义中,而是抽象的权利,人的权利,仅仅在于财产的规定。这是个性,然而只是抽象的个性,是这种意义上的主体性,这种主体性保持着崇高的地位。

这就是合目的性的这种宗教的基本特征。其中包含了诸环节,这些环节的结合构成了宗教的下一个和最后一个阶段的规定。诸环节分散在外在合目的性的宗教中,但却在**相互联系**中。正因此就在**矛盾**中,——如果这些环节在这里以无精神的方式存在,按照其真理被统一起来,那么就产生出对精神宗教的规定。

[179]

罗马的世界是向**基督教**发展的最重要的**过渡点**,是不可缺少的中间环节;在宗教精神的这一阶段已发展了的东西,就是**理念的实在性**方面,而且正好因此自在地是其**规定性**的方面。首先我们看到这种实在性保持

133

在与一般者的直接统一中。现在它是规定性地从一般者中突出出来的,并从中摆脱出来,因此它就成为完成了的外在性,成为**具体的个别性**,然而因此就在其最外在的外化中成为**自身中的总体**。现在还留下来而且是必然的东西就是,这种个别性,这种一定的规定性复归于普遍者,以致于它达到其真正的规定,摆脱外在性,并因此这样的理念就把其完善的规定保持**在自身中**。

外在合目的性的宗教按其内在的意义构成了**诸有限宗教的终结**。有限实在性一般都包含着这样一点,即上帝的概念**存在着**,它**是被设定出来的**,也就是说,这一概念对自我意识来说是真者,而且因此在自我意识中、在其主观方面实在化了。

[180] 这一**被设定的存在**就是必定**自为也发展成总体**的某种东西;因此它才能被纳入普遍性中。规定性向总体的这种继续发展就是在罗马世界中发生了的发展,因为在这里,规定性就是具体者、有限者、个别性、自身中的多样者、外在者,是一种状态、一个领域,是当前的、并不美的客体性,而且正好因此是完善的**主体性**。只有通过**目的**、一定的规定性,规定性才复归于自身,而且它才存在于主体性之中。但是,它首先是**有限的规定性**,并通过主观的复归是**无限度的**(坏的-无限的)**有限性**。

有**两方面**被固定在这种无限度的有限性上,并被认识到:**自在与经验显现**。

如果我们考察完善的规定性犹如它**自在**存在的那样,那么它就是**概念的绝对形式**,即在其规定性中复归于自身的概念。概念首先只是普遍者和抽象者,然而因此尚未被设定出来,犹如它自在存在着那样。普遍者是真实的,犹如它由于特殊性而与自身结合在一起一样,也就是说,由于特殊性、规定性、突出出来的中介,也由于对这种特殊性的扬弃,它就复归于自身。这种否定之否定,就是绝对的形式,就是真正无限的主体性,是在其无限性中的实在性。

在合目的性的宗教中,这种无限的形式达到了自我意识的直观。这种绝对的形式尤其是自我意识本身的规定,**精神**的规定。这是罗马宗教的无限重要性和必然性。作为无限形式的这种**无限主体性**,是为权力赢得的重大环节;它是权力、实体性的神所缺少了的东西。虽然我们在权力中已经有了主体性,但是权力只有个别的目的或更多的个别目的,其目的还不是无限的;只有无限的主体性才有一**无限的目的**,也就是说,它自己**本身**就是目的,而只有内在性,这种主体性本身,才是其目的。因此,精神的这种规定就在罗马的世界中获得了。[181]

然而**在经验上**,这种绝对的形式在这里还作为**这种直接的人**存在,而且**最高者**,以有限的方式被理解,因此就是**最坏者**。精神和天才愈极致,其错误也就愈巨大。搞错的表面性有一种也是表面的、微小的错误,而且只有深入自身者同样只会是最恶者、最坏者。因此,当这种无限的反思和无限的形式**没有内容**也**没有实体性**而存在时,它们就是无限度的和无边际的有限性,就是本身**在其有限性中**是**绝对的**局限性。它们是以别的形态在诸诡辩者那里显现为实在性的东西,对这些诡辩来说,人是万物的尺度,即**依据其直接的愿望和感觉**、按其目的和兴趣的人。我们在罗马世界中看到人自身的这种思维在起作用,并提升**为实际的存在和意识**。沉入有限性和个别性中首先就是所有美好的、伦理的生命力的完全消失,就是瓦解为欲望的有限性,瓦解为瞬间的享受和乐趣,而这一阶段的整个显现则形成一个通达**人情**的**动物王国**,在这个王国里,所有更高尚者、所有实体者都消失了。然后,这样一种瓦解为纯属有限的一些实存、目的和兴趣,自然可以仅仅通过某一个个别人自身中无限度的暴力集合在一起,这个个别人的手段就是诸个人的冷酷的、无聊的死亡,因为只有通过这种手段,否定才会被给予他们,并能使他们留在恐惧中。专制君主是独一者,是真正的、当前的神,是**作为权力的意志的个别性**,这种权力凌驾于其余无限多的个别性之上。

**皇帝**就是神,是神人,是内在者和普遍者,犹如它被突出为、显示为个体的个别性并在场一样。这个个体是权力完美为个别性的规定,是**理念降至当下在场**,但是因此,这就是理念在自身中存在的普遍性、真理自在自为存在因此也是**神圣性的丧失**。普遍者飞逝了,而且因此无限者就被[182]

想象为有限者,以致于有限者就是**句子的主语**,持久的稳定者,而非否定地在无限者中已被设定出来。

有限性的这种完成首先就是精神的绝对不幸和绝对痛苦;它是精神在自身中的最高对立,而且这种对立是无法调和的,这种矛盾是解决不了的。但是精神是**思维的**,而且如果它已消失在作为外在性的这种反思自身中,那么它作为思维的就在其自身的这种损失中同时退回**自身之中**,它反思了自身,并在其深处把自己作为无限的形式,作为主体性但却是作为思维的主体性,不是作为直接的主体性,被放置于首位。在这种抽象的形式中,它作为**哲学**出现,或者一般作为**德行的痛苦**、作为要求与求助出现。

对立的解决与和解是普遍的需要,而它之所以可能,只是因为这种外在的、被解脱了的**有限性被纳入了思维的无限普遍性中**,因此被其直接性所**净化**,并被提升为实体的作用。相反,思维——它没有外在的实存和作用——的这种无限普遍性则必定得到**当前的现实**,而自我意识因此就意识到普遍性的**现实**,以致于它当前就面临作为定在的、作为尘世的、作为在世界中的神圣者,并知道使上帝与世界得以和谐。

[183] 奥林波斯山,这个曾经被幻想造就出来的诸神天界和诸最美形态的这个领域,同时也向我们显示过自由的、伦理的生活,自由的、但还有局限性的民族精神。希腊人的生活分裂为许多小的国度,分裂为这些星辰,这些星辰本身只是有限制的光点。因此获得**自由的精神性**,就必须扬弃这种限制性,并使远远飘荡在希腊神界和这种民族生活上方的天命在这些国度里起作用,以致于这些自由民族的诸精神就走向毁灭。自由精神必须把自己理解为**自在自为的纯粹精神**:它不应再只是**希腊人**的纯粹精神,即这一个或那一个国家的公民有价值,而是人必须自由地被了解**为人**,而上帝是所有人的上帝,是广博的、普遍的精神。这一天命是**对诸特殊自由的管教**和对诸有限民族精神的压制,因此当各民族的政治生活被某一普遍的力量所消灭时,他们就背弃诸神,并意识到其弱点和无能,——这种天命曾经就是罗马的世界及其宗教。合目的性的这种宗教的目的无非就是罗马的国家,以致这个国家就是凌驾于诸其他民族精神之上的抽象威

力。在罗马的万神庙中聚集着所有民族的各种神灵,他们通过相互结合而又相互消灭。作为这种天命的罗马精神消灭了美好生活和上述宗教仪式的那种幸福与欢乐,并把所有的形态都压制下去以至达到统一与相同。这种抽象的力量曾产生了巨大不幸和一种普遍痛苦东西,产生了这样一种痛苦,这种痛苦应该是真理宗教的分娩阵痛。**自由人与奴隶**的区别由于皇帝的无限权力而消失;所有存在无论是内在的还是外在的都被破坏了,而当**一个帝国**本身的幸福衰败时,**有限性的死亡**就到来了。 [184]

**有限性真正纳入普遍者**和对这种统一的直观,不会在这些宗教之内发展,不会在**罗马的**和**希腊的**世界中产生。世界的忏悔,有限性的了结,和在世界的精神中越来越多的绝望,在暂时性和有限性中找到满足,——这一切都有利于为真正的、精神的宗教**准备基础**,有利于必定能从**人**的方面完成的解放,因此"及至时候满足"①。如果**思维**的原则已经发展了,那么普遍者就不在其纯洁性中是意识的对象,当**斯多葛派学者**让世界从火中产生出来时,即使在哲学的思维中,与通常外在性的联系也显示出来。更确切地说,只有在这样一个民族中和解才会出现,这个民族**自为地**具有**独一者**的完全抽象的直观,并把有限性完全从自身那里扔掉,以能够在自身那里重新理解被净化了的有限性。**纯粹抽象**的**东方**原则曾经不得不与**西方的有限性和个别性**结合起来。**犹太**民族是自己把上帝作为世界的古老痛苦加以保存的民族。因为在这里是抽象痛苦、一位主的宗教,因此,与其抽象相对立,且在其抽象中,生活的现实作为自我意识的无限固执保持着,同时也一起被束缚在抽象中。古老的诅咒消失了,而正当有限性在其方面提升为实定者和无限的有限性并起作用时,这种诅咒就自行消除了。

---

① 此语出自《圣经》。"新约全书·加拉太书"载:"及至时候满足,上帝就差遣他的儿子,为女子所生,且生在律法以下,要把律法以下的人赎出来,叫我们得着儿子的名分。你们既为儿子,上帝就差他儿子的灵进入你们的心,呼叫:阿爸,父。"(4:4—6)——译者注

# 第三部分

## 绝对的宗教

现在我们来谈谈实在化的宗教概念,谈谈完善的宗教;在此宗教中概念自身就是对象。——我们已进一步把宗教规定为上帝的自我意识;作为意识,自我意识有一个对象,并且意识到自身就在这对象中;该对象也就是意识,但却是作为对象的意识,因而是有限的意识,一个与上帝、与绝对者不同的意识;它有规定性,因而有有限性;上帝就是自我意识,他知道自身在一个与其不同的意识中;该意识**自在地**就是上帝的意识,但当它知道它与上帝的同一性时,它也是**自为的**;而这种同一性却是通过对有限性的否定而被中介的。——这种概念构成了宗教的内容。上帝就是:将自身与自身相区别,自身就是对象,但在此区别中完全与自身是同一的——精神。此概念现在已实在化了,意识知此内容,并且知自身完全紧密结合在此内容中:在上帝的进程所是的概念中,意识本身就是环节。有限的意识只有当上帝知自身在它之中时才知道上帝;如此,上帝就是精神,即他的社团之精神,也就是崇敬他的社团之精神。这就是完善的宗教,自身变得客观的概念。上帝之所是者,在此是启示的;他不再是一彼岸者、未知者,因为不仅在一种外在的历史中,而且在意识中,他已告诉人们他是什么。当上帝知自身在有限的精神中时,我们在此就有了上帝显示的宗教。上帝是完全启示的。这在此就是关系。如我们所见,过渡就是这样的过渡,即对作为自由精神的上帝之知,按照内涵还有有限性和直接性;这种有限者还必须通过精神的劳作来解决;该有限者是虚无;我们已看到,这种虚无如何启示于意识。世界的不幸、痛苦是条件,即主观方面对自由精神(作为**绝对**自由的、因而是**无限的精神**)的意识有准备。

我们先来看这一范围的**一般情况**。

# A. 该宗教的一般情况

## 1. 启示的宗教

绝对的宗教首先是启示的宗教。只有当宗教**概念**本身是**自为的**时候,宗教才是启示者,才显示出来;抑或是这样的宗教,它的概念本身成为客观的,但不是在受限制的、有限的客体性中,而是,该宗教按照其概念本身就是客观的。

进而我们可以对此作出这样的表达。根据普遍概念的宗教,就是绝对本质的意识;但意识却是不同的;这样,我们就拥有两者:意识和绝对本质。这两者首先是在有限关系中的外化,是经验的意识和另一种意义上的本质。它们相互处于有限的关系中;在这一点上,二者自身是有限的,因此意识就将绝对本质仅仅了解为一个有限者,而非真实者。上帝本身就是意识,是其在自身中的差别,并且作为意识,他将自身表现为我们称为意识方面的东西的对象。

[189] 在这种情况下,我们就总是具有意识中的两种东西,它们有限地、外在地相互关联。但是,如果现在宗教理解自身,那么宗教的内容和**对象**本身就是**整体**,就是与其本质相关联的意识,就是其宗教作为本质和本质作为其宗教本身之知,也就是说,精神因而是宗教中的对象。于是我们就有了这两者:意识和客体;但是在以自身充实自身的、是启示的、已理解自身的宗教中,宗教,内容本身,就是对象,而这种对象,**自知的本质**,就是**精神**。在这里,精神作为这样的对象,才是宗教的内容,而精神仅仅为精神而存在。当它是内容、对象时,它作为精神就是自知、自我区别,它将主观

意识的另一方面赋予自身,而该意识则显现为有限者。这就是用自身充满了的宗教。这就是对这种理念的抽象规定,抑或宗教实际上就是**理念**。因为哲学意义上的理念就是以自身为对象的概念,也就是说,该概念具有定在、实在性、客体性,它不再是内心者或主体者,而是自我客体化,但其客体性同时也是向其自身的复返,或者——只要我们称概念为目的——它就是实现了的、完成了的、同样也是客观的目的。

宗教本身以它所是、以对本质的意识为其对象;它在其中被客体化了;犹如它曾经首先作为**概念**且只是作为概念存在一样,或犹如它曾经首先是**我们**的概念一样,它**现在仍存在着**。绝对的宗教是**启示**的宗教,该宗教以自身为其内容、为其实现。

这是完善的宗教,是精神为自身而存在的宗教,是在自身中变得客观的宗教,即**基督教**。在此宗教中,普遍的与个别的精神、无限的与有限的精神不可分割;它们的绝对同一即是该宗教及其内容。普遍的威力是实体,当实体自在地同样也是主体,这主体现在设定自身自在存在时,这种威力就与自身区别开来,将自身告于知、有限精神,然而在其中,因为有限精神是实体自身的一个环节,所以这主体就停留在自身处,在实体的分开中未分开地复返自身。

[190]

神学通常具有这种意义:它所涉及的是,把上帝仅仅看作为**对象化的上帝**,上帝仍完全与主观意识相分离,是一个如太阳、天空等一样的外在对象。在对象具有持久的规定处,意识的对象应是一个他者、外在者。与之相反,我们可以这样来说明绝对宗教的概念,以致于这所涉及的不是外在者,而是**宗教本身**,意即,我们称之为上帝的这个表象与主体的统一。

人们也可以把这一点视为当代的观点:即与宗教、信仰、虔诚有关,而与客体无涉。众人都有不同的宗教;首要的事情在于他们只是虔诚的。不能把上帝了解为对象、认作为对象,只有主观的方式和看法才是相关的、关键的。从以上所述可认识到该观点。这是时代的观点,却同时也是一个相当重要的进步,它使得一个无限的环节行之有效;这基于,认识到**主体意识是绝对的环节**。两方面有同一个内容,而双方的这种自在同一性存在(Indentischsein)①就是宗教。认识到主体性是绝对的环节是我们时代的伟大进步;因此这是本质的规定。然而关键在于,如何规定主体性。

[191]　关于伟大的进步要注意以下要点。宗教在**意识**的规定中处于如此之状态,以致于内容很快消失且至少表面上仍是陌生的内容。宗教可拥有一个它所意愿的内容;它的内容坚持于意识的观点上面,是一个立于彼岸的内容,尽管已获得对启示的规定,因此对我们而言,内容就是一个给定的和外在的内容。神圣的内容只是给定的、不能被认识、只能被动地保留于信仰之中,在这样一种表象上,另一方面**也**获得作为礼拜仪式终结和效果的知觉之**主体性**。意识的观点并非唯一的观点。祈祷者以其心灵、祈祷、意愿专注于其对象;因此,他在祈祷的顶点就扬弃了在意识观点处的分离。在意识的观点处也达到主体性,达到这种非陌生性,达到精神沉入深处;该深处并非远处,而是绝对的近处、当下。

但对分离的这一扬弃也可以再次被**陌生**地理解为**上帝的恩惠**,人必须将此恩惠当作一个陌生者来容忍且消极地对待它。规定与该分离相反:涉及的是如此这般的宗教,即在自身中包含上帝所意愿之物的主观意识。主体中因而有主体性与他者、客体性之间的不分离性;抑或主体对于作为实在关系的整体而言是本质的。该观点于是将主体提升为本质的规定。该观点与精神的自由相关联,即它恢复了这一自由,没有它于其中不在自己身边这种观点。绝对宗教的概念包含着:宗教本身是客观的。但这只是概念。这种概念是一回事,对概念的意识则是另一回事。

[192]　这样一来,在绝对宗教中概念也可以是自在的,但意识是一他者。这一方面在所涉及的宗教应达到意识这一规定中凸显出来。概念本身仍是片面的,只被视为**自在的**;在**主体性本身**是**片面的**地方,它也是片面的形象,只有二者之一的规定,只是无限的形式,纯粹的自我意识,**对它自身的**

---

① 《黑格尔全集》:"dies Ansichsein"(这自在存在)。根据拉松版作的修改。——德文版编者注

A. 该宗教的一般情况

**纯粹之知识**；它是自在**无内容的**，因为作为如此这般的宗教只在其自在中被理解，并非自身是客观的宗教，只是处于尚未实在的、使自身客观化、赋予自身以内容的形象之中的宗教。非客体性即无内容性。

真理的权利就是，宗教中的知识具有绝对的内容。但是在此，内容却不是真实的，只是贫乏的。因此，必须有一个内容；它是被如此偶然地、有限地、经验地规定，于是就产生了一种与罗马时代的相似性。罗马大帝的时代与我们的时代有许多相似性。主体，**像其存在的那样**，被理解为是**无限的**，但作为抽象的，它直接突变为对立面，而且只是**有限的**和受限制的。因此，自由只是使**彼岸**存在的这样一种自由，是一种渴望，自由否认对意识的区分，因而摒弃精神的本质环节，它因此是无精神的主体性。

宗教就是精神对作为精神的自身之知识；作为**纯粹的知识**，它并不知自身**为精神**，因此，它并非实质的、而是主观的知识。然而，至于它只是主观的知识因而是**受限制的**知识，对主体性而言，这并非在**主体性自身的**、即**知识的**形象中，而是主体性的**直接自在**，主体性首先在自身中发现之，因而在主体性的即绝对无限者的知识中发现之；这是主体性的**有限性之感觉**，且同时也是与其自为存在相对立的、其**彼岸自在存在**之一的**无限性** [193] 之感觉，对未解之彼岸的渴望之感觉。

相反，绝对宗教包含对**主体性**或无限形式的规定；**此无限形式等同于实体**。我们可以称之为知识、纯粹才智，即实体的这一主体性、无限形式、无限灵活性（Elastizität），即在自身中分离自身（sich dirimieren），使自身成为对象；因此，内容是与自身同一的内容，因为无限实体的主体性使自身成为对象和内容。在此内容本身中有限的主体随后又与无限的客体相区分。当上帝停留于彼岸时，当他不是他的社团的活的精神时，甚至只在作为客体的片面规定之中时，上帝作为精神而存在。

这就是概念；它是理念的、绝对理念的概念。现在，实在性是为精神而存在、以自身为对象的精神，于是，这一宗教就是启示的宗教；上帝启示自身。启示意为无限形式的这种评判，自我规定，为一个他者而存在；此自我显示属于精神自身的本质。非启示的精神不是精神。人们说：上帝创造了世界；人们把这说成是一次已发生的行为，不再发生，是这样一个或可或不可存在的规定；上帝也许已能或未能启示自身；这好像是一个任意偶然的规定，并不属于上帝的概念。但上帝作为精神本质上是自我启示（Sichoffenbaren）；他并非一次创世，而是永恒的造物主，永恒的自我启示，这种行动。这就是他的概念，他的规定。

启示的宗教，为精神的精神，本身就是**精神之宗教**（die Religion des Geistes），它并不为一他者——该他者只是瞬间一他者——而沉默不语。上帝设定他者并在其永恒运动中扬弃它。精神就是向自身显现自身，这是他的行为和活力；这是他**唯一的行为**，而且**他自身**只**是他的行为**。当上帝是其行为的启示者时，上帝启示了什么呢？他所启示的乃是无限的形式。绝对主体性就是规定；这是差别之设定，内容之设定；他如此所启示的，就是他在自身中产生差别的威力。他的存在就在于，永恒地产生差别、取消差别，此外还在他自身处存在。被启示的东西就是，他为一他者而存在。这就是启示的规定。

## 2. 被启示的、实定的宗教

其次，自我启示的宗教不仅是可启示的宗教，而且也可称之为**被启示**的；这里可理解为，一方面，它是被上帝启示，上帝使人们知自身，另一方面，这种宗教在其从外面来到人心里、被给予人的意义上是被启示的，是**实定的**宗教。为了认识人们对实定者的表象所具有的特征，察看一下何谓实定者是有益的。

当然，绝对的宗教在此种意义上是实定的宗教，犹如一切为**意识**而存在的事物，对意识而言是**对象者**一样。一切事物须以外在的方式呈现于我们。感性者就是这样一个实定者。首先，并没有什么如我们在直接直观中所面对的实定者。

所有精神者一般也如有限的精神者、历史的精神者一样来到我们心中；外在精神性的这种方式和自我表现的精神性的方式同样是实定的。

A. 该宗教的一般情况

一个更高级、更纯粹的精神者是合乎伦理者,自由的法则。但按其本性它并非一个如此外在的精神者,并非一个外在者、偶然者,而是纯粹精神的本性自身;但它也具有外在地呈现于我们的方式,首先在课程、教育、学说中:在这里,它被赋予我们,表明它如此起效用。 [195]

法律,即民法、国家法同样也是实定者:它们来到我们心中,为我们而存在,起效用;它们**存在**,并非我们能遗忘它们,能绕过它们,而是它们在其外在性中也应**为我们而存在**,**主观上应是一本质者**,主观上是约束者。如果我们理解、认识法律,认为犯罪受罚是合理的,那么在法律只对我们起效用的意义上,对我们而言,它并非本质者,**因为**它是实定的,因为它如**此存在**,然而它也内在地起效用,被我们的理性视为一个本质者,因为它也是内在的、合乎理性的。它是实定的,这丝毫未决定性地影响它是合乎理性的、是我们自身的法律这一特性。自由的法则在其显现中总有实定的一面,实定性、外在性、偶然性的一面。法则必须被规定;在惩罚的规定、质之中已出现外在性,但更多的是在量之中。实定者在惩罚处不可或缺、完全必要——直接者的最终规定是一个实定者,即非理性者。例如,在惩罚中整数起决定作用;凭借理性不能认识什么是绝对正当的。按其本性凡是实定的,都是无理性者;它必须被规定且以此种方式被规定,即,它不具有或自身中不包含理性者。

在启示宗教那里,即使这一方面也是必然的:当**历史者**、**外在显现者**出现时,会如此或也会如此的实定者、**偶然者**也就出现。因此,这同样也出现在宗教那里。为了由此而被设定的外在性、显现,实定者始终是现存的。

但须区分**这样的实定者**、抽象的实定者以及在形式中和作为**自由法** [196] **则**的实定者。自由法则不应因为它存在、而是因为它是**我们的理性**（Vernünftigkeit）**规定**本身而起作用;如果它被意识到是这种规定的话,那么它就不是实定者,不是单纯起作用者。宗教也在其教义的全部内容中显现为实定的,但它不应依然如此,它不应是纯粹的表象之事、纯粹的记忆之事。

147

考虑宗教验证(Beglaubigung)中的实定者就是:**外在者**应证明宗教之真理,应被视为某一宗教的真理的**根据**。在这种情况下,验证就会具有实定者本身的形态:在此情况下,**奇迹**和**见证**应证明进行启示的个体的神性,而这种或那种教义则表达个体。奇迹是感性的变化,是在感性者中被感知的变化,而且感知本身就是感性的,因为它涉及感性的变化。鉴于实定者、奇迹,此前已注意到,就感性的人而言,这些固然能带来验证,但这只是验证的**开端**,非精神的验证,不能通过这种验证去验证精神者。

这样的精神者不能直接被非精神者、感性者验证。奇迹这一方面中的首要事情在于,以此方式将奇迹放到旁边去。

知性能尝试以自然的方式解释奇迹,能对奇迹提出许多极可能的东西,这就是说,能遵循外在者、这样已发生者且对其不放在心上。鉴于奇迹,理性的主要观点在于,精神者不能被外在地验证;因为精神者高于外在者,它仅能通过自身并且在自身中被验证,只能通过自身并且在自身处证明自身。这可称为精神的见证。

[197]　这甚至见诸于宗教史中:**摩西**在法老前显示奇迹;埃及的巫师效仿他;因此表明:奇迹并无多大意义。但关键是,**基督**亲自说道:"将有许多人冒我的名作出奇迹,——我不认识他们。"①在此,他亲自否认作为真理之真正尺度的奇迹。应当坚持的主要之点是:借助奇迹的验证如同对奇迹的攻击一样,是一个与我们无关的层面;**精神的见证**是真正的见证。

这也可以是多样的;一般精神所**中意**者、在精神中引起更深刻的**反响**者可以是不确定的、更普遍的。在历史中,高尚者、崇高者、伦理者、神圣者引起我们的兴趣;我们的精神给他以见证。这种见证可以仍旧是普遍的反响、内在的这种赞同、这种同情。但它也能与理解、**思维**相关联;只要这种理解不是伦理的,它同样属于思维;它应是根据、差别等,它是具有且依据思维规定、范畴的活动。它能显现得更为成熟或不太成熟;它可以使

---

①　参见《圣经》"新约全书·马太福音"第 13 页(7:22—23)"奉你的名行许多异能"。——德文版编者注

## A. 该宗教的一般情况

它的心灵的、它的一般精神的前提成为普遍原则的前提;这些原则对其起作用且伴随人一生。这些准则无需被意识到,它们是形成人的性格的方式方法,是扎根于人精神中的普遍者;该普遍者是人精神中的稳定者;然后它支配人。

人的理性推断、规定可以从这样稳定的基础、前提开始。在此,教育阶段、生活之路有许多,诸需要亦千差万别。但人类精神的最高需要是思维,是精神之见证,于是该需要并不只以最初同情的反响方式,而且以另一种方式现存,这种方式即,精神中某些考察之建立所依据的这样一些稳定的基础和原则就是从中得出结论和推论的某些稳定前提。

[198]

精神在其最高方式中的见证是哲学的方式,即,**概念纯粹作为这样的概念**无前提地从自身阐发出真理,人们在发展中认识、并且在此发展中以及通过此发展洞察其必然性。

人们常把信仰与思维对立起来,曾说:除了以思维的方式,不能以任何别的方式得到关于上帝、宗教真理的信念;这样一来,对上帝定在的证明被认为是知真理且确信真理的唯一方式。但精神的见证能以多样的、不同的方式存在;不必要求所有的人都以哲学方式说出真理。人的需要因其教养和自由发展而不同,并且因其发展状况不同,人的要求、对权威的信任和信赖亦不相同。奇迹在此也有其位置,有趣的是,它被约束到最低限度。

于是,在精神见证的形式中也有**实定者**。同情、直接的确定性为其直接性的缘故,本身就是实定者,并且源于被设定者、给定者的理性推论也具有这种基础。只有人有宗教,并且宗教在思维中有其地位、基础。心灵、感觉不是动物的心灵、感觉,而是**有思维的**人的心灵、有思维的心灵、感觉;在宗教的心灵、感觉中的东西,都在心灵、感觉之**思维**中。只要开始推论、理性推断、说明理由、推进思想之规定,那么这总发生于**思维**中。

[199]

既然基督教的教义存于《圣经》中,因此,教义便以实定的方式呈现出来;如果教义变为主观的,如果精神赋之予见证,则这就会以完全直接的方式发生:人的最内在者、其精神、其思维、其理性被教义所触动,且对此中意。这样一来,对于基督徒而言,《圣经》是基础,是对他们产生影响、起作用、坚定其信念的主要基础。

但继而在于:因为人是有思维的,他不能停留于直接的中意、见证,而是也在思想、考察、反思中超越它们。这导致宗教的进一步发展,而宗教的最高发展了的形式就是神学,学术的宗教,以学术的方式被视为精神之见证的这种内容。

在此出现了已言说的反面,即:应当只遵循《圣经》。一方面,这是一个完全正确的原则。有些非常虔诚的人,除了阅读《圣经》和背诵其中的箴言外什么也不做,他们高度虔诚和虔敬;但他们不是神学家;这里尚无学术性、神学。路德的狂热信徒格策(Goeze)①拥有闻名遐迩的《圣经》收藏;连魔鬼也援引《圣经》;但这还造就不了神学家。

[200] 一旦不再只是阅读和重复箴言,一旦开始所谓的对它们应为何意的解释、推理、注释,那么人就进入推断、反思、思维之中;而且关键在于人的思维正确与否,人在其思维中采取**怎样**的态度。

说这些思想或命题以《圣经》为基础,这毫无用处。一旦它们不再只是《圣经》中的话语,内容就被赋予某一种形式,内容就获得了一种**合乎逻辑的形式**,或者在内容上产生了某种**前提**,并借助这些前提进行解释;对解释而言,它们是**持存者**。人们带有引导解释的表象。对《圣经》的解释都以每个时代的形式、思维方式表明《圣经》的内容;最初的解释截然不同于现今的解释。

例如,这样一些前提是这样一种表象,即人性本善或上帝不可知。头脑中有这些偏见的人,该会如何曲解《圣经》啊!人们将此带至上帝甚至已启示自身、展示其所是之处,尽管基督教恰在于认识上帝。此时此处实定者正好又以别的方式出现。这时,关键完全在于内容、表象、命题是否真。这不再是《圣经》,而是精神内在地所理解的话语。如果精神说出它

---

① 约翰·梅尔基奥·格策(1717—1786),被称为"牧师格策",因莱辛与其论争(《反对格策》)而著名。——德文版编者注

A. 该宗教的一般情况

们,那么这就是一种由精神所赋予的形式,思维之形式。被赋予每一内容的这种形式必须予以探究。实定者在此再次出现。在这里它有这样的意义,譬如说,推理的形式逻辑已被作为前提这一意义,即有限者的思想关系。在这种情况下,按照通常的推理关系只有有限者、知性者能被理解、认识;该知性者并不适合神圣的内容。这一内容因而从根本上遭到损坏。

一旦神学不再是对《圣经》的背诵并且超越《圣经》的话语,一旦允许它取决于在内心中有怎样的感觉,那么神学就使用思维的形式、进入思维之中。它若偶然地使用这些形式,以致它具有前提、偏见,那么这就是某种偶然者、任意者,而对这些思维形式的探究就只有是哲学了。与沉思默想的哲学相对立的神学要么未意识到它需要这样一些形式,它思维自身且关键在于按照思维继续前进,要么对此并不当真,而只是错觉:它想保留随意的、偶然的思维,后者在此是实定者。对思维真正本性的认识有损于这种任意的思维。此偶然的、随意的思维就是进来的实定者。只有自为的**概念**才真正彻底**摆脱**那种实定者;因为在哲学和宗教中存在这种至高的自由,即这种思维本身。

[201]

教义、内容也包含实定者的形式;内容是一个有效者,在社会中起效用。一切法则、一切合理者,总而言之,起效用的东西,都有此形式,即它是一存在者且作为这样的存在者对每个人而言都是本质者、起效用者。但这只是实定者的形式;内容须是真正的精神。

《圣经》是实定者的形式;但它自身有一句箴言:"那字句叫人死,精意叫人活。"[1]如此,关键在于:人有何种精神,何种精神使言词有生气。必须知道,人有一个具体的精神、一个有思维或进行反思或有知觉的精神,并且要意识到这种能动的、理解这一内容的精神。

领会并非被动地接受,而是通过精神进行理解,去领会同时是精神的活动;只是在机械者处,接受中的这一面才表现为被动的。精神触及之;该精神有其表象、概念,是一个合乎逻辑的本质,是思维着的活动;精神须

[202]

---

[1] 《圣经》"新约全书·哥林多后书"第 315 页(3:6)。——德文版编者注

151

知此活动。但这思维也能如此进入这样和那样的有限性范畴之中。精神以此方式始于实定者,但本质上却在于:精神应当是真正的、正确的、神圣的精神,它理解并知神圣者和这一内容为神圣的。这就是精神之见证,它可能已或多或少有所发展。

因此,就实定者而言,首要的事情在于:精神表现为思维着的,它是在诸范畴、思维之规定中的活动,精神在此情况下是能动的,如果它感受到、在推论等等的话。有些人对此并不知晓,没有意识到他们在此是能动的接受。许多神学家从事注释,犹如他们以为在相当纯粹地接受着,他们却不知道,他们在此是能动地进行反思。如果这思维是一偶然的思维,那么它就耽于有限性诸范畴,并且不能在内容中理解神圣者;不是神圣的精神,而是有限的精神在这些范畴中运动。

通过对自在自为存在的神圣者的这样有限的掌握,通过对绝对内容的这种有限的思维,就发生了这样的事情:基督教的基本教义绝大部分已从教义学中消失了。如今不单哲学,但主要是哲学,本质上是正统的;正是由它保持和保存着基督教那永远有效的原理、基本真理。

当我们考察这种宗教时,我们并不历史地按照始于外在者的精神之方式,而是从**概念**出发来进行工作。那种始于外在者的活动只是按照一方面显现为理解的,按照另一方面它就是活动。这里我们实质上表现为这样的**活动**,即带着**关于自身的**、关于思维规定之过程的**思维的意识**,——这样一种思维,它已检验、认识了自身,它知如何思维,知何谓有限的以及何谓真正的思维规定。我们的另一方面从实定者开始,这已发生在教育中,而且是必要的,但如果我们以学术的方式行事,在此就必须放弃此方面。

[203]

## 3. 真理和自由的宗教

因此,绝对的宗教就是**真理和自由**的宗教。因为真理在于:它不把对象者视为异己者来对待。自由以否定之规定来表达真理所是的同一种东

## A. 该宗教的一般情况

西。精神为精神而存在：这就**是**它；它因此就是它的前提；我们开始于作为主体的精神。它与自身同一，是它对自身的永恒直观；于是，它同样也仅仅被理解为结果、终结。它是**以自身为前提**，同样也是**结果**，并且仅仅作为终结而存在。这是真理，这合适之在，这客体-和主体之在。它**自己本身就**是**对象**，这就是实在、概念、理念，而且这就是**真理**。

同样，它也是自由的宗教。抽象地说，**自由**不是把对象者视为异己者来对待；自由之规定如同真理之规定，只是在自由处还强调**对他在存在之差别的否定**；因而它显现于**和解**的形式中。和解始于差别的互相对立：上帝，他有一个异化于自身的世界要面对，——一个与其本质相异化的世界。和解是对此分离、区分的否定，是在相互之中认识自身，发现自身及其本质。因此，和解就是自由，不是一种安静或存在者，而是活动。所有这些，和解、真理、自由，乃是普遍的过程，因此在没有片面性情况下用一个简单句表达不了它们。**主要表象**是关于**神性与人性之统一**的表象：神成了人。该统一首先只是**自在**，但它**永恒地被产生**，而这个产生即是解脱、和解，而后者恰恰只是由于自在才是可能的；与自身同一的实体就是这样作为基础的统一，但作为主体性，它是永恒地产生自身者。 [204]

至于唯有此理念是绝对真理，此乃整个哲学的结果；就其纯粹形式而言，它是逻辑的东西，但同时也是对具体世界考察的结果。这就是真理，即自然、生命、精神完全是有机的，每一个差别只是此理念的镜子，以致于理念在镜子中呈现为个别者，呈现为其中的过程，以致于该统一呈现于镜子本身中。

**自然宗教**是只基于**意识观点**的宗教；在**绝对**宗教中的也是这一观点，但只是在内部，作为暂时的**环节**。在自然宗教中上帝被表象为他者，在自然的形象中，抑或这一宗教只有意识的形式。第二种形式曾是精神宗教的、精神的形式，该精神仍被规定为有限的；就此而言，自我意识的宗教即是绝对威力的、必然性的宗教，这已为我们所注意。独一者，威力是有缺陷者，因为它只是抽象的威力，按其内容并非绝对的主体性，只是抽象的必然性，抽象单一的在己自身处存在。

[205] 在抽象中,威力和必然性还在那个阶段被理解了,这种抽象构成了有限性;而特殊的威力、根据精神的内容被规定的诸神只是通过把实在的内容加入到那种抽象中,才造就出总体。最后,第三种形式就是自由的、**自我意识**的宗教;但此自我意识同时也是对全面实在性的**意识**;此实在性形成上帝自身永恒理念的规定性,且在此对象性中存在**于自身**。自由就是对自我意识的规定。

# B. 上帝理念的形而上学概念

　　上帝的形而上学概念在这里就是,我们必须只谈论**纯粹的概念**,**这概念由于自身**而是**实在的**。对上帝的规定因此就是:他是**绝对理念**,这就是说,他是**精神**。但精神、绝对理念仅仅作为概念和实在性的统一而存在,而且因此概念本身作为总体同样也作为实在性而存在。该实在性就是**启示**,自为存在的显示。当显示即使在其自身中也具有差别之环节时,在其中也就有对**有限精神**、人性的规定,而人性作为有限的而与那个概念**相对立**;但当我们将**绝对概念**称作**神性**时,精神之**理念**即成为**神性与人性之统一**。但神性甚至仅仅成为**绝对精神**;因此,正是神性与人性之**统一**甚至就是**绝对精神**。但在一句话中讲不出真理。两者,绝对概念和作为与自身实在性之绝对统一的理念,**是不同的**。因此,精神是活生生的**过程**:**自在**存在的神性与人性之统一变成**自为**的,且被产生出来。

　　**理念**的**抽象**规定就是**概念与实在性的统一**。在关于**上帝定在证明**的形式中,有一个证明就是这种过渡、这种中介,即从上帝的**概念**中得出**存在**。必须注意的是,我们在其余的证明方面已经以有限的存在为出发点,有限的存在曾是直接者,且由之推导出无限者、真正的存在,它们显现在无限性、必然性、绝对威力的形式中;绝对威力同时也是在自身中有目的的智慧。与此相反,这里就由概念出发过渡到存在。二者都是必要的,而揭示这种统一也是必要的,可以从一种出发,也可以从另一种出发,因为二者的**同一**即真实者。无论是概念,还是存在、世界、有限者,二者都是片面的规定,它们中的每一个突变为另一个,并表明:首先是不独立的环节,其次则产生出在它自身中所具有的另一规定。它们的真理只存在于**理念**

[206]

中,即双方作为**被设定者**而存在;它们中的任何一方不必只有这一规定,即**仍然是**原初者、**本源者**,而是必须表现为向他者的过渡,即必须作为被设定者而存在。此过渡有一种相反的意义;一方面,每一方都表现为环节,这意味着,它是从直接者向他者的过渡,于是每一方都是一**被设定者**;然而另一方面,它也具有意义,即它像他者是**设定者**一样是一他者的产生者。因此,这一方面是运动,另一方面同样也是如此。

倘若现在应在概念中指明向存在的过渡,那么首先必须说的就是,**存在的规定是完全贫乏的**;它是与自身的抽象等同,是这种肯定,但却在其最后的抽象中,是完全毫无规定的直接性。如果概念中仍一无所有,那么它至少应获得这个最后的抽象,因为概念即是**存在**。甚至仅仅被规定为无限性,或在更具体的意义上,被规定为普遍者与特殊者的统一、使自身特殊化并因此而返回自身的普遍性,对否定者的这一否定、**与自身的这一联系**、存在也都被视为完全抽象的。这一与自身的同一、这一规定同时也**本质地包含于概念**中。

但也必须说明,从概念向存在的过渡很多且广泛,并包含理性最深的志趣。从概念到存在来理解这一关系特别也是我们时代的志趣。继而应当说明,为何此过渡具有这样一种志趣。这一**对立**的显现是个标志,即**主体性**已达到其自为存在的顶峰,达到**总体**,**在自身内知自身为无限的和绝对的**。启示宗教的本质规定就是实体赖以成为精神的形式。对立中的一面即是,主体又是自身;这是理念在其具体意义中的实在化。因此,此对立显现为如此困难的、无限的,其原因就在于,实在性的这一个方面、主体性的方面、有限的精神,都已在自身中达到对其无限性的把握。仅当主体是总体、在自身中达到这种自由时,它才是**存在**;但之后也就有这种情况,即这存在对这主体是无所谓的,**主体是自为的**,而**存在作为无所谓的他者**立于彼岸。这就构成了进一步的原因,即对立可显现为一个无限的对立,所以同时也在活力中存在着消解此对立的冲动。在对立的总体中同样也有消解此对立的要求;但扬弃因此变得无限困难,因为对立是如此无限的,他者作为对方者、彼岸者是如此完全**自由的**。

## B. 上帝理念的形而上学概念

现代世界的观点之伟大因而就在于主体深入自身,即**有限者**自知为**无限者**,但又带有它被迫要去消解的**对立**。因为一个无限者与这个无限者相对立,并且这个无限者将自身设定为有限者,于是,主体因其无限性就被迫扬弃本身已深入其无限性的这一对立。对立就是:我是主体,是自由的,是自为的人,因此,我也允许存在于对方且仍旧是如此的他者自由。古人并未意识到这一对立,这个只有自为存在的精神所能忍受的分裂。精神只是在对立中无限地领会自身。正如我们在此拥有观点一样,它就是,我们一方面具有上帝的概念,而另一方面,我们拥有与概念相对立的存在;随后要求二者的中介,于是,概念决定自身去存在或者存在从概念中被理解,他者、对立则从概念中产生出来。对这里出现的方式方法以及知性形式,应稍作说明。[208]

这种中介所具有的形态,是从概念开始对上帝定在的**本体论**证明之形态。那么,什么是**上帝的概念呢**?它是最最实在者。它只应肯定地被理解,在自身中被规定;内容没有限制;它是**一切实在性**,且只作为毫无限制的实在性而存在;因此,其实只剩下僵死的抽象概念,这以前已被注意到了。此概念使可能性即其**无矛盾的同一**在知性的形式中被指明。第二,据说:**存在**是一种**实在**,非存在是否定,一种缺乏,完全与存在相对立。第三是**推论**:**存在就是属于上帝概念的实在性**。

与此相反,**康德**所提出的东西就是对该证明的摧毁,并且成了世界的偏见。康德说道:从上帝的概念中不能推导出存在;因为**存在**是异于**概念**的**他者**。二者被人们区分,它们相互对立;因此,概念不会包含存在;存在立于彼岸。他进而说道:**存在不**是实在性;上帝具有一切实在性,因此,存在未包含在上帝的概念中,即,**存在**并非内容之规定,而只是**纯形式**。当我想象一百塔勒或拥有一百塔勒时,它们并不因我的想象而被改变;无论我拥有它们与否,这都是同一个内容。康德因此认为**内容**是构成**概念**者:它不**是**包含于概念中者。人们固然可以这样说,如果人们在概念中理解内容之规定并把形式与内容——该形式包含思想并且另一方面也包含存在——相区分的话;一切内容因而处于概念这一方面,[209]

而只有对存在的规定保持在另一方面。简而言之,它们即是如下者:概念不是存在;二者不同。我们可以对上帝毫无所识所知;虽然我们可以制造上帝的一些概念,但并不因此就可以说,它们也这样存在。我们当然知道这一点,即人可以为自己构筑空中楼阁,但它们并不因此而存在。这是向大众的呼吁,因此康德在普遍的判断中带来了一种毁灭,并赢得了一大群追随者。

**坎特伯雷的安瑟尔谟**(Anselm),一位思想缜密而又博学的神学家,是这样阐述其证明的。上帝是**最完善者**,一切实在的总和。如果上帝只是表象,主观的表象,那么他就不是最完善者;因为我们认为,不但被表象而且具有存在的东西才是完善的。这完全正确,并且是每个人在自身中所包含的一种前提,即,仅仅被表象者是不完善的,只有也具有实在性的事物才是完善的;真理仅仅是同样作为已被所思而**存在**的东西。上帝是最完善者;因此,当他也是概念时,他也必然是同样实在的、存在着的。此外,人们也在其表象中,即表象与概念不同,同样也有这一表象,即单纯被表象者并不完善,然而此外,上帝却是最完善者。康德并未证明概念与存在的差异;该差异是以通俗的方式被接受下来的;人们使之生效,但在正常人的感觉中,只有关于不完善物的表象。

[210]

安瑟尔谟的证明如同在本体论证明中所赋予它的形式一样,包含着,上帝是一切实在的总和;因此上帝也包含存在。这完全正确。存在是一个如此贫乏的规定,以致于它直接应归之于概念。另一方面就是,将存在与概念相区分;存在与思想、理想与实在,都相互**区别**且对立;真正的区别也是**对立**,并且此对立应当被扬弃;双方规定的统一也应被指明,以致于它是否定对立的结果。"概念中包含了存在。"这一无限制的实在给出的只是空洞的话语,空洞的抽象。因此,存在的规定应作为肯定的包含在概念中被指明;这就是概念与存在的统一。

但也有一些区别,因此,它们的统一是双方否定的统一,并且涉及对区别的扬弃。必须谈到区别,且根据该区别确立和指明统一。指明这一点属于逻辑学。概念是把自身规定为存在的这种运动,是辩证进展,是把

## B. 上帝理念的形而上学概念

自身规定为存在、规定为其自身对立面的这种运动,这种合乎逻辑者则是一种进一步的发展,该发展随后并未呈现于本体论证明中,而这就是它的缺陷所在。

至于安瑟尔谟的思想形式,我们已经注意到,其内容就在于,假定上帝的概念具有实在,因为上帝是最完善者。关键在于,概念自为地自我客观化。[211]

因此,上帝是最完善者,仅仅在表象中被设定出来了;与最完善者相比,单纯的上帝概念就显得有缺陷。完善性的概念就是尺度,而在此情况下,上帝作为单纯的概念、思想就不适合于该尺度。完善性只是一个未被规定的表象。究竟什么是完善的呢?完善者的规定,我们是直接在同它在此所应用的东西相对立的东西那里看到的;即,不完善性只是上帝的思想,因此,完善者就是思想、概念与实在的统一;这样一来,该统一在此就**成为了前提**。当上帝被设定为最完善者时,他在此就没有了进一步的规定;他只是完善者,他只是本身,而这就是他的规定性。原本只涉及概念与实在的统一,由此就明朗了。此统一是对完善性的规定,同时也是对神性本身的规定;这实际上也是对理念的规定。当然,这更多的还属于对上帝的规定。

实际上,在安瑟尔谟的概念方式中,前提就是概念与实在的统一;这就是理性对该证明的不满意之处,因为前提就是所涉及的东西。然而,概念却**自在地自我**规定,自我客观化、自我实在化,这些则是进一步的洞见,该洞见首先源于概念的本性且过去未能存在。这就是概念自身如何扬弃其片面性的洞见。

如果我们把这一点与我们时代的、特别是源于康德的观点加以比较的话,那么这在此就是说:人在思维,在直观,在意愿,且人的意愿与思维同在;他也思维,也理解,是一个感性具体者和理性者。此外,根据此观点,上帝的概念,理念,无限者,无限制者,只是一个我们为自身所造的概念;但我们不可忘记,它只是我们头脑中的一个概念。为何说:它**只是一个概念**呢?当思想与人身上其他东西相比只是**一种质**、**一种活动**时,概念 [212]

就是某种不完善者;也就是说,我们以我们所面对的**现实**、以**具体的人**来衡量概念。当然,人不仅有思维,他也是感性的,甚至也能在思维中拥有感性对象。实际上这只是概念的主体者。我们因其**尺度**而认为概念不完善,因为尺度是具体的人。可以说,人们只为一个概念而解释概念,为实在而解释感性者,——人们所看见、感觉、知觉到的东西,就是实在。人们可以坚持这一点,而且许多人就是这样做的,除了他们所知觉、感觉到的东西,他们均不认为是现实;只是不至于如此糟糕,以致于某些人把现实仅仅归于感性者而非精神者。人的具体的、全部的主体性呈现为尺度,依照该尺度来衡量,理解只是一种理解。

如果我们把二者,即安瑟尔谟的思想与现代的思想加以比较的话,那么其共同处就在于:二者都创造出**前提**,安瑟尔谟创造出的是未被规定的**完善性**,现代的观点则创造出一般**人的具体的主体性**。与那种完善性相反,另一方面,也与这经验的具体者相反,概念显现为某种片面者,不令人满意者。在安瑟尔谟的思想中,对完善性的规定实际上也具有这样的意义,即它是**概念与现实的统一**。即使在**笛卡尔和斯宾诺莎**那里,上帝也是第一者,是思维与存在的绝对统一,是**我思故我在**(Cogito, ergo sum),是绝对的主体,在**莱布尼茨**那里也同样如此。因此,我们在一方面所拥有的东西,就是一个实际上是具体者的前提,是主体与客体的统一;与之相比,概念则显得有缺陷。现代的观点则说:我们必须停留于此,即,概念只是概念,并不符合具体者。与此相反,安瑟尔谟则说:我们必须放弃让主观概念作为固定的且独立的而存在下去的意愿;相反我们必须脱离概念的片面性。两种观点有共同点,即他们都有前提。区别在于:现代世界以具体者为基础;与此相反,安瑟尔谟的形而上学观点则以绝对思想、作为概念与实在之统一的绝对理念为基础。

就古代观点并不把具体者视为经验的人、经验的现实,而是视之为思想而言,此观点更高明些;同样也更为高明的是,它并不坚持不完善者。在现代的观点中,具体者与"单纯概念"间的矛盾并未解决;主观概念存在、起效用、必须被保持为主观的,是现实者。较古老的观点远远有优势,因为它以**理念**为基调;当现代的观点把**具体者**设定为概念与实在的统一时,它就在这一规定中比较古老的观点更进一步,与此相反,较古老的观点还停留于完善性的**抽象概念**处。

# C. 分 类

绝对的、永恒的理念是：

Ⅰ.在其永恒性中的、在创世之前的、外在于世界的**自在自为的上帝**；

[214]　　Ⅱ.**创世**。此被造者，此他者存在在它自身处分裂为两面：物理的自然与有限的精神。这一如此被创者是这样一个他者，它首先被设定在上帝之外。但上帝是本质的异己者、特殊者，与同他分离的被设定者和解，而且犹如理念分离了自身、脱离了自身，并使此脱离复归于其真理。

　　Ⅲ.这是**和解**的途径、过程，精神借之使在其分离、判断中与自身相区别者与自身相统一起来，它因而就是神圣的精神、在其**社团**中的精神。

这些并非我们根据外在方式所做的区别，而是绝对精神本身的行为、发展了的活力；这本身就是其永恒的生命，后者是一种发展且是该发展向自身的复归。

现在，对该理念的进一步解释就在于：普遍的精神将其所是的总体、将自身设定在它的三种规定中，使自身发展、实在化，且最终才实现同时也是其前提的东西。该精神最初作为整体而存在，以自身为前提，并且仅仅在最后也是如此。因此，应在精神将自身设定于其中的三种形式、三种要素中来考察精神。

这三种已说明的形式就是：永恒的己内和在己存在，**普遍性**的形式；显现的形式，**个别**的形式，为他者的存在；从显现向自身返回之形式，绝对的**个别性**。神圣的理念在这三种形式中明朗了。精神是神圣的历史，是区别自身、分离、撤回自身的过程；它是神圣的历史，且应当在三种形式的每一种中来考察这种历史。

C. 分　类

　　考虑到**主观意识**也可以对它们如此加以规定。第一种形式是**思想**的**要素**。上帝在纯思想中,正如他是自在自为的、是启示的一样,但还未显现出来,——就其永恒本质而言的上帝在于自身,但他启示。第二种形式 [215] 是,上帝存在于**表象**之要素、个别之要素中,即,意识囿于与他者的关系,——这就是显现。第三种要素就是**主体性本身**的要素。此主体性部分作为情绪、表象、知觉的**直接**的主体性而存在,但部分也是概念所是的主体性,是**思维的理性**,是自由精神之思维;只有通过复返,自由精神才在自身中是自由的。

　　因此,当这三种形式作为发展和历史仿佛发生于不同地点时,应该在与**地点**、**空间**的关系中说明这三种形式。所以,第一种神圣的历史**外在于世界**,**是无空间的**,外在于有限性,就是上帝,如他自在自为存在一样。第二种神圣的历史作为实在的存在于**世界中**,是在完善的定在中的上帝。第三者是**内在的场所**,社团,首先在世界中,但同时耸入天界,作为教会在世间已于自身中拥有,充满恩惠,在世界中起作用、在场。

　　反之也可以按照**时间**来区别地规定这三种要素。在第一种要素中,上帝**外在于时间**,作为永恒的理念,只要永恒性与时间相对立,也就在**永恒性**的要素中。这样,这一自在自为存在的时间就自我明朗,并将自身分解为过去、当代和未来。其次,神圣的历史就作为显现存在,作为**过去**存在;它存在,拥有存在,但却是个已降为映像的存在。作为显现,它是直接的、同时也是被否定的定在;这些即为过去。因此,神圣的历史就作为过去、**原本的历史者**而存在。第三种要素是**当代**,但只是被限制的当代,并非永恒的当代,而是使过去和将来与自身区别开来的当代,是情绪之要素,是直接主体性的精神的现在存在。但当代也应是第三种要素;社团也升入天界。因此它也是一种当代,它通过对其直接性之否定而提升自己,和解、完善为普遍性,却是一个尚未存在的完善,因而应被理解为未来,——一个面临完善的当代之现在;但这种完善不同于此现在,后者还是直接性,并被设定为**未来**。 [216]

　　总的来说,我们必须把理念视为**神圣的自我启示**,并且也应将此启示置于三种已说明的规定中。

根据**第一种**规定,对于有限的精神而言,上帝纯粹只作为思维而存在:这是**理论的意识**,在其中思维着的主体完全表现为宁静的,还未被设定在关系本身、过程中,而是表现在思维着的精神那完全静止的寂静中;在这种情况下,上帝被认为是为着此精神,而后者因而在这个简单的推理中,借助于它那在此还只在**纯粹理想性**中且还未获得外在性的差别,它与自身联合在一起、直接存在于自身处。这是第一种关系,它只适合于思维着的主体,后者只为纯内容所占据。这是**圣父的王国**。

**第二种**规定是**圣子的王国**,在其中,对于表象而言,上帝在一般表象的要素中——一般而言的**特殊化**环节。在此第二种观点中,如今则得到在第一种中作为**上帝的他者**的东西,但并没有这一**规定**,对他者的规定。在第一种观点那里,上帝作为圣子未与圣父相区分,但只是表达在**知觉**方式中;在第二种要素中,圣子却获得作为他者的规定,并因此从思维的纯粹理想性进入表象中。如果按照第一种规定上帝只产生一个圣子,那么,他在此则产生出**自然**。这里,他者就是自然;差别得到应有的重视:被区分者就是自然,一般世界,和与此相关联的精神,自然的精神。刚才我们称之为**主体**的东西,在此甚至作为**内容**而出现:人在此与内容交织在一起。当人本身在此与自然相关联且本身就是自然的时,人则仅仅在宗教之内是如此;这因而就是对自然和人的**宗教考察**。圣子来到世间,这就是**信仰**的开始;当我们谈到圣子的来临时,这已是在信仰的意义上所说的。上帝本来不能为**有限的精神本身**而存在,因为就此而言他为它而存在,那么原因就直接在于:有限的精神并不坚持其有限性为一个存在者,而是它处在与精神的关系中,与上帝和解。作为有限的精神,它被设立为对上帝的脱离、分离;因而,他与其客体、与其内容处于矛盾之中,并且该矛盾首先是扬弃它之所需。此需要是开端,进而则是,上帝变得适合于精神,神圣的内容将自身表象给精神,但随后精神同时也以**经验的无限的**方式而存在,**因此**,上帝之所是就**以经验的方式显现**给精神。然而,当神圣者在此历史中为精神而出现时,该历史就失去其作为外在历史的特性;它变成

[217]

**神圣的**历史,上帝本身显示的历史。

这引起向**圣灵王国**的过渡,此王国包含这样一种意识,即人自在地与上帝和解了且该和解为人而存在;和解的过程本身包含于崇拜之中。

还须注意的是,我们并未像过去那样对**概念**、**形象**和**崇拜**加以区分;在论文本身中,此关系将会表明崇拜如何直接到处介入。一般来说,在此可以注意以下方面。我们处于其中的环节就是**精神**;精神是自我显示,是完全自为的;正如对它的理解那样,它从**不单独存在**,而是始终与规定一起是启示的,**为一个他者**、**为它**的他者而存在,这就是为有限精神所是的方面而存在,而崇拜则是有限精神与绝对精神的关系。因此,我们在这些环节的每一个环节中都面临崇拜的方面。[218]

在这方面我们得加以区分,在不同的环节中理念如何适合于概念,这又如何表象出来。宗教是普遍的,不仅适合于有教养的、进行领悟的思想,适合于哲学意识,而且上帝理念的真理显然也适合于表象着的意识,并且具有与表象不可分的必然规定。

# Ⅰ.在其永恒理念中自在自为的上帝:圣父的王国

因此,在思想的环节中加以考察,上帝几乎可以说存在于创世之前或之外。只要他还如此处于自身之中,那么尚未被设定在其实在中的永恒理念,本身还只是抽象的理念。上帝在其永恒理念中因而还处于思维的抽象环节中,而非领悟的抽象环节中。我们已认识此纯粹理念。这就是**思想**的环节,在其永恒当下中的理念,正如它为自由思想而存在一样;该自由思想拥有纯洁之光、与自身的同一作为基本规定:一个与他在尚未纠缠在一起的环节。

## 1.环节的规定

只要一般之思维不同于领悟之思维,那么在此环节中,**规定**首先就是 [219]

必然的。永恒理念自在自为存在于思想中,理念在其绝对真理中。宗教因而具有内容,且内容就是对象。宗教是人的宗教,此外,人也是思维着的意识,因此,理念也必须为思维着的意识而存在。但人不仅仅也如此,而且在思维中他才是真实的;仅仅对**思维**而言才有**普遍对象**、对象之本质,并且因为上帝在宗教中是对象,所以他本质上对思维而言就是对象。他是对象,犹如精神是意识一样,并且他为思维而存在,因为上帝是对象。

感性的反思意识并非此物,对其而言上帝能作为上帝而存在,这就是说,按照其永恒自在自为存在的本质而存在。上帝的显现是某种他者;此显现为感性意识而存在。如果上帝只存在于知觉中,那么人就不会高于动物;上帝虽然也为感觉而存在,但只存在于显现中。上帝也不为进行合理推断的意识而存在;反思或许也是思维,但也是偶然性,对此偶然性而言,内容是亦此亦彼随意的和受限制的内容;这样的内容也不是上帝。因此,上帝本质上为思想而存在。如果我们从主体者、从人出发,我们必须要讲这些。但如果我们从上帝开始,那么我们正好也达至此。对于精神所为之存在的精神而言,精神仅仅作为启示的、自我区别的而存在;这是永恒的理念,思维着的精神,在其自由之环节中的精神。在此领域里,上帝是自我启示,因为他是精神;但他还不是显现。因此,上帝为精神而存在,是本质的。

精神是**思维着的**精神。在此纯粹的思维中,关系是直接的,且**没有使它们相区分的差别**;它们之间一无所有。思维是**与自身的纯粹统一**,一切昏暗不明者、模糊不清者均消逝于此。此思维亦可称为**纯粹直观**,作为思维的简单活动,以致于主体与客体之间一无所有,二者其实尚未是现存的。此思维毫无限制,是普遍的活动;内容只是普遍者本身;思维是在自身中的纯粹搏动。

[220]

## 2. 绝对的分离

然而其次,我们也来谈谈绝对的**分离**(Diremtion)。差别如何产生?

实际上思维**不受限制**。下一个区别在于，我们已看到作为原则的两类方式的两方面，根据**出发点**是不同的。其一方面，即主体的思维，是思维运动，因为它从直接的、个别的存在出发，并在其中上升至普遍者、无限者，就像这一点在上帝定在的最初证明那里一样。只要思维达于普遍者，它就不受限制；它的终结是无限纯粹的思维，以致于有限性的一切迷雾都消失了。这时纯粹的思维思维上帝；所有特殊化都消失了，而且因此，宗教，对上帝的思维开始了。第一个方面具有其他的出发点，它从普遍者、从那最初运动的结果、从思维、从概念出发。普遍者却又是在其自身中的运动；它在自身中区别自身，在自身中保持差别，然而因此该差别未使普遍性变得模糊不清。在此，普遍性在自身中具有差别并与自身相契合。这是思维的抽象内容，此抽象的思维就是已产生的结果。

两方面如此相互对立。**主观的思维**、有限精神的思维也是**过程**，是自身中的中介，但该过程**外在于思维**、在思维背后发生；只要思维**提升了自身**，**宗教**就开始了。因此，它在宗教中是**纯粹的**、**静止的**、**抽象的思维**；与此相反，具体者属于它的**对象**，因为这是**始于普遍性的**、与自身相区别且与之相契合的思维；对于作为一般思维的思维而言，具体者就是对象。因此，此思维就是抽象的思维，所以也是有限的思维。因为抽象者是有限的；具体者是真理，是无限的对象。

[221]

## 3. 三位一体

上帝是**精神**；他在抽象的规定中因此被规定为使自身特殊化的普遍精神；这是绝对真理，且宗教是具有此内容的真宗教。

精神是这一过程，是运动、生命；这是自我区别，规定，而第一个区别在于，精神作为这种普遍理念本身而存在。该普遍者包含整个理念，但也仅仅**包含**它，只是自在的理念。在判断中，他者、与普遍者相对立者、特殊者乃是作为**与普遍者相区别者**的**上帝**，但这个区别者是其自在自为的**整个理念**，于是，这两种规定彼此也是同一者、这种**同一性**、独一者（das

Eine），即这种区别不仅自在地被扬弃了，不仅我们知之，而且它已被设定了：它们是同一个；这些区别，只要这种区分同样是把区别设定为无区别，它们就自我扬弃，因此，一方在另一方中也是在自身处。

[222] 现在，如此所是的此者就是**精神**本身，或以知觉的方式表达，就是永恒的**爱**。圣灵是永恒的爱。当人们说："上帝是爱"，那么这是很伟大地、真正地道出之；但没有分析什么是爱，只如此简单把这理解为简单的规定，或许是无意义的。因为爱是彼此完全未被区别开的二者间的一个区别。对此同一性的感觉和意识即是爱，这外在于我而存在：我不在我之中，而是在他者中有我的自我意识，但是我有这个他者——在其中只有我得到满足、得到我与自身的和睦——并且仅仅当我得到心中的和睦时，我才存在；如果我得不到这种和睦，我就是分裂开的矛盾——，当这一他者同样也外在于自身时，它仅仅在我心中获得其自我意识，而二者只是对它们除自己之外的存在和对它们同一性的意识。对统一的这种直观、感觉、知，——这些就是爱。

上帝是爱，即该区别和该差别之虚无，该区别的一种游戏，未认真对待该区别，它同样已被设定为已被扬弃了，即永恒的、简单的理念。此永恒理念在基督教中被表达为称作神圣**三位一体**的东西；这是上帝本身，永恒**三位一体的上帝**。

上帝在此只为思维着的人而存在，后者安静地为自身而克制自己。古人已称为热情；这是纯粹理论的考察，是思维之最高安静，但同时也是理解并意识到上帝纯粹理念的最高活动。——关于上帝之所是**教条**的奥秘被告知于人；当人们未意识到、不**理解**此真理之必然性，仅在他们的表象中接受它时，人们信仰此奥秘，且被认为最高真理。真理即是对精神自在自为之所是者的揭示；人本身是精神，因此，对人来说真理存在；但人首先拥有接近他的真理，此真理对人来说尚无自由之形式，它对人来说只是一个[223] 被给定者及被接受者，但人只能接受它，因为人是精神。这一真理、理念被称为**三位一体之教条**——上帝是精神、**纯粹知识**的活动、在自己本身方面有的活动。**亚里士多德**尤其在对活动的抽象规定中来理解上帝。纯粹的活动即是知(经院哲学时期:**纯粹的活动**);但为了被设定为活动,它必须在其诸环节中被设定出来:属于知的是一个被知的**他者**,而当知了解他者时,知就占有了他者。原因在于:上帝,永恒自在自为的存在者,永恒产生自身作为自己之子、将自身与自身相区别,——绝对的判断。但被他区别于自身者,**并不具有一个他者存在的形态**,而是被区别者就只是其与之相分离者。**上帝是精神**;无黑暗、无色彩或混杂进入这一纯净之光中。圣父与圣子的关系取自有机的生命,且以表象的方式被使用:自然的关系只是形象的,从不完全与所应表达的东西相符合。我们说:上帝永恒产生其子,上帝与自身相区别;因此我们就开始谈论上帝:他做此事,并且就被设定的他者而言全然在于自身(爱的形式)。但是我们或许须知,上帝是这**整个行为本身**。上帝是开端,他做此事,但他同样也只是终结,总体:因此,作为总体,上帝即是精神。只作为圣父,上帝还不是真者(因此在犹太教中他被了解为无圣子),他更多的是**开端与终结**;他是他的前提,他使自身成为前提(这只是区别的另一种形式),他是永恒的过程。——这也许有某一被给定者的形式,即这是真理与绝对真理;然而这被了解为自在自为的真者,这是哲学的活动及其整个内容。在哲学中表现出的是,自然、精神的全部内容辩证地挤入作为其绝对真理的中心。在此不再涉及论证教条、寂静的奥秘是永恒的真理;如上所述,这发生于整个哲学中。[224]

为进一步说明这些规定,可注意以下方面。

a) 当人们说出上帝之所是时,首先告知的是**特性**:这就是上帝;他通过一些**谓语**被规定;这是表象、知性的方式。谓语是规定性、特殊化:善、全能等等。诸谓语虽然不是自然的直接性,但反思使它们停止下来,因而当在自然的内容中上帝被表象于自然宗教中时,被规定的内容同样也固定自为地变成静止的。像太阳、海洋等等一样,自然对象**存在着**;但反思规定**与作为自然直接性的自身**也是**同一的**。东方人感觉这并非表达上帝本性的真正方式时,他们就说:上帝是πολυώνυμος[有许多名字的],他未让自己由于一些谓语而耗尽,——因为在此意义上,名称如同谓语一样都是同一的。

借助谓语来规定上帝,这一方式的原本缺陷在于:这些谓语只是**特殊的规定**,且**许多**这样特殊规定的承载者乃是在自身中无差别的主体,由此就出现了无限多的谓语。当它是些特殊的规定,而且当人们根据其**规定性**考察、**思维**这些特殊性时,它们就陷入**对立**、**矛盾**之中,并且这些矛盾之后也未**被解决**。

[225] 这也如此显现,以致这些谓语应表达**上帝与世界的关系**;世界是一个不同于上帝的他者。作为某些特殊性,它们并不适合上帝的本性;将它们视为上帝与世界的关系的另一种方式在于:上帝在世间无所不在、无所不明。它们并不包含上帝与自身的真正关系,而是上帝与他者、世界的真正关系。因此它们是**受限制的**;于是它们陷入矛盾中。我们意识到,如果逐一列举如此多的特殊性,并未生动地表述出上帝。如果知性要求应当仅仅**在最佳的意义上**(sensu eminentiori)对待这些特殊性,它们的矛盾也未通过对其规定性的抽象而真正解决。矛盾的真正解决包含于**理念**中,该理念是上帝对与其自身相区别的自我规定,但却是对区别的永恒扬弃。被保留的区别或许是矛盾:如果区别保持稳定,那么就产生有限性。双方互相独立但也相关联。理念并不保留区别,而是同样也消除区别;上帝把自身设定在此区别中并同样也扬弃之。

如果我们说明谓语来自上帝,以致谓语是特殊的,那么我们首先致力于解决此矛盾。这是一个外在的行为,**我们的**反思,而且因此,它是**外在的**,涉及**我们**,而非神圣理念的内容,那么矛盾在此就**不会**被解决。理念自身就是扬弃矛盾的这种东西;这是理念自身的内容、规定,它设定这种区别并绝对地扬弃此区别,而且这也是理念自身的活力。

b)在对上帝定在的形而上学证明中,我们看到从概念到存在的进程,即概念不只是概念,它也**存在**,具有实在性。基于我们现在所有的观点,产生了从概念向存在过渡的志趣。

[226] 神圣的概念是纯概念、无任何限制的概念。理念所包含的,是概念规定自身,从而将自身设定为与自身相区别者;这是神圣理念本身的环节,并且因为思维着的、反思着的精神面临此内容,所以这种过渡、前进的需

要则基于此。

过渡的逻辑的东西已包含于那些所谓的证明中:在思维之环节中,应当在概念自身处,从概念出发,即通过概念向客体性、存在过渡。作为主观需要而显现的则是内容,是神圣理念自身的**一个**环节。

当我们说:上帝创造了世界,那么这也是一个从概念向客体性的过渡;在这种情况下,只有世界一定作为上帝的本质的他者存在,就是上帝的否定,就是外在的,没有上帝,就是无上帝的。只要**世界**被规定为**他者**,我们就没有面临作为坚持在**概念自身上**、保持在概念中的**差别**;这就是说,存在、客体性应当在概念处被表明为概念自身的活动、结果、规定。

因此表明了,这是同一自在的内容,此内容在那个对上帝定在证明的形式中就是需要。在绝对理念中,在思维环节中,上帝是完全具体的普遍者,也就是设定自身为他者,然而因此这个他者直接立刻就被规定为上帝自身,差别只是在理念中直接被扬弃,并未获得外在性的形象,并且这同样意味着,应在概念处、在概念中揭示被区别者。

这是合乎逻辑的东西,其中表明,一切被规定的概念就是扬弃自身,作为其自身的矛盾而存在,由此成为与其自身相区别者,并将自己本身设定出来;因此,概念自身还带有片面性、有限性,即,它是一个主观的东西,〔227〕概念的规定、诸差别仅仅被设定为理念的,而非实际则被设定为差别。这就是自我客体化的概念。

如果我们说"上帝",那么我们只是说了他的抽象概念;或者说了"圣父上帝"、普遍者,因此我们只是根据有限性而道出了他。他的无限性正是这一点,即他扬弃抽象普遍性、直接性的形式,由此区别被设定出来;但他同样也扬弃此区别。因此,他才是真正的现实、真理、无限性。

这种理念是思辨的理念,也即理性者,只要它被思维,就是对理性者的思维。非思辨的、即知性的思维是在其中停滞于作为差别的差别处,因此停滞于差别处即是有限者和无限者。绝对性被归因于二者,但相互关系、就此而言的统一以及矛盾也被归因于此。

c)这种思辨的理念与**感性者**相对立,也与**知性**相对立;因此,对于感性的考察方式及知性而言,它是**秘密**。对于二者而言它是一个μυστήριον[神秘、秘密],意即以理性者在其中之所是者为意图而言。通常意义上,秘密并非上帝的本性,在基督教中至少是如此;在此情况下,上帝已表明可被认识,指明了他是什么,在此情况下他是显而易见的。但对于感性知觉、表象,对于感性的考察方式以及对于知性而言,这就是秘密。

一般感性者以外在性、**相互外在**为其基本规定;诸区别在空间中相互并列,在时间中前后相继:空间和时间就是区别处于其中的外在性。感性的考察方式习惯于面对如此相互外在的不同者。在此情况下作为基础的就是,诸区别依然是如此自为的、相互外在的。因此,对它们而言,理念中所存在的东西,都是一种秘密;因为相比于感性所具有的,存在着一种迥然不同的方式、关系、范畴。理念就是此区别,后者同样不是未坚持此区别的区别。上帝在被区别者中直观自身,在他的他者中只与自身相联系,在其中只在自身处,只与自身联合在一起,在他的他者中直观**自身**。这完全与感性者相违背;在感性者中,一物在此而另一物在彼。每一物都被视为一**独立者**;它被视作并不如此存在,即当它在一他者中拥有自身时它才存在。在感性者中,两物不会在同一处;它们相互排斥。

[228]

在理念中,诸区别不是被设定为相互排斥,而是仅仅在一个与另一个的**相互结合**中。这是真正的超感性者,而非通常那应高居于其上的超感性者;因为这同样也是一个感性者,就是相互外在和漠不关心。假如上帝被规定为精神,那么外在性就被扬弃了;所以,对感性而言,这是个秘密。

同样,此理念高于知性,对知性而言理念是一个秘密;因为作为**完全相互外在**的、不同的、相互独立持存的、固定的知性,知性坚持、持存于**思维之规定**处。实定者并非否定者,原因所是者并非结果。对于概念而言同样真的是,差别扬弃自身。因为它们是被区别者,所以它们仍是有限的;而知性则坚持在有限者处,且在无限者自身处,它一方面拥有无限者,另一方面拥有有限者。

真者在于:有限者及与之对立的无限者并不具有真理,它们本身只是暂时者。因此,就此而言,对于感性表象和知性而言,这是个秘密,并且它

[229]

172

们与理念的理性者相对立。三位一体教条的反对者只是感性的和知性的人。

知性同样很少能理解一个他者,关于某物的真理。动物-活体也作为理念,作为概念、灵魂与肉体的统一而实存。对知性而言,每一个均是自为的;它们固然是不同的,但同样都扬弃差别;活力只是持续不断的过程。生命体存在,有本能、需要;因而,它在自身中有差别,即该差别产生于自身中。因此,它是一矛盾,且知性如此领悟这些差别:矛盾并未解决;如果差别被带入联系中,那么正好只存在不能被解决的矛盾。

这就是如此;如果被区别者被视为**持存的被区别者**,那么矛盾就不会停止,正因为被坚持于这些差别处。有生命者有需要,因而是矛盾,但满足则在于扬弃矛盾。在冲动、需要中,我在我自身中与我相区别。而生命在于,解决矛盾、满足需要、使之平静,然而这样也产生矛盾:区别、矛盾与扬弃矛盾的交替。按照时间,二者并不相同;这里存在着前后相继,所以是有限的。但自为地考察冲动和满足,知性也不理解这一点:在肯定者中、在自我感觉本身中,同时也有对自我感觉的否定,限制,缺陷;但是,作为自我感觉的我同时也延伸到此缺陷上。

这就是关于μυστήριον[神秘、秘密]的确定表象。秘密也被称为不可理解者;被称为不可理解的东西,恰是概念本身,思辨者,即理性者被思维。正是由于思维,差别一定退居次要地位。[230]

对冲动之思只是对冲动之所是者的分析:肯定及肯定中的否定、自我感觉、满足和冲动。思冲动就是认识其中存在的被区别者。如果知性出现于此,那么它就说:这是个矛盾,并且它停留于此,停留于自身处反对生命本身就是扬弃矛盾这一经验。如果只分析冲动,则出现矛盾,在这种情况下可以说:冲动是某种不可理解者。

上帝的本性同样也是不可理解者。此不可理解者正好无非是**概念**本身,后者在自身中包含有作出区别,且知性停留于此区别处。因此知性表明:这不可理解。因为知性的准则是与自身的抽象同一,而非具体的同一,即这些差别都在一中。对知性而言,上帝是独一者、诸本质的本质。

这种无差别的、空洞的同一是知性和现代神学的虚假产物。上帝是精神，是使自身成为对象性的东西且知自身就在其中，即具体的同一，因此，理念也是一个本质的环节。但根据抽象的同一，一者与另一者都是独立自为的，它们同样也相互关联：所以，就有了矛盾。

这就是不可理解者。**矛盾的解决是概念**；知性达不到解决矛盾的程度，因为它从其前提出发：它们是而且仍然是完全相互独立的。

[231] 当宗教是适合一切人的真理时，理念的内容就显现于**感性**形式或**知性**形式中，这有助于我们说神圣理念是不可理解的。在感性形式中——这样我们就有了圣父与圣子的术语，有了产生于生命体中的某种关系、有了来自感性-生命者的某一名称。

在宗教中，真理依据内容被启示；然而另一种关系则是，内容在概念之形式、思维之形式中则是思辨形式中的概念。所以，那些被赋予信仰的质朴形式是多么幸运——如降生、圣子等等——：如果知性着手于将其诸范畴纳入其中，它们立即就**被歪曲**了，而如果知性有兴致，它根本就不需要停止揭示其中的矛盾。为此，它通过区别及对区别在自身中的反思有了力量和权利。但上帝，精神也正是**本身扬弃**这些矛盾者。它并未首先等待这种知性清除这些包含着矛盾的规定。精神正是清除这些规定的这种东西。但设定这些规定、在自身中区别开来的这种东西，也就是这种分离。

知性的进一步形式在于，如果我们说："在其永恒的普遍性中的上帝就是这：自我区别，自我规定，设定一个自身的他者并同时扬弃差别，其中在己处存在而且只有通过这已产生的存在才存在精神，"——在此情况下，知性参与进来，为此带来其有限性范畴，计数一、二、三，将不幸的**数字**形式混入其中。但这里不谈数字；计数是最无思想之事。如果人们把这种形式带入其中，那么也就把无概念性带进去了。

人们可以用理性来**使用**所有知性关系，但理性也**毁灭**它们，——这里也如此。但对知性来说这很难；因为知性认为，人们使用它们，就获得了**权利**。但如果人们像在此一样通过说"三是一"来使用它们，那就**滥用**了

它们。所以,在这样的理念中就很容易指明一些矛盾,指明直至走向对立 [232]
的一些差别,而空洞的知性则用收集诸如此类的东西而自知其伟大。正
如所指出的那样,一切具体者、一切生命者都是自身中的这一矛盾;只有
僵死的知性在自身中是同一的。但在理念中矛盾也被解决了,而且此解
决才是精神的统一本身。

对理念的诸环节进行计数,三个独一者,似乎是某种完全无拘束者、
自然者、从自身来理解自身者。仅仅存在按照被混合于此的数字方式,每
个规定被固定为独一者且三个独一者只应被理解为一个独一者,那么这
似乎是人们也许所说的最艰难、最无理性的要求。单单呈现于知性面前
的,**只是独一者的**那种**绝对独立性**、绝对的分离和分裂。与此相反,逻辑
的考察则表明独一者**在自身中是辩证的**且非真正独立的。只需回想起物
质就行了,它是现实的独一者,进行抵抗,——但却**是困难的**,这就是说,
追求表明,并非作为独一者存在,而是也扬弃其自为存在,因此本身承认
它为一虚无;当然,因为它仍然只是物质,这种最外在的外在性,所以也只
留于应当处;物质仍是定在最简单、最外在、最无精神的方式;但困难,对
独一者的扬弃,构成了物质的基本规定。

一首先是完全抽象的;当一被规定为一些人时,他们就以**精神的**方式
**被更深入地**表达出来。个性是以自由为根基者,是最初的、最深刻的、最
内在的自由,但也像自由在主体中显示自身那样是最抽象的方式;即主体
知道:我是人,我自为存在,这是完全难以塑造者。

这样一来,当这些差别被如此规定时,作为一或完全作为人的每一
个,都通过此无限的形式即每一环节都作为主体而存在,似乎使理念所要 [233]
求的东西更难以克服了:这些差别被视为未被区别开来的、而完全是一的
差别,即对这种差别的扬弃。二不能是一;每个人都是一个呆滞的、难以
塑造的、独立的自为存在。逻辑学则从一的范畴指明,它是一个简单的范
畴——完全抽象的一。然而,涉及个性,矛盾似乎因之被推得更远,以致
于不能解决;但个性却在于,它只是独一者,即这三重的个性。这个由此
仅被设定为消失环节的个性表明,对立应被视为是**绝对的**,而不是低级的

175

对立,而正是在这一最顶端,对立自己扬弃自身。确切地说,人的、主体的特性就是对其孤立、**分离性的扬弃**。

伦理、爱则是,放弃主体的特殊性、特殊的个性,将之扩展至普遍性,——家庭、友谊同样如此;在此情况下,就有一者与另一者的同一。当我公正地对待他人,我就视他为与我同一。在友谊、爱中,我放弃我抽象的个性,并因而获得具体的个性。个性的真者因此正是在于:通过此深入、深入到他者心中而获得个性。知性的这些形式直接在经验中显示为自我扬弃的这些形式。

人处于爱、友谊中,他保持自身,且通过他的爱而有其主体性,该主体性就是其个性。如果人们在宗教中抽象地执著于个性,那么人们就有三位上帝,并且在这种情况下,无限的形式,**绝对的否定性**就被遗忘了;抑或如果个性**未被消除**,那人们就有**恶**,因为未在神圣理念中放弃自身的个性就是恶。在神圣的统一中,个性被设定为被消解的;只有在显现中,个性的否定性才不同于它借以被扬弃的东西。

[234]

三位一体被带入了**圣父**、**圣子**与**圣灵**的关系中;这是一种单纯的关系,一种单纯的、自然的形式。知性不具有这样的范畴,不具有在可考虑到合适者时可与之比较的这种关系。然而与此同时,必须知道这只是比喻的说法;圣灵并未清楚地显现在此关系中。爱或许更为合适,但圣灵却是真实者。

抽象的上帝,圣父,是普遍者,是永恒的、无所不包的、全部的特殊性。我们处于精神的阶段上;**普遍者在此将一切纳入自身**。另一者,即圣子,是无限的特殊性、显现;第三者,即圣灵,是个别性本身,但**作为总体的普遍者本身即是圣灵**,——三者都是圣灵。在第三者中,我们说上帝就是圣灵;但此圣灵也是预先设定的:第三者也是第一者。这一点须在根本上予以坚持。即当我们说:自在的上帝根据其概念是直接的、自我分离的和返回自身的威力时,他只是**自身直接与自身相关联的否定性**,即绝对的己内反思(Reflexion-in-sich),这就是对**圣灵**的规定。因此,当我们想在上帝的**第一**规定中谈论他,想根据其概念并由此而达到其他规定时,我们在此就

## C. 分　类

已经谈及**第三个规定**:**最后者即第一者**。当我们为了避免抽象地开始,抑或当概念的不完满性导致**只根据第一者的规定**来谈论第一者时,第一者就是**普遍者**,而那种**活动**、产生、创造,已是一个**不同于抽象普遍者的原则**;该原则因此显现为**第二个**原则且能显现为显示者、自我表现者(Logos,Sophia①),犹如作为深渊的第一原则一样。这通过概念的本性得到说明。它见诸于任一目的、任一生命力。生命保持自身;保持自身意味着进入差别中、进入与特殊性的抗争中,出现不同于某种无机自然的情况。因此,只有当生命生产了自身时,生命才是结果,才是产物,另外,该产物又进行生产;此被生产者即是生命者本身,这意味着,它是它自身的前提,它经历它的过程,且从此过程中并不产生新事物:被产生者最初即已存在。在爱和回爱中同样如此;只要有爱,那么开端和一切行动都只是对爱的确证,由此,爱同样得以产生和维持。但被产生者已存在;它是个确证,在此,除了已有的什么也没产生出来。圣灵同样也把自身设定为前提,它是始初者。[235]

神圣的生命所经历的差别并非一种外在的差别,而必须仅仅被规定为内在的,以致于第一者、即圣父,如最后者一样应被理解。因此,过程无非是自我保持、自我确证的活动。

该规定在这一方面很重要,因为它构成了评判对上帝的很多表象、评判和认识其中的缺陷的标准;并且这尤其来自于,该规定常常被忽视或误解。

我们在理念的普遍性中考察理念,它是如何在纯粹的思维中被纯粹的思维规定的。此理念是一切真理和某一真理;正因此,被理解为**真实者**的**一切特殊者**必须**按照此理念的形式**来理解。自然和有限的精神是上帝的产物,因此该产物是它们中的合理性;上帝创造了产物,这一点包含着,该产物在自身中具有真理、神圣的一般真理,即具有此理念的一般规定。此理念的形式只在上帝中作为圣灵存在;神圣理念若在有限性诸形式中, [236]

---

① Logos 即"逻各斯"或"道",Sophia 即"索菲亚"或"智慧"。——译者注

它就不是被设定的,就像它是自在自为的一样——它仅仅在圣灵中被如此设定出来——在此情况下它以有限的方式实存。然而,世界是上帝的创造物,因此,神圣的理念总是从它一般所是者中产生出基础。认识某物的真理意味着根据此理念的一般形式认识、规定某物。

在以前的一些宗教中,特别是在印度教中,我们得到与作为真实规定的这种三位一体的**相似者**。也就是说意识到这种三性,即唯一者不能作为唯一者保持下去,并非像它应是真实者那样存在下去,即,唯一者不是真实者,而是作为运动、这种一般区别和相互联系而存在下去。**三相神**(Trimurti)①是这一规定的最原始方式。但第三者在此情况下并非圣灵、并非真正的和解,而是产生和消逝、变化,——一个作为这些差别之统一的范畴,但却是一个非常次要的结合。不是在直接显现中,而是只有当圣灵降临于社团、圣灵成为直接的信仰的圣灵、上升至思维时,理念才是完善的。对**此理念的酝酿**进行考察并且在出现的各种奇妙显现中学会认识其基础,是饶有趣味的。

对哲学而言,作为三位一体的上帝之规定渐渐完全告终;在神学中不再对此当真。所以,确切地说人们曾想处处贬低基督教,说它这种规定已**更为古老**且在这里或那里就搞来了这种规定。关于**内在真理**,单此历史情况其实什么也决定不了。但也须认识到,那些更为古老的人、民族及个人,本身**并未意识到他们对此拥有什么**,并未认识到内在真理包含着绝对的真理意识;此规定只是**如此在其他**规定**之中**并**作为他者**而为他们所有。但有一个主要观点,即,一个这样的规定是否是最初的、绝对的规定,它是所有其他规定的依据,或者它是否仅仅在其他规定之中也是一种出现的形式,犹如**梵**(Brahma)是唯一者那样,但甚至不是崇拜的对象。在美的以及外在合目的性的宗教中,此形式自然能最少地显现出来;在此多样和个别中不会找到受限制的、向自身返回的尺度。但此形式并非没有那种

---

① 梵语原意为"有三种形式"。印度教的三位一体,以梵天、毗湿奴和湿婆分别代表天帝的各种宇宙功能。毗湿奴象征护持,湿婆象征毁灭,而梵天则是这两种对立准则的平衡者。——译者注

统一的痕迹。**亚里士多德**在谈到毕达哥拉斯学派的数、三一式时说①:只有当我们**三次**向诸神呼唤时,我们才认为已完全呼唤了他们。——在**毕达哥拉斯派**和**柏拉图**那里产生了理念的抽象基础;但是诸规定已完全停留于此抽象中,部分在关于数字一、二、三的抽象中,在柏拉图那里较为具体些:唯一者和他者的本性,在自身中的不同者,ϑάτεϱον [另一者],以及是二者之统一的第三者。在此,这并非存在于印度人的幻想方式中,而是存在于纯粹抽象中。这就是一些思想的规定,它们优于数字,优于数字范畴,但还是些完全抽象的思想规定。

但特别在基督降生的时代及其后数百年,我们看到产生一种哲学表象,它以三位一体关系的表象为基础。这部分地是些自为的哲学体系,如**斐洛**的体系,他曾深入研究过毕达哥拉斯和柏拉图的哲学,后又研究过晚期**亚历山大里亚学派**;但特别是基督教与这些哲学表象的混合,构成了异教、尤其是**诺斯替异教**的大部分。一般来说,我们在理解三位一体理念的这一尝试中看到,西方的现实通过东方的理想主义挥发成一个思想世界。当然,这仅仅是一些只导致模糊的、幻想的表象的尝试。但人们在其中至少可看到精神对真理的追求,这理当得到认可。 [238]

在此情况下可察觉到不可胜数的形式:**最初者**是**圣父**,即 'Ον(存在),他被表述为深谷、深渊,即正是仍旧空洞者、不可领会者、不可理解者,他高于一切概念。因为空洞者、未被规定者当然是不可理解者,是概念的否定者,而且它是否定者作为这种否定者存在的概念规定,因为它只是片面的抽象,只构成概念的一个因素。自为的唯一者还不是概念、真理。

如果把最初者规定为**只是普遍者**,并且让诸规定只跟随普遍者、'Ον(存在)的话,那么最初者当然是**不可理解者**,因为它无内容;不可理解者是具体的,而且只有当它被规定为环节时才可理解。因为这里的缺陷在于,最初者**本身**未被理解**为总体**。

---

① 《论天》,268a——德文版编者注

另外一个表象即是,最初者是βυθός[深处]、深谷、深渊、αἰών[永恒]、永恒者——它居于无法形容的高处,高于与诸有限物的接触,没有什么从永恒者中发展出来,是原则、一切定在之父、祖父(Propator),仅仅在中介中是父,是προαρχή[始初本原],在始初之前。源于此深渊、此隐匿的上帝的启示被规定为自我考察,己内之反思,具体的一般规定;自我考察被生产,是独生者的生产本身;这就是永恒者的可理解性,因为在这种情况下这取决于规定。

[239] **第二者**,异在存在,规定,一般是自我规定的活动,是作为λόγος[逻各斯]的最普遍规定,是理性地进行规定的活动,也是**话语**。话语即是简单的让自身被听,它并不产生固定的差别,并不成为固定的差别,而是直接被听到,它是如此直接,同样也被纳入内在性中,返回到了其本源;其后,它作为σοφία[智慧]、智慧,本源的、完全纯粹的人,一个实存者,与那最初普遍性不同的他者,一个特殊者,被规定者。上帝是创世者,即在**逻各斯**的规定中,作为自我表达的、言说着的**话语**,作为ὅρασις[观看],上帝的观看。

因此,被规定为人之原型的即是独生者亚当·卡德蒙①。这并非一个偶然之事,而是永恒的活动,并非只在一时;就上帝而言只有**一次**出生,作为永恒活动的活动、一种自身本质上属于普遍者的规定。在这种情况下就有涉及二者品质的真实差异;但二者只是同一实体,并且差别因而在此情况下还只是表面的,甚至也被规定为人。这种智慧,独生者也在上帝的怀抱中,差别不存在,这些就是本质的东西。

理念酝酿于这样一些形式中。主要观点必是这些显现,这些显现不管怎么怪诞,为了看清它们如何在理性中获得其基础以及何种理性在其中,它们都被了解为合乎理性的;但同时要知道区别现有理性之形式,但

---

① 亚当·卡德蒙(Adam Kadmon)这一概念由犹太神秘主义者、喀巴拉派创始人以撒·卢里亚(Isaak Luria,1534—1572)所用,在希伯来语中意为"本初的人",在犹太教喀巴拉文本(Kabbala)和《哈加达》(Haggada)传说中被视为人的原型。——译者注

180

它尚未与内容相适应。此理念常常被放置在**人**、**思想**、**理性**的**彼岸**,与理性相对立,以致于作为一切真理且仅仅作为真理的这种规定,已被视为某种**仅仅为上帝所特有者**,彼岸之伫立者,它未在他者中自我反思,它显现为世界、自然、人。就此而言,该基本理念未被视为**普遍的理念**。 [240]

对于**雅各布·伯默**(Jakob Böhme)来说,三位一体的秘密以另一种方式产生出来。当然,其表象方式、其思维方式更多的是幻想的、怪诞的;他并未将自身提升进思维的纯形式中,但主导他的酝酿和奋斗的彻底性在于:**在一切事物中**,处处认识三位一体,比如,"它必生于人心中。"它是根据真理被考察的一切事物之基础,虽被视为有限者,但却在其有限性中被视为在自身内的真理。因此,雅各布·伯默曾尝试在该规定中表象自然和人的心灵、精神。

在近代,由于**康德**哲学,三位一体作为类型以外在的方式,仿佛作为图式一般,再度兴起,已被带入非常确定的思维形式中。此外,当这一点被了解为上帝的本质的一种本性时,它就不必停留于对岸,不必把该理念视为一彼岸者;而认识的目的则在于,也在特殊者中认识真理;且真理如果被认识,那么凡在特殊者中是真者的一切,就都包含着此规定。认识就是说,在其规定性中知某物;但其本性就是规定性的本性本身,并且它已在理念中得到阐明。该理念一般就是真者,一切思想规定都是规定的这种运动,这是逻辑的说明和必然性。

## Ⅱ. 意识和表象环节中上帝的永恒理念,或差别:圣子的王国

[241]

在此须考察这一理念,它是如何从其普遍性、无限性走出而进入**对有限性的规定**之中的。上帝当今无处不在,上帝的当下正是存在一切之中的真理。

首先是思维之环节中的理念;这是基础,且我们以此开始。这个普遍者、因而更抽象者必须在学术中率先发展;在学术的方式中它是最初者。

但实际上它较晚出现于实存中；它虽是自在，却较晚显现在知中，较晚被意识到和被知晓。

理念的**形式**作为**结果**而显现出来，但此结果本质上是**自在**；如同理念的内容存在一样，即最后者也是最初者，且最初者也是最后者，作为结果而显现者乃是前提、自在、基础。那么，就须在第二个环节中、即在一般显现的环节中来考察该理念。绝对理念作为客体性或作为自在已完成，但并非**主观的**方面，既非就其自己本身而言，又非在神圣理念中作为自为的**主体性**。我们可以从两方面来理解这种进展。

**第一方面**：该理念为主体而存在，这样的**主体**是**思维着**的主体。表象的诸形式也没有使基本形式的本性失去什么，也未妨碍这种基本形式为思维着的人而存在。主体一般表现是思维着的，它思维此理念；但它是**具体的自我意识**。对主体而言该理念必须作为具体的自我意识、作为**现实的主体**而存在。

[242]　　**或者**：那种理念是绝对真理。后者为思维而存在；但对于主体而言，理念不仅必须是真理，而且主体也必须具有理念的**确定性**，这就是说，该确定性属于主体本身，属于**有限的**、即经验-具体的、感性的主体。

对主体而言，理念具有确定性，只有当理念是**被知觉的**理念，只有当它对主体而言**存在**时，主体才具有确定性。关于主体我可以说："主体存在"，它对我而言有确定性，它是直接的知识，它是确定性。应证明什么东西存在，即什么东西肯定是真的，这是进一步的中介。然后这就是向普遍者的过渡。由于我们已从真理的形式开始，那么就须过渡到这一规定，即这种形式获得确定性，对我而言它存在。

这种进展的**另一方式**是**源自理念的方面**。

## 1. 差别的设定

1.永恒的自在自为存在是自我展现、规定、评判，是设定自己为与自身相区别者；但差别同样也被永恒地扬弃了，自在自为的存在者在其中永恒地返回自身,而且仅就此而言它是精神。被区别者被如此规定,以致于差别就直接消失了,即这只是上帝、理念与其自身的一种关系。此区别只是一种运动,爱与自身的一种游戏,其中它并未达到异在存在的严肃性,未达到分离和分裂。

他者被规定为**圣子**,根据知觉的爱,在更高的规定中,精神存在于其自身处,是自由的。在理念中,对差别的规定在此规定中尚未完成;这只是**一般的抽象差别**:我们尚未处在其特性中的差别处;差别只是**一种规定**。在这点上可以说,我们还不在差别处。诸被区别者被设定为同一些被区别者;还未达于这样一种规定,即**诸被区别者**具有**不同的**规定。必须从这方面来理解对理念的判断,即,圣子获得**他者本身的**规定,即他是一个**自由者**,**是自为的**,他**显现**为一个外在于上帝、无上帝的**现实者**,显现为一个这样的存在者。他的理想性,他向自在自为存在者的永恒复返,在最初的理念中被设定为是直接同一的。因此,差别存在着且应得到重视,这样一来,异在存在就是必需的,即被区别者乃是作为**存在者**的异在存在。

[243]

它只是自我规定的绝对理念,并且通过自我规定的这种理念在自身中是绝对**自由**的,在其自身中是确定无疑的;因此,当理念自我规定,**将这种被规定者释放为自由者**,即它作为独立者、作为独立的客体而存在时,它就是这种东西。自由者仅仅对于自由者来说是现存的;只有对于自由人来说,他人也是作为自由的而存在着。

理念的绝对自由在于,它在其规定、判断中将他者释放为自由者、独立者。被释放为一独立者的这一他者就是一般**世界**。我们也可把赋予异在存在方面以独立性的绝对判断称为**善**;此善在其异化中给予该方面以**整个理念**,就此而言,善能将同一理念吸纳于自身并能以此方式表现为善。

## 2. 世界

世界的真理只是其理想性,并非它有真正的现实;它**存在**,但只是一

[244] **理念者**,不是一本身自在的永恒者,而是一被创造者;它的存在只是一**被设定的**存在。世界的存在即是,具有存在之一瞬间,但却扬弃它与上帝的这种分离和分裂,只是这存在:返回其本源,进入精神的、爱的关系中。

因此,我们就有了从脱离、分离过渡到和解的世界进程。——理念中的最初者只是**圣父**与**圣子**的关系;但他者也包括对他者存在、对存在者的规定。

就**圣子**而言,就**差别的规定**而言,存在着的是深入规定进展至进一步的差别,差别获得其权利、差异权。**雅各布·伯默**把这种在圣子环节处的过渡表述为:最初的独生者路西法(Luzifer),曾是光载体、光亮者、明亮者,却把自己设想进自身中,这就是说,自为地设定了自己,继续前进至存在,且因此而减少了;而永恒的独生者则直接取代了其位置。

在始初观点,关系就是此:上帝存在于其永恒的真理中,且这被认为是先于时间的状态,被认为是这样一种状态,如当天国极乐的精灵和晨星、天使、上帝的子女称赞上帝时,所以上帝就曾存在。这种关系因此被表述为状态;但它是思维与对象的永恒关系。此后就出现了所谓的下降;这是对第二种观点的设定,一方面是对圣子的分析,是对他身上所包含的两种环节的区分。但另一方面则是主观的意识,有限的精神,即作为纯粹自在的思维,这是从**直接者**开始并将自身提升为真理的过程。这即是第二种形式。

[245] 因此,我们进入到规定的范围,进入到空间与有限精神的世界中。继而,现在这应被表达为对诸规定的设定,一种暂时被抓住的差别;这是上帝在有限性中走出和显现,因为这就是原本的有限性,是自在同一的、但在分离中却被抓住的东西的分离。但从另一方面,即从主观精神方面来看,这因而被设定为纯粹的思维;但思维自在地是结果;且这必须被设定出来,如同思维自在地作为这种运动存在一样;抑或纯粹的思维须走进自身;因此它将自身首先设定为有限的。

因此,在此观点上我们并非以他者作为圣子,而是作为外在的世界,外在于真理的有限世界,**有限性的世界**,在那里,他者获得形式,即,去**存**

在,但根据其本性它只是 ἕτερον［另一者］,即被规定者、被区别者、被限制者、**否定者**。

第二范围与第一范围的关系因此被规定为,它是**同一自在的理念**,但却在**另一规定**中;那种第一判断的绝对行为自在地与第二判断是一样的;只是表象将二者区分为两个完全不同的基础和**行为**(actus)。并且实际上它们也应被**区别**和区分,而如果说:它们自在地是同一者,那么应该确切地规定,应如何理解它们;否则,就可能出现错误的感性和不正确的理解,好像**圣父**、自身对象性存在的神性的永恒之子与**世界是同一者**,且应把那圣子理解为这世界。

然而,已被想到且本来不言而喻的是,只有上帝的理念,犹如刚才第一范围所提到的东西中已阐明了的那样,是**永恒真实的上帝**,并且随后上帝更高的实在化和显示则在圣灵的详细进程之中,这将在**第三范围**中予以考察。

如果世界像其直接所是的那样,被视为是自在自为存在的,感性者、暂时者被视为是**存在的**,那么要么是那种错误的感性已与此相联系,要么首先是**上帝的两个永恒的行为**必须被接受。但是,上帝的活动一般完全只是**同一种活动**,不是多种多样的不同活动,不是一种当今与以后,一种相互外在,如此等等。　　［246］

因此,作为独立性的这种区别只是**异在存在**、除自己之外的存在的**自为的**、**否定的环节**,除自己之外的存在本身并无真理,只有一个环节——按照时间只是一瞬间抑或连瞬间都不是——**面对有限精神**只具有独立性之方式,只要**它本身**在其实存中是独立性的这种方法和方式。在上帝本身中,这种当今和自为存在乃是**显现的消失着的环节**。

该环节当然具有世界之长度、宽度和深度,它是天与地及天地自身中和向外的无限的组织。如果我们说:他者是一消失着的环节,它只是在自身显现中已直接消失了的闪电之闪耀,它是一个通过被说与听在其外在实存中已消失的词语之发音,因此,时间之瞬间以一种**在前**和**在后**总是很容易暂时浮现在我们面前;但该瞬间既不**存在**于二者中的这一个中,也不存在于另一个中。一般来说,应该去除每一**时间规定**,无论对持续的规定还是对当今的规定,而且只有对**他者的简单想法**应抓住不放——简单的思想,因为他者是一种**抽象**。如今该抽象已**扩展**到空间的和时间的世界,这是由于它是**理念的简单环节**本身,因而**完全**为理念所接受;然而,因为这是**异在存在**的环节,所以这是**直接的、感性的**扩展。

世界或物质是**永恒**的抑或是从永恒而来的,抑或**在时间中**开始了,这类问题属于知性空洞的形而上学。"从永恒而来"——这里永恒本身作为一种**无限的、根据简单无限性被表象的时间**,只是反思-无限性和反思-规定。世界正是**矛盾的领域**;在其中,理念存在于一个与它不相称的规定中。正如世界进入表象中一样,时间也如此,而且随后通过反思就出现那种无限性或永恒性;但我们必须意识到,该规定毫不涉及**概念**本身。

[247]

另一个问题或部分地说该问题的进一步含义在于,只要世界或物质从永恒而来,那么它就是**非被创造的、直接自为的**。这种情况基于形式和质料的知性分离;根据质料与世界的基本规定,它们其实是**他者,否定者**,甚至本身只是**被设定存在**之环节。这是独立者的反面且在其定在中只是自我扬弃并是过程环节的这种情况。自然的世界是相对的,是现象,也就是说它不仅为我们而存在,而且是自在的,而这就是它的质:过渡且撤回到最后的理念中。在对异在存在的独立性的规定中,在古人和从事哲学思考的基督徒尤其是诺斯替教徒那里,关于 ὕλη [质料] 多种多样的形而上学规定都有其根据。

世界的**异在存在**使世界完全是**被创造者**,而不是自在自为的存在者;并且当作为**创世**的太初和**对现存者的保存**之间相区别时,这一点恰恰先于表象存在,即一个这样的感性世界实际上是现存的且是个**存在者**。所以,历来就有理由确定,保存乃是一种创世,因为存在、自为存在的独立性并不应归于这样一个感性世界。但可以说:**创世也是保存吗?** 就此而言,当**异在存在**的环节本身是**理念的环节**,或确切地说,前提像刚才一样是现存的时,才可以说某一存在者先于创世。

[248] 当异在存在被规定为**显现的总体**时,异在存在本身就表达**理念**,并且

## C. 分　类

这一般就是被用上帝的智慧所指明的东西。但智慧还是一个普遍的表达,而在自然中认识此概念、把智慧理解为神圣理念在其中反映自身的体系,是哲学认识的事业。智慧显示出来;但它的内容本身却是将自身区别为他者并把这个他者取回自身的显示,于是该取回同样也是作为内部的外部。然后在自然中这些阶段就瓦解为自然界的一个体系;自然界中最高级的就是生物界。

但生命,理念在自然界中的最高表现,只是这献身——这是理念对其实存的否定性——并成为精神。精神借助于自然而产生;这就是说在自然处,**精神有了其对立面**,由于其对立的扬弃,精神是自为的并是精神。

有限的世界是**差别**的方面,与保持在其统一中的方面相对立;因此,**它分解为自然的**世界和**有限精神的**世界。自然只**进入与人的关系中**,而非**自为地**进入与**上帝**的关系中,因为自然不是知。上帝是精神;自然不了解上帝。它是由上帝所创造的,但它并不从自身出发进入与上帝的关系中,这是在它不是知者的意义上说的。自然仅仅处于与人的关系中;在与人的这一关系中,它是**人的依赖性方面**所称之者。只要自然被思维**认识到**,它由上帝所创造,知性、理性在它之中,它就为思维着的人所知;就此而言,当自然的真理已被认识到时,自然就被**设定在与神圣者的关系中**。

有限精神与自然的关系的多种形式不属于此,对它们的学术考察属于精神现象学或精神学说。——这里应在宗教范围之内考察该关系,这样,自然对人而言就不仅是这种直接的、外在的世界,而且是人在其中认识到上帝的一个世界;因此,自然对人而言就是上帝的一种启示。——精神与自然的这种关系我们以前已在诸民族宗教中见到了,在那里,我们获得了精神从直接者升至必然者、升至一个智慧的、合目的的行动者的诸形式,在该直接者中自然被视为是偶然的。——由此可见,有限精神对上帝的意识由自然来中介。人通过自然看到上帝;自然仅仅还是外壳和不真实的形象。

[249]

在此,同上帝的区别者实际上是一他者并具有一他者的形式:它是为精神和人而存在的自然。由此,应完成统一并产生这一意识,即宗教的结果与使命就是和解。第一者就是对上帝的抽象觉悟,即人就本性而言在自然处将自己提升至上帝;我们在上帝定在的诸证明中看到了这一点;属于此的还有诸虔诚的考察,即上帝如何美妙地创造了万物,如何智慧地安排了万物。这些提升直接至上帝,且能始于或此种或彼种质料。虔诚造就这些使人喜悦的考察,开始于最特殊者和最低微者,并在其中完全认识一个更高者。混合于此的总是不确切的看法,即较之于人的东西,人们将自然中发生的东西看作为更高者。但是,当这种考察本身始于个别者时,它就是不相称的;可以有与此相对立的另一种考察:即原因应与显现相称,它自身应包含朝向它的显现所具有的限制性;我们要求一个已建立该特殊者的特殊理由。对一个特殊显现的考察总有这种不相称者。此外,这些特殊的显现是自然的显现;但上帝应被理解为精神,而且因此,我们在其中认识上帝者也必须是精神者。"上帝发出奇妙的雷声",人们说道,"我们不能测透"①;但有精神的人却要求较之于单纯自然者的某种更高者。欲被认识为精神,上帝必须不只打雷。

当自然本身被理解为**精神者**,即**人的自然性**时,对自然更高级的考察以及自然应与上帝设置的更深的关系,确切地说就在于此。只有当主体不再专注于自然者的直接存在,而是被设定为它自在所是者,即被设定为运动时,并且当它**进入了自身之中**时,然后**有限性**才被设定**为这样一种有限性**,即被设定为在关系之过程中的有限性,在该关系中对绝对理念的需要及其显现变得适合于有限性。在此,第一位的就是对真理的**需要**,第二位的就是真理**显现**的方法与方式。

对于第一位的需要,则就是假定,在主观的精神中存在着知晓绝对真理的要求。此需要在自身中直接包含着:主体在非真理中;但作为精神,主体同时自在地高于它的非真理,所以,它的非真理是一应被克服者。更详细地说,非真理在于,主体处于其反对自身的分裂中,而且需要在这一点上表现为,该分裂在它之中且正以此也被真理所扬弃,主体因此得以和

---

① 《圣经》"旧约全书·约伯记"第 825 页(37:5)——德文版编者注

解,而且在自身中的这一和解只能是与真理的和解。

这是需要的进一步形式。规定在于,分裂一般来说在主体中,主体是恶的,主体是自身中的分裂、矛盾,不是瓦解着的矛盾,而是同时自我积聚着的主体;只有由此,主体才在自身中分裂为矛盾。 [251]

## 3. 人的规定

这要求回忆、规定,**人**的本性和规定是什么,且须如何考察它们,人应如何考察它们,人当对自身做哪些了解。在此我们马上来谈谈。

a)相反的两种规定:**人性本善**,在自身中未分裂,而人的本质、人的概念在于,人性本善,是与自身相和谐者,是在他自身中的和睦,——以及**人性本恶**。因此,第一种规定就是:人性本善,他的普遍的、实体的本质是善的;第二种规定与之相反。这首先对我们,对外部的考察而言是这些对立。继而是,这不仅是我们所做的一种考察,而且人具有关于他自身的知识,人具有何种特性,其规定是什么。

首先是这一命题:人性本善,是未分裂者;因此人没有和解的需要。如果人没有必要和解,那么我们在此所考察的这种进程就完全是多余的。

至于人性本善,本质上应当说:人是自在的精神、理性,人是借用并按照上帝的模样被创造出来的。上帝是善,而人作为精神则是上帝的镜子;他是自在的善。正好只有人的和解之可能性基于此命题;然而,困难和模棱两可就基于这一自在。人**自在地善**,——以此尚未道出一切;此**自在**恰是**片面性**。人自在地善,这就是说,人之如此只是以**内在的**方式,根据其概念,正因此不是**根据其现实**。只要人是精神,他就必定是他真正所是者,是现实的、自为的。肉体的本性停留于自在,它自在是概念;但在它内部,概念却未达到其自为存在。正是人只自在地就是善的,这一点、即此自在包含这一缺陷。 [252]

本性的自在即本性的诸法则。本性忠于其法则,并不越出其外;这是本性的实体者——正因此,本性处于必然性中。另一方面在于,自为的人本身应是其自在所是者,他应为自身而成之者。

本性善者,都是**直接的**,而精神正在于不是一自然者和直接的;而作为精神的人则是脱离其自然性,转变为其概念和其直接定在的这种分离者。在肉体本性中并未出现个体同其法则、同其实体本质的这种分离,恰恰因为个体是不自由的。——人就在于,他将自身置于其本性、其自在存在的对立面,进入这种分离中。

另一个论断直接来源于已提到的东西,即人**不应依然是他直接所是的那样**,他应超越其直接性;这是精神的概念。对其自然性、其自在存在的超越首先是为分裂奠定基础的东西,由此,分裂直接被设定出来。这种分裂是从这种自然性、直接性走出来;但不应认为好像只有走出来才是恶,而是此走出来本身已包含于自然性中。自在者和自然性是直接者;但因为有精神,因此,精神是**在其直接性中**从其直接性中涌出来,**对其直接性、其自在存在的脱离**。

[253]

第二个命题在于:人性本恶,**其自在存在、自然存在是恶**。在人的这一自然存在中人的缺陷立即出现:因为他是精神,所以他就不同于其自然存在,是分裂;片面性在此自然性中直接存在。如果人只依照本性存在,那么人就是恶的。

自然的人是自在的,根据其概念是善的;但是当然,在具体的意义上,人却遵照其激情和冲动,处于欲望之中,对他而言,他的自然的直接性就是法则。人是自然的;但在其自然存在中人同时是个意愿者,而且当他意愿的内容只是冲动、嗜好时,他就是恶的。人是意志,根据此种形式,他不再是动物;但人意愿的内容和目的仍是自然者。这就是这种立场且更高的立场,即人性本恶,他之所以是恶的,是因为他是个自然者。

人们空洞表象的状态,即最初的状态曾是无罪的状况,是自然性的、动物的状况。人应是有罪的;当人是善的时,他不应像一自然物是善的那样存在,而这自然物就应是他的罪过、他的意志,它应归罪于他。罪过一般来说就叫归罪。

善的人借助于并通过其意志,就此而言,借助于其罪责,才是善的人。

## C. 分 类

无罪就是说无意志,没有恶,因而也没有善。诸自然物、动物都是善的;但这种善并不适合人;只要人是善的,他就应与其意志一起存在。绝对的要求在于,人并未保持自然本质、自然意志;虽然人有意识,但他作为人却可以是自然本质,只要自然者构成他意愿的目的、内容和规定。[254]

进而人们须面对此规定:人是作为主体的人,并且作为自然的主体,他是这种个别的主体,且他的意志是这种个别的意志;人的意志充满个别性内容,这就是说,自然的人是自私自利的。

对称为善的人我们至少要求,他按照一些普遍的规定、法则行事。意志的自然性进而则是意志的自私自利,它区别于意志的普遍性,并与成了普遍性的意志之理性相对立。这种恶以普遍的方式人格化为魔鬼。作为自我意愿的否定者,魔鬼在其中是与自身的同一,所以他也必然得到肯定,就像在弥尔顿(Milton)那里,他在他那充满特性的精力中比一些天使更好些。

然而因此,只要人是自然的意志,人就是恶的,因此,另一面并未被扬弃,即人自在地是善的;根据其概念人始终如此;但人是意识,因此是一般区别,因此是一个现实的人,这个人,主体,区别于其概念,而且,当这主体首先仅仅区别于其概念,还未返回到其主体性与概念的统一、返回到理性者时,其现实就是自然的现实,而后者就是自私自利。

恶之存在立即将现实与概念的关系设定为前提;以此仅仅设定了自在存在、概念和个体性的矛盾、善与恶的矛盾。人性是否本性就善?这样问应是错误的。这应是错误之问。同样肤浅的是,说人既善又恶。

还特别涉及的是,意志即任意,它能意愿善或恶,实际上这种任意并非意志;只要它作出决定,它首先才是意志,因为只要它还意愿这或那,它就不是意志。自然的意志是欲望的、嗜好的意志,它要直接者,尚未要这个,因为属于此的是,这意志是理性的意志,这意志明白法则就是理性者。对人的要求就在于,不作为自然的意志而存在,不是仅仅出自本性去存在。另外一个法则就是意志的概念;只要人还在其中实存,人就只是自在的意志,仍非现实的意志,仍未作为精神而存在。这即是普遍者;特殊[255]

者必须被清除。在一个特殊的状态内才能谈得上在特定范围中属于道德观念者;这并不涉及精神的本性。

与此相反,意志是恶的,由此我们认为,如果我们具体地考察人,我们则谈及意志,并且具体者、现实者不能只是一否定者。但恶的意志却仅仅被设定为否定的意愿;这只是一个抽象概念,并且如果人本性上并非他应当是的那样,那么人就是自在理性的,是精神。这是人身上的肯定者,而至于人本性上并非他应当是的那样,所以这只涉及意志的形式;本质的东西在于,人自在地是精神。自在者坚持对自然意志的放弃,它是概念、坚持者、自我产生者。相反,如果我们说意志性本恶,那么这就只是否定的意志;于是,人们在此也面临抽象与其相矛盾的具体者。这涉及的如此之广,以致于当提出魔鬼时,必须指明,在他身上有肯定者,性格刚强、精力、坚定不移;同时,在具体者中必定出现肯定的一些规定。尽管如此,当人们谈到人时,人们就会忘记,这是些通过礼貌、法律等等所培养和教育的人。人们说:人没这么恶,你只看一下周围便知。但在这种情况下已经是

[256] 些在道德上、伦理上所培养了的人了,已是些被改造的、被设定进一种和解的方式中的人了。主要的事情在于,这样的一些状态像孩子的状态一样在宗教中并未看到;更确切地说,人之所是者的已分解的历史在本质上被表象在对真理的描述中。这里有的是一种思辨的考察;概念的诸抽象差别在此被相继阐明。如果应考察被教育过、培养过的人,那么在这种人身上必然会出现转变、改造,人已经历的培育,从自然意志向真正意志的过渡,并且在其中,人直接的自然意志必定呈现为已被扬弃了。如果第一规定即人并非直接是他应当是的那样,那么

b)就必须考虑:人也应如此**考察**自身;恶之存在因而被设定进考察的关系中。这容易如此被想象,以致于仅仅根据该认识,人被设定为恶的,以致于此考察是一种外在的要求、条件,以致于如果人不如此考察自身,连人是恶的另一规定也被略去了。

当这种考察成为义务时,人们就可以表象,这只是本质者,并且无它就无内容。此外,考察的关系随后也被如此提出来,以致于考察或认识使

human变恶,于是它就是恶,而且作为恶之源的这种认识不应存在。在此表象中,就有**恶之存在**与**认识**的关联。这是本质的一点。

这种恶之表象的进一步方式在于,人通过认识而变恶,正如《圣经》所言,人吃了知善恶树的果子。因而,认识,理智,理论者和意志发生更密切关系;恶之本性进一步表达出来。在此可以说,实际上认识是万恶之源,因为知,**意识**是这一行为,借助于它**分离**,即否定者、**判断**、分裂**被设定**在对一般自为存在的进一步规定中。人的本性并非其应该所是;认识在于,将此展示于人,并产生人不应该是的存在。这应该是人的概念,而他并非如此存在,则首先产生于分离中,产生于同他自在自为所是者的比较中。认识首先是恶所存在于其中的对立的设定。动物、石头、植物并不恶;恶首先存在于认识的领域内;它是反对他者的自为存在的意识,但也反对客体,在概念、理性意志的意义上,该客体在自身中是普遍的。只有通过此分离,我才是为我的,而恶就在于此。恶之存在抽象地叫做自我**分离**;分离,即自身同普遍者分开;这即是理性者、法则、对精神的诸规定。然而,随着此分离就产生了自为存在,且首先是普遍者、精神者、法则、应有者。[257]

因此,考察与恶之间并没有一种外在的关系,而是**考察本身即是恶**。属于此对立的是:当人是精神时,他就不得不继续完全自为地存在,以致于将其**对象**作为其客体,该对象为精神而存在,是善、普遍者,是其规定。精神是自由的;自由在自身中具有此分离的本质环节。在此分离中,自为存在被设定出来,恶也有其位置;这里是祸害之源,但和解的最终之源亦在于此。它是病因,也是健康之源。但我们在此无法进一步比较这如何存在于原罪历史中的方式方法。

罪恶被描述为人吃了知善恶树的果子,等等。因此,认识就是分裂、分离,在其中,对人而言首先善存在,但由此也有了恶。吃知善恶树的果子是被禁止的,因此恶**形式上**被表象为是对神的诫命的违背,此诫命可能已具有一个它所意愿的内容。但这里此诫命本质上正好以**认识**为内容。意识的产生以此被设定出来;但它同时应被表象为一种立场,但不应停留 [258]

于此立场,而应**扬弃**它,因为不应停留在自为存在的分裂中。继而蛇说道,人吃了知善恶树的果子后会和上帝一样,因而使用了人的自负。上帝自言自语道:"亚当已变得与我们一样。"蛇并未说谎;上帝证实了它的话。人们费尽心力对此进行解释,进而把这件事本身宣布为讽刺。而更高明的解释则是,在此情况下,亚当应理解为第二个亚当,即基督。认识是精神性准则,但如上所言它也是治愈分离之伤害的准则。实际上,在认识的这一准则中,**神性的准则**也被设定出来,它必须通过进一步的平衡而达到其**和解**、真实性;抑或换言之:对应重新获得的模样相似性的预兆和确定性即在于此。这样的预言也形象地表述在上帝对蛇说的话中:"我叫……彼此为仇"等等。当在蛇之中认识的**准则**被表象为**独立地**、**外在于亚当**时,当然完全前后一致的是,作为**具体认识**的人中包含有**悔改**和反思的**另一面**,而那反思的另一面将踏坏蛇首。

[259] 据说,第一个人做了这些;这又是感性的表达方式。按照思想,"第一个人"应叫做:作为人的人,并非某一个别的、偶然的、众多之一的人,而是绝对的第一个人、依照其概念的人。**人本身就是意识**,正因此,他进入分裂中,——意识,它在其进一步规定中就是认识。

当普遍的人被表象为第一人时,他就与其他人区别开来。这样就产生了问题:只有他做了此事,怎么牵涉到他人呢?在此情况下就存在遗产之表象;由于这种表象,这种欠缺被修正,即人本身就被表象为第一人。分裂基于人的一般概念;这样一来,原罪就被表象为某个个别者的行为,此片面性通过传递、遗产的表象而完整起来。

劳作等被表述为是对罪的惩罚,等等;这一般是必然的后果。动物不劳作,只是被迫,非出自本性;它并非汗流满面地劳作得以果腹、自己不为自己生产食物:它的所有需要直接在自然中得到满足。人也在自然中找到所需的材料,但可以说,对人而言这材料微乎其微,——只有通过劳作才产生出满足其需要的无限中介。汗流满面的劳动,体力的劳作和脑力的劳作——后者难于前者——与对善恶的认识直接相关。至于人必须使自身成为其所是者,汗流满面地劳作得以果腹,创造出其所是者,这属于人的本质者、优秀者,并且与对善恶的认识必然相关。

进而就得以表象,生命之树也已立于其中;这表达在简单、单纯的表象中。有两种财富为人所望;其一,在无忧的幸福中与自身及外部自然和谐相处,而动物仍留在此统一中,人得超越于其上;另一愿望也许是永生。此表象按照这两个愿望而产生出来。——如果我们进一步考察这一点,那么这立即就显示为一种只是单纯的表象。作为个别生命者的人,他个别的活力、自然性必定死亡。然而,如果进一步审视这一说法,这其中或许就有奇迹、自相矛盾者。[260]

在此矛盾中,人被规定为**自为存在的**。作为意识、自我意识、无限的自我意识,自为存在是**抽象无限的**;人意识到其自由、完全抽象的自由,这是他的无限自为存在,后者在以前的宗教中未被如此意识到,在这些宗教中,对立并未继续发展到这种绝对性、这种深度。由于这发生于此,人的尊严同时也被设定到一个远为更高的立场上。主体借此而具有绝对的重要性,是上帝感兴趣的本质对象,因为它是自为存在的自我意识。它作为在它自身中的纯粹确定性而存在;在它里面实存着无限主体性之点:它虽然是抽象的,却是**抽象自在自为的存在**。这出现在这样一种形象中,即人作为精神是**不死的**,是上帝感兴趣的对象,超越于有限性、依存性、外在状态之上,从一切之中抽象出自由;其中已被设定出来的是,摆脱了死亡。因为宗教的对立是无限的,所以在宗教中灵魂不死是首要环节。

会死者,均要死的;会进入不发生死这种情况者,则是不朽的。可燃与不可燃——在此情况下,燃烧只是一种外在地靠近对象的可能性。但关于存在的规定却非这样一种可能性,而是被肯定规定的质,存在如今已在燃烧处有这种性质。[261]

因此,灵魂不死不应被表象为它在以后才成为现实;它是当下的性质。精神是永恒的,因而已是当下的;在其自由中的精神并不在限制性范围内。对于思维着的、纯粹知着的精神而言,普遍者即是对象;这就是永恒,不仅是如诸山峦绵延的绵延,而且是**知识**。精神的永恒性在此被意识到,它在此认识中,在此分离本身中,此分离已达于自为存在的无限性,它不再陷入自然者、偶然者、外在者中。自身中的精神的永恒性在于,精神首先是自在的;但下一个观点则是,精神不应像它只是自然精神那样存在,而它应是像它自在自为存在那样存在。精神应考察自身,由此则存在分裂;精神不应停留于它不是自在的这一观点上,而应与其概念相符且是普遍的精神。从这个分裂的观点来看,对精神而言,它的自为存在是一个他者,且它自身是自然的意志;它已在自身中分裂。就此而言,这种分裂是它的感觉或矛盾意识,因此,扬弃矛盾的需要就被设定出来。

一方面,据说,天堂中的人无罪且不死,——尘世中不死和灵魂不死在该说法中未被分开——人将会永生。如果这种外在死亡只是罪之后果,那么人或许自在是不死的。然后另一方面也设想,只有当人吃了生命之树的果子才会是不死的。

[262] 事情完全在于,人是由于认识而不死,因为只有思维着时,人才不是死的、动物的灵魂,而是自由的、纯粹的灵魂。认识、思维是人生命、永生之根源,作为自身中的整体存在着。动物的灵魂沉没肉体中,与此相反,精神则是自身中的整体。

进一步的东西是,我们在思想中已理解的这一见解应在人之中成为现实,这就是说,人在自身中达到**对立之无限性**,达到善恶对立之无限性,即人作为自然者知自身为恶,因而不仅一般地,而且**在自身中意识到**该对立,即他为恶者,在他自身中激发出对善的要求,因而也激发出分裂的意识以及关于矛盾和对立的痛苦意识。

我们已在一切宗教中获得对立的形式;然而,那是与自然威力、伦理法则、伦理意志、伦理、命运的对立——所有这些都是一些**次要的对立**,这些对立只包含着与某个特殊者的对立。

触犯某一诫命的人是恶的,但也只是在这种**个别**情况下,他只是与这一特殊的诫命相违背。在波斯人那里,我们看到善恶在普遍的对立中对峙;对立在**此外在于**人,人自身外在于它,——这并非是内在于人自身的抽象对立。

所以就有了此要求:人在自身**内**具有这种抽象的对立并克服之;并非

他仅仅不履行这个或那个诫命,而是真理在于,他是自在恶的,**一般地恶**,在其最内心处简直是恶的,在其内心中是恶的,即恶的这一规定乃是人的概念的规定,且人对此有所意识。

c) 这与这一深度有关。深度就是**对立之抽象**,对立的纯粹**普遍化**,即它的诸方面相互获得这种完全普遍的规定。[263]

现在,一般来说,此对立有**两种**形式。一方面是**恶本身之对立**,即它本身为恶,——这是与上帝的对立;另一方面是**与世界的对立**,即它处于与世界的分裂中,——这是按照另一方面的不幸、分裂。

有普遍和解的需要,而且其中存在着神圣和解、人之中的绝对和解,属于此的是:对立获得这种无限性,此普遍性包含最内在者,无物外在于该对立,该对立不是某种特殊者。这是最深的深度。

α) 首先我们考察与一极端、即与**上帝**间的分裂关系。人在自身中有这种意识,即他在最内心处是此矛盾;因此,这是**关于他自身的无限痛苦**。痛苦只在与一种应该、一肯定者的对立中才有。凡在自身中不再是一肯定者的东西,也无矛盾、无痛苦。痛苦正是肯定者中的否定性,即肯定者在自身中是这种自相矛盾者、自相损害者。

这种痛苦是恶的**一个**环节。单纯自为的恶是一种抽象;它只是与善对立,而且当它存在于主体的统一之中时,与这种分裂的对立就是无限的痛苦。如果在主体自身中对善的意识、对善的无限要求同样不在其最内心处,那在此情况下就没有痛苦,因此恶本身只是一种空洞的无,——它只存在于该对立中。

只有当善、**上帝**被了解为**独一**神,被了解为纯粹的、精神的神时,恶和该痛苦才会是**无限的**;而只有当善是纯粹的统一,信仰**独一**神且只与这神联系起来时,否定者也才会且必须继续发展为恶之规定,否定也继续发展为**普遍性**。这种分裂的一个方面以此方式通过人向上帝纯粹的、精神的统一的提升而存在。该痛苦和意识是人深入于自身中,正因此深入到分裂、恶之否定环节之中。[264]

这是**否定地**、在内心里深入于恶中;**肯定地**在内心里深入,是深入于上帝的纯粹统一。在这一点上现有的是：作为自然人的我与作为真实者的东西并不相称，并囿于**许多自然的特性**，且这**一种善**的真理同样无限地固定在我之中；因此，与不应存在者的这种不相称就自己规定自己。

任务、要求是无限的。人们可以说：当我是自然人时，一方面我具有关于自身的意识，但自然性就存在于对我的无意识中，存在于无意志中；只要我对我所做的无意识，没有本原的意志，无嗜好地做事，使我由于冲动而惊异，那我就是这样一个依本性而行动者，而且就此而言，依照这一方面，如人们常说的，我就是无罪的。但这种无罪在此却消失在这种对立中。因为不应存在的东西正是人自然的、即**无意识的**和**无意志的**存在，因而在纯粹的统一面前，在我了解为真实者、绝对者的完善纯粹性面前，它被规定为**恶**。在以上所述中，已达到这样一点：无意识者、无意志者本身在本质上应被视为恶。

[265] 但**矛盾**仍然存在着，不论怎样翻转之；当这种所谓的无罪被规定为恶时，我与绝对者、与我的本质的不相称依然存在，且不论从哪一面来看，我始终视自己为不应存在者。

这就是与这一个极端的关系，而结果、即这痛苦更为确定的方式乃是我的屈辱，悔悟，即关于我的痛苦，作为自然者的我与我同时所知的自身的那种东西不相称，就我所知、所意愿者乃是我存在。

β）至于同**另一**极端的关系，在此分离显现为**不幸**，即人在世间未获得满足。人的满足、自然需要继而不再有理、有要求。与他者相比，人表现为自然生物；他者与人相比，表现为某些威力；就此而言，人与他者一样都是偶然的。

然而，人鉴于**伦理**的要求，更高的、伦理的要求则是自由的一些要求、规定。只要这些要求**自在是合理的**、在人的概念中——人知善且善在人之中——有根据的要求，只要这些要求在定在中、在外在世界中得不到满足，那么人就处于不幸中。

不幸就是将人驱回自身，**压制在自身中**；而当对世界合理性的固定要求在人之中时，人就放弃世界并在自身中寻求幸福、满足以作为**他的肯定**

**方面与他自身的和谐**。假如他获得这些,他就放弃外在世界,将其幸福置于自身中,在自身中得到满足。

我们从这种要求和不幸中获得这两种形式。我们在**犹太民族**中看到那个来自普遍性、来自上面的痛苦;对此,对绝对纯粹性的无限要求依然停留在我的自然性、我的经验的意愿、知识中。另一个,即从不幸驱回到自身,就是**罗马世界**已终结于其中的观点——世界的这种普遍不幸。我们已看到这一在尘世中自我满足的形式上的内在性,这种统治,被表象、被了解、被认为是世俗统治的上帝之目的。双方均有其片面性:前者可被表述为屈辱感;后者则是人在自身中的抽象提升,即专注于自身的人。因此,这是**斯多葛主义**或**怀疑主义**。斯多葛派、怀疑派的智者曾专注于自身,应在自身中得到满足;在靠己存在的独立性、坚固性中,他们应获得幸福,与自身相和谐;他们应当以这种抽象的、当前的、自我意识的内在性为根据。

我们已说过,主体在此分离、分裂中规定了自身,将自身理解为抽象自为存在的、抽象自由的极端;灵魂沉入其深处、其整个深渊。此灵魂是不发达的单子,赤裸裸的单子,**空洞的**、**无感觉的灵魂**;然而,当它**自在地**是概念、**具体者**时,该空洞、抽象就与它的具体规定**相矛盾**。

因而,这就是普遍者,即在作为无限的对立而发展了的这一分离中,**这种抽象应予以扬弃**。这种抽象的自我也**在其自身处**是一种意志,是**具体的**;但这种自我在其自身处发现的**直接满足**则是**自然的意志**。除了欲望、自私自利等,灵魂在自身中无任何发现,而这就是对立的诸形式之一,即,我、在自身深处的灵魂以及实在的方面相互区别开来,于是,实在的方面并非是与概念相称、因而被追溯的这样一个方面,而是在其自身处只发现自然的意志。

实在的方面在其中继续发展的对立乃是**世界**,而面对概念的统一,因此就有这样一个以自私自利为其准则的**自然意志之总和**,而自然意志的实现就表现为腐朽、野蛮等。对于纯粹自我而言,这自我所具有的客体性是一个与这自我相称者,并非其自然意志,也非世界;而相称的客体性只是普遍本质、是这种独一者(dieser Eine);后者在自身中未被满足,一切满足、世界都与之相对立。

对该对立、对自我与自然意志的这种分离的意识,乃是对某一无限矛盾的意识。这自我与自然意志、世界直接相关,并同时被其排斥。这是无限的痛苦,世界之苦难。我们迄今以此立场所找到的和解只是局部的,因而不能令人满意。自我在自身中的平衡即是在斯多葛派哲学中所争取到的平衡,在此处,自我把自己了解为思维的,而它的对象就是被思维者、普遍者,而这对它而言完全是一切,是真正的本质,在此,这因而被它视为是一个被思维者,而这被思维者对主体而言则被视为是由主体所设定出来的:这种和解只是抽象的,因为一切规定都外在于这种被思者;这只是与自身在形式上的同一。但是在此绝对的立场上,不能也不应有这样一种抽象的和解;自然意志也不能在自身中得到满足,因为它和世界状态满足不了已领悟其无限性的它。对立的抽象内心深处要求灵魂的无限苦难,因而要求一种同样完善的和解。

[268]　　这是最高的、最抽象的一些环节;对立是最高的对立。双方都是在**其最完善的普遍性中**、最内心中、普遍者自身中的**对立**,是在最内心深处的对立。但双方都是**片面的**:第一方包含这种痛苦、这种抽象的屈辱;在此情况下,至高者完全是主体与普遍者的不相称,是未被满足、未被平衡的分裂、断裂,——一方面是关于无限者之对立的观点,另一方面是关于一种固定的有限性之对立的观点。此有限性只是抽象的有限性;在这方面作为我的东西归于我的东西,这按此方式只是恶。

该抽象在他者中获得其补充;这便是在自身中的思,我的相称性,即我在自身中得到满足,在我本身中能得到满足。但就自身而言,这第二个方面同样是片面的,只是肯定者,是在我自身中的我的肯定。**第一个方面,即悔悟,只是否定的,自身中无肯定**;第二个方面应当是这种肯定,在其自身中的满足。但通过逃离世界、逃离现实——通过无为,**我在自身中的这种满足**只是一种**抽象的**满足。当这是从现实中逃离时,这也是从**我的现实中逃离**,不是从外在现实中,而是从我的意志的现实中逃离。

## C. 分　类

我的意志的现实,作为**主体的我**,**被满足的意志**,并未留给我,但留给我的则是**我的自我意识**的**直接性**;虽然该自我意识是完全抽象的,但内心深处的最终端却包含于其中,我也在其中保持了自身。这**不是**在我之中关于我的抽象现实的这种**抽象**或关于我的**直接自我意识**、关于我的自我意识的直接性的抽象。因此,在这一方面,**肯定**是主导者,**没有**对直接存在之片面性的那种否定。在那里,**否定**即是片面者。

这两个环节就是包含有**需要过渡**的环节。上述诸宗教的概念**已净化至这一对立**,而当该对立显示、表现为实存着的需要时,就被表述为:"及至时候满足";这就是说,表明和解的精神,精神的需要,是现有的。 [269]

γ)**和解**。精神最深处的需要在于:主体自身中的对立上升至其普遍的,亦即最抽象的极端。这即是分裂、痛苦。由于这两方面未瓦解,而这矛盾就在一方之中,主体同时也就表明为无限的统一力量;主体能忍受此矛盾。这就是主体所有的形式上的、抽象的、但无限的统一精力。

使需要得到满足者是**和解**、扬弃之**意识**,是对立无效之**意识**,即该对立不是真理,而确切地说,是通过对这种对立的否定而达到统一这一点,即需要所要求的和平、和解。和解就是主体需要之要求,其原因在于作为**无限的独一者**、与自身同一者的主体。

对立的这种扬弃有两方面。主体必定意识到,该对立不是自在的,真理、内在者乃是该对立的被扬弃存在。然后,因为对立是自在地、按照真理已被扬弃了,所以主体本身在其自为存在中可达到对立之扬弃,获得和平、和解。

αα)对立**自在地**已被扬弃了,这构成主体也自为扬弃对立的条件、前提、可能性。就此而言,主体并未从自身、即从作为**这一**主体的自身出发,通过其活动、其行为而达到和解;和解并非借助于主体的行为得以且能得以实现。 [270]

当问题是,何以能满足需要时?这即是需要之本性。和解只能由此而实现,即**为了该需要**,**分离被扬弃**;看似逃离的东西即这种对立是虚无;神圣的真理为此需要成为已解决的矛盾,在此矛盾中双方互相摆脱了其抽象。

所以,也在这里再次出现了上述问题:主体通过其活动,即通过虔诚、祈祷使它的内在者与神圣理念相称并通过行动将此表现出来,不能**从自身中**达到这种和解吗?此外,如果个别的主体不能达到,那么至少意愿完全接受神圣法则的**一切人**也不能使天界在人间,使圣灵在其恩典中生活在当下、获得实在吗?问题在于,主体是否不能从**作为主体**的自身做到这一点。一种普通的看法是,它能做到这一点。这里应考察的是,我们在这里必须确切面临的事情是,这说的是主体,它**处于一个极端,是自为的**。主体性具有对设定的规定,即这设定通过我而存在。设定、行为等通过我而发生,内容会随其所愿而存在;因此,**产生**甚至是一个**片面的规定**,而产**物只是**一个被设定者,它本身只留在抽象的自由中。所以那个问题就在于,它是否不能通过其设定而产生出来。此**设定**本质上必须是一个**前提**,于是被设定者也是**自在的**。主体性与客体性的统一,这种神圣的统一,必须作为我的设定之前提;此后此设定才具有一**内容**;内容即是精神、内涵,——否则设定就是**主观的**、**形式上的**;这样,它才获得真实的、实体的内容。随着这一前提的规定,设定失去其片面性;伴随这样一种前提的意义,它消除自己的这种片面性,并由此失去之。**康德和费希特**说:人只有在某一种道德世界秩序的前提中才能播种、行善,他不知道是否会繁荣、成功;他只能以这样一种前提去行动,即,善自在自为地得以繁荣,不只是一被设定者,而且据其本性是客观的。前提即是本质的规定。

[271]

这样一来,该矛盾之和谐就须以下方式被表象为:该和谐对主体而言是一前提。当概念认识到神圣的统一时,它就认识到:上帝是自在自为的,而且因此,主体的认识、活动并非是什么自为的,只是在该前提下存在和持存。这样一来,真理就必须对主体显现为前提,而问题就在于:真理在我们所处的立场上能如何、以何种形态显现出来;该立场是灵魂的无限痛苦,灵魂的这纯粹低沉,而为了这一痛苦,矛盾应该消解。这种消解必然首先存在于前提的方式中,因为这是这种片面的极端。

这样一来,主体的态度就只是作为单独一个方面的设定、行为;另一方面则是实体的、作为基础的、包含可能性的方面。这就是,自在的这一对立并不存在。进而,对立永恒地产生,同样永恒地自我扬弃,同样也是永恒的和解。

至于这即是真理,我们已在永恒的神圣理念中见到,上帝作为活的精神自相区别,设定一个他者,并在该他者中仍与自身是同一的,在该他者中获得其与自身的同一性。这即是真理。此真理须构成必为人所意识者的**一个方面**,即**自在存在的**、**实体的**方面。

进而可以如此表述:对立即是**一般的不相称性**。对立、恶是人的存在和意愿之自然性,是直接性;这正是自然性之方式。有限性正是借助直接性被设定出来,而且该有限性或自然性与上帝的普遍性,与在自身中绝对自由的、在己存在的、无限的、永恒的理念不相称。

[272]

此不相称即是构成需要之出发点。进一步的规定并非在于,双方的不相称为了意识而消失。不相称**存在着**;它**基于精神性**:精神是自相区别,是对一些被区别者的设定。如果它们是不同的——根据它们是被区别者这一环节——,那么它们就不是相同者;它们不同,相互间不相称。不相称不会消失;如果它消失,那么精神的判断、其生命力也要消失;因此精神就不再是精神。

ββ) 然而,进一步的规定在于:**尽管有这种不相称,却存在两者的同一**;人性的异在存在、有限性、弱点、脆弱不会损害作为和解之实体者的那种统一。我们在**神圣理念**中也认识了这种实体者。因为圣子是异于圣父的一他者;此异在存在是差别性,否则它就不是精神。但他者是上帝,在自身中完全充满着神性;这个他者就是上帝之子、因而是上帝,他并不为异在存在的规定所损害;在人性中也不损害他。

此异在存在是永恒的自我设定者、永恒的自我扬弃者,且异在存在的这种自我设定和自我扬弃即是爱、精神。恶一方面只被抽象地规定为**他者**、有限者、否定者,而上帝则作为善、真实者被设置在另一面。然而,他者、否定者在其自身中也包含**肯定**,且在有限的存在中须意识到:肯定原则已包含于其中,即同**一性**原则已连同**另一方面**一起基于该肯定原则;犹

[273]

如上帝不仅作为真者是与自身的抽象同一,而且他者、否定、自我不同地设定(das Sichanderssetzen),都是他自身的本质规定,是精神自身的规定。

和解的可能性仅在于,了解**自在存在的神性与人性之统一**;这是必不可少的基础。只要对人而言上帝不是一个陌生者,人未把上帝作为外在的附加者来对待,而是当人根据其本质、自由和主体性被接纳于上帝中时,人才能知自身被接纳于上帝中;但只要**人性的这种主体性存在于上帝本身中**,这就是可能的。无限的痛苦必须意识到此自在存在是神性与人性的自在存在之统一,然而仅仅依据自在存在、实体性,于是这种有限性、弱点,这种异在存在,无损于二者的这种实体统一。

神性与人性的统一,在自身普遍性中的人,乃是人的**思想和绝对精神**之自在自为存在的**理念**。在异在存在在其中自我扬弃的过程中,上帝的理念和客体性也自在地是实在的,即在**一切**人之中是直接的:"从整个精神王国的圣餐杯里,无限性给他冒涌起泡沫。"①有限者在它的这一扬弃中所感到的痛苦并不疼痛,因为有限者由此上升为神圣者之过程中的环节。

[274]　由于那痛苦使我们兴致增加,

它怎会折磨我们?②

但是在这里,该观点并不与人的**思想**有关。也不会停留于**一般个别性**的规定,此个别性自身又是**普遍的**,且在抽象之思本身中。

γγ) 相反,如果人应被赋予关于神性与人性之统一的意识、关于作为一般人的人的这种规定的意识,或者这一认识应完全渗入到人的有限性意识中,作为永恒之光的照耀使在有限者中的人明白,那么**作为一般人的人**就必定获得此认识,这就是说,此认识不为特殊教育所限,而是为**直接的人**所得,且对于直接的意识来说,它必须是普遍的。

因此,我们在思中所具有的对绝对理念的意识,不应为哲学思辨、即

---

① 席勒《友谊》(原文为"灵魂王国")。——德文版编者注
② 歌德《西东合集》,"帖木儿之书",《致苏莱卡》。——德文版编者注

思辨思维的观点而产生,而应在**确定性**的形式中为一般的人们而产生;并非人们思之,看清并认识这种理念的必然性,而是关心:必然性对人们而言是确定的,这就是说,此理念,神性与人性之统一,达到确定性;对人而言,必然性获得**直接的感性直观**、**外在定在**之形式,简言之,此理念显现为在世上**被看到**和**被体验到**。这样一来,此统一必定在现实的完全尘世的、完全普通的显现中、在**这一人**之中为意识而显示出来,即在**这一人**之中,他同时被了解为**神圣理念**,不仅被了解为更高级的一般本质,而且被了解为至高的、绝对的理念,上帝之子。

神性与人性合一是个生硬难懂的表达;但须将与此相联的表象忘掉;在此须思考的是精神的本质。在神性与人性的统一中,属于外在个别的一切,均已消失,——有限者已消失。 [275]

神性与人性之统一的实体者为人所意识,于是人为其显现为上帝,上帝为其显现为人。此实体的统一是人的自在;然而,当该自在为人而存在时,它就在直接意识的彼岸,在日常意识和知的彼岸;因此,它必须立于主观意识的对面,该主观意识表现为日常意识并被如此规定。基于此,自在必须为众他者而显现为个别的、**排他的**人,并非它们是所有个别者,而是一个排斥它们的人,但不再显现为立于对面的**自在**,而是显现为**以确定性为基础的个别性**。

这关系到确定性和直观,不仅关系到一位神圣的导师,反正不仅关系到道德之导师,但也不仅仅关系到**此理念之导师**,不涉及表象和信念,而是涉及神圣者的这**直接的**当下和确定性;因为当下的直接确定性是无限的形式和方式,如同"是"为自然的意识而存在那样。这个"是"根除中介的一切痕迹;它是最终端,是仍被委托的最终发光点。一切借助于感觉、表象、理由的中介均缺少这个存在,而它仅仅再现于借助于概念的哲学认识中、普遍性的环节中。

神圣者不应只被理解为一个普遍的思想或一个内在者、单单自为存在者;神圣者的客体化不应只被理解为一个在一切人之中的这样一种客体化,因此,然后它仅仅被理解为**一般精神之复多**,而其中并不包含**绝对** [276]

**精神就其自身而言**所具有的发展,此发展须继续进至存在、直接性之形式。

犹太教的**独一者**存在于思想中,而非直观中,正因此而未完善为精神。达至精神的完善正是**主体性**,后者无限地自我外化,并从绝对对立、**从显现最外在的顶点返回自身**。虽然个体性的原则已曾出现于**希腊理念**中,但这里恰好缺乏那种**自在自为普遍的无限性**;被设定为普遍者的普遍者只定在于意识的主体性中;只有该主体性是在自身中的无限运动,在此运动中定在的一切规定性都被消解了,且该运动同时又在最有限的定在中。

对于诸他者而言,作为理念之显现的这一个体,如今则是**这个**唯一者;并非若干者,因为就若干者而言,神性成为抽象。"若干者"是反思的一种简单过剩,之所以是一种过剩,是因为同个体的主体性概念相背。"一次"在概念中是"每次",且主体必须毫无选择地转向**一种**主体性。在永恒理念中只有**一个**圣子;因而这只是排斥诸他者的独一者,绝对理念就显现于这独一者之中。实在性通向直接个别性的这种完善,是基督教的最美之点,而有限性之绝对美化则在此完善中达至直观。

[277]　上帝成为人,因而有限的精神在有限者本身中具有对上帝的意识,这一规定是宗教中最难的环节。根据一个通常的、特别见之于古人中的表象,精神、灵魂冲入了这个对精神而言异样的世界:这种居于躯体中和指向个体性的个别化乃是对**精神**的一种贬低。对**单纯质料方面的非真理**、对直接实存的规定就基于此。但另一方面,**对直接实存的规定**同时也是精神在其主体性中的一种**本质规定**、即最终尖端。人有精神上的志趣,并在精神上是能动的;当人感到处于自然依赖中时,当人必须为其食物操劳等等时,他会感到受此阻碍;他因受自然的束缚而脱离其精神上的志趣。然而,直接实存之环节已包含于精神自身中。精神的规定应继续进至这一环节。自然性并不只是一种外在的必然性,而精神作为主体,在其与自身的无限关系中获得其对直接性的规定。如今,只要精神的本性所是者应启示于人,上帝的本性在理念的整个发展中应成为启示的,那么其中也

必定出现这一形式,而且这正是有限性的形式。神圣者必定在直接性的形式中显现。这直接的当下只是精神在**精神性形态**中的当下,该形态就是**人**的形态。无论以任何别的方式,这种显现都是不真实的,绝不再是上帝于大火中的显现等等。上帝显现为个别的人,一切自然的贫乏均与其直接性相连。在印度的泛神论中有多得不计其数的化身;在那里,主体性,人的存在只是偶然的形式,在上帝中,它只是实体所采用并以偶然方式变换的**面具**。但作为精神的上帝却包含着自身的主体性、唯一性之环节;所以,他的显现也只能是一种唯一的显现,只能出现一次。

**基督**在教会里被称作**神人**——这一巨大的组成与知性完全矛盾;然而在其中,神性与人性之统一已为人所意识,并获得确定性,即,异在存在,或换言之,人性的有限性、弱点、脆弱并非与该统一不相容,犹如在永恒的理念中异在存在无损于作为上帝的统一那样。这就是非凡者,我们已见到其必然性。以此已被设定的是,神性与人性并非本身不同:上帝以人为形象。真理在于:只有**一种**理性、**一种**精神,精神作为有限精神并无真正的实存。[278]

显现的形象之本质得到了说明。因为显现就是上帝的显现,所以它对社团而言就是本质的。显现对他者而言就是存在;这他者就是社团。

然而,可用**两类**方式考察这种**历史的**显现。其一,作为**人**,依据其外在的状态,对于非宗教的考察来说,他如何显现为**通常的**人。**其次,根据在精神之中及随着精神的考察**——该精神之所以挤向其真理——是因为精神在自身中具有这种无限的分裂、这种痛苦,它需要真理,想要而且应当拥有对真理之需和真理之确定性。这是宗教中的真正考察。在此须区别这两方面:直接的考察和凭借信仰的考察。

凭借信仰,这种个体被了解为有神性,由此,上帝之彼岸被扬弃。如果将**基督**与**苏格拉底**等量齐观,那么基督则被视为通常的人,就像伊斯兰教徒将基督视为真主的使者,就像所有伟人们一般都是上帝的使者、信使一样。关于基督,如果说他无非是人类的导师、真理的殉道者,那么这并未站在基督教的立场上,未站在真正宗教的立场上。[279]

**一**方面就是**人的方面**,基督显现为活人。一个直接的人处于一切外在偶然性中,处于一切时间的关系和条件中;他出生,有作为人的一切需要,只是未堕落、未进入激情及其特殊嗜好之中,未陷入尘世的特殊利益中;在这些利益方面也会有正直和教训;他只是为**真理**、**宣告真理**而生,他的作用仅仅在于满足人的更为高级的意识。

因此,属于人这一方面的首先是**基督的教义**。问题在于:教义能是怎样的,它性质如何?最初的教义不可能与后来教会里的教义一样;它必有某些特性,在教会里这些特性必然一部分获得另一种规定,一部分搁置一旁。基督的教义作为直接的教义,不会是基督教的教条,不会是教会的教义。如果社团建立起来了,上帝王国获得了其现实、其定在,那么教义就不再能具有与以前一样的规定。

该教义的主要内容只能是**普遍的**、抽象的。如果在表象世界中应有一新事物、一新世界、一新宗教、关于上帝的一新概念,那么首先就是普遍的基础,其次是特殊者、被规定者、具体者。**表象**世界只要它思维,就只**抽象地**思维,**只思维普遍者**;只有领悟着的精神有资格从普遍者出发认识特殊者,使特殊者通过自身从概念中产生出来;对表象世界而言,普遍思想的基础与特殊和发展是**分离开来的**。因而,这个普遍的基础可通过上帝真正概念的教义被创作出来。

[280]

当关系到人的一种新意识、一种新宗教时,那么这就是对绝对和解的意识;因此,一个新世界、一种新宗教、一种新现实、另一种世界状态就受到制约;因为外在的定在、实存就以宗教为其实体者。

这就是**否定的**、**论争的**方面,它反对就该外在性而言在人的意识和信仰中的持存。新宗教表现为一种新意识——人与上帝的**和解**意识;此和解表现为**状态**就是**上帝王国**,作为精神家园的永恒者,上帝统治其中的一种现实。诸精神、心灵与上帝和解;因此,这就是上帝来统治了。就此而言,这就是普遍的基础。

因此,这上帝王国,新宗教就自在地具有了否定现有者的规定;这是教义的革命方面,它将所有持存者一部分扔向一边,一部分予以毁灭、废除。所有尘世的、世间的事物都毫无价值而被消除且被如此表述。先前者在变;宗教、世界先前的关系、状态不会依然如故;这关系到,使应具有和解意识的人从中撤离出来,**向现有的现实**要求这种**抽象**。

这种新宗教本身还在被全神贯注,并没有作为社团是现有的,而是现有于构成人的唯一志趣的这种活力中,人必须奋斗、争取获得该志趣,因为它还未处于与世界状态的协调一致之中,还未处于与世界意识的联系中。

这样一来,最初的出现就包含有争论的方面,远离有限者的要求;要求提升为一种无限的活力,在此活力中,普遍者要求为自身而坚持下去,对于此活力来说,一切其他的关系都应成为无关紧要的,凡通常合乎伦理者、正当者、一切其他的关系都应置于一旁。"谁是我的母亲,谁是我的弟兄?"等,"任凭死人埋葬他们的死人"等,"手扶着犁向后看的,不配进神的国","我来,乃是叫地上动刀兵"。① 在这里我们看到表现出与道德关系的争论:"不要为明天忧虑";"可去变卖你所有的,分给穷人。"②所有涉及财产的这些情况都在消失着。在此期间,它们重新在自身中扬弃自身;如果一切都给予了穷人,那就没有穷人了。

[281]

所有这些均是属于最初出现的教义、规定,那时,新的宗教只是唯一的志趣,而人必须相信自己处于危险中而丧失了此志趣;那时,它们作为教义是针对人们的,世界与他们无关,他们也与世界无涉。一方面是此弃绝;对一切本质利益和伦理关系的这种放弃、这种冷落在真理的集中显现中是一个本质的规定;如果真理获得确定的实存,该规定今后就丧失其重要性。确实,如果苦难的开端向外只表现为容忍、顺从、甘愿牺牲,且随着时间的推移,如果此开端有所增强的话,那么它内在的活力就向外指向同样猛烈的暴行。

---

① 《圣经》"新约全书·马太福音"第 24 页(12:48),第 14 页(8:22);"新约全书·路加福音"第 125 页(9:62);"新约全书·马太福音"第 19 页(10:34)——德文版编者注

② 《圣经》"新约全书·马太福音"第 11 页(6:34);第 37 页(19:21)——德文版编者注

[282] 在**肯定者**中继而则是上帝王国的宣示；人应该设身处地想到**爱上帝王国**，于是人使自己直接投入这真理之中。这一王国已用最纯粹、最非凡的自由言论(Parrhesie)表达出来了，例如在山上宝训的开头："清心的人有福了，因为他们必得见上帝。"这样一些话语是历来表述出来的东西之中最重要者；它们是扬弃人的一切迷信、一切不自由的最终核心。极为重要的是，通过路德翻译《圣经》，民众手中有了民众版，在其中，情感、精神能以至高的、无限的方式熟悉这种版本（天主教国家在这一点上则有很大缺陷）；那里，《圣经》是反对一切精神奴役的拯救手段。

对于这种提升，以及它由此显现于人，并未言及中介，而是言及这直接的存在，这**自身直接进入**真理、上帝王国中。人应属于理智的、精神的世界，上帝王国就是此世界；而信念只是给予一种价值，但并非抽象的信念，并非或此或彼的意见，而是在上帝王国有其基础的**绝对信念**。因此，内心深处的无限价值最先出现。这已以热情的语言、这样一些敏锐深刻的语调陈述出来了，这些语调震撼灵魂，犹如赫尔墨斯这位心理教育者从肉体里引取灵魂一样，离开尘世者进入永恒家园。"你们要先求上帝的国和他的义。"①

[283] 在此提升中以及对所有被世界视为伟大者的完全抽象中，处处却有对耶稣子民及一般人之沉沦(Versunkenheit)的忧郁。耶稣出现之际，犹太民族由于其礼拜仪式迄今所遭受且仍在遭受的危险而愈益持续地沉入其中，同时势必对现实感到绝望，因为犹太民族触及到人类的某种普遍性，此普遍性不能再为这个民族所否定，并且甚至还是全然无精神的，——简言之，耶稣出现于**平民的不知所措**时期："父啊，天地的主，我感谢你！因为你将这些事向聪明通达人就藏起来，向婴孩就显出来。"②

如今，这种实体者、内在者的这个普遍的、神圣的天，在**更为确定的反思**中通向**道德诫命**，后者就是那普遍者应用于特殊的关系和情况。但是

---

① 《圣经》"新约全书·马太福音"第11页(6:33)——德文版编者注
② 《圣经》"新约全书·马太福音"第21页(11:25)——德文版编者注

这些诫命一部分甚至只包含受限制的范围,一部分对于在其中关系到绝对真理的这个阶段而言并非什么杰出者,抑或它们也已经包含在其他宗教和犹太教中。这些诫命已被概括在其核心中、**爱之诫命**中;爱不以权利,而是以他人的福祉为目的,因而是与他人的特殊性的关系。"要爱人如己"。如果在范围抽象的、更广的意义上被视为一般仁爱,那么此诫命就想要爱**所有**人。然而,因此从中就得出了一个抽象概念。可以爱的、真被爱的人是一些特殊的人;心灵——它欲将全人类纳入自身——是一个向单纯表象、向**真爱的对立面**的空洞展开。

基督意义上的爱,首先是人们与他人所处的**特殊关系中**对邻人的道德之爱;但爱主要应是基督的门徒及追随者间的关系,是他们在其中结为一体的纽带。而这里不可这样来理解,以致于每个人应有其特殊的事务、志趣和生活境况且**此外还应去爱**;而是在**挑选**、抽象的意义上,爱应是他们生活于其中的核心,应是他们的事务。他们应互爱,仅此而已,因而不应有任何一个特殊目的、家庭目的、政治目的,抑或为这些特殊目的而去爱。更确切地说,爱是抽象的个性及其在**某一**意识中的同一,在此没有给特殊目的留下任何可能性。因此,这里**除了这种爱以外无任何其他客观目的**。这一独立的、成为核心的爱最终将成为更高的、**神圣的爱本身**。[284]

然而,这种尚无客观目的的爱本身,首先还是论争式地针对持存者、特别是犹太人的持存者。一切由法律所允许的行为——人们一般在其中没有爱地设定其价值——被宣布为僵死的举动,而基督甚至在安息日都在从事医治。

如今,这一环节、规定性也进入这些教义中;当这些被如此直接地表述出来:"追求上帝之国,投入真理之中",这些被如此直接地要求时,它们仿佛就表现为**主观的**,且就此而言,**人**就进入考察之中。按照这一关系,基督不仅作为出于其主观认识来讲演的教师——他有其生产、活动的意识——,而且也作为先知来宣示;如同此要求是直接的一样,他直接从**上帝**那里来宣示一点,及从什么样的**上帝**来宣示这一点。

不用中介而在真理中获得精神之生命,这预示着:上帝道出之。这涉

[285] 及绝对的、神圣的、自在自为存在的真理;自在自为存在的真理之表达与意愿以及此表达的施行表现为上帝的举动;这是对神圣意志的实在统一、对基督与之相一致的意识。基督在其精神的提升中、在他与上帝同一的确定性中说道:"女人,你的罪赦免了。"①在此情况下,他说出了这种非凡的威严(Majestät),该威严能使一切不可能发生,并表明,这些正在发生。

但是,在该表达的形式处,却主要是强调:说出这些者本质上同时是人,即人子说出这些;其中,自在自为存在者的这种表达、施行,上帝的这种作用实质上存在于某个人中,而非某种超人的东西、某种以**外在**启示的形态出现的东西,即**这种神圣的当下本质上与人性者相同一**。

基督自称为上帝之子和人子:本应如此理解。阿拉伯人互称为某个部落的子孙;基督属于人类;这是他的部落。基督也是上帝之子;此说法的真正含义,理念之真理,基督对其社团而言之所是者,以及在基督及其社团中的真理的更高理念,亦可注释、表述为:一切人的子女均为上帝的子女抑或应使自身成为上帝的子女,如此等等。

然而,由于基督的教义仅仅对其自身而言只涉及**表象**、内心的感觉和情感,所以该教义由**基督的生活和命运方面的神圣理念予以补充**。作为**教义**内容的上帝王国首先是还**被表象的**、**普遍的理念**;但是,借助这种个体,上帝王国进入**现实**,以致于应达于上帝王国的现实只能借助于那一个体来实现。

[286] 第一位的首先是导师的行为、行动和痛苦与其教义的**抽象适合**,即,他的一生完全献身于其教义,他不畏死亡,并以死保证其信仰。即基督成为真理的殉道者,这与这样的行为密切相关。当上帝王国的建立与按宗教的另一方式和规定性而建立的现存国家直接处于矛盾中时,在人身上表现为真理殉道者的命运就处于与那种行为的联系中。

这些就是基督降世为人的主要环节。此导师使友人聚集到自身周

---

① 《圣经》"新约全书·路加福音"第 117 页(7:48)——德文版编者注

围。当基督的教义是革命的时候,他被控告并被处死;他因此以死涂上了教义之真理。——即使不信教者也在历史上非常广泛地受到吸引;它完全与苏格拉底的历史相似,只是发生于另一国度。苏格拉底也意识到内在性;他的δαιμόνιον[神灵]并非他物。他也教导说,人不应停留于日常的权威,而应自行获得关于此的信念并按此信念行事。这些是相似的个性和相似的命运。苏格拉底的内在性与其民族的宗教信仰和国家宪法相悖,因此他被处死了,——他也是为真理而死。基督只是生活于另一民族中,而就此而言,他的教义有另一种色彩;但与苏格拉底的内在性相比,天国和心灵的纯净却包含有一种无限大的深度。——这是基督的外在历史,它对于不信教者来说,犹如苏格拉底的历史对于我们一样。

但是,随着基督之**死**,**意识的倒转**开始了。基督之死是意识转向的中心;外在看法与**信仰**,即伴随着精神、出于真理的精神、出于神圣精神的考察的差别基于他的看法。根据那种比较,基督是如苏格拉底那样的人、一个一生有道德的导师,他的一生使人意识到:究竟何为真正者,什么必须构成人意识的基础。但更高级的考察在于,**神性**被启示于基督中。该意识反映于所引用的箴言,即圣子知圣父等等——这些箴言首先自为地具有某种普遍性,且注经学能使它们移至普遍考察的领域里,而信仰则借助于对基督之死的解释在它们的真理中来理解它们;因为信仰本质上是对绝对真理的意识,对上帝自在自为所是者的意识。但我们已看到上帝自在自为所是者:他是这种生命之进程,三位一体,在其中普遍者使自身与自身相对立,并在其中与自身是同一的。上帝是在永恒性的这一环节中与自身之联合,是其与自身的这种终结。信仰只理解并意识到,在基督身上,这种自在自为存在的真理在其进程中被直观,并且借助基督,这种真理才被启示出来。

[287]

这种考察首先是**宗教者本身**,在此,神圣者自身乃是本质的环节。在受教的友人们、熟人们中,存在着对一新王国、"一新天地"、一新世界的这种预感、表象、意愿;这一希望、确定性划破了他们心灵的现实,沉入他们心灵的现实中。

[288] 但是,基督的受难、死亡扬弃了他的人性关系,并且正是在死亡处存在着向宗教者的过渡;在此情况下,关键在于这种死亡的意义和**对此死亡的理解**方式。一方面,这是自然的死亡,由不义、仇恨和暴力引起;然而已经固定在诸心灵和情感中的是,它并非涉及一般道德、涉及主体自身中和出于自身之思与意愿,而是,志趣就是与上帝、与当下的上帝的一种无限的关系,是上帝王国的确定性,并非在道德、伦理或良知中的一种满足,而是一种在它之外无任何更高者的满足,——**同上帝自身的绝对关系**。

一切其他的满足方式包含着它们根据任一规定均是次级的方式,于是与上帝的关系依然是一个彼岸者、遥远者,甚至是毫不存在者。这一上帝王国中的基本规定乃是上帝的当下,于是上帝王国的成员不仅被劝告要爱人,而且要意识到:**上帝即爱**。

在这一点上刚才说过,上帝**在场**,这必须是自身的感觉,**自我感**。上帝王国、上帝的当下即此规定。上帝当下的确定性亦属于此。当一方面这是一种需要、感觉时,另一方面,主体也须将自身与此**相区别**,它也须使上帝的当下与自己相区别,然而这样一来,上帝的这种当下就是确定的,并且该**确定性**在这里只能以**感性显现**的方式存在。

永恒理念本身就在于:使对**现实的**、不同于单纯思想的主体性的规定直接显现出来。另一方面就是,产生于世界之痛苦并基于精神之见证的信仰,之后向自身阐明了基督的一生。他的教义和奇迹在信仰的这一见[289] 证中被了解和理解。精神对已被之浇注的这样一些人也讲述了基督的历史。奇迹在该精神中被理解、讲述,而基督之死也被其真正理解,即,上帝在基督中被启示了,神性与人性也统一于基督之中。当对基督显现的理解在此实质上显而易见时,基督之死几乎可以说,是信仰得以经受考验所依据的**试金石**。这种死首先具有这种意义,即,基督是神人,上帝同时也具有人性,直至死。死亡是人的有限性的命运;因此,死是人性、绝对有限性的至高证明。即基督因判有罪而惨死;不仅是自然死亡,而且甚至是十字架上的耻辱和屈辱之死:人性在基督身上显现至极点。

就这一死而言,首先应强调的是一个特殊的规定,即它**对外的论争方**

面。在其中,直观的不仅是自然意志的献出,而且还有一切特性、自然意志所能贯注的一切志趣和目的,因而,世上的一切伟大者和一切有价值者都因此沉入精神的坟墓。这是革命的因素,由于这一因素,世界被赋予完全另一种形态。然而,在**放弃自然意志**中,这种有限者、**异在存在**同时**被美化**。因为异在存在除了直接的自然性以外,还有更广的范围和规定。主体也为他者而存在,这实质上属于主体的定在;主体不仅是自为的,而且也在**他者的表象中**,它**存在**、起效用并且是客观的,如同它知道使自身在他者那里起效用并正在起着效用。它的效用是他者的表象并依据与他者所尊重的和他者视为自在的东西之比较。

当基督之死除了是自然死亡之外,还是罪人之死、十字架上最受侮辱之死时,其中不仅有自然者,而且有公民的耻辱、**世界的耻辱**。十字架被美化;表象中的最低微者,由国家已规定为败坏者的东西,被**颠倒**为至高者。死亡是自然的;每人必有一死。然而,当败坏成为至高的荣耀,人类共同生活的一切联系就在其根基上受到攻击、被动摇、被瓦解。如果十字架被提升为旗帜,即这样的旗帜,它的**实定**内容同时是上帝王国,那么市民生活和国家生活就被抽去其最深根基中的内在信念,且其实体基础也被取走,以致于整个大厦不再是现实,而只是空中楼阁,势必很快轰然破灭,即不再是自在的,也必显示于定在中。

王权使世人中的一切尊重和尊严遭到**侮辱**。每一个体的生命都系于帝王那内外都无限制的专横。然而,除生命外,一切德行、尊严、年龄、阶层、种族,所有一切都完全受到侮辱。帝王的**奴仆**拥有仅次于帝王的最高权力或者比帝王本身还更多的权力;当元老院遭到帝王亵渎时,它同样也亵渎自身。这样一来,世界统治的威严,如一切德行、法,一些机制和关系的尊严,被看作世界的一切的威严,都遭到诽谤。于是,人间的世俗君主使至高者成为至贱者,并且从根本上**歪曲了**信念,以致于在新宗教的内部将至贱者提升为至高者、旗帜,再也没有什么能与之抗衡。一切稳定者、伦理者、在舆论中起效用者和掌权者均遭到破坏,给新宗教所针对的现存者留下来的只有完全外在的冷酷的暴力、死亡;当然,被侮辱的生命在**内**

[290]

[291]

心里感到自身是无限的,如今当然已不再畏惧死亡了。

然而,如今也出现了一种进一步的规定。上帝已死,上帝死了——这是最可怕的思想,即一切永恒者、一切真理不存在了,**否定本身存在于上帝之中**;至高的痛苦、完全无救感、对一切更高者的放弃,均与之相关联。——但过程并未停止于此,而是出现了**倒转**;即上帝在此过程中**保持自身**,而这一过程只是**死亡之死**。上帝在此复生:因此转向反面。① ——**复活**同样本质上也属于信仰:复活以后,基督只向其友人显现;这不是不信教的外在历史,而只是宗教信仰的这种显现。继复活而来的则是对基督的美化,且上升至上帝右边的胜利结束了此历史,此历史乃是在该意识中对神性本身的阐明。如果我们于第一领域里理解纯粹思想中的上帝,那么在这第二领域则从**直观**和感性表象的**直接性**开始。过程就在于:**直接的个别性被扬弃**;犹如在第一领域里上帝的沉默寡言已停止,他最初的直接性作为抽象的普遍性——据此普遍性,他是诸本质的本质——已被扬弃,因此,人性之抽象、存在着的个别性之直接性在此被扬弃,且这些通过死亡而发生。但基督之死却是这死亡本身之死、否定之否定。对上帝阐明的同一进程和过程,我们已在圣父的王国中见到了:但只要他是意识的对象,那么他就存在于此,因为已经有了对神性直观的本能。

就基督之死而言,最后还要强调这一环节:上帝由于从死亡中复生而杀死了死亡;因此,**有限性**、**人性**和**屈辱**被设定为基督异于上帝全然所是者:这表明,有限性异于基督,并**为他者所接纳**;此他者就是与神圣过程相对立的诸人。基督所接受的诸人的有限性,是他们所有形式中的有限性,该有限性最外在的极端就是**恶**。这种人性本身即神圣生命中的一个环

---

① 这是基督的复活和升天。如同所有迄今者**以现实的方式为直接的意识而显现出来**,此上升亦然。"你不必将我的灵魂撒在阴间,也不叫你们的圣者见朽坏。"(《旧约·诗篇》16:10)对于**直观**而言,同样现存的乃是这死亡之死、死亡之战胜、对否定者的胜利和升天。但否定之克服并非脱离人性,而是在死亡和至高之爱中它的至高证明本身。精神只是作为否定者之否定者的精神,因此,此否定者在自身中包含否定者本身。所以,当人子坐在圣父右边时,在人性的上升中,其荣誉及其与神性的同一在精神的眼前达于至高者。(出自黑格尔1821年亲笔所写的笔记)——德文版编者注

节,如今被规定为一异在者,不属于上帝者。但此有限性在其与上帝相反的自为存在中却是恶,与上帝相异者;但上帝已将其接受,以便通过其死亡将其杀死。充满屈辱的死作为这**绝对极端间**的非凡**联合**,在其中同时也是**无限的爱**。无限的爱就是,上帝将自身设定为与其相异者的同一,以便将其杀死。这就是基督之死的意义。据说,基督承担了世间之罪,使上帝和解了。

这一死也如**最高级的有限化**一样,同时也是**对自然的有限性**、对直接定在和外化的**扬弃**,是对界限的消解。对自然者的这种扬弃**在精神者中**从质上应如此来理解,这样一来,该扬弃就是精神在自身中理解自身、自然者渐渐死去的运动;它因而是**对直接意志和直接意识的抽象**,是精神专注于自身,此精神从此升降中仅仅取得其规定、其真正的本质以及其绝对的普遍性。精神只在对其自然存在和意志的这种扬弃中获得对其有效者、有其价值者。这一死亡——它包含精神与自身以及与其自在所是者的和解这一环节——的苦楚和痛苦,只应归于精神的这种否定环节,乃是**内在的转换和变化**。然而,死在此并未在这一具体的意义中表现出来;它被表象为**自然的**死亡,因为那种否定就**神圣理念**而言,不会有其他表现。如果精神的永恒历史外在地、在自然者中表现出来,那么实现于神圣理念上的**恶**只能具有**自然者的方式**,因此倒转只能具有自然死的方式。神圣理念只能继续发展至自然者的这一规定。而这一死亡虽然是自然的,但它是上帝之死并使我们满意,因为它表现了**神圣理念的绝对历史**、自在发生者和永恒发生者。

[293]

个别的人有所为、有所达、有所成,这需要事情**在其概念中**如此表现出来。例如,这个犯人会被法官处罚,并且这种处罚是法的执行与调解,这些并非法官所为,并非犯人的受罚是一个个别的、外在的事件,而是这即事情的本性、概念的必然性。因此,我们以两种方式看到这一过程:一次是在思想中、在法律的表象中和在概念中,而另一次是在一个个别事件中,并且在该个别事件中,过程就是如此,**因为事情的本性如此**;没有事情的本性,法官的行为,犯罪的痛苦,就都不是法律的惩罚与调解。**事情的**

[294]

**本性**是基础、实体者。

对我们来说,那种令人满意,也是如此,这就是说,在这方面作为基础的东西是那种满意**自在自为地**发生:没有造成**别人**的牺牲,没有一**他者**被惩罚因而便是惩罚。每个人得为自身、出于其自身的主体性和罪责而是他应是者和成就他应是者;但他**为自身**所是者不可是某**偶然者**、不可是**其**任意所为,而必须是某**真实者**。因此,如果他在自身中完成这一倒转并放弃自然的意志,如果他在爱之中,那么这就是自在自为的事情。他的主观确信、知觉乃是真理,乃是真理和精神之**本性**。因此,那种历史就是拯救的基础,因为它是**自在自为的事情**;这并非是一个偶然的、特殊的举动和事件,它是真正的和**完善**的。对它是真理的这种证明乃是那种历史所赋予的直观,在此直观中个别的人**把握住基督的功绩**。它并非某个个人的历史,而是完成该历史的上帝,这就是这一直观:它是普遍的、自在自为存在的历史。其他一些形式——比如献祭之死的形式,与此相关的是这种错误的表象,即上帝是个要求献祭的暴君——从自身归结为以上所言者,并据此纠正自身。牺牲就是**扬弃**自然性、**异在存在**。此外就是:基督为**所有人**而死;这并非个别之事,而是神圣的、永恒的历史。这同样也就是:所有人都在其中死去了。在上帝本性中,这本身就是一个环节;它发生在上帝自身中。满足上帝不能通过某个他者,只能**通过他自身**。这种死乃是爱本身,它被设定为上帝的环节,且这种死就是和解者。在其中绝对的爱被直观到。神圣者与人性者的同一就在于:上帝在有限者中处于自身边,而这有限者在死本身中就是上帝之规定。上帝通过死使世界和解,并使世界永恒地与自身和解。来自异化的这种回归就是上帝回归自身,因此他就是圣灵,所以这个第三者就是基督复活。否定由此被克服,而否定之否定因此就是神性的环节。

[295]

在此意义上的苦难和死亡则与道德**归罪**学说相反,照此,每个个体只能代表自己,每个人都是其行为的责任人。基督的命运似乎与该归罪相悖;但该归罪只在**作为个别人**的主体所在的**有限性领域**中有其位置,而非在自由精神领域中。在有限性领域中有这样的规定,即每个人保持其所是;他若作恶,他就是恶的:恶作为人的**品质**在每个人之中。然而,在道德中,更多是在宗教领域中,精神已被了解为是自由的,在自身中是肯定的,以致于就精神而言,延伸至恶的这种**限制对于精神的无限性而言**,乃是个**无价值者**:精神可使已发生者成为未发生的;行为或许保留在回忆中,但精神则对此去除之。因此,归罪并未达于这一范围。——对于精神的真正意识而言,人的有限性在基督之死中已被扼杀。自然者的这种死以此方式具有普遍的意义;有限者、一般的恶已被消灭。世界因此达于和解;通过这一死,世界的恶从中已被**自在地**取走了。在对死的真正理解中,**主体本身的关系**以此方式出现。单纯对历史的**考察**停止于此;主体自身被卷入过程中;它感受到恶及其自身异化的痛苦;基督通过吸收人性承担了这种异化,但却以其死予以消除之。

[296]

当内容也以此方式表现出来时,这就是宗教的方面,且社团的产生就始于此。该内容同样是被称为圣灵之浇注者:是圣灵启示了它。与单纯的人的关系转变为一种从精神出发被改变、转换的关系,于是上帝的本性展现于此,即这种真理根据显现的方式获得直接的确定性。

首先被视为导师、友人的、被视为真理之殉道者的这个人,在其中获得一个完全不同的地位。迄今仅仅设定了开端,它如今借助于圣灵达于结果、终结,达于真理。一方面,基督之死是一个人、一位友人之死,他死于暴力等;然而,从精神上来理解,这种死本身变成解脱,变成和解的中心。

对圣灵本性的直观,以感性方式面临对圣灵需要的满足,这在基督死后才被展示给其友人们。因此,他们从基督的一生中所能得到的这种信念还不是正确的真理,而只是精神。基督生前在他们面前是个感性的个体。原本的启示由圣灵赋予他们,对此基督说道,他将引领他们进入真理。"圣灵要引领你们明白一切真理。"

按照这一方面来看,基督之死以此被规定为是向壮丽、赞扬的过渡之死;然而,此壮丽、赞扬只是原本壮丽的复原。死、否定者乃是中介者,即,原本的高贵被设定为已达到。因而开始了基督复活升天受到上帝重视的

[297]

历史,在此,该历史获得精神上的理解。

因此就出现了这样一种状况,即这种小社团获得了确定性。上帝显现为人;上帝中的这种人性,也就是人性的最抽象方式,至高的依赖性、最后的弱点和脆弱的最终阶段正是自然死。"上帝本身死了",路德宗的那首赞美诗如此唱道①;该意识表明,人性者、有限者、脆弱者、弱点、否定者乃是神圣环节本身,是在上帝自身中;当异在存在并不阻碍与上帝的统一时,异在存在、有限者、否定者并非外在于上帝。异在存在、否定被了解为神性自身的环节。对精神理念之本性的最高认识已包含于此。

这种外在的否定者以此方式转变为内在者。死亡一方面有这样的含义、意义,即随着死亡,人性者被除去,而神圣的壮美则再度出现。然而,死亡甚至同时也是否定者,是作为自然定在的人、从而是上帝本身所遭受的东西的顶点。

在这一整个历史中,人们意识到——这是他们所获得的真理——上帝的理念对他们而言具有确定性,人性者就是直接的、在场的上帝,也就是说,在这一历史中,正如精神所理解它那样,过程的表现本身即人、精神所是者的表现:自在的上帝和死亡——除去人性者所借助的中介,另一方面,自在存在者返回自身且由此才是精神。

社团的意识——它因此从单纯的人向一神人过渡——向神性与人性之统一的确定性的过渡——这是**社团**的开始,并且构成社团所依据的真理。

然后,对和解的阐明在于:上帝与世界和解,抑或更确切地说,上帝表明与世界已**达成**和解。对上帝而言,人性者恰非一陌生者,而是异在存在、自我区别、有限性,犹如所表达的那样,乃是在上帝自身处的一个环节,当然却是一个消失中的环节。但上帝在此环节中已向社团表明、启示自身。

---

① 约翰·李斯特(Johann Rist)(1607—1667):《忧伤、哀痛》,第二段。——德文版编者注

对社团而言,这就是上帝显现的历史;该历史是神圣的历史,借此社团已意识到真理。从中形成了对上帝是三位一体者的意识和知识。如果上帝没有被了解为三位一体者,没有认识到上帝**存在**,但也**作为他者**、作为自我区别者存在的话,那么在基督中为人所信仰的和解就毫无意义,这样一来,他者就是**上帝本身**,自在地就有自身处的神性,而对该区别、异在存在的扬弃,这种复返,这种爱,就是圣灵。

这种意识中包含有:信仰并不是与某个他者的关系,而是**与上帝本身的关系**。在此关键在于诸环节,即人们已意识到上帝本身所是的永恒历史,永恒运动。

这便是在显现中对作为理念的第二理念的这种表述,犹如人的直接确定性的永恒理念是如何变易的,即是如何显现出来的。至于它变得适合于人的确定性,这必然是感性的确定性,但它同时过渡到精神意识,也同样转向直接的感性,但这样一来,人们在其中就看到上帝本身所是的运动、历史、生命。　　［299］

## Ⅲ. 社团环节中的理念:圣灵的王国

对意识而言,首先是此观点的**概念**;其次是已赋予这一观点、**对社团而言**的现有者;第三则是向社团本身的过渡。

这第三领域乃是在其**个别性**规定中的理念,但**首先**只是作为对**单一个别性**、神圣的即普遍的个别性之表现,如它自在自为所是的那样。这样一来,一者即全体;一次即每次,——自在,按照理念,是一种简单的规定性。然而,作为自为存在,个别性是将不同的诸环节释放为**自由**的直接性和独立性,是排他的;个别性正在于,它同时是**经验**的**个别性**。

排他的个别性**对他者而言**是直接性,并且是从他者向自身的复返。神圣理念的个别性,作为**一个人**的神圣理念,在现实中才圆满完成,因为它首先有**许多**与其对立的个别者,并将之带回到精神的统一,带回到**社团**,且它在其中作为真实的、普遍的自我意识而存在。

[300] 当理念向感性当下的确定过渡已经形成时,精神之宗教的杰出者就正好显示于其中,即所有环节已发展至其最外在的规定性和完整性。精神也在其本身作为绝对真理的这一最外在的对立中是确定无疑的,因而他无所畏惧,甚至也不畏惧**感性的当下**。僧侣般地畏惧感性的当下就是抽象思想的胆怯;现代抽象具有这种令人恶心的狂妄,与感性当下的环节相反。

如今已向社团中的个人提出了**以个别性的方式崇拜和获得神圣理念的要求**。对于温和的、有爱心的情感、女人而言,这很容易;但另一方面也在于,遭到爱之苛求的主体则处于**无限自由**中,并领悟了其自我意识的实体性;所以,对于**独立的概念**、男人来说,那种苛求不知多严厉了。主体的自由反对这种联合,反对为上帝而崇拜一个个别的感性个体。东方人对此并不拒绝;但东方人是无,他自在地被抛弃,但没有抛弃自身,这就是说在自身中没有无限自由的意识。然而在此,这种爱、认可却是直接的反面,而这就是至高的奇迹,后者正是**圣灵**本身。

这一范围因此就是圣灵的王国,即个体在自身中具有无限的价值,将自身了解为绝对的自由,在自身中具有**最强硬的坚固性**,且同时**放弃**此坚固性,并在全然的他者中获得自身:爱协调一切,连同绝对的对立。

这一宗教的直观要求蔑视一切当下、一切往常有价值者;它是针对世间一切壮丽进行论争的完美理想性。在这种个别者中,在神圣理念显现于其中的这种当下的、直接的个体中,一切世俗性都联合起来了,以致

[301] 具有价值的就是**唯一感性的当下**。此个别性因而就是完全**普遍的**。对一切世俗性的这种无限抽象也可见于日常的爱中,而且充满爱的主体将其整个满足设定在一个特殊的个体中;但这一满足一般来说仍属于特殊性;特殊的偶然性和知觉是与普遍者相反的,且意愿自身以此方式变得客观。

反之,该个别性——在其中我要神圣的理念——是完全普遍的;所以,它同时**脱离了感官**,它自为地消失,变成**过去的历史**;这种感性的方式必须消失且必须上升到**表象的空间**中。社团的形成包含着这一内容,即感性形式转变为一个精神环节。感性者在其消失中保持着关于直接存在

的这一净化方式;这就是否定,如同它在感性此处本身被设定出来和显现出来一样。该直观只在个别者那里是已有的;它并非遗物也不能更新,如同实体显现于喇嘛(Lama)一样。它之所以不能如此,是因为感性显现作为**这种显现**,依照其本性是**暂时**的,应当被精神化,因而本质上是一种往昔的显现并被提升为表象的基础。

也可有这样一种立场:在此人们停留于圣子及其显现处。天主教便是如此,玛利亚和诸神圣者参与到圣子和解的力量中,圣灵更多地只存在于**作为僧侣统治的教会中**,而非**社团**中。但在此情况下,理念规定中的第二位者较之于被精神化者,更多地停留在**表象**中。抑或圣灵并未**客观地**被了解,而只是被了解为这种**主观的方式**,犹如他在感性当下中是教会并生存于传统中一样。**在现实的这一形态**中,圣灵仿佛是第三人。

感性当下对于需要它的圣灵而言,也可持续不断重新产生于形象中,[302]也就是说,并非作为艺术作品,而是作为创造奇迹的形象——一般来说,重生于形象的感性定在中。然后,能够满足感性需要的不仅有基督的身体和肉体,而且也有其**肉体一般当下的感性者**、十字架、他变形之地。圣人遗骨等也属于此。这种需要并不缺少这样一些中介。然而,对于**精神的社团**而言,直接当下、当今已成为过去。首先感性表象使过去一体化;对于表象而言,过去是一个片面的环节——当下将过去和未来作为自身中的环节。因此,感性表象将拥有作为其补充的复归。然而,本质上的**绝对复返乃是从外在性转变为内在者**,当感性历史作为直接的消逝时,内在者就是首先能得到的一安慰者。

因此,这便是社团形成之要点,抑或是第三点,是**圣灵**。它是从外在者、显现向内在者的过渡。所涉及的乃是主体关于主体自身中无限的、非感性的本质之确定性,——知自身为无限的,知自身为永恒的、不死的。

包含于该倒转中的向内在自我意识的后退,并非斯多葛主义的后退——它**思考着并通过自身精神的力量获得价值**,并且在**世界**上、**自然**中、在自然诸物及对之的理解中,寻找思之实在性,它因而**没有无限的痛苦**,且同时处于与世俗者的完全**实定**的关系中——而那种自我意识**无限**

[303] 地放弃**其特殊性和特性**,且只在已包含于并源于无限痛苦的那种爱中具有无限的价值。人在其中或可具有价值的一切直接性已被丢弃;只有在**中介**中人应得到这样的价值,但却是一种无限的价值,并且在此中介中**主体性**变得**真正无限**和**自在自为**。人仅仅由于此中介,是非直接的。因此,人首先只**能**拥有那种价值;但这种能力和可能性却是人的实定的、绝对的**规定**。

**灵魂不死**在基督教中成为一种确定的教义,原因便在于此规定。灵魂、个别的主体性有一种无限的、**永恒的规定**:成为上帝王国的公民。这是一种规定以及一个脱离了时间和暂时性的生命,而当该生命同时与此受限制的领域**相对立**时,这种永恒的规定同时也将自身规定为**未来**。观照上帝、也就是在精神中意识到其真理为一种当下真理的这种永恒的要求,对于在作为这种暂时的当下中表象着的意识而言,还未得到满足。

已领悟自身无限价值的主体性因而放弃了统治、暴力、等级乃至性别的一切差别:在上帝面前,人人平等。在对爱的无限痛苦的否定中,也首先存在真正普遍权利、**自由实现**的可能和根源。罗马的、形式上的法制生活源于**实定的**立场和知性,且自身中没有适合于绝对论证法律立场的任何**准则**;它是完全**世俗的**。

在源于无限痛苦的爱之中自我中介的主体性,它的纯粹性**只有通过这一中介**而存在,该中介在基督的受难、死亡和升天中获得其**客观的形态和直观**。另一方面,这种主体性同时在**其自身处**具有实在性之方式,即它是主体与个体的**多样性**。然而,因为它是**自在普遍的**,**不排他的**,因此,个[304] 体的多样性应完全被设定为只是**一种映像**,而它设定自身为这种映像这一点,正是在信仰的表象中、即在这第三者中的**信仰之统一**。这是社团之爱,社团似乎由许多主体组成,但该多样性只是一种映像。

此爱既非人性之爱、博爱、性爱,亦非友爱。人们常常惊异,像友爱这样一种高尚的关系,为何没有出现在基督劝告的诸义务之中。友爱是一种带有特殊性的关系,并且男人间是朋友,尽管并非如此直接,相反而是客观地处在一种实体的联系中,处在一个第三者中,处在准则、研究、学术中;简言之,联系是一个客观的内容,并非像男人那种对具有特殊个性的女人的爱慕那样。然而,那种对社团之爱同时由**一切特殊性的无价值性**而得以中介。男人对女人之爱、友爱或许可能发生,但它们本质上被规定为是**次要的**;它们被规定为非恶者,但却是**非完善者**,并非被规定为无关紧要者,而是被规定为**不能停留于非完善者处**,即它们应**献身**且不应有损于那种**绝对的**方向和统一。

在源于无限痛苦的这种无限的爱之中的统一,因而绝不是一种感性的、世俗的关联,不是仍旧有效的且剩余的特殊性和自然性的关联,而是**完全在圣灵中的统一**。那种爱正是**圣灵本身的概念**。**对象**是在基督中作为信仰之核心中的那种爱本身;在信仰中,那种爱在无限遥远、高贵中向自身显现。但此高贵对主体而言,同时也是无限的近处、特性和**从属性**;并且首先作为一个**第三者**而联合诸个体的东西,也是构成其真正**自我意识**、其最内在者和最自身者的东西。因此,这种爱就是精神本身,圣灵。圣灵在他们之中,他们存在并构成普遍的基督教教会,圣者的共同体。精神乃是向自身的无限返回,无限的主体性,并非作为被表象的,而是作为现实的、**当下的神圣性**,——因此,并非圣父实体的自在,并非圣子这种对象性形态中的真理,而是主观的当下者和现实者,后者作为向爱及其无限痛苦的那种**对象性**直观的**外化**并作为向那种中介的**返回**,本身正是如此**主观**当下的。这就是上帝之精神抑或作为当下的、现实的精神之上帝,是居于其社团中的上帝。于是,基督说道:"无论在哪里,有两三人奉我的名聚会,那里就有我在他们中间。""我就常与你们同在,直到世界的末了。"①

在精神的这一绝对意义上,在绝对真理的这一深层意义上,但不是在某一种精神宗教的平凡意义上,基督教是**精神之宗教**。而精神本性规定的真实者,**无限对立的统一**——上帝与世界、自我、这个**人**(homunico)——这就是基督教的内容,使基督教成为精神之宗教,且此内

[305]

---

① 《圣经》"新约全书·马太福音"第35页(18:20);(28:20)——德文版编者注

容在其中也为平常的、无教养的意识而存在。所有人都有资格向往极乐；这即是至高者且是唯一至高者。为此，基督也说过①：人的一切罪恶都可赦免，唯独亵渎圣灵，不得赦免。**对绝对真理的亵渎、对无限对立统一之理念的亵渎**因而被说成为**最大的犯罪**。亵渎圣灵的罪是什么，人们眼下已对此绞尽脑汁，并以种种方式将此规定浅薄化，以便完全除去它。——一切均可在爱的无限痛苦中被灭绝，但该灭绝本身只是作为内部的、当下的精神而存在。**无精神者**似乎首先并非罪，而是无罪的；然而这正是就自身而言所针对和被判决的无罪。

所以，社团的范围是圣灵特有的领域。圣灵浇注于诸门徒，它是他们内在的生命；从这时起，他们作为社团而存在，并愉快地出发进入世界，以便使之提升为**普遍的社团**并扩展上帝的王国。

我们现在应考察的是：1.社团的**产生**或其概念；2.它的定在和**现存**——这是其概念的实在化；3.信仰向知识的过渡，信仰在哲学中的**改变、美化**。

## 1. 社团的概念

社团就是诸主体，是上帝精神中个别的、经验的主体，但同时与其相区别、与其相对立的是这一内容、这种历史、真理。对这一历史、和解的信仰一方面是一种直接的知识、信仰；另一方面，精神的本性就其自身而言是这一过程，这一过程在普遍理念和理念中被视为在显现中，即主体本身之所以只成为精神，因此是上帝王国的公民，是由于主体本身经历了这一过程。因此，为诸主体而存在的他者对诸主体而言，在这种神圣剧中是对象性的，这像是观众在合唱中对象性地面对自身一样。

当然，首先是主体，人的主体——就人而言，借助于人的精神而成为

---

① 参照《圣经》"新约全书·马太福音"第 23 页(12:31)，《新约全书·马可福音》第 66 页(3:28)以下——德文版编者注

和解之确定性的东西受到启示,这样,人——就被规定为**个别者**、**排他者**、**与他者相区别者**。因此,神圣历史的表现对于其他主体而言是客观的表现。他们如今也还在**其自身处**有其经历这一过程的历史。然而,属于此的首先是他们假定:和解是**可能的**,或进一步说,这一和解已自在自为地发生,且是确定的。

这自在自为地是上帝的普遍理念;但它对人而言是确定无疑的,并非由于思辨之思它对人而言是这种真理,而就是确定无疑的,这是另一种前提:和解已**完成**,这是确定无疑的,这就是说,和解必须被表象为某种**历史的东西**,某种已完成于世间、在显现中的东西。因为被称为确定性的东西没有其他方式。这是我们首先信仰的这个前提。

a)社团产生于圣灵的浇灌。信仰的产生首先是一个人,一个人性的、**感性的显现**,然后是精神的理解,**对精神者的意识**;该意识是精神的内容、直接者向精神规定的转变。认证是精神的,并不在于感性者,不能以直接的感性方式完成;所以,对感性事实总能提出异议。

至于经验的方式,当教会不能接受这样的调查时,它就此而言做得对。例如,基督死后的显现有何种情况;因为这样的调查,从这种观点出发,好像关键是显现之感性者、历史者,好像圣灵**及**其真理的认证,按照历史的方式乃是在于对一个历史上被表象者的这样一些叙述中。然而,这种认证对自身来说是肯定的,尽管它具有那种出发点。

[308]

此过渡即圣灵的浇灌,该浇灌只能在基督脱离肉体之后,感性的、直接的当下停止之后出现。在此情况下就出现了圣灵;因为在此情况下**整个历史已完成**,并且圣灵的整个形象处于直观面前。此形象是某个他者,一种具有圣灵此时所产生者的其他形式。

基督教真理的问题直接分为两个问题:1.上帝并非没有圣子并且派遣他到世间,这一点**究竟**是真的吗?2.**这个**拿撒勒人耶稣,木匠之子,就是上帝之子基督吗?

这两个问题习惯上会如此被混淆起来,以致于如果**这个人**并非上帝所派遣的圣子且他未被证实,那么**根本就**没有什么派遣;我们或许要期待

**另一个人**,如果真应当有这么一个人的话,如果在这种情况下有预兆的话,这就是说,如果事情是自在自为的,在概念中、在理念中是必然的话——或者由于理念的正确性而取决于那种派遣的证明,那么根本就**不必再**深入思考此类事情。

但实质上我们首先必须问,这样**自在自为**的显现是真的吗?它是真的,因为作为圣灵的上帝是三位一体者。上帝是显示、将自身客体化且在此客体化中与自身相同一,——永恒的爱。此客体化在其向上帝的普遍性和有限性的极端、向死亡的完善发展中,乃是在扬弃对立的这种艰难情况中返回自身,乃是无限痛苦中的爱;该痛苦已于爱中痊愈。

上帝并非一个抽象概念,而是一个具体者,这个自在自为的真理为哲学所阐明,并且只有近代哲学达到了概念的这一深度。跟非哲学的肤浅决不可谈论此事,犹如其矛盾毫无价值且自在自为地毫无精神一样。

然而,这一概念不仅仅**必须作为在哲学中完成了的存在**,它不仅是**自在的**真理概念;相反,哲学的关系在于,领悟**存在者**、事先自为地是现实者。一切真理在其显现中,即在其**存在**中始于**直接性**的形式。因此,概念必须现存于人的**自我意识**中、自在的精神中,世界精神必须如此理解自身。但这种如此理解自身却作为精神**过程**的**必然性**而存在;此过程表现在宗教的先前诸阶段中,首先是犹太教、希腊宗教和罗马宗教中,并且以神性与人性的绝对统一的那种概念、上帝的现实即上帝的客观化为其真理之**结果**。因此,**世界历史**是作为结果的这种真理在精神的直接意识中的展现。

我们已看到作为自由人之上帝的上帝,但首先还是在主观的、受限制的民族精神中和在偶然的幻想形象中看到;此外,在民族精神被压碎之后,看到了世界的**痛苦**。该痛苦**即精神本能的出生地**;该本能就是,在普遍形式中以已被除去的有限性把上帝了解为精神者。该需要通过历史的前进、世界精神的向上发展而产生出来。这种直接的冲动,意愿和要求某种确定者的渴望,仿佛被提高的精神本能一样,要求这样一种显现,即作为无限精神的上帝显示在一个现实人的形象中。

## C. 分 类

"及至时候满足,上帝就差遣他的儿子",①这就是说,当精神如此深入自身,知其无限性并理解**直接自我意识之主体性中的实体者**时,上帝就派遣他的儿子,但是就这样一种主体性而言,即主体性同时是无限的否定性且正因此而是绝对普遍的。

对**这个人**是基督的认证,是另一种认证;它只涉及这样一种规定,即,是**这个人**,而非**一个别人**,但并不在于**理念**是否根本就不存在。基督说道:不要跑来跑去,上帝之国就在你们心里。② 在犹太人和异教徒中,很多其他人物被尊为神圣的使者或众神。**施洗者约翰**先于基督;比如希腊人将**围城者德米特里一世**(Demetrios Poliorketes)尊为神,为之立像,罗马大帝亦被尊为神。**提亚内的阿波罗尼奥斯**(Apollonios von Tyana)和许多其他的人被视为奇迹创造者,而对希腊人而言,**赫拉克勒斯**(Herkules)是人,他通过其行为——也只是服从的行为——归入诸神且变成神,——更不用提印度人中在成为梵的提升中那一系列**化身**和神化者(Gottwerden)。当理念成熟且时候到了时,理念只能与**基督**相联系,并**在基督身上见到其被实在化**。在赫拉克勒斯的伟绩中,精神的本性还未完全表现出来。但基督的历史就是社团的历史,因为它**完全与理念相一致**,而按照神性者与人性者的自在存在的统一之规定,只有精神的渴望是那些早期诸形态的基础,且该渴望应该被承认。这就是关键必定所在之处;这就是证实,绝对的证明;这就是应在**精神的见证下**加以理解者。圣灵、**内在的理念**验证了基督的派遣,而对相信者、对在发达概念中的我们来说,这些就是**验证**。这也是验证,此验证是一种按照**精神**方式的力量,而非教会反对异端那样一种外在的力量。

[311]

b) 其次,就是知识或**信仰**;因为信仰亦是知识,它只存在于一种特有的形式中。这一点须考察之。

可见,神圣的内容被设定为在意识的、内在性的环节中关于它的、有

---

① 参见《圣经》"新约全书·加拉太书"第 331 页(4:4)——德文版编者注
② 参见《圣经》"新约全书·路加福音"第 142 页(17:21)——德文版编者注

自我意识的知识，——一方面，内容即真理，且这是无限的一般精神之真理，即它的知识，于是在此知识中，它这种精神获得其自由，甚至是这一过程：摒弃其特殊个体性且在该内容中使自身成为自由的。

但内容首先为直接的意识而存在，且真理为此意识能以多种感性的方式显现出来。因为理念是一种在一切中的、普遍的必然性；现实只能是理念的镜子；所以，对意识而言，理念会从一切中产生出来，因为理念始终存在于反射它的这种无限多的点滴中。理念在成为果实的种子中被表象、被认识、被预感；果实的最终使命消失于泥土中，且通过这一否定，植物才得以产生出来。这样的历史、直观、表现、显现也可以从圣灵提升为普遍者，因此，种子、太阳的历史成为**理念的象征**，但**只是象征**而已；这是些形象，根据它们本身的内容、根据特殊的品质来看，它们与理念并不适合。就它们而言被知道者，乃处于它们之外；意义并非作为意义实存于它们中。**就它本身而言**，作为概念实存的对象乃是精神的**主体性**，是人；他就其自身而言即意义，后者并不处于它之外；他是思一切的、知一切的。它并非象征，而是其主体性、其内在的形态、其**自身**，实质上是**这一历史本身**；而精神者的历史并不在一种不适合理念的实存中，而是在其本身的环节中。因此，对于社团必要的是，思想、理念成为对象性的。然而，理念首先就个别者而言现存于感性直观中；必须摆脱这种感性直观；必须突出意义，永远真正的本质。这是形成着的社团之信仰。社团始于对个别者的信仰；个别的人为社团所改变，被了解为上帝，且研究他是上帝之子的规定、研究一切有限者，该有限者属于自身发展中的主体性本身；但作为主体性，个别的人与实体性相分离。感性显现将变为关于精神者的知识。因此，社团如此始于信仰；但另一方面，信仰作为精神而产生出来。**信仰和验证的诸不同意义**应予以强调。

当信仰始于感性的方式时，它便面临一个时间上的历史；它认为是真的东西，是外在的日常事情，而验证则是验证事实的历史、法律方式，是感性的确定性。对基础的表象又以其他人对某些感性事实的感性确定性为基础，并使其他事物与此联系起来。

## C. 分　类

　　因此,基督的生活历史就是外在的验证。但信仰改变着自己的意义; [313]即不仅与作为**对这一外在历史的信仰**的信仰有关,而且这个人就是**上帝之子**。在这种情况下,感性的内容成为一种完全不同的内容;它变为一种别的内容,并且要求:**应对**此进行验证。对象从一种感性的、经验上实存的对象完全变为一种神圣的对象,变为上帝本身一个本质上至高的环节。该内容不再是感性;因此,如果要求以此前的感性方式来验证该内容的话,那么此方式就不够了,因为对象具有完全不同的本性。

　　如果说**诸奇迹**应包含直接的证明,那么它们就自在自为地是一种仅仅**相对的**证明或次种的验证。基督责备道:"若不看见神迹奇事,你们总是不信。""当那日,必有许多人来对我说:'主啊,主啊,我们不是奉你的名传道,奉你的名赶鬼,奉你的名行许多异能吗?'我就明明地告诉他们说:'我从来不认识你们,你们这些作恶的人,离开我去吧!'"①这里,对于这种做出奇迹来说还剩下什么兴趣呢？相比较而言只会有**外**在的兴趣,可以说,对犹太人和异教徒进行劝导。但已经形成的社团却不再需要这种做出奇迹;社团自身中具有引导进入一切真理的精神,后者因其作为精神的真理而是支配精神的真正强制力,这就是说一种威力,在其中精神被允许有其**全部自由**。奇迹只是一种支配**自然关系**的强制力,因而,它只是一种支配**精神**的力量,**该精神被限制在对此受限制的关系的意识中**。永恒理念本身如何能通过这样一种强制力的表象而被意识到呢？

　　如果将内容规定为,基督的诸奇迹本身是感性的显现,并可历史地予 [314]以验证,同样,其复活、升天也被视为感性事情,那么,考虑**感性者**时,并不涉及这种显现的**感性验证**;事情并非如此被提供出来,好像并非基督的奇迹,其复活、升天作为本身外在的显现和感性事情而具有其足够的证明,而是涉及**感性验证和感性事情的关系**、二者一起与精神及与精神内容的关系。感性者的验证或许有一个它所要的内容,而且它通过见证或直观

---

① 《圣经》"新约全书·约翰福音"第169页(4:48);"新约全书·马太福音"第13页(7:22-23)——德文版编者注

231

而发生,但仍遭到**无限的反对**,因为感性外在者是与精神、意识相对立的**他者**之基础。

这里,意识与对象相分离,且居于主导地位的就是这种作为基础的**分离**,它随身持有谬误、迷惑之可能,缺乏正确认识事实这一教养之可能,以致于人们有所怀疑,并会将涉及单纯外在者和历史者的圣典视为俗典,而无需对给予见证的人的**善良意志**置疑。感性内容并非**就其自身来说是确定的**,因为它并非借助于精神本身而存在,因为它有别的基础,并非由概念设定出来。人们可以认为,必须通过对一切见证、情况的比较来寻根究底,抑或必须找到对此或对彼的决定理由;只有验证的这整个方式和感性内容本身应针对**精神的需要**被放弃。对于精神而言应有真理的、它应相信的东西,必定不是感性的信仰;对精神来说是真的东西,是这样一种东西,对此而言,感性显现遭到贬低。当精神始于感性者并达到其相称者这一点时,它对感性者的态度同样也是一种**否定的态度**。这是主要规定。

[315]

但是,总还有**好奇心**和**求知欲**,究竟应如何认识、解释、理解**奇迹**,即应在它们并**非奇迹**、而是相反在**自然的**成果这一意义上来理解它们。不过,这样的好奇心以怀疑和**不信教**为前提,并想找到一个可信的支撑,在此,参与人的德行和真实性被挽救;继而人们认为,这并非有意的蒙蔽,这就是说,并未发生欺骗,并且至少是如此合理的和善意的,以致于基督与其友人仍应是诚实的人。因此,最简单的就是一般来说完全**拒绝**奇迹。如果人们不相信某些奇迹、发现它们与理性相悖的话,那么证明它们就毫无用处。它们应基于感性知觉;但人身上不可克服的是,不承认只具有此类验证的东西为真理。因为诸证明在此无非是可能性或极大可能性,这就是说只是主观的、有限的根据。

抑或人们必须建议:你不要有任何怀疑,这样它们就解决了!然而,我**必须**有所疑,我不能将怀疑置于一旁,而**回答**怀疑的必要性正是基于**怀有怀疑的必要性**。反思将这些要求变为绝对的要求,并将自身固定于这些**有限的**根据;但在虔诚、真正的信仰中,这些有限的根据、有限的知性早已被清除。这样一些好奇心就始于不信教;但信仰并非基于精神对奇迹

232

的见证,而是对绝对真理、**永恒理念**、即真实内容的见证,而从此观点出发,诸奇迹则无足轻重。此外,能弃奇迹于不顾,同样也能虔诚地将它们作为主观根据来援引。为此,奇迹若要做**验证**,首先自身须**被验证**。然而,应借助于奇迹被验证的东西乃是**理念**,而理念**并不需要它们**,因此也无需验证**它们**。

[316]

但还应注意以下之点:奇迹通常来说是圣灵驾驭自然关系的结果,是对自然进程和永恒规律的干预。但**一般来说,圣灵**就是这奇迹,就是这**绝对的干预**。生命已经干预这些所谓的永恒自然法则;例如,它摧毁了机械论和化学的永恒法则。精神的威力或其无力还更多地影响生命。恐惧可造成死亡、忧虑、疾病,而且在一切时代无限的信仰和信赖也使瘸子能行走、聋子可听见等。近代对这些结果的不信乃是基于对所谓自然威力及对其独立于精神的迷信。

但是,该验证却只是信仰最初的、偶然的方式。原本的信仰停止于真理之精神中。那种证明还涉及与感性的、直接的当下的关系;原本的信仰是精神的,且在精神中真理以理念为根据;而当理念也在表象中以一时的、有限的方式靠在**这一个**个体处时,那么只有在个体死后或在脱离尘世之后,当显现的进程本身已圆满结束为**精神的总体**时,理念才会显现为这一个体而实在化;这就是说,事情本身在于对基督的信仰,该信仰不再面临**感性显现**本身,这种显现的感性知觉通常应构成验证。

**凡在一切认识中**出现的东西,就是如此,只要这种认识集中于一**普遍者**。众所周知,**开普勒**(Kepler)揭示了天体规律。这些规律对我们而言是双重的,它们是普遍者。人们从**个别情况**开始,将一些运动归因于诸规律;但这只是些个别情况。人们可以想到,可以有数百万倍多的情况,或许并不如此下落的物体;因此,甚至在天体上并无普遍的规律。当然,人是通过归纳而熟悉了这些规律;而精神则关注,这样一种规律**自在自为地真**,——这就是说,理性在规律中具有其相反的形象;于是,理性就认识到规律自在自为地真。与此相反,那种感性认识随后就退居幕后;它或许是值得感谢地应予以承认的始点、出发点,但这样一种规律如今**代表它自**

[317]

233

身。因此，它的验证是另一种验证：它是概念，且感性实存如今已降低为世俗生活的梦幻，高于此梦幻的是一个具有自身固定内容的更为高级的领域。

同一关系出现在始于有限者的**上帝定在之证明**方面。其中的缺点在于，只是以肯定的方式理解有限者；但从有限者向无限者的过渡同样也在于，**有限者的基础被抛弃**且有限者降低为从属者、一个遥远的形象，该形象只存在于过去和记忆中，非精神中；该精神完全是当下的，离弃了那个出发点并立于具有完全不同等级的基础上。这样一来，虔诚就能从一切中取得感到高兴的诱因；因此，这就是出发点。人们已经证明，来自《旧约》的基督的好些引文并不正确，以致于产生于此的东西并非基于对诸话语的直接理解。因此，话语也应是固定者；但精神由此创造了真实者所是的东西。因此，感性历史是精神、信仰的出发点，而且这两种规定必须被区别开来，而精神返回自身、精神的意识才是关键。

显而易见，**社团**本身产生该信仰内容，可以说这并非由于《圣经》的**话语**，而是由社团产生出来的。也非感性当下，而是精神教导社团说基督乃上帝之子，他在天上永远坐在上帝右边。这就是精神的阐明、见证和教令。如果感恩的民族将其行善者只是置于诸星中，那么精神就承认主体性为神性的绝对环节。教会将基督其人指认为上帝之子。经验的方式、教会的规定、宗教会议等——在此与我们毫不相关。什么是自在自为的内容——这就是问题所在。基督教的真正信仰内容应由哲学、而非历史来说明。精神之所为，并非历史；与其相关的只是自在自为者，并非往昔者，而完全是在场者。

c) 然而，这也显现出与**主体**有关系，为主体而存在；并且与此——主体应是上帝王国的公民——并不乏本质的联系。至于主体本身应成为上帝的一个孩子，这包括：在神圣理念中，和解自在自为地完成，然后也显现出来，人对真理确信无疑。此确信正是显现、理念，如同理念在显现的方式中被意识一样。

主体与此真理的关系在于，主体正好达到这种被意识到的统一，值得对之赏识,**在自身中产生之**,并被神圣精神充满。这借助于**在自身中的中介**而发生,且该中介在于,主体有此**信仰**;信仰就是真理,是和解自在自为且确定实现了的前提。只有借助于该信仰,即和解自在自为且确定已实现了,主体才有能力将自身设定于该统一中。该中介绝对必要。[319]

在借助于这种感动而达到这种充满幸福中,困难被扬弃了;困难直接在于,社团与该理念的关系就是个别的、特殊的主体与该理念的关系;但该困难已被提升到此真理自身中。

困难进一步在于,主体**不同于**神圣精神,这显现为它的有限性。主体被提升了,而它被提升了就在于:上帝注视人**心**,实体的意志,人最内在的、囊括一切的主体性,内在的、真实的、严肃的意愿。

除了这种内在意志,在人身上与这种内在的、实体的现实不同的还有人的**外在性**,人有缺陷,即,人犯错误,人能以一种与这个内在的、实体的本质,与这种实体的、本质的内在性不相适合的方式实存。然而,外在性、一般异在存在、有限性、不完善性,犹如其进一步自我规定一样,已降低为一**非本质者**并被了解为这样一种非本质者。因为在理念中,圣子的异在是个短暂的、消失的环节,而非真实的、本质的、持久的、绝对的环节。

这就是一般的社团概念:理念,就此而言,它是主体在己内和在己身上的过程;该主体已被纳入精神之中,它是精神的,以致于上帝的精神居于它之中。他这种纯粹的自我意识同时也是真理的意识,而且知晓并想要真理的纯粹自我意识正是在它之中的神圣精神。抑或该自我意识已被表达为基于精神、即基于扬弃一切有限中介之某一中介的信仰,该信仰就是由上帝起作用的信仰。[320]

## 2. 社团的实在化

实在的社团就是我们一般称为**教会**的东西。这不再是社团的产生,而是现存的、也保持下去的社团。社团的现存在乃是其持续不断的、**永恒的生成**;此生成基于:当对有限意识的本质之知和神圣的自我意识产生于

235

有限意识中时,精神**永恒地**认识**自身**,避免自身成为个别意识的有限的明亮火花,并从该有限性中再次聚精会神自我理解。当有限性的发酵变为泡沫时,精神就从发酵中发出芳香。

在**现存在的**社团中,教会是一般活动:诸主体达于真理、获得真理,且圣灵因此在诸主体中也成为实在的、现实的、当下的,在他们之中获得自身的处所;真理存在于他们之中且他们存在于对真理、精神的享受、活动中;作为主体,他们就是精神的活动者。

教会的普遍的东西是:真理在此已成了前提,并非像社团产生时圣灵首先被浇灌、首先被产生出来那样,而是真理作为**现有的真理**而存在。对于主体而言,这是一个改变了的始初关系。

[321]　a) 如此作为前提的、现有的这些真理,是**教会的教义**,信仰之教义,而且我们了解该教义的内容:一言蔽之,这是**关于和解**的教义。人已不再通过圣灵的浇灌、命令被提升至绝对意义,而是该意义即一种**被意识到的**、**被承认的**意义。主体的这一绝对能力在于,主体不仅在自身中而且客观地对真理有兴趣,达于真理,存在于真理中,获得真理的意识。教义的这种意识在此作为前提是现有的。

至于某一种教义是必要的,在社团的现存在中教义已完成,这些都明朗起来。该教义已被置于前面,且这是这样一种内容,在其中,已自在自为地完成了,表明了就个体本身而言什么东西应被产生出来。

因此,作为在其诸环节中的**前提者**、完成者的东西就在于:教义首先**形成**于社团自身中。被浇灌的圣灵首先是**始初**,始初者,提升。社团就是**对这种圣灵的意识**,对圣灵所寻得者的表述,圣灵则被寻得者猜中,即基督为圣灵而存在。社团是否基于**成文的文献**表达其意识,还是其自我规定与**传统**相关,这种差别**不是什么本质的差别**;首要的事情是,社团**由于自身之中当下的圣灵**而是使其教义得以继续形成和进一步规定的无限的权力和全权。该**全权**也在那两个不同的事件中证明自身。对作为基础的文献的**解释**始终本身又是**认识**并发展为**新的**规定,而即使在传统中与一个已有者、**作为前提者**相联系,传统本身在其历史进展中仍在本质上是一种**设定**。因此,教义本质上就在教会里产生出来,在教会里得以形成。它首先作为直观、感觉,作为被感觉的闪电般的精神见证而存在。然而,那种**产生**之规定甚至只是一种**片面的**规定,因为真理同时也是**自在**现有的、作为前提的;**主体已被接纳于内容中**。

[322]

所以,信仰之教义本质上首先产生于教会中,然后是思、有教养的意识也在其中维护其权利;通常在思想教育、在哲学上所获得的东西,则被用于这些思想和这些如此被知晓的真理;教义由其他的、具体的、尚与不纯粹者相混合的内容而形成。

随后,这种现有的教义也须**保持**在教会中,并且凡是教义,也须予以教授。为了使教义摆脱意见和理解的任意和偶然性,为了将它保持为自在自为的真理和一个稳定者,它被放入**象征**中。它**存在**、实存、起效用、被承认、是直接的,——但并非以一种感性的方式,即,对此教义的理解借助于感官而发生,如同世界也是一个作为前提者一样,与之相比,我们外在地表现为一个感性者。精神的真理仅仅作为**被知晓**的真理才是现有的;其显现方式在于,它被教授;教会本质上是活动,即有一个被委托的教师阶层来陈述该教义。

主体生于该教义中;他始于有效的、现有的真理的这一状态中,始于对该真理的意识中。这就是它与这种自在自为作为前提的、现有的真理的关系。

b) 当个体因此生于教会时,虽然它还是无意识的,但它立即**被规定参与此真理**并享受同一真理;它的规定为该真理而存在。教会在**洗礼的圣事**中表现这一点;人在教会共同体中,在其中恶自在自为地已被克服了,上帝自在自为已是和解的了。洗礼表明,**教会共同体中**的婴儿并非生于贫苦中,他不会遇到一个敌对世界,而是他的世界就是教会,且自身只应归属于已作为其世界状态现存的社团。

[323]

人必须出生两次,一次是自然的,然后一次是精神的,如婆罗门一样。精神不是直接的,它只是像它生于自身那样存在;它仅仅作为重生者存在。该**重生**不再是无限的忧郁,后者即一般社团的诞生之痛。对主体而言,**无限实在的痛苦**虽未免除,却**减轻了**;因为现在还有部分、特殊志趣、激情、自私自利之对立。人所囿于的自然之心,正是应当制服的敌人;但这已不再是社团产生于其中的实在斗争。

对于个体,教义表现为外在者。婴儿仅仅首先是自在的精神,还不是实在化了的精神,非作为精神是真实的,仅仅具有成为精神、作为精神成为现实的能力、可能;因此,真理在他那里首先是作为前提者、被承认者、有效者——这就是说,真理必然首先作为权威为人所得到。

一切真理,也有感性的真理——但这些并非原本的真理——,首先以此方式达于人。因此,在我们的感性知觉中,世界作为权威为我们所探出;世界存在,我们认为它如此,我们接受它为存在者,并且将它作为一个存在者来对待。这就是如此,而它如何存在,它就怎样起效用。教义、精神者,并非作为这样的感性权威而现存,而是必须被教授为有效的真理。习俗是一个起作用者、一个现存的信念;然而,因为它是个精神者,所以我们不说:它存在;而是说:它起作用;但因为它是作为存在者为我们所得到,所以我们说:它存在。而它怎样作为一个起作用者被我们发现,我们就怎样称此方式为权威。

[324]　这一点像人得学习感性者一样——按照权威,因为感性者在场,因为它存在,所以人就得让自己喜欢它;太阳也在场,而且因为它在场,所以我得让自己喜欢它——教义、真理也如此。然而,真理并非借助于感性知觉、感性活动,而是借助于教义、权威才作为存在者为我们得到。存在于人的精神中的、即存在于人的真正精神中的东西,由此被人意识为一对象者;抑或在人心中的东西,都得以发展,于是人将之了解为人存在于其中的真理。在这样的教育、训练、教养和掌握中,仅仅涉及对善和真理的适应。在这一点上并不牵涉克服恶,因为恶是自在自为地被克服的。这只涉及偶然的主体性。同时与信仰的这一规定——主体并非如它应当存在的样子存在——联系在一起的是绝对的可能性即主体完成其使命并被上帝宽恕地接受。这就是信仰的事情。个体必须掌握神性与人性自在存在的统一之真理,且个体在对基督的信仰中掌握该真理;因此,对个体而

言,上帝不再是一彼岸者,而且对那种真理的掌握有悖于第一个基本规定,即主体并非如它应当存在的样子存在。婴儿只要生于教会中,那么他就存在于自由中且为自由而生。对他而言,不再有绝对的异在;这异在已被设定为被克服者、被战胜者。

在这一内在造就中仅仅关心不让恶产生,这种可能性一般来说由人而发生;但只要恶产生,如果人作恶,那么这恶同样作为一自在虚无是现有的,精神对此虚无予以控制,以致精神有权不让恶出现。

**懊悔**、**忏悔**的意义在于:由于人提升至真理,罪行就被了解为自在自为的、不具有自为力量的被克服者。至于使已发生的事情不发生这一情况,则不能以感性方式,而是以精神方式内在地发生。人将不再犯罪;他被视为诸人中被圣父接纳者之一。[325]

这就是教会的事务,是这样一种适应,即精神的教育越来越内在化,这种真理与精神自身、与人的意愿更为同一,成为**人的意愿**,**人的精神**。斗争已结束,且出现这样一种意识,即:它并非像在波斯教或康德哲学中那样是一种斗争,在那里,恶应当被克服,但却自在自为地与善相对立,至高者就是无限的进程。在此情况下,追求是无限的,任务的解决被放入无限者之中,在这里,人们止于应当。

更确切地说,矛盾在此已自在地解决了;在精神中,恶已被了解为自在自为地克服了,而且借助于恶自在自为地被克服了,主体只需使其意志成为善,那么恶、恶行就消失了。在此有了这样的意识,即如果放弃自然意志,就没有不能被宽恕的恶——除了亵渎圣灵、否定圣灵的罪外;因为圣灵只是能扬弃一切的威力。

在此,有非常多的困难产生于精神和自由的概念。一方面,精神作为普遍的精神而存在,另一方面也是人的自为存在,个别个体的自为存在。不得不说,此存在乃是引起复生的神圣精神;这就是神圣自由的仁慈,因为一切神圣者都是自由的;这并非天命、命运。但另一方面,灵魂的自我存在也是固定不变的,且人们试图查明,人应得到多少;他被允许有**一意愿**(velleitas)、**努力**(nisus),但这稳固地保持于这种关系中本身就是非精神 [326]

的东西。最初的存在、自我存在自在地是概念,自在地是精神,且应当被扬弃的东西就是其直接性之形式,是其分散的、部分的自为存在之形式。概念的自我扬弃和回到自身却不是受限制的、普遍的精神。对自在存在的和解之信仰中的行为一方面是主体的行为,另一方面是神圣精神的行为;信仰本身是在主体中起作用的神圣精神。但因此,主体并非一种被动的容器,而是当主体有信仰时,圣灵同样也是主体的精神;在此信仰中,主体违反其自然性而行事,对之不屑一顾、远离之。

用于解释灵魂之途中的二律背反,也可以是在这种考虑中已形成的三种表象方式间的区别,也就是

α) 第一,即**道德**的观点,它就自我意识的完全外在关系而言,也是就这样一种关系而言,此关系自为地被认为将自身设立为第四种或第一种关系,也即就消灭自身思想和意愿的**东方的**、**专制**的关系而言,有其对立。这一道德观点将**绝对目的**、精神的本质设定到**意愿**的一种目的中,也就是设定到作为只是**我的**意愿的意愿之目的中,于是,主观方面是首要之事。**法则**,普遍者,理性者乃是我心中的**我的**理性;同样,**意愿**和使它为我占有且使之成为我的主观目的的**现实化**也是**我的东西**;并且只要对一个更高者、至高者,对上帝和神圣者的表象也出现于该观点中,那么,这本身只是我的理性的一种**假设**,一个由我所设定者。虽然这**应当**是一个未被设定者,绝对独立的力量,但在其未被设定的存在中,我并未忘记,即使**这种不被设定**本身**也是一个经由我所设定的存在**。我的**依存感**或需拯救感是第一位的东西,不管这一点以假设的形式表达还是说出来,都是同一回事;因为,真理自身的客体性同样由此被扬弃了。

β) 鉴于决定,确定地说,鉴于普遍者、法则,**虔诚**则补充了这样一种观点,即这是神圣意志,并且即使善良的决断力也是一种一般神圣者;而且虔诚让此神圣者存在于这一普遍关系方面。

γ) **神秘的**和**教会的**观点进一步规定上帝与主观意愿和存在的这一关系,并将之带入以**理念之本性**为基础的关系中。——诸不同的教会表象只是解决这一二律背反的不同尝试。**路德派的**理解无疑是精神最丰富

的,尽管它还未完全达到理念的形式。

c)这一范围的最后者,是**对这种获得,上帝当下的享受**。这正好涉及被意识到的上帝当下,与上帝的统一,**神秘的统一**(unio mystica),上帝的自我感觉。这便是**圣餐之圣事**,在其中,人与上帝和解的意识、圣灵降临并存在于人中,以感性的、直接的方式赋予人。

当这种自我感觉存在时,它也是一种运动,以被区别者的扬弃为前提,以便这种否定的统一出现。如果社团的持续维持——同时也是其持续不断的创造——是在教会各环节中基督的生命、受难和重生之永恒轮回,那么这种轮回明确地实现于圣餐之圣事中。永恒的献祭在此就是,绝对的内涵、主体与绝对客体的统一直接为个别者所享受,而当个别者已和解时,此已实现的和解就是基督的重生。所以,圣餐也是基督教教义的核心,且基督教教会中的一切差异从此就获得其色彩和规定。关于此有三类表象:

α)根据这一表象,圣饼,这种外在者,这种感性的、非精神的物,由于奉献而是当下的上帝——作为一物的上帝,以一个经验物的方式,同样被人经验地享受。当在圣餐、教义的核心中,上帝被了解为外在者时,该外在性就是整个**天主教**的基础。知与行的被奴役因此而产生;当真者被表象为稳定者、外在者时,该外在性贯穿于一切进一步的规定。作为外在于主体的如此现有者,真理,可被他者所控制;教会拥有它如同拥有一切仁慈方式一样。主体在任一方面都是被动的、接受的,它不知什么是真、义和善的,而是只得从他者那里接受之。

β)**路德派的**表象是,运动始于一个作为通常的、一般事物的外在者;然而,只要外在性被耗尽,对上帝当下性的享受、自我感觉就得以实现,不仅是肉体上,也在精神和信仰中。在精神和信仰中只有当下的上帝。感性的当下本身是无,而即使奉献也未使圣饼成为敬奉的一个对象,而对象仅仅存在于信仰中,因而在对感性者的耗尽和消灭中是与上帝的结合,且是对主体与上帝这一结合的意识。在此就产生了这种伟大的意识,即在享受和信仰之外圣饼是个普通的感性的物:过程仅仅在主体的精神中是真实的。这样就没有使化体①——然而是这样的一种物化体,借助于它外在者被扬弃,上帝的当下完全是个精神的当下,这样一来,主体的信仰就属于此。

γ)这一表象是,当下的上帝仅仅在表象中,在记忆中,因此就此而言,仅仅具有这种直接的、主观的当下性。这是**被改造的**表象,是对往昔者的一种无精神的、仅仅活跃的回忆,并非神圣的到场,并非现实的精神。在此,神圣者、真理跌入启蒙和单纯知性的散文中、跌入一种单纯的道德关系中。

### 3. 精神的东西实在化为普遍的现实

这同时包含社团的转化、变形。——宗教是精神的宗教,且社团首先**存在于内在者中**,存在于精神本身中。这个内在者,这个作为内在的、未在自身中发展的、在场的主体性乃是感觉,知觉。社团本质上也有**意识**、表象、需要、冲动、世俗的一般实存,——但伴随着该意识就出现了**分离**,差别。神圣的、**客观的理念**作为**他者**对立于意识,他者一部分为权威所赋予,一部分在祈祷中被得到;抑或**享受**之环节仅仅是**一个别的环节**,抑或神圣的理念,神圣的内容,未被观照,只是被表象。在表象中,享受之当今一部分消失于彼岸,彼岸的天国,一部分消失于过去,一部分消失于未来。

[330] 但精神自身是完全当下的,并要求一个**充满的当下**;它不只要求爱,模糊的表象;它要求内容本身是当下的,抑或感觉、知觉是发达的、展开的。

因此,作为上帝王国的社团与**一般客体性相对立**。作为**外在的**、**直接的世界**,客体性是具有自身**志趣**的内心;另一客体性则是**反思**、抽象思想、知性的客体性;第三种、真正的客体性则是**概念**的客体性;如今须考察的是,精神如何在这三个环节中将自身实在化。

a)在自在的宗教中,内心已和解。因此该和解在内心之中,是精神

---

① 指圣餐中面包和酒的物质变为耶稣的身体和血。——译者注

242

的——纯粹的内心,在自身中获得对上帝当下性的享受,并因而获得和解,获得对其已和解的享受。但此和解是抽象的;因为自我、主体同时也是这一精神当下性的方面,据此方面,主体中存有一种发展了的世俗性,且上帝王国、社团因此与**世俗**相关联。如今和解是**实在的**,属于此的是,在此发展中、在此总体中,和解被意识到,是现有的,已产生出来。对于此世俗而言,诸原则现存于这一精神者中。

世俗之真理进一步就是精神者,以致于作为神圣仁慈的对象、作为已与上帝和解的主体本身,据其后来实现于社团中的规定,已具有无限的价值。根据该规定,主体随后被了解为它自身精神的无限确定性、被了解为精神的永恒性。

这个在自身中无限的主体,它那对无限性的规定,是它的**自由**,即它是自由的个人,并且面对世俗、现实,它也如此表现为在己存在的、在自身中和解了的、完全稳定的、无限的主体性。这就是实体者;当它与世俗有关时,其规定应为基础。主体的理性、自由在于,主体是这种被解脱者,该解脱已借助宗教达到了,主体根据其宗教的规定本质上是自由的。我们应该关心的是,该和解发生于**世俗本身中**。[331]

α)和解的第一种形式是**直接的**形式,而正因此还不是和解的真正形式。该和解这样显现出来,以致于首先是社团在自身中抽象地从世俗中获得和解、精神者,与上帝的此和解;精神者自身放弃世俗,给自己一种反对世界的**否定关系**,正因此也反对自身;因为世界在主体中就是向往自然、极乐生活、艺术和科学的冲动。

自我的具体者,激情,不能由于其是自然的而表明反对信教乃是正确的;然而,修道士的抽象则包含这一点:内心未具体展开,应当是未发展的,抑或精神性、已和解、生命对于此和解而言应当是且仍旧应当是个专注于自身者、未发展者。但精神在于:自我发展、自我区别,直至世俗。

β)该和解的第二种形式是,世俗和信教应当**保持**为相互**外在的**,但又应当**有联系**。因此,二者所处的联系只能是一种**外在的**联系,并且是这样一种联系,在此联系中,一方统治另一方,且在此情况下,不存在和解。

虔诚信教应是占统治地位的东西;已和解者、教会应统治未和解的世俗者。这是与未和解的世俗的一种结合;该世俗未被和解,在自身中是粗陋的,而且在自身中粗陋的世俗只有被统治。然而,**统治者却将此世俗纳入自身之中**;一切嗜好、一切激情、一切无精神的世俗通过该统治本身显现于教会中,因为世俗者并未在其自身处得以和解。

[332] 在这种情况下,借助于无精神者,统治就被设定出来,在此,外在者就是原则,在此,人在其行为中同时外在于自身;这是一般不自由之关系。在一切称为人性的事物中,在一切欲望中,在与家庭、活动和国家生活相关的关系中,分裂被设定于其中,并且人的非在己存在就是原则。在所有这些形式里,人存在于一般奴役中,并且所有这些形式都被视为虚无的、非神圣的;当人在这些形式中时,人在本质上就是一个有限者,一个分裂为二者,于是,这些就是无作用者,有作用者是个他者。

与世俗、与人自己内心的这一和解如此被积聚起来,以致于该和解正好是对立面。然后,和解本身中这一破裂的进一步实行则是教会的堕落之物,——精神者在其自身中的绝对矛盾。

γ)第三种规定在于:该矛盾消解于**伦理**中;自由原则渗透于世俗中;而当世俗是按照概念、理念、真理、永恒真理自身而形成了时,这就是变得具体了的自由、理性的意志。

在国家组织中,神圣事物被包括于现实中,这现实被那神圣事物所充满,而世俗事物自在自为是合理的;因为现实的基础是神圣意志、权利法则和自由法则。神圣事物赖以在现实领域中将自身实在化的真正和解,在于合乎伦理的和合法的国家生活:这是世俗的真正从属活动(Subaktion)。

伦理习俗是神性的、神圣的习俗,并非在这一意义上,即神圣的东西与伦理的东西相反,犹如独身应是与婚姻、家庭之爱相对立的神圣东西,[333] 抑或自愿贫困与积极创收、与合法的做法相对立。同样,盲目听从也被视为神圣者,但①伦理的东西却是自由中的听从,是自由的、理性的意志,是

---

① 《黑格尔全集》"sondern"(而是)。——德文版编者注

主体反对听从伦理的东西。在伦理中现有并实现了宗教与现实、世俗的和解。

b)第二点是，**理念的**方面在其中自为地凸显出来。在精神与自身的这一已和解中，正是**内在者**知**自身存在于自身处**，在己处存在，且对在己处存在的这种**知**正是**思**，此思乃是已和解，在己处存在，在与己和睦中的存在(In-Frieden-mit-sich-sein)，然而是在完全抽象的、未发展的与己和睦之中。因此就产生了这样一种无限的要求，即宗教的内容也**要经受思的考验**，且该需要不可回避。

思乃是普遍者，普遍者的活动，并且与一般具体者如同与外在者一样相对立。这就是在宗教中所获得的**理性的自由**，它如今在精神中自知自身。如今，该自由反对单纯的无精神的外在性、奴役，因为奴役完全与和解的概念、解放的概念相对立，而这样一来，就出现思，它**破坏**也显现于其形式中的**外在性**并对此抗拒。

至于思反对外在性而且处于和解中的精神之自由被维护，这是否定的和形式上的举动，该举动在其具体的形态中被称为**启蒙**。只要这种思首先出现，它就作为这种**抽象普遍者**出现，它对准一般具体者并因而也对准上帝的理念，与此相反：三位一体者的上帝并非一个僵死的抽象概念，而是此种情况：自己与自身相比，在己处存在，返回自身。抽象思维以其**同一性原则**攻击教会的这一内容，因为那种具体内容处于与同一性原则的矛盾之中。在具体者中存在一些规定、差别；当抽象的思维回过来反对一般外在性时它也在反对差别本身；上帝与人的关系，二者的统一，神圣的仁慈和人的自由——所有这一切都是一些相反规定的联系。但是，对知性、即这种抽象思维而言，规则却是抽象的同一性；这样一来，该思维就开始消解上帝中的一切具体者、一切规定、一切内容，因此，然后作为最后结果，反思仅具有**同一性之对象性**，即这样一点：上帝无非是至高的本质，无规定，是空洞的：因为任何规定都成为具体的。对认识而言，上帝是一**彼岸者**，因为认识是关于某一具体内容的知识。反思的这一完善造成了与基督教教会的对立，而这样一来，上帝中的一切具体者就被清除了，因

［334］

245

此这大体表现为:**人不能认识上帝**,——因为认识上帝意味着,根据上帝的规定了解他;但他仍应是纯粹的抽象概念。在此形式者中,也许自由、内在性、宗教本身的原则,然而首先仅仅被抽象地理解了。

**规定**进入这抽象处的这种普遍性中所凭靠的他者,无非是处于主体的**自然爱好**、冲动之中的东西。据此观点,则可以说:**人性本善**。当这一纯粹的主体性是理想性、纯粹自由时,它也许遵守善的规定,但善本身同样也须仍然是一个抽象概念。在此情况下,善的规定是一般主体的任意、偶然性,因此这就是该主体性之极点,是自由,该自由放弃真理和真理之发展,在自身中如此活动并知道,它使之有效的东西,仅仅是它的诸规定;它是高于善者及恶者的能者。

这是一个在自身中的内在活动,不仅是虚伪,至高的虚荣,也能与从容的、高尚的、虔诚的志向同在。这便是人们所称为虔诚的情感生活;**虔敬主义**也局限于此,它不承认任何客观真理,反对过宗教的教条、内容,它虽然也还保留中介,保持与基督的关系,但这一关系应保持在感觉、内在知觉中。在此情况下,每个人因此都有**自己的**上帝、基督等,部分性——在其中每个人因此都有他个人的宗教、世界观等等——固然现存于人之中,但在宗教中它因社团中的生活而被耗尽,对于真正虔诚的人而言,它不再起作用,被搁置一边。

因此,上帝空洞本质的此岸,存在着**自为地变得自由的**、**独立的有限性**,它在自身中绝对地起作用,例如,被视为诸个体的正直。进一步的后果则是,不仅上帝的客体性如此在彼岸,如此被否定,而且所有其他客观的、自在自为起作用的、在世俗中被设定为权利和伦理等的规定都自为地消失。当主体退回到其无限性之顶点时,善、权利等只包含于其中;它使这一切成为它的**主观规定**,这只是**它的**思想。然后则是从自然的任意、偶然性、激情等等中实现这种善。随后,这主体就是这样一种意识:它自身之中的客体性被包围了起来且没有持存;主体只是对自身起作用的同一性原则。这主体是抽象的主体;它可以用任何内容填充:它有能力**纳入**被植入人心的任一内容。因此,主体性就是任意本身以及对其绝对力量之知,即它产生客体性、善,并赋予善以内容。

然后,这种观点的**另一**发展在于:主体反对统一——对此,主体倒空了自身——**并不是自为的**,与此相反,它**并未保持其个别性**,而是只给予自身以规定,**专心致志于上帝的统一**。因此,主体并无任何特殊目的,只有一个客观目的,即崇奉这独一的上帝。这一形式就是**宗教**;其中有一种是与这独一者所是的本质的肯定关系;主体在其中放弃自身。该宗教具有与犹太教同一的客观内容,但人的关系被扩展了;未给人留下任何特殊性。这里缺少的就是把与独一者的这种关系设定出来的犹太人的民族价值;这里不存在限制;面对该独一者,人表现为纯粹的、**抽象的自我意识**。这是**伊斯兰教**的规定。基督教则**与它有其对立**,因为它处于与基督教**相同的范围里**。它如同犹太人的精神宗教一样存在;然而,只是在抽象的、知着的精神中,这上帝才适合于自我意识,并且在这一点上,同基督教的上帝处于这样一个阶段上,即没有保留个别性。谁畏上帝,他就欢迎谁;人具有价值,只是由于人将其真理设定到这一知中,即这是独一者,是本质。信徒之间以及他们与上帝之间任何一种形式的隔膜均不被承认。在上帝面前,主体的规定性按照等级和地位被扬弃了;主体会有一地位,它可能是奴隶——但这些仅仅作为偶然的存在着。

基督教和伊斯兰教的对立在于:在基督中,精神性具体地发展了并被了解为三位一体、即圣灵,而且人的经历,与独一者的关系乃是具体的历史,它以自然的意志(它以它不应存在的方式存在)为开端,并且是对该意志的放弃,通过它对它的这一本质的这种否定而成为自身。伊斯兰教徒仇恨并烧毁一切具体者;上帝是绝对独一者,对此,人不为自身保留任何目的、个别性、特性。诚然,实存着的人在其嗜好、志趣中自我个别化,而且在此,这些嗜好、志趣更为**野蛮**、更不受抑制,因为它们缺少反思;但因此也现存着完全的**对立面**,使一切堕落,以冷漠对抗每个目的,以冷漠对抗绝对的宿命论,对抗生活,没有任何实际目的在本质上起作用。然而,当人也是实际的、能动的时,目的本身只能在所有人中产生出对独一者的崇拜;所以,伊斯兰教本质上是狂热的。

[337]

我们上面见到的反思与伊斯兰教处于同一阶段上,即上帝没有内容,不是具体的。因此,上帝在肉身中的显现,基督上升为上帝之子,世界和自我意识的有限性向着上帝无限自我规定的美化,在这里都不是现有的。基督教仅仅被视为**教义**,而基督则被视为上帝的使者,**神圣的导师**,也就是像苏格拉底那样的导师,只是比苏格拉底更杰出,因为他没有罪。但这只是不彻底性。基督或者**只**是一个人,或者是"人子"。于是从神圣历史中什么也没有剩下,关于基督的述说如同《古兰经》中发生的一样。此阶段与伊斯兰教的**差别**只在于,当这种无限独立性**完全放弃**一切特殊者、享受、地位、自己的知识、**一切虚荣**时,伊斯兰教的直观在无限制性的苍天中自我洗净。与此相反,知性启蒙的观点,因此在此情况下,对这种启蒙来说,上帝在彼岸,且与主体无肯定的关系,这种启蒙把人称为是抽象**自为的**,于是人只承认肯定的普遍者,这是就它在人之中而言的,但人仅仅抽象地在自身中拥有它,所以,对它的满足只是从偶然性和任意中推断出来。

但是,即使在这种最后的形式中也有一种**和解**须认识;这种最后的显现因而也是**信仰的实在化**。即当一切内容、一切真理就这种在自身中无限知自身的、个别的主体性而言已变坏了时,**主观自由的原则**在其中因而就被意识到了。在社团中叫做**内在者**的东西,如今**在自身中已发展了**,不仅仅是内在者、良知,而且是主体性,该主体性自我判断、自我区别,是具体的、**作为自己的客体性而存在**,它知道从它自身中产生的普遍者**在它之中**;该主体性是自为的,在自身中规定自身,这样一来,**主观的极端就在自身中完善为理念**。这方面的缺陷在于,这只是**形式上的**,缺乏真正的客体性;这是形式教育的最终顶点,在自身中无必然性。属于理念之真正完善的,是客体性**释放出来**,客体性的总体就在它自身处。因此,该客体性的结果就在于,在主体中一切都消失了,没有客体性,没有固定的规定性,没有上帝的发展。我们时代形式上教育的这一最终顶点同时也是最高的**野蛮**,因为关于**教育**它**只具有形式**。

到目前为止,我们已认识到社团继续发展中这两种彼此对立的极端。

其一是在绝对自由领域中精神的**不自由**,奴役。另一个则是**抽象的**主体性,无内容的主观自由。

c)最后还要考察的是,主体性从自身来发展**内容**,但却是按照**必然性**,——主体性知道并承认内容是必然的、客观的、**自在自为存在的**。这是**哲学**的观点,即内容逃入概念中并通过思维获得其重建且证明正确。[339]

该思维不仅是按照同一性法则进行的抽象和规定;这思维本身本质上是具体的,因而它是领悟。它在于,概念面向其整体、面向理念规定自身。它是自为存在的、自由的理性,后者在知中发展并证明真理内容的正确,承认并认识某一真理。纯粹主观的观点、一切内容的烟消云散、知性的启蒙以及虔敬主义都不承认任何内容,因而也不承认任何真理。但概念**生产**真理——这就是主观的自由——,**承认**这种内容是一个同样**非被生产者**、自在自为存在的真理。这种客观的观点只能够以有教养的、思的方式表述出来并提出精神之见证,且已包含于我们时代更好的教义学中。

该观点因而是对宗教,特别是对基督教、真正宗教的辩护;它**依据其必然性**、依据其理性认识的**内容**;同样,它也认识到**在该内容发展中的诸形式**。这些形式就是:上帝的显现,对于感性的、精神的意识——该意识已达于普遍性、思维——的表象,精神的这种充分发展已为我们所见。证明着内容,认识着显现的形式、规定性,由此思维正好也以此认识到**诸形式的界限**。启蒙只知道否定、界限、规定性本身,所以,以此对待内容完全不公平。形式、规定性**不仅是有限性**、界限,而且作为形式之总体的形式,**本身就是概念**,而且这些形式是必然的、本质的。[340]

当反思已进入宗教时,思、反思就对宗教中的表象以及对具体的内容持一种敌视态度。已如此开始的思不再停留下来,它贯彻自身,使情感、上天和认识着的精神变得空洞,而宗教的内容随后则逃进概念中。在此,内容必须获得其辩护,思必须将自身理解为具体的和自由的,差别并非作为只是被设定的而保持着,而是释放它为自由的,并因此承认内容为客观的。

确定与前两个阶段间的关系,是哲学的要务。宗教、虔诚的需要可以像求助于概念一样,求助于**知觉**、**感觉**,局限于放弃真理、放弃去知道某一内容,于是神圣的教会再无**共同体**且分化为**原子**。因为共同体在教义中,而每个个体都有自己的感觉、自己的知觉以及一种特有的世界观。这一形式与也欲知自身在此上面如何存在的精神不相符。因此,哲学有**两种对立**。一方面,它似乎与**教会**相对立,而与教养、反思有共同之处,即当它领悟到,它不停留于表象的形式,而是它要在思想中领悟,但由此也要认识到表象的形式是必然的。然而,概念是更高级者,它也容纳各个不同形式并公正待之。第二种对立则是反对**启蒙**,反对对内容的冷漠,反对意见,反对放弃真理的绝望。哲学具有认识真理、认识上帝这一目的,因为上帝是绝对真理;在这一点上,再没有什么值得费力气来反对上帝和对他的阐明。哲学认识到上帝本质上是具体的,是精神的、实在的普遍性,该普遍性并不是忌妒的,而是传播自身。光就传播自身。谁在此情况下说上帝是不可认识的,谁就会说上帝是忌妒的,并且未认真信仰上帝,不管他关于上帝说了多少话。启蒙、知性的虚荣是哲学最强烈的敌人;当哲学揭示基督教中的理性,当哲学表明精神、真理之见证在宗教中被放下时,它就会气急。在作为神学的哲学中,唯一关心的就是,指明宗教的理性。

[341]

在哲学中,宗教从思维着的意识出发获得其证明。无偏见的虔诚则不需要之;它接受真理为权威,并借助于该真理知觉到满足、和解。在信仰中虽然已有真正的内容,但它尚缺思之形式。我们之前所考察的一切形式就是:感觉、表象,也许能获得真理的内容,但它们自身并不是使真正内容变得必然的真正形式。思是绝对的审判者,在它面前,内容应证明并验证自身。

哲学受到了谴责,哲学将自身置于**宗教之上**,但按照事实,这是错误的,因为它**只有这种**而无其他内容,但它将内容赋予思之形式中;因此,它只是将自身置于**信仰的形式之上**,内容就是信仰。

作为感觉着的个别者等等的主体,其形式则作为个别的与主体相关;但**感觉**本身并未被哲学排除。问题只是在于,感觉的**内容**是否为真理、是否能在思中证明自身为真实的内容。哲学**思维**主体本身之**感觉**,并且听

[342]

任主体满足于其感觉。因此,感觉并不被哲学所抵制,而是被哲学仅仅赋予真正的内容。

然而,只要思维开始将自身置于同具体者的对立中,那么思维的过程就得经历该对立,直至达到和解。该和解即哲学;哲学就这一点而言就是神学;它表现上帝与自身以及与自然的和解,即自然、异在存在自在地是神圣的,且有限的精神部分地在自身处将自身提升至和解,部分地在世界历史中达到该和解。

借助于概念的这一宗教认识,按其本性并不是**普遍的**,也只有在社团中才是认识;而且因此在对圣灵王国的考虑中形成**三个阶段**或**等级**:第一是直接的、无偏见的宗教与信仰之等级;第二是知性、所谓教养、反思和启蒙的等级;最后,第三等级则是哲学阶段。

然而在考察过社团的**产生**和**存在**之后,我们看到,社团的实在化在其精神的现实中陷入这种内在的分裂中,因此,它的这种实在化似乎同时就是其**消亡**。然而,由于上帝王国已永恒建立起来,圣灵本身永存于其社团中,且地狱之门将战胜不了教会,那么这里能谈得上**灭亡**吗?因此,谈及消亡就意味着,以一种不和谐气氛结束。

可是,这有什么用呢? 这种不和谐气氛存在于现实中。如在罗马帝国时期,因为普遍的统一在宗教中已然消失,并且神圣者遭到亵渎,此外,普遍的政治生活陷入绝境、失去信任,理性自身独自逃入私法的形式中,抑或因为自在自为的存在者已被放弃,特殊的幸福被提升为目的,由于道德见解、自己的意见和信念毫无客观真理地起着作用,如今也就经常有对私法和享受的寻求。如果时间得以满足,即**辩解凭借概念而成为需要**,那么在直接意识中、在现实中,就不再有内在者与外在者的统一,并且**在信仰中就没有什么是可辩解的了**。在此,客观命令的严厉、表面的遵守、国家的权力,都会一事无成;于此,衰落已不可挽救。当福音不再布道给穷人,当精英变得愚蠢了,一切基础被悄无声息地抽走时,民众——对于其仍旧敦实的理性而言,真理只能存在于表象中——就对其内心的渴望不知所措。最近还有无限的痛苦;但在此情况下,对某种爱之爱和对毫无痛

[343]

苦的某种享受之爱被颠倒了，于是民众就看到自己被其导师们所遗弃。导师们虽然通过反思得以自救，并在有限性中，在主体性及其精湛技巧中，正因此也在爱虚荣中得到了其满足，然而民众的那种实体的核心在其中并不能得到其满足。

  这种不和谐气氛为我们解决了哲学的认识，而本讲演的目的正在于，使理性与宗教和解，认识到宗教在其杂多的形象中是必然的，并在启示的宗教中重获真理和理念。但该和解本身只是个局部的和解，并无外在的普遍性；在这一关系中，哲学是个被隔离开的圣地，而它的仆人们则形成一个孤立的教士等级；该等级不可与世俗世界同流，且得保护真理的财富。暂时的、经验的当下如何从其分裂中找到出路、如何自我塑造，则不得不留给世俗世界，而这并不是哲学**直接的**、实际的事业和事务。

# 关于上帝定在证明的讲演

# 讲 演 一[①]

　　这些讲演旨在研究关于上帝定在的诸证明;其外部的起因是,我不得不下决心在这个夏季学期只作一个关于科学整体的讲演,然而我还想增补第二个至少是关于某一个别科学对象的讲演。于是我就同时选取了这样一个对象,这个对象同我所作的另一个关于逻辑学的讲演相关联,并且由于其只不过就是逻辑学之基本规定的一种特有形态,故而就对这个逻辑学讲演构成并非按内容而是按形式来说的一种补充方式;因此,犹如这些讲演对参加那些其他讲演的我的听众先生们来说甚至将是最明白易懂的那样,这些讲演首先是针对他们的。

　　但由于我们的任务是去研究**关于上帝定在的那些证明**,故而它看起来只有一个方面属于逻辑学,即**证明之本性**(Natur des Beweisen);而另一个方面,即**上帝**所是的内容,却属于另一个领域,属于宗教以及思维着的宗教研究即**宗教哲学**。实际上,它是这种应在这些讲演中单独地被提出来并予以讨论的科学的一部分;在此过程中,进一步强调的是该部分与宗教学说整体有哪种关系,然后也强调的是,这一学说——倘若它是一种科学学说的话——和逻辑性的东西并非是那么的崩裂离析,正如按照我们的目的的最初外表来看事情的外表就是这样,即逻辑性的东西不仅仅构成形式的方面,而且实际上也以此同时处于内容的中心。

---

[①] 黑格尔的《关于上帝定在证明的讲演》完成于1829年。他原拟将讲稿整理出版,却于1831年去世。此讲演后由弗马尔海因克编入《黑格尔全集》第12卷问世;后又载入1928年斯图加特版《黑格尔全集》第16卷,并载入美因河畔法兰克福1986年版《乔·威·弗·黑格尔全集》第17卷。——译者注

[348] 但是,当我们打算着手一般地实施我们的计划时,我们最先遇到的就是时代的文化偏见那种普遍的、对此计划的厌恶的看法。如果这个对象,即上帝,能够自为地立刻通过他的名字来提升我们的精神,最密切地关注我们的情感,那么,假如我们考虑这就是我们去讨论的**关于上帝定在之证明的话**,这种紧张状态就会同样快地重新减弱下来;上帝定在的诸证明已经很是声名狼藉,以至于它们被看做是某种陈旧的东西,某种属于从前的形而上学的东西,而我们则从其贫瘠的荒原上自救回活生生的**信仰**,我们已从其单调的知性重新提升至宗教**温暖感觉**。通过某种机敏的知性之新变化和新技巧来使我们关于某一个上帝存在之信念的那些老朽的、被当作证明来看待的依据焕然一新,修好那些因反驳与反证而变弱的地方,这一行动本身将不会因其好意而赢得人们的偏爱;因为并非这个那个证明、并非此证明的这种或那种形式和地方失去了其重要性,而是对宗教真理之证明本身已经在时代的思维方式中大大地失去了全部信誉,以至于这样的证明的不可能性已经是一种普遍的成见了,不仅如此,甚至给予这种认识以信赖并以这种信赖方式来寻求对上帝及其本性的信念,或即使只是寻求对上帝存在的信念,都被看作是非宗教的。所以,这种证明也就完全被宣布为无效,以至于人们勉强有时只是从历史上对这些证明有所了解而已,甚至那些神学家本身,亦即这样一些想从宗教真理中获得某种科学认识的人们,都可能不熟悉这些证明。

[349] 关于上帝定在的证明来自于这样一种**需要**,即让**思维**(Denken)、**理性得以满足**;但这种需要却在近代文化中获得了一种完全不同于以往的地位,而那些已出现于这种考虑中的观点则必须首先被提及。但由于它们一般说来是众所周知的,而且这里并非追踪它们及其基础的地方,所以就只需记起它们就行了,并且是以这样的方式,即我们把自己限制在它们的形态上,犹如此形态在基督教的基地内的情况那样。就在这同一块基督教的基地上,信仰与理性之间的对立才首次处于人自身之内,**怀疑**进入人的精神,并可以为了彻底夺去他的全部安宁而达到了可怕的程度。思维当然也就不得不来到以前的那些幻想-宗教——就像我们可简略地来

标示它们的那样——那里，它不得不直接地转向它们的感性形态和其他那些带有它的对立面的内容；外在的哲学史指明了源出于此的对立、敌视情绪和敌对行为。但是在那种范围内，冲突仅只发展为敌视，而没有像在基督教内部那样在自身内发展成精神与情感的内在分裂，而处于矛盾中的两个方面，在基督教中获得了精神的深度，作为它们的一个、以此也是共同的根源，并在这个地方、在其矛盾中被联系在一起，从而能够使这个地方本身失常，从其最内心深处使精神失常。**信仰**这个表达式已经留给基督教信仰了；人们不谈希腊、埃及等等的信仰，或者对宙斯、对阿庇斯等等的信仰。信仰表达着确信的内向性，更确切地说是表达着在对立中不同于其他一切意见、想象、信念或意愿的最深层、最贯注的确信；但那种内在性作为最深层的内在性同时也直接包含着最抽象的内在性即思想本身；因此，思维与这种信仰的矛盾就是精神深处中的极为痛苦的分裂。

然而幸好——假如我们可以这样说的话——，这样的不幸并非就是[350]信仰与思维之关系必须处于其中的唯一形态。相反，这种关系倒是在这样一种信念中平和地表现自己：启示、信仰、实定宗教，以及另一方面的理性、思维一般，这些东西并非一定得处于矛盾中，不如说，不仅它们会存在于相互协调中，而且，上帝也未如此在他的作品中与自身相矛盾，他不会如此地自相矛盾，以至于人类精神必定要在其本质中、思维着的理性中，在精神必定原初地就认为是它自己身上的神性之物的东西中、亦即在那个通过对上帝之本性和人与上帝本性之关系的更高的突然醒悟而来到它身上的东西中，遭受到反对。所以整个**中世纪**无非都把神学理解为对基督教真理的一种**科学**认识，即本质上与哲学联系在一起的一种认识。中世纪同那种把关于信仰的历史知识看作是科学的做法相去甚远；在诸基督教神学家那里，在一般说来可以被弄成历史材料的东西中，中世纪仅仅寻求了关于教会教义的权威、修身与教导。相反通过对用于诸信仰教义的所有种类之更为古老的见证与工作的历史讨论来打探该信仰教义的人道形成，并以这种方法将那些信仰教义还原至其最低的初始形态——此形态与脱离这些信仰教义的直接当下之后为了引导信奉者首先进入所有真理而被倾泻在其信奉者身上的精神相矛盾——，这种朝着相反的方向，就更深层的认识与发展来看，它应该被永久地看作是徒劳的；——毋宁说，这样的方向并未为那个时代所知晓①。所有的教义，甚至对理性来说最为玄奥难懂的教义，都在对这种精神与自身一致的信仰中从思维上得到了考察，而这一种尝试都被应用到所有这些教义上，这种尝试即是：也通过理性原因来**证明**这些自为地就是信仰内涵的教义。坎特伯雷的伟大神学家安瑟伦②——我们在其他情况下也还要回想到他——就在此意义上说道：如果我们在信仰上得以加强，那么，不把我们所信仰的东西辨识出来，就是一种拖拉，negligentiae mihi esse videtur（在我看来就是个疏忽）。下面这种情况同样也出现在**新教**教会中，即：与神学相联系、甚或与之并行不悖，对宗教真理的理性认识就得到保护并受到尊重；此兴趣表达了这样一个意图，即去观察，用同时通过宗教将较之于从自身能发现的理性更高的真理教授给人这种本质性的保留条件，此兴趣在对真理的认识中能够在多大程度上带来理性的**自然之光**、亦即自为的人类理性。

这样就表明出现了两个不同的领域，而首先是它们中间的一种平和态度由于下面这种区别而得以表明是正确的，这一区别即是，实定宗教的教义虽然**高于**理性，然而却并不**违反**理性。——这种思维着的科学活动外在地通过那样一种例子——这种例子在前基督教的或基督教之外的那些宗教中触目即是——而得到激励与支持，即：人的精神听凭自身深入洞察了上帝之本性，而且除了种种迷误之外也达到了伟大的真理，亲身达到了诸如上帝终究定在的一些根本真理，而且达到了纯粹的、没有被杂以感性成分的上帝理念，达到了灵魂不死、天命等等。这样，实定的教义和对宗教真理的理性认识就平和地**一起**得以推进。但是，当首先提到的对理性的信赖许可接近教义学、三位一体、基督降世为人等等的至高奥秘时，

---

① 这里涉及黑格尔与直接信仰的哲学以及神学的一些倾向的论争；在论争中，历史的准则及其他准则有所发展，却有损于对信仰之教义内涵的领悟和论证。——译者注
② 黑格尔援引安瑟伦（坎特伯雷的）所著《上帝为何降世为人》（Cur Deus Homo,1,2）。——译者注

理性对信仰学的这种看法就以此不同于那种对理性的信赖,与此相反,后 [352] 来提到的那种观点则谨慎地局限于这样一种转变:只敢用思维来承担那种一般说来为基督教与异教和非基督教所共有的东西,也就是那种也仅仅是不得不停止在宗教抽象物上的东西。

但是,当这样两个领域之不同已被意识到时,我们就必须把这种无所谓的关系——在此无所谓状态中,信仰与理性应被看作是**并**存着的——评定为无思想的,或评定为一种欺骗性的借口:趋向统一的思维欲望必然首先导致这两个领域的对比,继而,当它们有一天被看作是不同的,就导致信仰仅仅与自身以及思维与自身的一致,以致于每个领域都不承认另一个领域并摈弃之。知性之最流行的错觉之一就是认为,**存在于精神的这一中心中**的不同者,无需一定继续走向对抗并因此而发展至矛盾。一旦精神的具体物分解为一般差别的意识,那么就得出了精神斗争之根由。所有的精神之物都是具体的;我们在此就在其最深层的规定中面对精神之物,也就是面对作为信仰与思想之具体者的精神;这两者不只是以最多样化的方式、在直接的往返中被掺和在一起,而且被如此密切地相互联结在一起,以至于没有什么信仰不包含有反思、理性推论或一般思维,以及,没有什么思维不包含有信仰于自身内,即便只是短暂的信仰,——因为信仰一般就是某种前提之形式,是某种——不论其由来如何——牢固的、作为基础的假设之形式,故而,短暂的信仰,也就是这个样子:这种现在作为前提而存在的东西,虽然其本身在自由的思维中乃是事后或事先思考和 [353] 理解的结果,但是它在这种前提向结果的这种过渡中重又具有了作为精神活动之前提、假设或无意识的直接性的一个方面。然而,我们在此尚须将阐述自由自为存在着的思维之本性这一工作搁置在一边,而是去说明这一情况,即:思想已为信仰与思维的这种被指明的、自在自为存在着的联系耗费了长久的时间——大概超过一千五百年——及繁重的劳动,直至思维从其沉入信仰中获得对它的**自由**的抽象意识,并借此获得对它的独立性与完全非依赖性的抽象意识,而在此意义上,应不再有什么被视为同一种东西,这种东西没有在思想的审判席前证明自己并在其面前表明自己是可以接受的。这样,思想就将自身置于其自由的极端状态,——只有在此极端状态中,它才是完全自由的,——并因此而摒弃权威与一般信仰,驱使**信仰**本身同样**抽象地把自己置于自身之上**,并驱使它尝试着完全地摆脱思维。信仰至少得去表明自己摆脱了思维、且无需思维;把自己包裹在对那还不得不留给了它的、自然是无足轻重的思维的**无意识状态**中,信仰进而断言思想作为真理无能力,且有害于它,以至于思维能做的事情仅仅就是认识到它不能理解真理,并自行证明它的无意义,因此自杀就是思维的最高使命。于是,[信仰与思想的]关系又在这个时代的观点中完全翻转了过来,以至于一般信仰作为与思维相对立的直接知识已被提升为把握真理的唯一方式,犹如反过来从前仅仅应该能给人以安慰的东西就是他将会通过证明性的思想意识到作为真理的东西一样。

[354] 这种对抗的观点必定对任何对象都不比我们已打算去研究的**对象**,即**对上帝的认识**表现得更透彻且更有分量。信仰与思维趋向对抗的差别之突出出来,直接包含有这样一种情况,即:信仰和思维已变成了形式上的两极,其中已脱离了内容,以至于它们首先不再以**宗教信仰**和**宗教对象之思维**的具体规定而对峙,而是作为信仰一般和思想一般或**认识**而**抽象地**对峙,倘若后者不应仅只给出思想形式,而且应给出其在真理中的以及带有其真理的内涵的话。按照这一规定,对上帝的认识一般来说是取决于关于认识之本性这个问题的,而在我们开始去探究具体事物之前,似乎还必须澄清,真实事物的意识是否**会是**且**必须**是思维着的认识抑或信仰。我们去研究关于上帝存在的认识的这一意图变成了那种对认识的一般研究;一如新的哲学时代把下面这一点弄成了一切哲学思考的开端与基础,即:认识本身之本性先于**真正的**认识亦即先于对某一对象的**具体**认识而得到探究。这样,我们以此在提供一种危险,——但它对彻底性来说却是必要的,——这种危险就是,我们不得不继续从很远的地方说起,而这就超出了对这些讲演的目的来说所允许的时间范围。但是,如果我们进一步考察我们似乎已处于其中的这一要求,则很直白地表明了,随此要求而改变的恐怕只是对象,而非事情本身;如果我们与那种探究的要求为伍,

或者,如果我们直接坚守我们的主题,在这两种情况下,我们都得去**认识**;甚至在那种情况下我们也许为此要有一个**对象**即认识本身。由于我们就此也摆脱不了**认识活动**,摆脱不了**实际的**认识,这样也就没有什么东西阻碍我们把我们并不打算研究的其他对象扯进来且仍坚守我们的对象。但是还将产生出这样一种情况,即:当我们遵循我们的目的,那么,对我们的对象的认识就它本身而言也将表明认识是合理的。或可说,人们事先就已经知道,对认识的辨明也将由并且必须由真正的和实际的认识而发生,因为这个原理无非是一种同义反复罢了;人们好像同样在事先就会知道,所要求的那条想在实际的认识之前去认识到认识的冤枉路是多余的,之所以如此乃是因为这一点就本身而言是荒谬的。但是,如果人们在认识的情况下设想一种外在的工作,通过它,认识随某一对象一起被带入机械的关系中,就是说,对它来说[对象]依然是异己的,[它]仅仅外在地**被运用到**对象身上,那么,在这样一种关系中,认识自然就被安置为一种特殊的自为的事情,以至于也许会是这样,即:认识的形式不具有任何与对象之规定所共有的东西,所以,如果认识自行与这样的对象有关,只是固守在它自己的形式中,那么,对象之规定就没有以此被达到,也就是说,没有成为对对象的实际认识。通过这种关系,认识被规定为**有限的**认识和对**有限者**的认识;某种东西,更确切地说是[对象之]真正的内在之物、它的概念、一种对认识来说是不可通达的东西、异己的东西,依然留存于认识的对象中;在此有认识的**界限**和**终点**,而它由此也就是受限制的和有限的。但是,将这种关系认作是唯一的、最终的和绝对的关系,乃是知性的一种率然做成的、未经辨明的假设。真正的认识——只要它不是停留于对象之外,而实际上是自行对其有所作为——必须是对象所内在的认识,是对象之本性的自身运动,只是以思想的形式被表达出来并被纳入到意识中罢了。

[355]

[356]

文化的诸观点暂时就以此而被指明了,我们现今在这样一种题材上——当我们面对这种题材的时候——习惯于考察这些观点。在这种题材上从自身明朗起来的这种文化首先是或者本来就只是:方才所谈的东西——对认识的研究与对其对象之本性的研究并没什么不同——必定是完全无限制地适用的。因此,我立刻就指明这样一种普遍意义,我们就是在此意义上选取那被推到面前的课题即**关于上帝定在的证明**,而且这种意义将作为一种真实意义被指明。这种意义即是:关于上帝此在的那些证明应包含有**人类精神向着上帝的提升**,并且应**为了思维**而表达这种提升,正如这种提升本身就是对思想的提升,并且是在思想的王国里。

至于首先一般地就**知识**而言,则人在本质上就是意识;因此,**某种感觉**所拥有的被感受到的东西、内涵和**规定性**也都作为某种被**表象者**而存在于**意识**之中。**神圣的内涵**乃是感受由之而是宗教感受的东西;这种内涵因此而在本质上就是这样一种人们一般都**了解**的东西。但是,这种内涵**就其本质而言**却并非感性直观或感性表象,它并非为了想象力,而只为了思想。上帝即是灵(精神)①,仅仅为了精神而存在,而且仅仅为了**纯粹的精神**即思想而存在;思维乃是此种内涵之根源,即使此后某种想象力和自身的直观被加诸其上,而这种内涵进入到感觉之中。所以,**有所思的精神**向着那本身就是最高思想的东西即上帝的这种**提升**,就是我们所要研究的事情。

此外,这种提升本质上**是由我们的精神之本性引起的**,它对精神来说是**必然的**;这种必然性乃是我们在这种提升中所面对的东西,而对这种必然性本身的表述无非就是我们通常称作是证明的那种东西。因此,我们无须在别的地方证明这种提升:这种提升在自己身上证明着自己;而这无非意味着,它自为地就是必然的;我们只需去观察此提升的本己过程,这样我们就在它本身那里得到这样一种必然性,因为提升就自身而言就是必然的,而对此必然性的洞察则正好应由那种证明来提供。

---

① 《圣经》"旧约全书·创世纪"第 1 页(1:1-2):"起初,神创造天地。地是空虚混沌,渊面黑暗;神的灵运行在水面上。"——译者注

# 讲 演 二

如果这项习惯被表达为对上帝定在的一种证明的任务——就像其在第一个讲演中被提出来那样——被牢牢抓住,那么,以此对它的那种主要成见也就应被消除掉了;因为这种证明被规定到了这样一种程度,即:它只是关于对象在自身中的自有运动的意识罢了。如果这一想法在关乎其他对象时会有某些困难的话,那么,与此相反,在我们的对象这里,这些困难必定就不复存在了,因为我们的对象并非某种静止的客体,而是,其本身乃是一种主观的运动——精神向着上帝的提升——,是一种活动、过程、变化过程,也就是说,它自身就具有某种必然的**进程**,此必然进程就构成了证明,而[我们的]考察则只需吸纳这种进程,以便包含这种证明。但是,"证明"这个用语太确定地随身携带着某种**仅仅**是主观证明的表象,即成为我们的目的的途径,以至于在不特意将这种完全相反的表象拿到面前并去除它的情况下,[我们]所提出的这个概念就已经可以满足于自身了。因此,在这个讲演中,我们应首先就一般**证明**取得一致意见,更确切地说,就我们从证明这里消除掉并从中排除出去的东西取得一致意见。因此不应去关心这种事情,即去断言,如所标明的那样,并没有这样一种如所标明的那样的证明,而是去关心这种事情,即去指明它的界限并认识到它并非像它被错误地认为的那样是证明的唯一形式。这随后便与**直接的知**和**被中介的知**之对立相关联,而在我们的时代关于宗教知识而且甚至关于一般宗教虔敬(Religiosität)的主要兴趣则都已被放到了这种对立上,因而这种对立也同样应当予以考量。

[358]

在审视一般认识时已经被提及的那种差别包含有这种情况,即:有两

263

种证明方式应予以考察,而其中之一自然就是我们只是为了作为一种主观的认识的认识目的而使用的那种证明方式,也就是说,认识的活动和过程只属于**我们**,而并非是所考察的事情自身的进程。如果我们进一步考量这种操作程序的特性,那么这种证明方式发生在关于**有限**物及其**有限**内容的科学中这一点就显露出来。为此目的,我们选取来自这样一门科学的例证,在这门科学中,如已得到承认的那样,这种证明方式以其完善的方式得到运用。如果我们证明一个几何学的命题,那么,有时这证明的每个个别部分都必须自为地在自身中承担起它的自我辩护,就如同我们是在解一个代数方程式一样,然而有时此程序的整个过程都是通过**我们**在这方面所拥有的**目标**并由于通过这样的程序被达到这一点来规定自身并为自己辩护的。但是,人们已很清楚地意识到了,这种答案本身作为我从方程式中推导出其量值(Größenwert)的东西,并没有为得到这个量而经历这些答案所具有的运算程序,几何学的线、角等等的量还通过我们由之而获得答案的一系列规定得以运行、得以产生出来。我们通过这样的证明而看清的**必然性**也许与客体本身的那些个别规定相符合,这种量值比(Größenverhältnisse)归于客体本身;但是,在这一个与另一个规定的关系中继续前进则完全属于我们;它是实现我们的洞识之目的的进程,而并非是客体由之获取其自身内的各种比例及其关系的那一过程;所以它并不是像我们在洞识进程中产生出客体及其关系那样自己把自己本身产生出来或被产生出来。

[359]

除了真正的证明,——它的本质特性因为对我们的研究目的来说是不可缺少的而被突出出来,——此外在有限知识领域中还有那种更进一步地说只是一种**指示**——指明一般**经验**中的某一表象、原理、规律等等——的东西也被称为证明。我们无须为了我们在由之来考察认识的这个视角而特别地引用**历史**的证明;根据其材料,历史的证明同样以经验为基础,或者更确切地说以感知为基础;它并未在它指向别人的感知和该感知的见证这一层面上做出区分。特有的知性对事件与行为之客观关联所做的理性推论,以及它对那些见证的批评,在其推论中就拥有那些成为前提和基础的资料。然而,只要理性推论和批评构成历史证明的另一个本质性的层面,那么这种证明就把这些资料当作他人的表象来对待;这样,主观的东西立即就进入材料中,而推论以及对那种材料的联结则同样是一种主观的活动,结果,认识的过程及忙碌就具有完全不同于事件本身之过程的成分。然而就**当下**经验的那种**指示**说来,诚然,它首先同样致力于**个别**的感知、观察等等、也就是致力于这样一种只是被指示的材料;但它的旨趣却是以此进一步以证明:当这样的**属**和**种**、这样的**规律**、**力**、**能力**、**活动**在科学中被设立起来的时候,自然和精神中就有这些东西。我们且搁下对感知随之而发生的知觉——外知觉和内知觉——之主观者的形而上学的或普通心理学的考察。但是,当材料进入科学中的时候,它并不是继续像其在知觉中、在感知中的那个样子;毋宁说,科学的内容——**属**、**种**、**规律**、**力**等等——是由那种比方说甚至立即就已经以现象之名得到标明的材料,通过分析亦即对非本质显现者的**删除**、对本质上被指称者的保留(正是一种何者可被看作是非本质的东西和何者是本质的东西之固定标准未被指定),通过对共同者等等的编排而得以形成。人们承认,被感知的东西,其本身并不从事这些就**抽象化**活动,它本身并不去比较它的那些个体(或个体性的地位和状况),不去编排这些东西的共同者,等等,因而,认识活动的大部分都是一种**主观的**行为,犹如,就所获致的内容而言,其部分规定作为一种**逻辑**形式就是这种主观行为的产物一样。**标志**这个用语,如果人们还想不一样地使用这个平淡无力的用语的话,那么,它立即就标明了这样一种主观的目的,即:仅仅为了**我们看出**的目的就随着对也存在于对象身上的其他规定的去除而把某些规定提取出来,——那一用语应被称作是平淡无力的,因为属规定或种规定也立即被看作是某种本质的东西、某种客体之物,不应只是为了**我们看出**而存在。——而且,人们甚至可以这样来表达,说**属**在这一个种中除去了它在另一个种中设定出来的那些规定,或者**力**在这一表现中除去了现存于另一种表现中的那些情形;说这些情形恰恰以此而被力指明为非本质的,说力本身一般地停止了它的表现而退回到不活动状态(Untätigkeit)、内在状态;还说,规

[360]

[361]

律,比方说天体运动规律,它排除任何个别的位置以及这一天体于其中占据此位置的瞬间,并且正是通过这种持续的抽象化来证实自己是为规律。如果人们这样把这种**抽象**也作为**客观活动**——一如它就此而言所是的那样——来考察,那么,它可是非常不同于主观的活动及其产物的。那一客观活动听任天体在对**这一**位置和**这一**时刻的抽象化之后重又一样地仅仅回落到各个暂时的位置和时间点中,一如它听任种类中之属一样地出现在另外一些偶然的或非本质性的情形中及一般个体的外在个别性中,如此等等,反之,主观的抽象化则把规律以及属等等突出在它的普遍性本身当中,使它们实存在、保持在这种普遍性中,实存在并保持在精神中。

在认识的这些形态中——认识自行从单纯的指示到证明持续地规定着,从直接的对象性转向特有的产物——可能会有这样一种需要,即**单独地去讨论方法,去讨论主观活动的方式方法**,以便去检验它的要求和程序,因为它自为地具有自己的规定和它的过程之方式,有别于在其自身中的对象之规定和过程。即便没有进一步进入这种认识方式的特性中,也立即就从我们在这种认识方式上所看到的简单规定中产生出这样的结果,那就是,当这种认识方式被放到了这一点上,即:它依据主观的形式已忙于对象时,它就只能理解对象的**关系**。但是,这种关系是否是客观的、现实的,抑或它本身只是主观的、理念性的,对此提出这个问题甚至都是多余的,——反正主体性和客体性、现实性和理想性这些用语都是完全含糊不清的抽象。**内容**,不论它可能是客观的抑或只是主观的、是实在的抑或是观念性的,它都仍旧始终是内容,是一些**关系**的一种集合,而并非是**自在自为的存在者**,并非事物的**概念**或认识必定会对之关心的**无限者**。如果认识的那种内容被从一种不太确切的意义上设想成仅仅包含着这样一些关系,即这些**现象**作为关系依据**主观的认识**而存在,那么,根据这个结果,下面这一点作为现代哲学所获得的伟大洞见就必须始终予以承认:这里所描述的这种思想方式、证明方式和认识方式是不能达到无限者、永恒者和神圣者的。

这样,人们就从这样一个层面把握了在先前对一般认识的阐释中被突出出来的东西并进一步涉及只与我们有关的思维着的认识以及有关证明的同一认识中的重要环节，即：这同一认识即是思维活动的一种运动，而这种思维活动是外在于对象，且不同于对象自身之变易（Werden）的。这一规定有时会被提出作为满足我们的目的，但有时在实际上它却被看作是与片面性相反的本质性的东西，而这种片面性就存在于对认识之主体性的反思中。

诚然，认识之有限性由认识与可予认识的对象的对立而发生；但是，这种对立本身还不应因此而被理解为无限的、绝对的，而认识的那些产物则不应为了单纯的主体性之抽象而被看作是一些现象，而是，只要它们本身是由那种对立来规定的，这内容本身就是由所指明的那种外表所刺激的。这一视点具有追踪内容之特性的结果，并提供了一定的洞见，对此那种考察无非是给出了作为主观者的抽象范畴——它在内容之上被看作是绝对的。所以，犹如证明已被理解一样，对那些外本身还完全一般的内容之质来说，由此所产生的东西一般直接就是：当认识在内容中被当作外部的东西来对待时，内容本身就由此而被规定为一种外在的内容，更详细地说，它是由有限规定性之抽象组成的。数学的内容本身总归自为地就是**量**（Größe）；几何学构型则属于空间，而且当这些构型被与实在对象区别开来时，它们以此也就同样在自己身上拥有一种用作原理的相互外在的存在（Außereinandersein），而且仅仅具有诸实在对象的片面空间性，但绝非这些对象之具体充实（Erfüllung）——由此，诸对象才是真实的。同样，数字也有用作原理的独一，而且是这一独立的独一之多的组合，因此就是这样一种本身中完全外部的联结。我们在这里所面对的这种认识因此只可能在这一领域中才是最为完善的，因为这一领域许可了那些简单、固定的规定，而且这些规定——对它们的洞察就是证明——相互间的依存性也同样是固定的，并因此为证明提供了前后一贯的必然性之进展；这种认识能够详尽地阐明它的对象的本性。——但是，证明的这种前后一贯性并不局限于数学的内容，而且也进入自然和精神的题材的所有学科中，但就相关题材之认识中的这种一贯性来说，我们总归可以把它归纳为这样

[363]

一点,即:这种一贯性有赖于**推论的规则**;这样,对上帝定在的诸证明从本质上说就是**推论**。但是,对这些形式进行明确的探究,有时自为地就属于逻辑学,然而这种探究的基本缺陷,有时就不得不在对这些证明所做的那应当放到前面来的讨论中予以揭示。在此已足以在与所说的东西的关联中看出下面这一更进一步的东西,那就是,推论的规则具有这样一种创立形式,这种创立形式存在于一种数学计算的方式。一些应当构成一种推论的规定之关联,以它们相互拥有的**范围**(Umfang)之关系为基础,而这种范围有理由被视为**较大的**或**较少的范围**。这样一种范围的规定性对归纳(Subsumtion)的正确性来说是决定性的东西。老逻辑学家如兰伯特(Lambert)①和普卢克(Ploucquet)②都曾花气力去发明一种标志③,应借此在推论中把关联引向同一性,——这种同一性是为抽象的、数学的同一性,亦即等同,以至于推论就被指明为计算题的机械程序。但是进一步就认识来说,按照那些按照其自己的本性本身就是外在的对象的那样一种本身就是外部的关联,我们将必须立即就这样在得到中介的认识这种名义下来谈论它并考察更进一步的对立。

但是,就被称为属、规律、力等等的那些形态来说,针对它们的认识并不就是外在的,毋宁说,它们乃是认识的产物;但是,产生它们的认识,正如所引证的那样,仅仅通过对象性之物的抽象化而产生出它们。这样一来,它们大概就在这种对象性之物中有其根源,但却在本质上与现实分离开来;较之数学构型,它们更具体一些,但它们的内容却在本质上离开它们由之出发并应是它们的可靠基础的东西。

因此,这种认识的缺陷已经引人注目,在一种变体中有别于在考察中所提出的,这种考察把认识的诸产物冒充为一些现象,因为这种认识只是

---

① 约翰·兰伯特(Johann Heinrich Lambert),1728—1777。——德文版编者注
② 高特弗里德·普卢克(Gottfried Plouquet),1716—1790。——德文版编者注
③ 约翰·亨利希·兰伯特(1728—1777),瑞士-德国数学家、天文学家、物理学家、哲学家,又译"朗伯";他第一次证明圆的周长与直径之比($π$)是无理数,即不能表示为两个整数之比。他的哲学著作《新工具法》(1764年)包含形式逻辑、概率及一些科学原理。戈特弗里德·普卢克(1716—1790),数学家。——译者注

一种主观的认识;然而一般说来,结果是共同的;而且我们从现在起就应该看到,有某种东西已与这种结果对立起来了。这种东西就是一般借助 [365]
于抽象、推导、证明等等来进行思考的精神活动,但它并没有就精神之目的被充分地予以规定,而精神之目的就是,认识到无限者、永恒者,认识到上帝并在其内变得密切起来。这个本身就是时代思想形成的产物的洞见,从此就直接地奔向了另一极端,即:把某种无证明的直接的知、某种无认识的信仰、无思想的感觉,冒充为理解并在自身内拥有神圣真理的唯一方式。得到**保证**的是,对于无能于更高真理的认识方式来说,那一方式就是专有的、唯一的认识方式。有两种设想最为紧密地联结在一起;一方面,我们必须在对我们已经开始考察的东西的探究中让那种认识摆脱它的片面性,同时则由此而用行动来表明,还有不同于那种被冒充为唯一认识的认识;另一方面,信仰本身针对认识的这种过分要求乃是一种偏见,这种偏见把自己看得太过稳固和可靠,以至于都没有必要对它进行某种较为严格的研究。只有在考虑到正指明的这种过分要求时才立即就应该记起,真正的、没有偏见的信仰越是可以在不得已时提出过分要求,就越少提出这种过分要求,而这种不得已的情况只为那本身只是理智的、训练有素的、论战式的信仰论断而到来。

但是,我已经在别处解释过那种信仰或直接知识是怎么回事。在属于当今时代的关于上帝定在之证明的讨论的首要处,信仰论断不会被说成是已完结了的;至少应记起必须据之来评价信仰论断并把它放到它自己的位置上去的那些主要环节。

## 讲 演 三

我们已经注意到,我们应谈论的那一信仰之论断跌落在真正的、无偏见的信仰之外;这种真正的、无偏见的信仰,——就这一点来说,它已经在向着认识着的意识继续深造,并甚至因此而具有认识的意识,——毋宁说接受认识、并且十分信赖地接受认识,因为它最早是对自己、对它自身是可靠的、就自身而言是稳固的这一点十分信赖。然而这里就正在谈论信仰,只要信仰是敌视认识的、且甚至其本身就敌视性地拒绝一般知识。这样一来,它也就不是某种反对另一种信仰的信仰;信仰乃是两者所共同的东西。这于是就成了反对内容的内容;然而,如果对宗教真理的反驳与维护不是用这样一些外在的武器来引导,——这些武器对信仰与宗教来说就如同对认识来说一样是陌生的,——那么,对内容的这种参与就随身直接携带着认识。摒弃了认识本身的信仰正好由此而被交付给无内容状态,并且,作为一般信仰,它首先是抽象的,犹如它在不考虑内容的情况下就去反对具体的知识、反对认识一样。这样它就被抽象地拉回到自我意识的简单性中;只要自我意识还具有某种充实亦即某种**感觉**,自我意识就存在于这种简单性中,而且在知识中是为内容的东西,就是感觉的**规定性**。抽象信仰的论断因此也直接导向感觉形式,而知识的主体性则躲进这种情形式中"仿佛是在一个不可达到的地方"。——因此,从[信仰与知识]这两者中,就应简要地指明这样一些视点,由此,这两者之片面性以及由此它们在其中被断言成最终基本规定的那种方式之非真理性就明朗起来。

信仰,——为了开始这一信仰,——是以此为出发点的,即:知识对于绝对真理来说是无意义的这一点是得到证明了的。我们打算如此行事，[367]以致我们且把这一前提给信仰留下，并去看看，就它自己本身来说它现在究竟是什么。

暂时地，如果这种对立这样完全普遍地被理解为**信仰与知识**的对立，就像人们常常听说的那样，那么，这种抽象就必须立即受到抨击；因为信仰属于**意识**，人们**知道**他所信仰的东西；人们甚至**确切地**知道他所信仰的东西。甚至仅仅打算以这样一般的方式来把信仰和知识区分开来，都立即表明是荒谬的。

但是，信仰现在被标明为**直接的知**，并且应当因此在本质上区别于同**被中介的和做中介的**知识。为了坚持待在这种论断自己的领域中，当我们在这里把对这些概念的思辨讨论放到一边去时，我们就提出下面这一**事实**以反对这一被宣称是绝对的分离，这一事实就是，**没有知识，犹如没有什么感觉、表象、意愿一样，没有应归于精神的活动、性质或状况，是没有被中介的和不做中介的**，犹如没有其他什么**自然的和精神的对象**一样，即无论在天空中还是在地上和地下，不像它自身中包含有**直接性**之规定一样包含有**中介**之规定。这样，逻辑哲学就在思维规定的全部范围内把这——当然同时连同它的必然性一起，然而我们在此还没必要上诉至这一必然性——表述成一个一般的事实。从感性材料来看——尽管是外感知或内感知——所承认的是，它是有限的，就是说，它仅仅作为由**他者所中介的而存在着**；然而，从这种材料本身出发，更多的是从精神的更高内容来看所承认的是，它在范畴中有其规定，而这种规定的本性则在逻辑学中表明，它自身中不可分割地具有所指明的这一中介环节。然而此时我们却停留于引证完全一般的事实；而不论诸事实会被理解为在何种意义 [368]上以及在何种规定中存在。我们没有用例证来谈论此事，就停留于这一反正此时最接近我们的对象那里。

**上帝**即是活动，是自由的、与自己本身相关联的、保持于自身的活动；这就是上帝的概念中或上帝全部表象中——他本身作为他与自身的**中介**而存在——的基本规定。如果上帝只是被规定为**创造者**，那么，他的活动

271

就只是被设想为**走出去的**、从自身向外扩张着的、**直观着的**——没有向自己本身的返回——产生。产物乃是有别于上帝的他者,这就是**世界**。对**中介**这个范畴的设想,可能立即就随身带有这样一种意义,那就是,上帝应该**借助于世界**而存在;但是,人们至少可能会有理由说,上帝仅仅借助于世界、借助于被创造物才是创造者。当"被创造物"这个规定本身直接就是由于第一个规定即创造者而发生时,单单这一点可能只是某种同义反复的空洞物而已;但是另一方面,被创造物作为世界却留**在上帝之外**,作为一个与上帝相对立的**他者**站立在表象中,以至于上帝在没有世界的情况下就自在自为地存在于他的世界之彼岸。但是在基督教中,我们极少仅仅应把上帝了解为创造性的活动,而不把他了解为精神;毋宁说对这种宗教来说,存在着这样一种**得到了阐明的**意识,那就是,上帝即是精神,其独特之处在于,上帝正好如其自在自为地存在那样,对自己采取的态度作为对他(称为圣子)的他者采取的态度,他自身就作为爱在其自身中,作为这种对自身的中介而是本质的。上帝也许是世界的创造者,而且因此得到了充分规定;但是,上帝更多地作为这而存在,**真正的**上帝就是,他是他对自身的中介,是这种爱。

[369] 　　由于有上帝作为其意识之对象,信仰现在正好因此就具有了趋向其对象的中介,犹如当其存在于个体中时,信仰仅仅通过教导和教育,通过一般的人性教导和教育,更多的是还通过浸透上帝精神的教导和教育而存在着,仅仅作为这样一种中介而存在着。但是,不论现在在上帝还是何种物或内容是信仰的对象,这对象也是完全抽象的,如同一般意识一样,是主体与某一客体的关系,以至于信仰或知识都仅仅**借助**某种对象而存在;否则它就是空洞的同一,是一种没有什么的信仰或知识。

　　然而反过来,另一个事实本身已经由此而发生,这个事实就是,同样也没有什么东西**仅仅**只会是某种**被中介者**的东西。如果我们把对直接性所理解的东西放到我们面前,那么当由所有差别立即来设定中介时,直接性在自身中就不会有何差别了,它是与自己本身的**简单关系**,这样,它就以其本身直接的方式只是**存在**。现在,所有的知识,被中介的和直接的以及所有其他一般的知识,都至少**存在着**;而它**存在着**,本身就是最少者,即最抽象者,对于它,人们可以说任何一些东西;尽管它只是主观的,如信仰、知识等,它仍如此**存在着**,**存在**就应归其所有,犹如这样的**存在**应归于那只是存在于信仰、知识中的对象所有那样。这是一种非常简单的洞见;但是人们却正好会为了这种简单性本身的缘故而对哲学不耐烦起来,毋宁说离开了这种丰盈与热情,——信仰就是这种丰盈与热情,——并且被转向了诸如存在、直接性这样的抽象化。但实际上,这并非哲学的过错;而是,信仰与直接知识的那种论断,使自己置于这些抽象化上面。事情的全部价值以及对此价值的判定,都被放进这一点中,那就是,信仰**不是被中介的**知识。但我们却也达至内容,或者毋宁说同样会仅仅达至某一内容之关系,达至知识。

也就是说,应进一步注意到的是,知识中的直接性——信仰就是这种直接性——立即就有某种进一步的规定;也就是说,信仰知道它所信仰的**东西**,不仅是一般地知道,不只是有某种关于此的表象和认识,而是**确定无疑地**知道它。这种确信乃是信仰神经之所在;然而在这里我们立即就遇到一个进一步的差别:我们还须把**真理**与确信区别开来。我们也许很是清楚,许多已经或正在被了解为确定无疑的东西,却并不因此就是真的东西。太阳绕着地球运行,人们在足够长久的时间里都把这了解为确定无疑的,并且为了引证这个老一套的例证,数以百万计的人至今仍然把它了解为确定无疑的;还有,埃及人曾经相信,阿庇斯(Apis)是一更高的或最高的神,他们把这看作是确定无疑的,希腊人如此看待朱庇特(Jupiter)等,正如印度人至今还确定无疑地知道,母牛是神,而另一些印度人、蒙古人和其他许多民族,则确定无疑地知道一个人即达赖喇嘛是神。这种确信被宣布出来和被断言,这一点得到承认;一个人也许完全可能会说,我确定无疑地知道某事,我相信它,它是真的。只是同时恰恰因此其他任何人都有权说这同一种东西;因为每个人都是自我,每个人都知道,每个人都确切地知道。但是,这种不可避免的承认却表明,这种知识,这种确定的知识,这种抽象物,会具有极其不同的、极其相反的内容,而对此内容的

[370]

考验,恰恰就应在于对确定的知识、对信仰的担保。但是,何人会站出来说"**只有我**知道并且确定无疑地知道的东西才是真的,我确定无疑地知道某种东西,它因此是真的,因为**我**确定无疑地知道它"？——真理永远都与单纯的确定性相对立,而确定性,直接的知,信仰,并不对真理进行裁决。耶稣使徒和基督之友用它们的耳朵、用他们全部的感官和情感从他[耶稣]直接的当下情况中、从他亲口的言谈和陈说中汲取真正最为直接的、显而易见的确定性,从此确定性,从这样的信仰,从这样一种信仰之源泉中,他[耶稣]让他们注意真理,而他们则会被精神在更为遥远的未来引入到这种真理中来。对于某种较之于从前述源泉中汲取出来的那种最高确定性更进一步的东西来说,除了就其自身而言的内涵之外,没有任何东西。

  当信仰被规定为与被中介的知识相反对的直接知识之时,它就归结为所指明的抽象的形式主义;这种抽象允许不仅把我所拥有的就我而言有一个躯体、除我之外有些物这一点的感性确信称为信仰,而且还从这种感性确定性中导出或证明信仰之本性是什么。但是,如果人们在信仰中仅仅想看到那种抽象,那会对宗教领域中那叫做信仰的东西作出非常不公正的事情。毋宁说,信仰应是**内容丰富的**,它应该是某种内容,且是真实的内容,毋宁说,我有一个躯体而感性之物环绕着我的感性确定性离这样的内容是十分遥远的;这种内容应包含着**真理**,而且是一种完全不同的、来自于一种与最后提到的这种有限的感性事物之领域完全不同的领域的真理。因此,所指明的朝着形式主体性的方向不得不把信仰本身认作过于**客观的**,因为信仰始终还涉及某些表象、某一种关乎此的知识、关于某一种内容的被确信(Überzeugtsein)。内容之形态以及有关内容的表象和知识于其中消失不见的主观者的这种最终形式就是**感觉**形式。所以,我们同样无法在交往中谈论这种形式;它更多的是这样一种形式,它是在我们这个时代、同样并非无偏见地、而是作为一种教育之结果、出于某些已经被列举过的理由而被要求的。

# 讲 演 四

正如在前面的讲演中被指明的那样,这种感觉的形式同单纯的信仰本身是紧密相近的;它是对在其自身中的自我意识的一种更为强烈的遏制,是**内容**朝向单纯的感觉**规定性**的发展。

**宗教**必须被**感觉到**,必须存在于**感觉**中,否则它就不是宗教;信仰不能没有感觉而存在,否则它就不是宗教。必须承认这是对的;因为感觉无非就是在其简单性和直接性中的我的主体性,我本身无非就是这种存在着的人格。如果我拥有宗教仅仅作为表象——甚至信仰也是某些表象的确定性——,那么,宗教的内容就存在于**我面前**,这内容还是与我相对立的**对象**,还不是与作为简单自身的我相同一的;它并未将我充满从而构成我的质的规定性。信仰的**内容**与我的最紧密的统一所要求的是,我拥有内容,拥有信仰的内容,这样内容便是我的感觉。对于宗教,人们不应为自己保留任何东西,因为它是真理的最内在的领域;所以,宗教应当不仅占有这尚还抽象的自我,——这个自我本身作为信仰还是知识,——而且还占有在其简单的、于自身中包含着自我的一切东西的人格中的**具体的自我**;感觉就是这种在自身中未被分开的紧密性。

然而,感觉可以用规定性来理解,那就是,它是某种**个别的东西**,是持续物的某一个别的环节,并且是在与其身后或身旁的其他东西的交替中的某**一个别的东西**;反之,**心**则根据它的数量及其持续存在来标明诸感觉的广泛统一;心乃是根基,这一根基本身在显现着的出现者的易逝性之外包含并已收藏地包括诸感觉的本质。在诸感觉的这种未被分开的统一中——因为心表达着活生生的精神性的**简单脉动**——宗教能够贯穿诸感

275

觉的不同内容并成为其保持住它们、掌控它们、支配它们的实体。

但是,我们因此立即就自动地被引向了这样一种反思,那就是,感觉(Fühlen)和心**本身**只是这**一**方面,而感觉与心的规定性则是**另一**方面。而在此情况下我们立即就得进一步说,就像宗教很少因为它被相信、被直接而确定无疑地知道而是**真实的**宗教一样,它也很少因为它存在于**感觉**中或存在于**心**中而是真实的宗教。所有的宗教,[甚至]最虚假、最不可信的宗教,都像真正的宗教一样也存在于感觉和心中。就像有合乎道德的、合法的和虔敬的感觉一样,同样也有**不合乎道德的**、**不合法的**和**无神的感觉**。**邪恶的思想**、凶杀、通奸、渎神等等都源出于心;也就是说,存在有并非坏的、而是善的思想,这一点并不取决于它们是存在于心中和出自于心中。重要的是存在于心中的感觉所具有的规定性;这是一个如此平凡的真理,以致人们对讲述这种真理心存疑虑。但是,在诸表象的分析中前行得是如此之远,以致最简单和最一般的东西都遭到怀疑和否定,这就属于文化;对于这种自负于它的勇敢精神的肤浅化或明晰化(Ausklärung)来说,唤回那些平凡的真理——例如我们甚至在这里可以再次记起的真理:人由于思维而与动物区别开来,但感觉却是与动物共有的——就显得无关紧要和不引人注目了。如果感觉是宗教的感觉,那么宗教就是这种感觉的规定性;如果它是凶恶的、恶劣的感觉,那么凶恶与恶劣就是它的规定性。感觉的这种规定性,意识之**内容**所是的东西,是在所列举的箴言中那叫作思想的东西;感觉为其坏的内容之缘故而是坏的,心为其恶劣的思想之缘故而是恶劣的。感觉乃是极不同种类内容的共同形式。如同直接的确定性一样,感觉很少会因此就是为它的诸规定性中的某一个、为它的内容的辩护。

[374]

感觉显示为某物存在于**我之内**、我是某物之主体的一种主观方式;这种形式是简单的东西,是在内容之千差万别中自身始终不变的东西,因而**自在地**就是不确定的东西,是我的个别化的抽象。与此相反,感觉之规定性则首先一般都是不同的,是相互不一样的东西,各种各样的东西。恰恰因此而必须单独地与普遍的形式——它是该形式的规定性——区别开来并自为地得到考察;它具有内容之形态,该内容(在他自己的优点方面)必须被调放到**它自己的价值上**,必须单独予以评价;对感觉之价值来说,重要的就是这种内容。这种内容必须**事先**就是真的,不依赖于感觉,如宗教自为地就是真的一样;——内容乃是**自身中**的必然的东西和普通的东西,是向着真理与规律的领域、并且向着真理及其最终基础即上帝之认识的领域发展的**事情**。

如果直接的知和感觉本身被弄成了原则,那么,我只是不多地暗示了诸后果。这本身就是它们的集结,这种集结为内容随身带有简化、抽象化和不确定性。因此,它们双方都把神圣的内容——尽管宗教的内容本身就如同是合法的、合乎伦理的内容一样——简化至最小值,简化为最抽象的东西。内容之**规定**因此就陷入任意性,因为在那个最小值本身中不存在任何被规定的东西。这是一个重要的、实践性的、同样也是理论性的后果,——首先是一个实践性的后果,因为当某些理由对于信念与行动的自我辩解来说成为必要的时候,如果它不知道为这种任意性指明一些好的理由,那么,理性推理就必定会是非常没有教养和笨拙的。

退回到直接的知和感觉中所产生的那种态度的另一方面涉及与他人的关系,涉及他人的精神共同体。客观的东西,即**事情**,自在自为地就是普遍的东西,而且因此它也**为一切人**而存在。作为最普遍的东西,它**自在地**就是思想一般,而思想则是共同的根基。正如我在其他情况下所说的,谁援引感觉、援引直接的知识、援引**他的**表象或**他的**思想,谁就把自己锁闭在个别部分(Partikularität)中,就在拆毁与他人的共同性;——人们不得不丢下这种人不管。但是这样的感觉和这样的心却让自己更进一步地看清感觉和心。某一内容之意识从原则出发就局限于此,它把内容缩减成**它本身**的规定性;它在本质上把自己固持为自我意识,而这样的规定性则为自我意识所固有。自身对意识来说就是它所面对的对象,是拥有某种内容的实体,而这内容只是作为属性、作为其身上的谓词的内容,以致它并非主体在其中扬弃自身的独立者。这自身就以这种方式是一种被固定的状态,人们已称此状态为**感觉的生活**。在与此相近的所谓**反讽**中,自

[375]

我(Ich)本身只有在与自己本身的关系中才是抽象的[状态];它处于它本身与内容的区别之中,作为它本身的纯意识而与内容分离开来。在感觉的生活中,主体更多地存在于所指明的那种同内容的同一性中;它乃是在内容中得到规定的意识,而因此作为这种自我-自身(Ich-selbst)始终是对象和目的,——它作为虔诚的自我-自身自己就是目的。这种自我-自身自己就是对象与目的一般,存在于我变得极乐这种一般表达中,而且只要这种极乐是由对真理的信仰所中介的,即自我已为真理所充满、已为真理所贯穿。因此,它在自身中就不满足于其为**渴望**所充满,但这种

[376] 渴望却是宗教的渴望;因此它满足于在自身中拥有这样一种渴望;在这种渴望中,它拥有对它的自身而且作为虔诚自身的主观意识。它只有在这种渴望中向着自身之外挣脱,自己本身才正好保存在渴望中,而且它的满意意识也是如此,在这方面接近于它对自身的满意。但是在这种内在性中也有一些纯粹情感之最不幸分裂的对立关系。当我把自己作为这种特殊的和抽象的自我紧紧抓住并拿我的诸特殊性、感性冲动、倾向和思想同**我应为其所充满**的东西相比对时,我就可以觉察到这种作为我的折磨人的矛盾的对立,而这种对立则由此而成为持续不断的,即:我在目的中拥有并面对着作为这种主观自我的我,我关心作为我的我。这种坚定的反思本身阻碍着这样一件事情,即:我会被实体的内容、为**事情**所充满;因为在事情中我忘了自己;当我深入到事情中时,对我的那种反思就自动消失了;我只是在同事情的对立中才被规定为**主观的东西**,这种对立由于对我的反思而留给了我。这样一来,[我的]兴趣就从对事情的专注——当它是我的目的时——转回到我身上,从而把我阻挡在事情之外;我持续不断地使自己变空并把自己克制在这种空虚中。在个人的最高目的方面、在虔诚地致力于并操心于其心灵之健康方面的这种空洞,导向了一种无力现实的某些最残酷现象,从某种爱之情感的沉默忧伤导向了绝望与癫狂的心灵痛苦,——但以前的时代更甚于以后的时代,在以前的时代,对渴望的满足更多地取得了其对这种渴望之分裂的优势,并产生出那种满意,而这种满意本身则产生出对此优势的讽刺。心的这种非现实不只是它的

一种空虚,它也同样非常地是**气量狭小**(Engherzigkeit):心用之而被充满的东西就是它自己的形式主体;它保留**这个**自我为对象和目的。只有自在自为地存在着的普遍者才是广阔的,而只有当心进入这种普遍者之中并在这种内容中——这种内容是合乎道德的、合法的、同样也是虔诚的内容——扩大自身的时候,心才在自身中扩展自己。爱之一般就是放弃把心局限在其特殊之点上的这一做法,而在心中接受上帝之爱,就是接受对他的精神的发挥,这种发挥本身就包含着所有的真正内容,并在这种客体性中耗尽心的特性。在这种内涵中,主体性放弃了这种适合于心本身的片面形式,心因此就是摆脱这种片面形式的本能冲动,——而且,这种本能冲动就是一般**行动**的本能冲动,而这更进一步地意味着**参与**这样一种内容之**行动**,这种内容是自在自为地存在着的神圣的、并因而是具有绝对力量和强制力的内容。于是这就是心的**现实**,而这种现实不可分割地就是那种内在的现实和**外在的**现实。[377]

如果我们就这样在那因深入并沉入于事情之中而无所偏见之心和那囿于自我反思的偏见之心之间作出了区别,那么,这种区别就构成了与内涵的关系。持守在自身中并因此而持守于这种内容之外,这种心就自动地处于与内容的一种外在的和偶然的关系中;这种关联以前就已经被提到过了,它导致那种出于心的感觉来审判和立法。主体性以感觉来对抗行动的客体性亦即对抗出自真正内涵的行动,并以直接的知来对抗这种内涵以及对这种内涵的思维着的认识。然而在此我们且把对行动的考察放到一边,对此我们仅仅说明这样一种情况,即:按照其本性,正是这一内涵,法权与伦理的法则,上帝之诫命,都是自身中的普遍者,并因此而在思维领域中有其根源和地位。如果法权与伦理的法则偶尔仅仅被看作是上帝任意的诫命——这实际上可能就是上帝的非理性,那么,想要由此开始着手可能就走得太远了;但是,主体对诸规定——这些规定对主体而言应被看作是它的行动的基础——之真理的确认、研究和确信就是思维着的认识。当无偏见的心拥有这些东西的时候,——它的洞见还如此没有得到发展,并且这些东西对独立性的要求对它来说还是陌生的,而权威毋宁[378]

说还是获致这些东西的途径,——这些东西在其中得到培植的心的这一部分就仅仅是思维着的意识的处所,因为这些东西本身就是行动之思想,是自身中的普遍原则。这种心因此也就不会有什么反对它的这一客观基础之发展的东西,它也很少会有反对它的真理之发展的东西,而这些真理自为地显得首先多于它的虔诚信仰的理论性真理。但犹如这种占有物及其强烈的亲密性只有通过教育的**中介**——这种教育就像需要心的意愿一样需要它的思维与认识——才存乎心中一样,这种占有物及其强烈的亲密性更多的是进一步发展了的内涵,以及它的那些表象范围——这些表象自在在处所中是本地的——,甚至也转向对中介着的和被中介的认识之思想形式的意识。

# 讲 演 五

为了概括到目前为止的东西,我们说:我们的心不应惧怕认识;感觉之规定性、心的**内容**,应当有其内涵;感觉、心应当为事情所充满,并因此而是广阔的和确实的;但是事情、内涵只是神圣精神的真理,是自在自为的普遍者,但恰恰因此而并非抽象的普遍者,而是本质上在其自己的、也就是在其自身发展中是普遍者;这样,内涵在本质上自在地就是思想并且存在于思想中。但是思想,信仰本身的最内在之物,被理解为本质的和真正的思想,——只要信仰不再只是处于自在状态,不再是无偏见的,而是进入知的范围,进入了它的需要或要求中,——它同时也必须被了解为一种必然的信仰,必定获得对其自身、对其发展关联的意识;信仰这样就有所证明地展开自身,因为证明一般无非意味着意识到关联并因此也意识到必然性,而在我们的意图中,就是意识到自在自为的普遍者中的特殊内容以及这种作为结果的绝对真实者本身,并因此也意识到所有特殊内容的最终真理。这种于意识面前的关联不应是思想的一种外在于事情的主观境况,而是,这种关联本身只应在追踪事情本身,只是在阐明它,阐明它的必然性本身。对客观运动、对内容内在必然性的这种阐明就是认识本身,并且作为一种真正的认识存在于与对象的统一中。对我们来说,这种对象应当就是**我们的精神之向着上帝的提升**,——是刚好提及的那作为一切都在精神中把自己引回其中的结果的绝对真理之必然性。

[379]

但是,说出这种目的,——因为此目的包含有上帝之名号,——则会轻易有这样的效果,那就是,重新毁掉那些针对关于知、认识、感觉的错误表象所说的东西以及可能为了真正认识之概念而得到的东西。我们已注

[380] 意到,关于我们认识上帝的理性能力的问题被放置到了形式上的东西之上,即被放置到了对知、认识的一般批判之上,被放置到了信仰、感觉的本性上,以至于这些规定就应在不考虑内容的情况下被接受下来;这就是直接的知的断言,而这种断言,当其把这样的、而且是唯一这样的知的合理性(Berechtigung)建立在这样一种反思——这种知对证明和认识作出反思,而且因为知仅仅停留在对某种有限的知和认识的表象那里因而必定已将无限的真正的内容置于考察之外——的基础上时,其本身就在口中用知识之树的果实说话,并把任务拉到形式上的根由上。我们这样就使认识与仅只是有限的知与认识的这样的前提对立起来,以至于它并未从保持在事情之外,而是,它并没有从自身出发来干涉某些规定,只是追踪事情的进程,并在感觉与心中证明了那种内容,这种内容对意识来说、对思维着的意识来说一般是本质性的、只要它的真理应当在它的最内在的方面被贯彻。但是由于提到上帝之名字,这种对象,如其得到规定那样的一般认识,而且甚至还有对它的考察,都被向下压在这种主观的方面上,与此相反,上帝则待在**彼岸**(Drüben)。由于对这样的方面来说,应该通过到目前为止的东西而得到满足,——这种满足在此与其说会得到详尽说明,不如说可以略提一下,——那么,我们就可以只是去做另一件事情,即指明上帝出乎其本性在认识中的以及与认识的关系。关于此事,我们首先可以注意到,我们的主题,即主观精神向着上帝的提升,直接就包含有这种事情,即:认识的片面者,就是说,它的主体性,在这种提升中把自己扬弃掉,提升本身本质上就是这种扬弃;因此,在其中,就有另一个方面的认识即上帝的本性表现出来,同时还有上帝在关于自身的认识中以及对这种认识的态度。

[381] 但是,开创的东西和暂时性的东西——它们却是被要求的——的一个弊端也就是,它由于对对象的实际论述而成为多余的。但是,必须事先就指明,这在这里不会是这样一种打算,即把我们的论述继续向前推进到这种同它紧密相连的讨论,即讨论上帝的自我意识及其对自身的知与其在人的精神中并通过人的精神的知的关系。在此不作出更为抽象系统的

详尽阐述——我在我的另一些关于对象的论著中给出了这种详尽阐述——的情况下,在这方面我可以指点人们去参阅新近的一部非常值得注意的论著,那就是 C.F.格舍尔(Göschel)的**《关于与基督教的信仰认识有关的无知与绝对知的箴言》**①。这部论著顾及到了我的那些哲学表述,并同样多地包含有基督教信仰的彻底性,作为思辨哲学的深度。它阐明了知性所具有的反对认识着的基督教的所有观点和措辞,并回答了未知(Nichitwissens)理论针对哲学提出的异议和反驳;它也特别指明了虔诚意识自己所负的误解和无知(Unverstand),当虔诚意识在无知原则中影响到启蒙知性方面并因此与其一起做出反对思辨哲学的共同事业的时候。关于上帝的自我意识、上帝在人心中的自知(Sichwissen)、人就上帝而言的自知等等已得到陈述的东西,在思辨的彻底性中,以阐明那些对此被提出来反对哲学、反对基督教的错误理解,直接涉及刚才略微提及的观点。

即使在我们在此为了仍然从上帝出发去谈论上帝与人的精神之关系而遵循的那些完全普遍的表象那里,我们也经常碰到与这样的意图相矛盾的看法,即:我们未认识上帝,甚至在对他的信仰中也不知道他是什么,因此也不能以他为出发点。以上帝为出发点,就要以此为前提,即:人们知道指明并且已经指明了,作为第一个客体,上帝就其自身而言是什么。但是,那个看法只允许谈论我们与上帝的关系,只允许谈论**宗教**,却不允许谈论**上帝**本身;它不承认一门神学、一种关于**上帝**的学说,但也许却承认一种宗教教义。尽管这甚至恰恰不是这样一种学说,我们还是听到许多的、不计其数的关于宗教的说法,——或者更确切地说,是无数重复中的很少的东西,——而关于上帝本身则谈论得更少了;对宗教、对其必然

[382]

---

① 柏林(1828)E.弗兰克林出版社(作者是卡尔·弗里德里希·格舍尔,1781—1861)②——德文版编者注

②卡尔·弗里德里希·格舍尔(1781—1861),黑格尔右派的代表;他半匿名发表的《关于基督教的信仰认识有关的无知和绝对知的箴言》(柏林 1929 年版),引起黑格尔的关注。黑格尔曾在其所办期刊《科学批判年鉴》(1829 年 5、6 月)撰文评述。——译者注

性、甚至对其益处等等的这种持续不断的阐明,与不重要的或者本身是被禁止的对上帝的阐明联系在一起,这种阐明是时代的精神形态的一种独特现象。当我们本身满意这种看法时,我们就最为迅速地离开了,以至于我们所面对的,无非就是我们对上帝的意识处于其中的某种关系的枯燥规定。然而宗教却应该是如此之多的东西,以至于它就是我们的精神对这种内容的接近,是我们的意识对这种对象的接近,而非仅仅是把渴望之线向外拉进空虚之中,并非那样一种直观,这种直观无所直观、于自身无所发现。在这种关系中至少包含有如此之多的东西,以至于不只是我们处于与上帝的关系中,而且上帝也处于与我们的关系中。在对宗教的热情中也许至少首先谈论我们与上帝的关系,如果这种关系本身并非仅仅是在对上帝无知之原则中真正前后一贯的东西的话;然而,一种片面的关系根本就不是关系。如果实际上在宗教中只应理解从我们出发到上帝这一种关系,那么,上帝的独立存在就不会得到允许;**上帝可能只存在于宗教中**,可能只是由我们**设定出来的东西**、制造出来的东西。但是,"**上帝只存在于宗教中**"这个刚刚被使用并受到责备的说法却也具有重要的和真正的意义,那就是,**为人**的**精神**而存在,把自己传达给人的精神,这属于在其完善的、自在自为地存在着的独立性中的上帝之本性;这种意义完全不同于刚才引人注目的那种意义,在那种意义中,上帝只是一种假设,只是一种信仰。上帝**存在**(Ist)**这一点**,并且在同人的关系中表现出来。如果这个"存在"同一再重复的对知的反思一起局限于这样的情况,即:我们也许知道或认识到:上帝**存在着**,他不是**某种东西**,那么,这就意味着,没有什么关于他的内容规定应适用;这样一来也就不能说:我们知道**上帝**存在着,而只能说这个存在(Ist);因为上帝这个词随身携带有某种表象,并因此也携带有某一内涵、内容规定;没有这些东西,上帝就只是一个空洞的词。如果我们还是应该能够指明的那些规定,在"无知"这个用语中被局限在**否定的**规定上,而**无限者**特有地服务于这种否定的规定——不论是一般的无限者,甚或是所谓特性都被扩展到无限性中——,这样一来,这就正好给出了那仅仅是不确定的存在,即抽象概念,比方说至高或

[383]

无限本质之抽象概念,而这些明确地是我们的产物,是抽象、思维的产物的东西,仍旧只是知性。

如果现在上帝不仅仅被放置在主观之知和信仰中,而是,他**存在着**,他**为我们**而存在、从而**从他那方面**拥有同我们的关系,这些都真的是这样,并且,如果我们停留在这种只是形式上的规定,那么,由此就说明了,上帝把自己**传达**给人,并得到承认:上帝不**嫉妒**。古希腊人以这样一种表象把**嫉妒**变成了神:神一般地贬低伟大的和崇高的东西,他想要同样地拥有一切,并把一切都变成同样的。**柏拉图**和**亚里士多德**反驳了关于神嫉妒的表象,而基督教做得更多,它教导说,上帝屈尊为人,直至仆人的形象,——他向人启示:他以此不只是**赐**人以高级的东西,而且也不只是**赐**人以至高者,而是,他正是以那种启示而使**至高者**成为诫命,并借着**认识上帝**而被指明为至高者。不必援引基督教教义,我们就会停留在"上帝不嫉妒"处,并且问道:上帝怎会不倾诉事情呢?据报道,在雅典曾有一条法律:谁拒绝让自己的光去点亮他人,谁就应被处死。在自然之光中就有这种类倾诉,它散播开来并传给他者,其自身并没有减少,也没有失去什么;这更多地就是精神之本性,当精神将他者据为己有的时候,它本身就完全停留在对它的东西的占有中。当上帝将他在无限的丰裕中将其唤入定在中的诸自然之物相互地并特别将其转让给人的时候,我们相信他在自然中的无限善意;他难道仅仅把那也是他自己的这种肉身的东西传达给人,并对人隐瞒他的精神性的东西,且拒绝可以给人以这种唯一真正价值的东西么?这样来谈论基督教是愚蠢的,即说上帝通过基督教而启示给人,而启示给人的东西却是:他并非被启示的,也没有被启示;同样愚蠢的是,想给这类表象发展的可能。

[384]

从上帝那方面说,没有任何东西能够妨碍通过人来认识上帝。如果世人承认上帝拥有同我们的关系,并且承认,当我们的精神拥有同上帝的关系时,上帝就为我们而存在,正如所表达的那样,上帝倾诉恋情并做出启示,如果这样,世人不**能**认识上帝[这个说法]就由此而被扬弃了。上帝应显示于自然中;但是上帝却不会向自然、石头、植物、动物显示,因为

[385]

上帝即是精神,只向**思维着的**、亦是精神的人启示。如果没有什么东西阻碍从上帝那方面来认识上帝,那这就是人的任意,是谦卑的矫揉造作,或者,如果认识的有限性、**人的**理性仅仅在与上帝的理性、与人类理性的界限的对立中,被确定并断言为完全固定的、绝对的界限,这那又是另一回事了。因为这一点恰恰在"上帝不嫉妒,而是显示了、且仍在显示"这件事上被清除掉了;其中包含了更进一步的东西:不是认识上帝的所谓人类的理性及其界限,而是,**人之中**的上帝之精神;按照刚才引用过的思辨表达,这乃是上帝在人之知中自知的自我意识。

对于在我们时代的文化氛围中到处游荡、且必须作为启蒙运动和自称是理性的知性之成果而得到了说明的诸主要观点,这可能就足够了;它们是这样一些表象,它们事先立即就阻碍着我们去一般地研究对上帝的认识的打算。因此我们只会对指明对抗认识的那些范畴之无意义的基本环节感兴趣,不会对为认识本身进行辩护感兴趣。认识必须同时用内容来证明自己是对其对象的现实认识。

# 讲 演 六

现在,我们把有关认识的形式的问题和相关探讨看作是已经完结了的或已被放到一边去的。因此远离了这样一点,即:对那被称作是有关上帝之定在的形而上学证明的东西所应做的阐释只应形成对这种证明的否定态度。这种导致一种仅仅是否定性结果的批判不单单是一种可悲的事情,而且,这种批判把自己局限于只是从某一内容去表明:内容是无价值的,其本身是一种无价值的行为,是一种无价值的努力。如同我们已把那些证明作为对那种是**精神向着上帝之提升的东西**的思维着的理解表达出来一样,在这件事上已被表达出来的是,我们应同时在批判中获得一种肯定的内涵。

[386]

这种考察同样也不应是**历史的**;我因为不允许我做别的事情的时间的关系有时不得不让大家在文献方面参阅哲学史,也就是说人们可以给予这些证明的历史的东西以最大的、甚至是普遍的范围,当每一种哲学都与基本问题或与此基本问题紧密有联系的一些对象相关联时。然而这却提供出了这样一个时期,在这个时期,这种题材更多地以这些明确的证明形式得到处理,而对驳斥无神论的关注则使它们得到了极大的注意和详尽的讨论,——在这个时期,思维着的洞见本身在神学中被看作是神学的这样一些能够胜任某种理性认识的部分,被看作是必要的。

如果人们了解了事情本身的话,某种自为地就是一种实质内容的事情的**历史事物**总归是可以并且应当获得某种关注的,而在不打算通过其他的、其本身之外的材料而想首先给予事情以某种关注的情况下,这事情——考察在这里应当由此而开始——首先也值得被单独地放到前面。

287

[387] 毋宁说必须拒绝针对本身自为地就是精神的永恒真理的那些对象的历史之物的主要忙碌;因为这种忙碌只不过太常见地是人们低估其关注点所借用的一种借口罢了。这种历史方面的忙碌为自己产生出与事情有关系的映象,而不如说人们只是在同他人的表象和看法打交道,在同外部的情况、同对事情来说乃是过去之事物、短暂之事物和空洞之事物打交道。人们大概会有这样一种印象,即:所谓缜密细致的历史学者详尽地熟知由那些著名人物、神学家、哲学家等等说出来的有关宗教之基本原理的东西,但与此相反,对这些历史学者本身来说,事情仍然是陌生的,而如果他们被问及他们为此而拥有什么,他们所具有的对真理的信念是何种东西,那么他们就可能会对这样的问题——作为在这里不相干的东西——感到惊异,而此事仅仅关乎**他人**以及某种决定(Statuieren)和见解,关乎并非是针对某一事情的认识,而是对这种决定和见解的认识。

这些就是我们所考察的**形而上学的**证明。我还是就某种**依据诸民族之一致**(ex consensus gentium)——一个**西塞罗**已讨论过的通俗范畴——的有关上帝定在的一个证明也经常被援引这一点注意到这些证明。知道**所有的人**都想象出了、都相信了、都知道了这些证明,这是一种不同寻常的权威。一个人如何想置身于与此相反的地位并且说:我独自地反对所有这些所有人所想象出来的东西,反对许多人通过思想而作为真实之物认识到的东西,反对所有人作为真实之物感觉到并作为真实之物来相信的东西。——如果我们暂时不考虑这样一些证明的力量而拾起证明的枯燥,而这种内容应是某种经验的、**历史的**基础,那么,这种力量就是不确定的,同样也是不可靠的。事关**所有**应相信上帝的民族,**所有**应相信上帝的人,正如事关对一般的所有人的这类引证:这类引证经常被弄得非常的轻率。这成了一种证词,也就是说一种**所有人的**应当是**经验的**证词,而且

[388] 是所有个别人的、并因此是所有时代和地方的、甚至准确地说是未来人——因为应该是**所有人**——的一种证词;历史的报道本身不可能由所有民族的证词来提供;**所有人的这些**证词本身是荒谬的,而且,它们仅仅由于不去认真对待这样一些毫无意义的空话——因为它们用作长篇空

论——的这种习惯才是易于说明的。除此之外,人们大概已发现了这样一些民族,或者说——如果人们愿意的话——发现了这样一些部族,这些部族的那种含糊的、局限于少量外部需求之对象的意识,并没有把自己提升至关于人们愿意称之为上帝的一种一般更高者的意识;对许多民族来说,那本该是它们的宗教的历史之物的东西,主要以对感性表达、外在行为亦即此类事情的不确定的解说为依据。在数量非常众多的民族那里,这些民族本身是非常有文化的,我们甚至也较为明确而详尽地了解他们的宗教,它们称之为上帝的东西具有这样的特性,即:我们会对"为此而承认它"这件事有疑虑。中国的国家宗教中关于天和上帝的名字,那天,这主(Herr),在天主教的那些修士会中引起了极其激烈的争论:这些名字是否可以被用于基督教的上帝,就是说,那样一些表象——这些表象完全而绝对地有悖于我们关于上帝的表象,以至于这些表象不包含任何共同的东西,甚至不包含共同的上帝概念——是否并没有通过那些名字而得到表达。《圣经》使用这样一种表达方式:"**对上帝一无所知**的多神教徒",虽然这些多神论者是些偶像崇拜者,也就是说,如人们也许列举出来的那样,他们有某种宗教,然而我们却在这件事情上把上帝同某种偶像区分开来,而且,在宗教这个名字的整个现代范围内,我们也许还就是对给予一偶像以上帝之名这件事有所顾忌。我们将愿意把埃及人的阿庇斯(Apis)、印度人的猴子和母牛等等称为上帝吗?尽管我们谈论这些民族的宗教,并且因此把比一种迷信更多的东西归之于它们,但人们却还是会对谈论它们对上帝的信仰有所顾虑,或者,上帝就成了对某种颇为一般的更高者的完全不确定的表象,甚至不是某种不可见者、不可感知者的表象。人们可以停留于始终仍把一种坏的和虚伪的宗教称为宗教,而且,这些民族有一种虚伪的宗教要好于根本就没有宗教(就像人们说一位妇人那样,这位妇人抱怨天气糟糕,人们回答说,这样的天气总是还好于根本就没有天气)。与此相关的是,宗教的价值被设定在"拥有宗教"这种主观的东西中,至于是何种上帝的表象,则是无关紧要的;这样一来,偶像的信仰因为这样一种偶像可以被归类到上帝之一般的抽象概念中,就已经

[389]

被看作是充分的了,犹如上帝之抽象概念一般是令人满意的一样。这大约也就是为什么诸如偶像、甚至多神教徒这样的名字都是某种陈旧过时的东西并被看作一种是因恶意(Gehassigkeit)而应受谴责的东西的原因。但实际上,真理与谬误的抽象对立要求一种颇不同于在一般的上帝或某种导致同一抽象概念的东西的抽象概念上的解决,一种不同于在单纯的宗教主体性中的解决。

因此,无论如何,对上帝之信仰上的这种**诸民族一致**仍然是一种——按照其在这件事上被陈述出来的事实性的东西本身并按照内涵来说——完全不确定的表象。但是,甚至这种证明之**效力**,即使历史的基础也是某种较为固定的东西并包含有较为确定的东西,其本身也是没有约束力的。当他人是否与此相一致这一点对自己的内在确信来说是某种偶然的东西时,这种证明方式并未达到自己的内在确信。这种确信,不管它是信仰还是思维着的认识,大约是以讲授和学习从外面、从权威那里选取它的开端的,但是它在本质上却是**精神**在自己本身中的一种**回忆**;**精神**是**自我**满足的,是人的形式上的自由和所有权威都彻底倒在它面前的这一环节,并且,它是在**事情**中得到满足的,是**真实**的自由和所有权威都倒在它本身面前的另一环节;它们是真正不可分割的。即使对信仰来说,为了唯一绝对有效的文字证明而被指明了的也不是奇迹、信仰的报道以及诸如此类的东西,而是精神的见证。对于其他对象,人们可能会根据信赖或出于惧怕而沉醉于权威,但那种权利同时也是对精神的更高义务。对诸如宗教信仰这样的确信来说,——在宗教信仰中,精神的最内在的东西不仅依据它本身的确定性(良知),而且也通过内容被直接要求——,精神恰恰因此而具有绝对的权利:它自己的见证而非陌生精神的见证,是决定者、确证者。

[390]

只要精神不仅是自在的而是自为地思维着的,我们这里所考察的**形而上学**证明就是思维着的精神的见证。证明所涉及的对象本质上存在于思维中;如果它像以前所说的那样也被认为是**感觉的**、想象的,那么它的内涵便属于思维;精神的纯粹自身就作为这种思维而存在,正如感觉就是经验的、特殊-演变了的自身。所以,一旦思维从它对有关天空、太阳、星辰、海洋等等感性的、物质的直观和表象的专注中摆脱出来,就像从它被掩盖于仍为感性的东西所渗透的幻想形成物中摆脱出来一样,以至于上帝作为本质上**可思维的**、并且已得到思维的客体性为思维所意识到,而精神的主观行为也从感觉、直观和幻想中**回忆起**它的本质亦即思维,并且也想纯粹面对精神的基础之所有物所是的东西,面对如其存在于它这种基础上那样,一旦这样,这早已经就是继续着眼于这一对象来采取**思维**、**证实**亦即证明的态度了。[391]

  精神在感觉中、在直观、幻想中和在思维中向着上帝的提升——这种提升在主观上是如此的具体,以至于这种提升在自身中拥有来自所有这些环节的东西——是一种内在的经验;关于这种内在经验,我们同样亦有一种内在经验,即:偶然性和任性混在一起。因此从外部就产生了剖析那种提升并在其中清晰意识到所包含的行为和规定的需要,以便消除其他的偶然性和思维本身的偶然性;而根据"只有通过思考才能赢得实质性的东西和真实的东西"这个古老的信念,我们通过对本质和必然性的有所思维的阐明来引起对向着本质和必然性的提升的净化,并给予思维以这种满足,这种思维拥有绝对的权利,还是一种完全不同于感觉和直观或表象的满足权①。

---

  ① 《黑格尔全集》:"绝对的权利还是一种完全不同的权利"——德文版编者注

#  讲 演 七

我们想要思维地理解精神向着上帝的提升,这就把一种**形式上的**规定放到了我们面前,而当我们最初着眼于关于上帝定在的证明如何办理时立即就碰到这一规定,并且必须首先将其收入眼帘。思维着的考察是一种解释,一种对我们按照最切近的经验比方说一下子就在自身中实现了的东西的诸环节的区分。在关于**上帝存在**的信仰那里,这种剖析立即就有了已被顺便提及而此时应更进一步去做的事情;应该对**何**谓上帝和他存在着**这件事**加以区别。上帝**存在着**;这究竟是什么、应该是什么?**上帝**首先是一种表象、一个名字。规定自为主语本身的最初兴趣来源于包含在命题中的这两个规定即**上帝**与**存在**,尤其因为命题的谓语——作为谓语,它通常应指明主语的真正规定——恰恰就是主语所是的**东西**,仅仅包含着干巴巴的**存在**,但是上帝对我们来说却立即就多于仅仅存在。而反过来,正是因为上帝是一种无限丰富的、不同于仅仅存在的内容,才有这种兴趣,即为此内容添加这种作为一种不同于仅仅存在之规定的规定。这一如此不同于存在的内容就是一种表象、思想、概念,据此,这一概念就应单独地得到阐明和澄清。当受到关注的是我们所假定的关于上帝的表象所包含的东西,而在这件事上重又被假定的是**我们大家**拥有以上帝来表达的这同一表象时,在关于上帝的形而上学中,在所谓的**自然神学**中,开端是以此而被做出的:依照通常的方式来阐明上帝概念。撒开其现实性问题不谈,这种概念自为地就随身带有这样的要求,即:它因此在自己本身中是真的,以此,它作为概念在逻辑上是真的。当逻辑真理——只要思维仅仅表现为知性——被归结**为同一性**,被归结为**不自相矛盾**(Sich-

[392]

nicht-Widersprechen)时,那个要求就不会继续下去,即概念不应当在自身中是矛盾的,或者就像这一点也提到的那样,当可能性本身无非是一个表象**与其自身**的**同一性**时,概念就是**可能的**。因为,第二步就是:他**存在**这一点为这一概念所指明,——上帝定在之证明。然而,因为那一可能的概念恰恰在对同一性、对单纯的可能性的这种兴趣中归结为诸范畴的最抽象者,且并未由于定在而变得更为丰富一些,所以,结果还未与关于上帝表象的丰富性相符合,因此,第三步还进一步论及了上帝的**特性**、其与世界的关系。[393]

当我们环顾关于上帝定在的证明的时候,我们便遇到这些区别;知性之行为即是分析具体的东西,区别并规定具体东西的诸环节,然后紧紧抓住并坚持这些环节。如果知性以后也重新摆脱这些环节的孤立,并承认它们的**结合**为真,那么,这些环节即使在它们的结合**之前**并因此而在这种结合**之外**也应作为某种真实之物得到考察。这样,指明**存在**在本质上属于上帝的**概念**,这一概念**必然**不得不被思考为**存在着的**,立即就成了知性的兴趣之所在;如果情况就是这样,那么,就**不应当**脱离存在去思考概念,——没有存在,概念就不是什么真实的东西。因此,与此结果相悖的是:概念本身可以单独地得到真正的考察,它应首先被接受并得到实现。如果在此时知性宣布它所做的这种最初分离以及由此分离而产生的东西本身是不真实的,那么,比较,即此外还出现的另一种分离,也就表明是没有根据的。即:**概念**应首先得到考察,而后也要讨论上帝之**特性**。上帝之概念构成**存在**之内容,此内容可以并且也应当无非就是**它的现实的全部**;但是,上帝之特性却应是不同于实在性、不同于**他的**实在的东西。如果上帝的特性更多地表达了上帝同世界的关系、他在异于他自身的他者之中以及他针对这个他者的活动方式,那么,**上帝**的表象也许至少就随身带有如此多的东西,以至于上帝的**绝对独立**不允许上帝从自身中凸现出来;而无论这个本该外在于他并与他相对的世界有何种情况,这种情况也不该被假定为已经决定了的,因此,上帝之特性,亦即他的行为或行为举止,仍然紧紧被包含在他的概念之中,仅仅在他的概念之中得到规定,并且,在[394]

本质上也只是对他自己本身的态度；特性不过就是概念本身的诸规定罢了。但是，我们也单独地从被设想为外在于上帝的东西的世界着手，结果，上帝的特性就是他同世界的**关系**，这样，作为上帝的创造力的产物的世界就只有通过上帝概念才能得到规定，因此，在此规定中，上帝之特性在通过世界的这条不必要的弯路之后重又拥有了它们的规定，而概念，——如果它并非某种空洞的东西，而应是某种有内容的东西，——则仅仅通过这些特性乃得到说明。

由此而产生的东西是，我们所看到的这些区别都是形式上的，因此它们并没有创立某种内涵，没有创立可以彼此分离开来可被视为某种真实东西的特殊领域。精神向着上帝的这种提升存在于对**他的概念和他的特性以及他的存在的某一规定中**，——或者，上帝作为概念或表象乃是完全不确定的东西；只有过渡——而且其本身是最初的和最抽象的——即向着存在的过渡，才是概念、表象之进入规定性中。这种规定性当然是颇为不足够的；但这恰恰在这件事情中有其原因，即：那种形而上学开端于这样的可能性，这种可能性，哪怕是上帝概念的可能性，也只成为内容空洞的知性的可能性，成为单纯的同一性，以至于——正如我们已看到的那样——我们实际上只是得到了对一般**思想**和存在的最后抽象，只是得到对它们的对立以及它们的未离状态的最后抽象罢了。——当我们指明形而上学用以开始的这些区别的无意义时，应当想到，对形而上学的**操作程序**来说，只产生一种结果，那就是，我们放弃带有区别的操作方法。应予以考察的诸证明之一将在内容本身方面具有思维与存在的这种在此已混合起来的对立，也就是说，这种对立将根据它自身的价值得到讨论。但是我们在此却可以突出肯定的东西，对概念的首先是完全普遍的、形式上的本性的认识来说，其中就有这种肯定性的东西；它促使我们注意，就这一点而言，它涉及我们的一般论述的思辨基础和内在关联这一点而言，——我们只是略微提及某一方面，因为它本身虽然可能无非是真正的引导者——，但是，在我们的表述中追踪它并只是依循着它，却并非我们的目的。

所以，可以以标出词目的方式得到说明的是，自为的上帝之**概念**及其可能性刚才所意指的东西在这里只应被称作是**思想**，更确切地说，应称作抽象的思想。这就在上帝概念和可能性之间作出了区别，单单这种概念本身仅仅与可能性亦即抽象的同一性相一致；从并非一般概念而应是一种特殊概念亦即上帝概念的东西那里，留下了不少于正好只是这种抽象的、无规定的同一性。在前面所说的东西中已经有这样一种情况，即：我们并不把这种抽象的知性规定看作是概念，而是，这概念本身完全是具体的，是一种统一，这种统一并非**不确定的**，而是**基本确定的**，而且因此只是作为**一些规定的统一**而存在，并且这种统一本身就这样与它的诸规定联系起来，就是说，它本来就是它本身与诸规定的统一，以至于没有诸规定，它就什么也不是，就崩溃掉了，或更进一步说：统一本身仅仅被降低为一种不真实的规定性，而且为了成为某种真实的东西和现实的东西，就需要某种关系。对此，我们仅仅还补充一点，即：一些规定的这种统一——这些规定构成内容——因此也就不应以此方式被设想成某种主语，诸规定应作为若干谓语归之于它，而这些谓语则仅仅在作为第三方的主语中有其联系，但却单独地相互外在于这种联系，而是，它们的统一是一种就它们本身而言的本质的统一，就是说，它仅仅是这样一种统一，即：它由诸规定本身构造出来，而反过来，这些不同的规定本身就其自身而言就是这一点，即它们相互间是不可分割的，它们把自身转化为另一些规定，而在没有另一些规定的情况下单独想象它们，则是没有意义的，这样，正如它们构造着统一一样，统一就是它们的实体和灵魂。[396]

这一点构成了一般概念之**具体东西**的本性。在对某一种对象进行哲学思考时，至少当上帝、亦即思想的最深邃者、绝对的概念是对象时，不能没有普遍的和绝对的思想规定；因此，在这里也就不能回避这一点，那就是去指明何谓**概念本身**的思辨概念。这种概念在此只能在是为一种历史陈述的意义上被提出来，其自在自为的内容是真实的这一点，在逻辑哲学中得到证实。一些事例可以使这种内容接近于表象；为了不被带出太远，回忆一下活力就足够了——诚然，精神是最切近的东西——，这种活力就

295

是统一,是灵魂的简单独一,同时,其本身是如此的具体,以至于它仅仅作为它的内脏、肢体和器官的过程而存在,这些东西本质上不同于它,且相互不同,但它们离开它便毁灭,终止为它们所是者,不再拥有生命,就是说不再具有其意义和含义。

[397] 　　我们还要在思辨概念之概念以之得到说明的同一个意义上提出它的结果。这个结果就是:当概念的诸规定仅仅存在于概念的统一中并因而是**不可分割的**——而且,我们想遵循我们的对象把概念称之为上帝的概念——时,这样,这些规定本身中的每一个——只要它们自为地被想象为不同于其他的规定——就不被想象为一种**抽象的**规定,而是被设想为上帝的一个具体概念。但是,这一概念同时也只是一个概念;因此,在这些概念中,除了刚才在这些作为一些规定的概念中被指明的那种关系外,不存在其他关系,——即作为一个概念的、并且是同一个概念的一些环节而存在,它们彼此作为必要的相互表现出来,相互中介、不可分割,以至于它们只有通过相互关系才存在,而这种关系恰恰是有活力的关系,演变着的统一及其被设为前提的基础就是由于它而存在的。对于这些不同的显现(Erscheinen)来说,它们**自在地**就是同一个概念,只是**得到了不同的设定**,也就是说,这些不同的被设定或其他的显现就存在于必然的关联中,也就是说,这一显现也出自另一显现,通过另一显现而被设定出来。

　　于是,概念本身的区别只不过就是:此概念拥有对它的诸方面的抽象规定,但得到进一步规定的概念(**理念**)本身则在自身中就拥有一些具体的方面,而那些普遍规定不过就是这些具体方面的基础。这些具体方面存在着,或者更确切地说,它们**显现**为自为地实存着的、完整的整体。它们被理解为在它们之中、在构成了它们特有的规定性的基础的范围内,同样也在自身中区别开来的规定性,因此,这就给出了对概念的继续规定之多,而这不只是规定之多,而且也是同样完全是**理念的**、被设定在这**一**概念、这**一**主词中并得以保持于其中的诸形态的丰富性。主词越是在进一步的区分别得到解释,它同自身的统一也就愈加的强烈;进一步的继续规定同时也就是主词进入自身,是主词向着自己本身之中的深入。

如果我们说,这同一个概念,只是得到了进一步的继续规定,那这就是一种形式上的表达。对于同一个概念的进一步的继续规定为同一个东西给出了更多的规定。但是,进一步规定中的这种丰富性不必被单纯地思考为一些规定之**多**,而是应成为具体的。这些单独被想象的具体方面本身显现为完整的、自为地实存着的整体;但是,它们却是被设定在**一个概念**、**一个**主词中,它们并非独立的,在概念中是相互分离的,而是**理念的**,并且主词的统一也就变得愈加强烈了。主词在所有具体规定的理想性中,在诸至高对立的理想性中的至高强度,便是**精神**。为了有关于此的更进一步的表象,我们想列举一下自然与精神的关系。自然被保持在精神中,为精神所创造,并且,尽管它具有其直接存在和独立现实的映像,但它本身也不过是一种**被设定的东西**、被创造的东西,是精神中的**理念东西**。如果我们在认识过程中从自然向着精神继续前进,而自然仅仅被规定为精神的环节,那就并没有出现一种真正的多,一种实质的二,——其中一个是自然,另一个是精神,——而是,作为自然之实体的理念向着精神深入,在理想性的无限强度中把那种内容保持在自身中,而自在自为地就是精神的这种理想性本身的规定也就更为丰富。在提及自然时,考虑到我们必须在我们的讨论过程中应予以考察的若干规定,我们想事先提出这一点,即:虽然自然以这种形态作为外部实存之整体而存在,但却是作为**我们所超越的诸种规定**之一而存在的;在这里,我们一方面既没有继续进行对那种思辨理想性的考察,另一方面也没有继续前进至具体的形态,在其中,那种思想性所植根于其中的思想之规定成为了自然。不过,自然阶段的特性却是上帝的诸规定之一,是上帝概念中的一个从属性环节。因为我们下面只把自己限制在上帝概念之发展上,犹如区别仍然是思想本身,仍然是概念之环节一样,因此,这种阶段就将不是作为自然、而是作为必然性和生命而存在于上帝的概念中,然而此外,为了是上帝的概念,此概念必须用更为深入的自由之规定被理解为精神,上帝的概念,亦是我们的概念,这两者是相称的。

[398]

[399]

刚才关于某一概念环节的具体形式所说的东西使我们想起一个特有的方面,按照这一方面,诸规定就在它们的发展中增多了。上帝的诸规定相互之间的关系就其自身来说乃是一个较为复杂的对象,而对那些不了解概念之本性的人来说,就更加的复杂了。但是,不对概念的概念有一个起码的了解,不对之有一个起码的表象,就不会对作为精神之一般的上帝之本质有任何理解;然而此外,我们所说的东西立即就会在我们的论述的下一个方面中获得其运用。

# 讲 演 八

在上次讲演中,思辨的基本规定、有关向着规定和形态之多样性发展的概念之本性得到了说明。如果我们回顾一下我们的任务,那么,我们甚至立即就碰到更多的情况;此情况就是:有**若干**关于上帝定在的**证明**;——这是一种外在的、经验上的多,一种差别,犹如首先也在历史形成以后呈现出来的那样,它同从概念的发展中产生出来的那些区别没有任何关系,而我们因此也就如同直接碰到它那样来接受它。如果我们考虑到我们在此并不是在跟一种有限的对象打交道,并且想到,我们对某种无限的对象的考察应是一种哲学的考察,而不应是一种偶然、外在的行动和努力,那么,我们立即就会表达只是对那种多的怀疑。一个历史事实,即使一个数学图形,也都包含有大量的内在联系和外在关系,它可以按照这些联系和关系加以处理,并且可以由这些联系和关系出发按照它们本身所依赖的主要关系、或者按照人们所关心的、并且同样与此相关的另一种规定**被推断出来**。一些证明,并且甚至有二十个证明都是由毕达哥拉斯命题创造出来的。一个历史事实,它越是重要,就越是处于同某种状态以及其他历史过程的许多方面的关联中,以至于对接受那种事实的必然性来说可以从每个方面出发;直接的见证也同样会有很多,而每个见证,只要它不显得自相矛盾,在这一领域里,都被视为一种证明。即使在数学命题方面一个唯一的证明也被看作是够了的,在历史对象、法律事件方面,特别的就是,证明之多必须被看作是对证明力本身的增强。在经验、现象的领域里,对象作为一种经验上的个别的东西拥有偶然性之规定,而认识的个别性同样也正好给予它同一映像。对象在其同其他情况的关联中有

[400]

其必然性,而这些情况中的每一个又都重新自为地属于这样的偶然性;这在此处就是这样的关联的扩展与重复,而**客体性**、亦即在此领域中是可能的**普遍性**之方式就是由此而产生的。通过观察的单纯得多,对一个事实、一个觉察的证实便使觉察的主体性失去对映像、错觉的嫌疑,失去可能已遭受的对所有种类错误的怀疑。

[401]　　在**上帝**那里,当我们以关于上帝的完全普遍表象为前提时,一方面就发生这样一种情况,即:他无限地超出了某一对象通常与另一对象处于其中的那些关联的范围;另一方面,由于上帝一般只是为人的内心的东西而存在的,因而,在此基础上,思维、表象、幻想的偶然性、明确的偶然性的偶然性也就以各种各样的方式得到承认,而感受、感情冲动等等的偶然性则是现成存在的。由此也就产生出无限多的出发点,由这些出发点,可以并且必定必然地被转向上帝,而且这样一来,就产生出无限多的这样一些本质的过渡,这些过渡必定具有证明的力量。针对通向真理途中的错觉和错误的无限可能性,通过重复通向真理之途的诸经验来确证和巩固信念,也必定显得是必不可少的。在主体上,信仰上帝的信念和热忱,通过重复精神向着上帝的那种本质的提升和对上帝之为无数对象、事件、事情中的智慧、天命的经验和认识而增强。涉及这一对象的关系之数量是那么的无穷无尽,而这一需求也显得是那么的无穷无尽,这一需求就是,人在持续不断地沉入其外在环境和内在状况无限多样的有限性中持续不断地重复关于上帝的经验,就是说,在对上帝之统治的新的证明中将其带至眼前。

[402]　　当面对这种证明方式时,人们立刻就认识到,这种证明在另一领域中是作为科学的证明而发生的。由情绪、情感状况在不同的外在处境中的千差万别的变化所构成的经验上的个人生活,导致这样一种情况,即:上帝存在这个结论出自自身并且在其自身中增多,并作为易变的个体,越来越多地重新占有这种信仰,并使之富有生气。但是,科学的领域乃是**思想**的基地;在这一基地上,重复的**多次**以及本来就该是结果的**每一次都一下子**发生了:只有这**一种**思想规定在考虑之内,这一思想规定作为同一个思

想规定简单地囊括了经验的、分散为实存之无限个别生活的所有那些特殊性。

但是,只是根据形式才存在这些不同的领域,内涵则是同一的。思想只是把多种多样的内容带进简单的形态中;它概括这种内容,但却并没有使之在其价值和本质的东西方面失去什么;毋宁说,它的特性就是去突出这种本质的东西。但在这方面也产生出各种不同的若干规定。思想规定首先涉及精神从**有限的东西**向着上帝提升的诸**出发点**;如果它将不可数的出发点归结为少数几个范畴,那么,范畴本身却还是有若干个。一般被称作出发点的**有限的东西**具有不同的规定,这些规定不久就成为各种不同的形而上学证明、亦即仅仅活动于思想中的关于上帝定在的证明的源泉。根据诸证明的历史形态,正如我们必须接受的那样,诸**出发点**在其中得到规定的有限者的诸范畴就是世上**诸事物**的**偶然性**,然后就是这些物在它们自身中以及它们相互之间的那种**合目的的关系**。但是,除了这些就其内容来说是些有限的开端之外,还有另一个出发点,那就是就其内容来说应是无限的上帝**概念**,这一出发点只有一个对它来说应予摆脱的有限性,那就是:它是一个**主观的东西**。我们可以没有偏见地容忍出发点之多;这种多并不有损于指明我们认为对我们来说是有根据的那一要求,即:真正的证明只有一个,只要证明可以被思想了解为思想的内心的东西、甚至可以被思想指明为是同一条——尽管是从不同的开端中选取的——道路。此外,结果同样也是同一个,那就是上帝的存在。然而这因此却是某种不确定的普遍者。然而在这种情况下,一种差别就展现出来,我们必须把更进一步的注意力转向它。这种差别与被称作诸开端或过渡①的东西相关联。这些东西由于出发点而不同,而每一个出发点都是某一特定内容的出发点。这是些确定的范畴,精神从这些范畴出发向着上帝的提升乃是思维在自身中的必然过程,按照通常的表达,这一过程被称作是一种**推论**。这一过程必然有一**结果**,而这一结果是根据**出发点**的

[403]

---

① 《黑格尔全集》:"出发点"——德文版编者注

规定性而得到规定的;因为它只是由此出发点而产生出来的。因此也就得出这一结果:在关于上帝定在的各种不同的证明中也得出关于上帝的各种不同的规定。现在,这一点是与下面的印象与表达相反,按此,在对上帝定在的诸证明中,兴趣仅仅在于上帝的定在,而这一抽象的规定则应是所有不同的证明的共同结果。想要由此获得内容的一些规定,这一点已经由于下面这种情况而被排除了:全部内容都出现在上帝的表象中,而这种表象或明或暗地被设为前提,或者,依照那已经得到说明的形而上学的通常过程,这一表象作为所谓的概念事先被确定下来。因此,通过那些推论的过渡得出内容诸规定的这种反思并非明确现存的;至少在这样的证明中是如此:这种证明尤其是以事先构成的上帝概念为出发点的,并只应明确地使需要得以满足,那就是把**存在**的抽象规定添加到那种概念上。

然而自行明了的是,从不同的前提和诸多由这些前提构建起来的推论中也产生出关于各种不同内容的更多结果。如果这些起点现在看起来允许对它们的相互外在状况采取无所谓的态度,那么,这种无所谓就局限于考虑那些给出上帝概念的诸多规定的结果;更为确切地说是自动为自己引来了首先是关于这诸多规定的相互关系的问题,因为上帝是独一者。在这方面,最常见的关系是:若干规定中的上帝被规定为若干谓语的**一个**主语,正如我们不仅习惯于从诸有限的对象出发去提及在其描述中的若干谓语,而且也习惯于去指明上帝的若干特性:全能、全知、正义、善等等。东方人将神称作是多名者,或者更确切地说是称作无限全名者(Allnamigen),并有这样一种表象:说出上帝之所是的要求只有通过没完没了地说明他的名字亦即他的规定才能被穷尽。但正如已经谈过无限多的出发点——这些出发点被思想概括进一些单一的范畴里——一样,在这里还更多地需要把众多特性归结为少数几个概念或把更多的特性归结为一个概念,因为上帝就是**一个**概念,是本质上就自身而言统一的、不可分的概念,而从有限的对象出发,我们则承认,每一个有限的对象也许自为地也只是**一个**主体、一个**个体**,就是说,是一个完整的东西,是概念,但是这种统一却是一种就自身而言是多种多样的、仅仅由许多相互外在的东西所

组成的、可分的、甚至本身也在其实存中是自相矛盾的统一。有生命的人［405］
(Naturen)的有限性在于,在他们身上,肉身和心灵是可分的,还在于,肢
体、神经系统、肌肉等等,此外还有颜色、油脂、酸等等,也同样都是可分
的,就现实的主体或个体而言谓语所是的东西即色、香、味等等,作为独立
的材料都可以分开,而个体的统一是确定的,因而都可以彼此关闭着。精
神就其存在与其概念的差别和一般的不相称而意识到自己的有限性;智
力表明与真理不相称,意志表明与善、德行和公正不相称,幻想表明与知
性不相称,幻想和知性表明与理性等等不相称;——反正借以填满或至少
是充满了整个实存的感性意识,是一大堆短暂的、倏忽易逝的、就此而言
已经是非真实的内容。精神的活动、方向、目的和行为的这种如此深远地
伸到经验现实中的可分性和被分离状态(Getrenntheit)可以为此做出一
点辩解,尽管精神的理念因此在自身中被理解为分解成能力或资质或活
动以及此类东西;因为精神作为个体的实存,作为这种个别的人,恰恰就
是这种有限性,因此存在于被分离开来的、自身外在的定在中。然而,上
帝却只是**这独一者**(dieser Eine),只是作为这独**一**的上帝而存在;所以主
观的现实同理念是不可分的,并且因此而就其自身而言也是未被分离的。
那些谓语的差别、分离、多在此就显露出来,这些谓语只是被联结在主语
的统一中,但就它们本身而言可能却存在于差别中——它们本身可能因
此而对立并由此而冲突,因此也就最为明显地、可能作为某种不真实的东
西而存在,而**多数**规定则可能作为不得体的范畴而存在。

  由若干证明产生的上帝的若干规定之向**独一者**以及在自身中必须作［406］
统一理解的概念的追溯以之而呈现出来的最近的方式,乃是通常的东西,
即:上帝的若干规定应被追溯到一种——正如人们所说的那样——**更高
的统一**,就是说应被追溯到一种更为抽象的统一,并且,由于上帝的统一
乃是最高的统一,故而应被追溯到这种就此而言是最为抽象的统一。然而
最为抽象的统一乃是统一本身;因此,对上帝的理念来说,只可能得出这
样一点,即:上帝即是统一——至少是为了将此表达为一个主体或存在
者:例如**独一者**(der Eine),但是这个"独一者"却是针对"**许多者**"(Viele)

而被提出来的,以至于即是这"独一者"也还可能在自身中是"**许多者**"的谓语,那就是说,可能作为其自身中的统一而存在:更确切地说例如是**独一者**或也是存在。但随着规定的这种抽象化,我们只是回到这样一点上,即:关于上帝,上帝定在诸证明中的**存在**仅仅抽象地是结果,或者,同一结果就是上帝本身可能仅仅是抽象的独一者或存在即知性的空洞本质,与此相对立的是上帝的具体表象,这种表象并不由于这样的抽象规定而满足。但是,不仅表象没有由此而得到满足,而且,概念本身的本性,——正如一般所指明的那样,这种本性表明就其自身而言就是具体的,而且,在外表上显现为一些规定之差别与多的东西,只是这种本性的诸环节之保留于自身中的发展。这是理性的内在必然性,理性在思维着的精神中起作用,并且在精神中使这种**规定之多**涌现出来;只有当这种思维尚未把握概念本身的本性并因此而把握这些规定之关系的本性以及它们的关联的必然时,这些本身就是发展的诸阶段的规定才仅仅显现为一种偶然的、相继的、处于彼此外在状态的多,犹如这种思维也在这些规定的每一个中仅仅如此来理解意味着某些证明的这一过渡之本性一样,以至于诸规定在其关联中却仍然是相互外在的,并且仅仅作为独立的规定相互中介;与此相反,这种思维并未在这样的过程中把中介连同自身一起作为真正的最终关系来认识,这种关系将作为这些证明形式上的缺陷被注意到。

[407]

# 讲　演　九

如果我们就像我们所碰到的那样接受现存的关于上帝定在之证明的差别，那么，我们就遇到一种本质的区别：诸证明的一个部分从**存在**过渡到上帝的**思想**，就是说，更进一步地从特定的存在过渡为上帝存在的真正存在，而另一部分则从上帝的**思想**即自在本身的真理过渡为这种真理的**存在**。这种区别，尽管它是作为一种仅仅如此存在的、偶然的区别被提及的，但它却依据于某种必须引起注意的必然性。即我们面对着两种规定，即上帝的思想和存在。这样一来，在应予实现这两个规定之联系的过程中，既**能够**从这一规定出发，也**能够**从另一规定出发。在单纯的能够方面，这条道路从哪个规定出发似乎是无所谓的；此外还有，如果联系在一条道路上得到实现，那另一条道路就显得是多余的了。

然而，因此首先显现为无所谓的两面性和外在可能性的东西，却在概念中具有某种关联，以至于两条道路既不是彼此无所谓的，也不构成一种纯外在的区别，其中之一也非多余的。这种必然性的本性并不涉及某种次要状况；它与我们的对象本身的最内在状况有关，而且首先与概念的逻辑本性有关；与这一概念相反，这两条道路一般不单单是不一样的道路， ［408］
而且，它们既涉及我们的精神向着上帝的主观提升，也涉及上帝本身的本性，这都是一种片面性。我们想就其与我们的对象有关的具体形态来阐明这种片面性。这首先只是存在和概念的抽象范畴，我们面对着它们的对立与关系方式；应同时显示出来的是，这些抽象及其相互关系如何构成并规定着最具体的事物的基础。

为了能够更为确切地指明这一点，我先说说这进一步的区别，那就

305

是，两个方面或规定之关联存乎其中的基本方式有三种：一是此一规定向着它的另一规定的**过渡**，二是规定的**相对性**，或此一规定在另一规定的**存在**身上或之中**映现**（Scheinen）；但第三种方式却是概念或理念的方式，即：规定如此保持在其另一规定中，以至于它们的这种统一——这种统一本身**自在地**就是这两个规定的原始本质——也作为它们的主观统一而被设定出来。这样，它们当中就没有谁是片面的，并且，它们两者共同构成了它们的统一的显现，这种统一同样也持续不断地从它们——作为总体之内在显现——之中首先只是产生出它的**实体**，并且得以作为它们的统一**自为地**与它们区别开来，作为这种统一而持久地**决定**着它们的映像。

因此，业已指明的这两条片面的提升之路就它们自身而言产生了它们片面性的一种双重的形式；由此产生的诸种关系必须引起注意。一般来说应予履行的是：就这一方面即存在的规定，另一方面即概念得到阐明，而反过来，前一方面则凭借这一规定得到阐明，每一个方面都就自身而言并从自身那里把自己规定为另一方面。如果现在仅仅这一方面把自己规定为另一方面，那么这种规定一方面就只会是这样一种过渡，在其中，前一方面就消失了，或者另一方面，是一种超出自身、外在于自身的映现，虽然它自为地保持在这种映现中，但却没有返回到自身中，对自己本身来说，就不是那种统一。如果我们用上帝的具体意义来设想概念，并以自然的具体意义来设想存在，且仅仅在业已指明的这些关联的最初关联中来理解上帝向着自然的自我规定，那么，同一概念就是上帝向自然的一种变易（Werden）；但如果按照第二种概念，自然仅仅是上帝的显现，那么，自然就犹如在过渡中一样，仅仅对一第三者、仅仅对我们来说，才是由此发生的统一，它本身并不会自在自为地是现存的，它并非真实的、从一开始就得到规定的自然。如果我们在更为具体的形式中设想这一点，并把上帝表象为自为地存在着的理念，从这一理念开始，并且也把存在理解为存在的总体，理解为自然，那么，从理念到自然的进展就表现为：1. 要么作为向着自然的一种单纯过渡，而理念则遗失、消失在自然中；2. 鉴于这种过渡，为了更进一步指明这一点，我们的记忆就只是：简单的结果来自

[409]

于一他者,但这一他者却已消失了;鉴于显现,我们只是让映像与本质联系起来、使它回到本质中的人。——要么,在进一步的视点上:上帝只是创造了一个自然,并未创造一种从自然返回到上帝的有限精神;——上帝拥有对作为他的映像的世界的一种无结果的爱,这种映像作为映像仍然完全只是与他相对立的一他者,他并没有从这一他者中反映自身,并未在自身中映现。而第三者,我们,应如何让这种映像与其本质联系起来,使其回到它的中心中,并使本质首先如此显现自身,在自身中映现呢?何者为这第三者?我们是什么?一种绝对地被设定为前提的知,一般是一种形式上的、把一切都包含于自身中的普遍性的某种独立的行为,那种应该是自在自为的统一本身仅仅作为没有客体性的映现属于这种普遍性。[410]

如果我们更为确切地理解被设置在这一规定中的关系,那么,自然的特定存在以及一般的自然存在向着上帝的提升、并且其中也包括我们对这种向着上帝的提升本身的活动意识,将正好就只是宗教,只是虔敬,这种虔敬在**主观上只**向着上帝提升,要么为了消失于上帝中而只以过渡的方式,要么是为了作为映像使自己与他相对立。在有限者于上帝之中的那种消失中,上帝只是绝对的实体,没有什么来自这一实体,也没有什么向着自身返回;——而甚至绝对实体的表象或思维也还是一种本身应该消失的太多的东西。然而,如果反思的关系还得到保存,虔敬在以下意义上向着上帝提升:宗教本身,因而也就是自为的主观的东西,仍然是存在者,独立的东西,这样一来,那种首先是独立的东西——宗教就是向它的提升——就只是宗教所产生的东西、所表象的东西、所假定的东西,或者是所思想的东西、所信仰的东西,——是一种映像,并不真的就是一种起始于自身的独立的东西,而只是被表象的实体,这种实体并未展现出来,并且正是因此而并非活动,而作为活动仅仅属于主观的提升本身;没有被意识到并且没有得到承认的是,上帝就是精神,这精神激起向着上帝的提升,激起人本身中的那种宗教。

即使在这种片面性中产生了对那暂时没有超出某种反映(Gegenschein)之规定之外的东西的进一步的表象和发展,产生了对这种东

[411] 西——在其中,这种反映就自己这一方面而言作为非-映像同样也被规定为是独立的和活动着的——的某种解放,那判给这种独立的东西的,就只有同它的另一个方面的相对的、因而也是不完整的关系,而这另一个方面在自身中保存着一个无所传达和不可传达的核心,这个核心同他者没有任何关系;这两个方面可能只是在表面上以映像的方式相互比较,而并非是出于它们的本质并由于其本质;在这两个方面上,既缺少精神向着自身的真正而全面的回归,精神也未探究神性的深度。然而,向自身的回归与对他者的探究,这两者在本质上恰恰相合,因为单纯的直接性亦即实体性的存在并没有深度;唯有真正的向自身的回归产生深度,而对本质的探究本身是向自身的回归。

在这里,我们只要临时勾勒一下所引用的、我们的反思所碰到的那种区别的具体意义就可以了。必须注意的是,这种区别并非不必要的多,此外,由此首先作为形式上的和外部的而获得的划分,包含着两个规定,即:自然、自然物,对上帝的意识以及由上帝返回存在的意识,这两个规定一同必然属于一个概念,就像它们包含有一种完全客观的具体意义一样,它们在认识的主观过程之过程中同样多地包含有这种客观的具体意义,而且从这两个方面看,它们是被单独地把握住的,它们呈现出极为重要的片面性。就认识来说,对这些片面性的增补是因这种整体——一般而言,这种整体就是概念——而发生的,更进一步说,是因已经就概念所说的东西而发生的,那就是,概念的统一作为**两个环节**的统一乃是一个如同最绝对的基础一样的结果,并且是两个环节的结果。但是,即使不把这个整体及其要求假设为前提,将由**这一种**运动——由于我们正开始,我们就只能单方面地从这一方面的运动开始——的结果中产生这样一种情况,即:运动由于它自己的辩证本性而推向另一运动,从自身转向这种完美化。然而,

[412] 这种首先仅仅是主观的推论的客观意义,将随同那种证明的不充分的有限形式之被扬弃一起同时自行突显出来。证明的有限性首先就在于其无所谓的这种片面性以及同内容的分离;随着对此片面性的扬弃,它也就在自身中包含有其真理中的内容。向上帝的提升自为地就是对一般主体性

之片面性的扬弃,而最先就是对认识的片面性的扬弃。

对于这种区别——正如它从形式方面显现为关于上帝定在之证明的方式差别一样——还要加以补充的是,由从存在转向上帝之概念的这一方面开始,两种证明形态得到说明。

第一种证明始于**存在**,这个存在作为某种**偶然**的存在,并未承载起自身,而且与真正的、自在自为必然的存在相连接,——这是**来自世间偶然性**(e contingentia mundi)的证明。

只要存在按照**目的**关系确定地发生,另一种证明就始于这种存在,而且与这种存在的**智慧**发动者相连接,——这是关于上帝定在的**目的论**证明。

当还有使**上帝概念**成为出发点并与上帝的存在相连接的另一方面参加进来——存在论的证明——时,当我们以这一说明为准则时,就是我们须对之进行考察的三种证明,对这三种证明的批评并不更少一些,由于这种批评,这些证明作为已完结了的东西已经被遗忘。

# 讲　演　十

应予考察的一些证明的第一个方面使一般**世界**、更确切地说首先使世界的**偶然性**成为它们的前提。经验**事物**以及这些事物的整体即世界是出发点。诚然,**整体**,每当其得到规定之后,在它的诸部分面前具有某种优势,即整体作为包含所有部分并规定着它们的统一而存在,犹如一所房子的整体,更多的是整个作为自为地存在着的统一而存在,如生命体的灵魂那样。但是,我们在世界中间仅仅理解为世俗事物的**集合**,仅仅理解我们所目睹的一些实存的这种无限数量的总计,这些实存中的每一个本身首先都被表象为自为地存在着的。世界本身如同其包括自然物一样多地包含着人;作为这样的集合,例如他只是自然物的集合,世界并没有被表象为**自然**,例如人们在自然中间理解某种在自身中系统的整体,某种秩序和等级的体系,尤其是一些规律的体系。世界仅仅如此表示这种集合,即:它完全依据于实存着的数量的东西,因此,它在世间事物面前并不具有优势,至少没有质的优势。

[413]

此外,对我们而言,这些事物以多种方式规定着自己,首先把自己规定为受限制的存在,规定为有限性、偶然性等等。从这样的出发点出发,精神向着上帝提升。精神把受限制的存在、有限的、偶然的存在判定为某种非真实的存在,而真的存在则居于非真实的存在之上;精神逃到另一种无限制的存在之领域中,这种存在就是与那种非本质的、外在的存在相反的本质。真实的东西并非有限性、时间性、易变性和短暂性的世界,而是无限者、永恒者和不变者。尽管我们所列举的东西,无限制的存在、无限者、永恒者、不变者,还不足以表示我们称作上帝者的全部丰富性,但上帝却是无限制的存在,是无限的、永恒的和不变的;所以,提升至少是向着这种神圣称号、或者更确切地说是向着上帝本性的这些尽管是抽象的但却是普遍的基础、或至少是向着普遍的基础的提升,提升至上帝居于其中的纯粹以太中。

这种一般的提升乃是人类精神中的**事实**,这种事实便是宗教,但宗教只是一般,也就是说,是完全抽象的;因此,这乃是普遍的基础,但只是宗教的普遍基础。［414］

在这种作为**事实**的提升那里,**直接的知**的原则被保留下来,把同一原则作为事实引证并以之为基础,且有这样的担保:这一原则是人的普遍事实,而且,本身就存在于一切人中,这事实被称作是上帝在人类精神中的内在启示和理性。关于这一原理,以前就有充分的评判;在这里,只要我们因此有赖于所涉及的事实,我们因此就只是为此而再次想到它。毋宁说,这一事实,亦即提升本身,作为提升,恰恰直接地就是中介:它有有限的、偶然的定在、世间事物作为它的开端和出发点,它是由此向着一般他者的进展。因此,当它并未停留于那种开端——这开端在这里单单是直接者(而且这直接者本身仅仅像后来自我规定的一样,是相对的)——,而是**借助于**对这样的立足点的离弃和放弃时,它就为那开端所中介,并且只是向着无限者和自身为必然者的提升。因此,这种提升——提升即是意识——就是在自己本身中得到中介的知。

此外,对于这种提升以之为出发点的开端,立即也需注意的是,内容并不是感性的内容,不是经验上具体的感觉内容或直观内容,也不是某种具体的想象内容,而是提升由之开始的世界之有限性和偶然性的那些**抽象的思想规定**;同样的,提升所达至的目的即上帝的无限性和绝对必然性,并非是在更进一步的和更为丰富的规定中、而完全是在这些普遍的范畴中得到思考的。就此方面而言,必须说明的是,这种提升之事实的普遍性**按照形式来说**是不恰当的。例如,即使关于希腊人,人们也可以说,关［415］于无限性、关于作为万有终极者的本身自在存在着的必然性的思想,仅仅属于哲学家;世间事物并非曾如此普遍地以世间事物、偶然和有限的事物的抽象形式处于表象之前,而是以它们的经验上具体的形态处于表象面前,同样的,上帝也并非以无限者、永恒者、自在的必然者的思想规定,而是以特定的幻想形象处于表象之前。在较少有教养的民族那里,这样的普遍形式**自为地**处于它们的意识之前这种情况就更少了;这些普遍形式大概经过了所有人的头脑,——因为正如人们经常说的那样,所有的人都在思维,——甚至更进一步形成于意识中,而特有的证明就是来自于意识,如果它们在语言中被记录下来的话。但是,它们此后首先就作为具体对象的规定而出名,——它们无需在意识中被记录为自为独立的。对我们的文化教育来说,这些思想范畴首先是熟悉的,并且是普遍的,或者得到了普遍的传播。但是,恰恰是这种教化,如已提到的、就表象思维的独立性而言不熟练者,并非不比某种直接的东西少些,而是通过思维、研究、语言习惯的多重进程来促成表象思维。人们学会了本质性地思维,并决心要达至熟练的思想;而趋向抽象表象的文化教育乃是一种在自身中无限多样地被中介的东西。就这种提升之事实而言,同样多的事实是:提升即是中介。

[416] 　　精神向着上帝的提升在其自身中有中介这一情况,乃是让这种中介去证明亦即去阐明、更确切地说是以思维的形式去阐明这一精神进程的各个环节。这就是在其最内在之物中的、亦即在其思维中的、进行着这种提升的精神;提升就是一些思想规定的进程。应通过证明来实现的事情是,这样的思维作用被带向意识,把关于此的意识作为关于那些思想环节之关联的意识来了解。不仅想仍然是直接确定性的信仰,而且适应于中介混乱情况——适应于此为了弄乱提升本身——的知性之批判,也都表示反对这种展开于思维着的中介领域中的阐明。用信仰来说就是,不管知性多么想找到对那些证明的挑剔,而且也不管那些证明就其自身而言在它们对精神从偶然性、时间性向着无限者和永恒者的提升的阐明会有多么有缺陷的方面,人的胸怀中的精神都一定要这种提升。倘若此胸怀的提升因知性而失去活力,那么,一方面,信仰便大声对此胸怀说要坚定地坚持这种提升,并且不为知性的吹毛求疵而保持不变,但另一方面,为了面向最确定无疑的东西,信仰本身也不去关心一般证明,而且在它自己偏见的兴趣中站在了批判的知性方面以反对这种证明。信仰不允许剥夺自己向着上帝的提升,亦即它关于真理的证明,因为这一提升在自己本身中就是必然的,它

多于某种单纯的或任一的精神事实。在精神中,确切地说是在诸精神中有一些事实,亦即内在经验——而精神并非作为抽象概念,而是作为许多精神,即无限多样的、极为对立的、极端堕落的精神而实存者。就是为了正确地把事实也理解为**精神的事实**,而不是理解为诸瞬息的偶然的精神的事实,就需要在其必然性中把握它;只有这种必然性才为偶然性和任意性的这种基础上的正确性做担保。但是此外,这种更高的事实之基础自为地就是抽象的基础;不仅对这种抽象及其关联有一种特定而清醒的意识是极为困难的,而且,如果抽象发生了一次,信仰着的人之胸怀竟从认识之树上品味了一次,而思维在其特有的形态中——一如它是自为的和自由的那样——萌芽,那么这种抽象本身就是危险,而且这种危险是不可避免的。

[417]

如果现在我们研究一下在其思想和环节中的精神之内在过程的含义,那么,最初的出发点就已经被注意到了,它是一个思想规定,即一般而言的世间事物的**偶然性**;这样,提升的第一个形式就历史性地存在于关于上帝定在的所谓**宇宙论的证明**中。同样由此出发点而指明的是,即使我们向之提升自己的目的的规定性也信赖于出发点的规定性。世间事物若还可以得到不一样的规定,对结果亦即真实的东西来说,也会产生出另一种规定,——一些区别,这些区别对少许形成的思维来说可能就更是无关紧要了,但是,在我们把自己移置其上的思维的基础上,这些区别却是应予以关心并且必须对此予以解释的东西。因此,如果诸事物一般地被规定为是**定在着的**,那么,从作为特定的存在的定在中,就可以表明,定在的真理就是**存在本身**,就是无规定的、无界限的存在。这样,上帝就可能仅仅被规定为存在,——最为抽象的规定,众所周知,**爱利亚学派**就是以此开端的①。——最令人信服的是让人回忆一下对刚刚被弄出来的那种区

---

① 埃利亚学派,公元前6—前5世纪形成于意大利南部的埃利亚,其代表人物为塞诺芬尼、巴门尼德、芝诺等。塞诺芬尼认为:神是不动的"一"。巴门尼德认为:存在是不动的"一"。芝诺提出一系列论证,并认为:存在必然是单一的。埃利亚学派在古希腊哲学发展中居于重要地位,提出最普遍、最单纯的存在范畴;这是从具体到抽象,并达到最高抽象的过程。——译者注

[418] 别——自在的内在思维的和把思想在意识中加以强调的这种区别——的这种抽象;哪个个人的嘴里没有冒出"存在"这个词?(天气**是**美好啊!你**在**哪儿?等等,以至无穷),因此,这种纯粹的思想规定在谁的表象活动中找不到吗?然而,它被包裹进这种具体的内容中(天气等等,以至无穷),而意识仅仅在这样的表象中为这种内容所充满,因此也就仅仅知道这种内容。单独地把"存在"这个思维规定确定下来,并且至少用一个神,或者像爱利亚学派那样在没有另外一个神的情况下,把存在了解为终极者、绝对者,这就弄出了这样占有和使用"存在"这个思维规定的一种无限区别。——如果进一步把事物规定为**有限**的,这样,精神就从诸事物向着无限者提升自己,——如果同时也把诸事物规定为实在的存在,那么,精神就会向着作为**理念**的和**理想**存在的无限者提升自己。或者,如果明确地把事物一般地规定为**仅仅**是直接**存在着**的诸事物,那精神就从这作为映像的单纯的直接性向着**本质**、而且是向着此外作为直接性之**根据**的本质提升自己,或者从作为部分的诸事物向着作为**整体**的上帝或者从作为无自我的**表现**的事物向着作为**威力**的上帝、从作为**结果**的诸事物向着它们的**原因**提升自己。所有这些规定都由思维给予事物,而**存在**、**无限者**、**理念者**、**本质**和**基础**、**整体**、**威力**、**原因**这些范畴则同样也为上帝所用;它们甚至也必须为上帝所用,然而却在以下意义上是暂时的,即:这些范畴也许适用于上帝,上帝真的就是存在、无限者、本质、整体、力量等等,虽然它们没有穷尽上帝的本性,较之于这些规定所表示的,上帝就本身而言还要更加深邃、更加丰富。从每一个定在作为一般有限定在这样的起始规定向着其最终规定即关于思想中的无限者的进展,必须完全以同一种方式被称作是一种**证明**,**作**为严格按照格式用这一名字被提及的思想。以这种方式,诸证明的数目大大增多,远远地超过了所指明的多数。

[419] 我们须从何种视角来考察也许是令人厌烦地给我们带来的这种进一步的增多呢?我们无法直截了当地拒绝这种多,相反,如果我们曾经把自己移到了已经被承认是证明的那些思想中介的立场上,那我们就必须对此作出说明,即为什么这样的引用把自己限制在并且可以把自己限制在

所指明的数目上以及包含在这一数目中的一些范畴上。鉴于这种重新扩大了的多数，首先应该记起关于以前那个显现得较为有限制的多数所说的东西。所呈现出来的一些出发点的这种多数，无非就是内行的逻辑考察领域中的范畴之量；只是必须指明，这些范畴是如何出现在这一领域中的。这些范畴向自己证明了这个领域无非就是概念之持续规定系列，更确切地说，并非任一概念、而是就其自身的概念的持续规定系列，——概念向着某种彼此外在者的发展，当它在这方面同样非常多地深入自身之时；这一进展中的一个方面是一种概念形式的有限规定性，另一方面则是这一规定性的最切近的真理，而这一真理本身复又只是一种尽管较之于上述形式更为具体、更为深入的形式，——一个领域的最高阶段同时也是一个更高领域的开端。逻辑学在其必然性中发展着概念规定的这种进程。就这点而言，这一进程所跑过的每一个阶段都包含着一个有限性范畴向着它的无限性的提升；因此，每一个阶段都同样非常多地从它的出发点起始包含着一个形而上学的上帝概念，并且当这种提升在其必然性中得到了理解时，这每一阶段还包含着对上帝存在的一种证明，而一个阶段向着它的更高的阶段的过渡则同样作为一个更加具体、更加深入的规定的必然进程——不只是作为一系列被偶然拾起的概念——进行着，——而且这种必然的进程乃是向着完全**具体的**真理、向着概念的**完美显示**、向着概念的那些显示与概念本身的协调的进程。就这点而言，逻辑学就是形而上学的神学，该神学考察着上帝理念在纯思想的天空的进化，以至它其实只是注视着这种自在自为、完全独立的进化。

在这些讲演中，这种详尽的解释不应是我们的课题；在这里，我们想坚持**历史地**接受这些概念规定，必须考察由这些概念规定向着这些是为它们的真理、并且作为上帝的概念规定被引用的概念规定的提升。在对这些概念规定的那种接受中的那种普遍不完备性的原因，只能是缺少关于诸概念规定本身之本性、它们的彼此关联之本性以及关于从作为有限者的它们向着无限者的那种提升之本性的意识。世界**偶然性之**规定以及**绝对必然之本质**的那些与世界相适应的规定为证明的出发点和结果而呈

[420]

315

现出来的进一步原因,必须被放到这里面来——而且,这种原因同时也是对被赋予这种规定的优点的一种相对的辩护,——即:**偶然性**和**必然性**之关系的范畴就是存在之有限性和无限性的所有关系以之来概括和总结自己的那些范畴;存在之有限性的最为具体的规定就是偶然性,同样的,存在之无限性在其最具体的规定中也就是必然性。在其自己的本质中的存在就是现实,而现实本身则是偶然性和必然性的一般关系,这种关系在绝对必然性中有其完善的规定。被纳入在这种思维规定中的有限性给予了可以说是被如此广泛地准备出来的有利条件,以至于它在其自身上指向它的真理的即必然性的过渡。偶然性、零碎性的名称本就把定在表达为这样一种东西,即:**衰亡**就是它的规定性。

[421] 但是,必然性本身却在**自由**中有其真理;以此自由,一个新的领域展现出来,那就是**概念**本身的基础。于是,对规定以及对向着上帝的提升过程而言,这一基础提供了的一种不同的关系,提供了出发点和结果的一种不同的规定,——即首先是**合目的者**和**目的**之规定。因此,这一规定将是对上帝定在进一步证明的范畴。然而,概念却不仅仅被沉入于对象性中,犹如其作为目的只是诸事物的规定一样,而是,它自为地、独立于客体性地实存着;以此方式,它自己即是出发点,并且是它特有的、已指出的规定的过渡。所以,第一种证明即宇宙论的证明就开始研究偶然性与绝对必然性之关系的范畴,正如我们所注意到的,这种**宇宙论的**证明在这里面找到它的相对的辩护,即:这种关系乃是现实仍旧作为现实的最本己的、最具体的和最终的规定,并因此而是所有更抽象的存在范畴的真理,而且把这种真理容纳在自身之中。这样,即使这种关系的运动也都把以前更为抽象的有限性的诸规定向着同样还是更为抽象的无限性的诸规定的运动容纳在自身之中,或者毋宁说,运动,亦即证明之进程,是抽象的-逻辑的,也就是说,推论形式在一切推论中都只是一个并且是同一个在推论中呈现出来的推论形式。

# 插入①【康德对宇宙论证明的批判】②

众所周知，**康德**对关于上帝定在的形而上学证明所做的批判有了这样一种效果，即：放弃这些论据，并且，在一篇学术的论文中就如此之甚地不再谈论这些论据，而人们几乎必须对引用这些论据感到羞愧。然而对这些论据来说，大众化的使用还是被允许的，而且颇为普遍的是，这些论辩在教导青年人和开导较为年长的成年人的时候则被使用，而且，尤其是力求让内心感到温暖并提升感情的辩才甚至也有必要拥有并使用这些作为内在基础的论辩以及其诸表象的关联。关于所谓的宇宙论的证明，康德一般已经承认(《**纯粹理性批判**》第二版[B]第 643 页)，如果假设某种东西实存着，那么人们就不会与这种结论打交道，即：任何东西也必然地实存着，并且这是一个完全自然的推论；但是，关于自然神学的证明，他还更多地注意到(同上，第 651 页)，这种证明在任何时候都值得尊重地提到；它是最古老、最明晰的证明，而且是最适合于普通人类理性的证明……想要对这种证明的威望指摘些什么，这将不只是没有希望的，而且**也将是完全徒劳的**。此外康德还承认，"**理性**不会由于**细微抽象**的思辨的怀疑而**受到压抑**，以至于它不应通过它投向自然以及世界结构之壮丽

[422]

---

① 下文由《宗教哲学》的编者马尔海奈克插在这个位置上。他在他的前言中说，"在黑格尔手写的草稿中"也出现了"一份已完成了的残篇"，此残篇包含有"一个对康德对上帝定在证明的批判的批判"。残篇出于何时则不得而知；手稿似乎未被保存下来。——德文版编者注

② 《康德对宇宙论证明的批判》，系《关于上帝定在证明的讲演录》的第一位编者弗·马尔海奈克据在黑格尔的手稿中发现的片断整理而成；此片断所属年代，已无从查考。——译者注

的奇迹的一瞥,就得以如同脱离了梦幻一样脱离了任何一种苦思冥想的无决断状态,从伟大向着伟大直至至高无上的伟大、从有条件者向着条件直至最高的和无条件的发动者提升自己。"[B 第 652 页]

[423] 如果首先被提出的证明表示的是人们**不可绕开**的某一必要**结论**,如果对第二个证明的声望的有些指摘将是**完全徒劳的**,如果**理性**绝不应会如此受到压抑,从而摆脱这一进程,并不在这一进程中向着无条件的发动者提升自己,那么,如果人们却回避那一结论,如果理性却必须如此受到压抑而不再承认这种证明的声望,这必定就是不可思议的。——但是,不管某种缺点可能好像与我们时代的好的哲学家团体相反还提及那种证明,康德哲学以及康德对那些证明的驳斥,似乎同样的是某种早已被认为是不重要的,并且因此是不必再提及的东西。——但事实上,只有这才是康德的批判:这种批判以科学的方式排斥了这些证明,并且其本身还成了拒斥这些证明的另一种更为迅捷的方式之源泉,即这种方式仅仅使感觉成了真理的评判者,并且不仅仅宣布思想为多余的,而且还宣布它为可诅咒的。所以,就这一点而言,它有了一种了解科学根据的兴趣,由此,那些证明失去其声望,因此,它就只是人们必须加以考虑的康德批判。

但是,仍然需要注意的是,康德使之服从他的批判的那些常见的证明,确切地说首先就是其中的宇宙论的证明和自然神学的证明,——它们的进程在此正在考察之列——就包含有较之于有限性和无限性那抽象的、仅仅是质的规定更为具体的规定,例如宇宙论的证明就包含有偶然的实存和绝对必然的本质的诸规定,而且已经被注意到了的是,即使诸对立也被表达为有条件者和无条件者或零星者和实体,它们在此也只应具有那种质的意义。所以当在那些形而上学的推论中,甚至也在康德的批判中,内容以及诸规定本身的辩证本性反正都不在考虑之列时,在此只从本质上说,重要的就是证明中的形式上的中介进程;但是可能只有这才是这[424] 种辩证的本性,即:中介必须真的为它所引导,并必由它来评判。——此外,在那些形而上学的论辩中以及在康德对它们的评判中所理解的方式方法在所有那些关于上帝定在的好些证明中——即在以某一被给予的定在为出发点的那些证明种类中——从整体来看,都是同一个,而当我们在此时进一步考察这种知性推论的方式时,对于其他那些证明来说,这种知性推论也就已经了结了,而此后我们在那些证明方面就只需要把我们的注意力集中在诸规定的进一步的内容上。

对于考察来说,康德对于宇宙论证明的批判立即就显得愈加地令人感兴趣了,因为按照康德的看法(第637页),其中应保持着被辩证的狂妄所隐藏的一个**完整住所**,然而,先验的批判轻易地就可以发现并摧毁它。我首先重复一下这种证明的通常的表达方式,正如康德也提及它一样(第632页),这个表达方式的内容就是:"如果**某种东西实存**(不单纯是**实存**着,而是出自世界的偶有性,被规定为**偶然性**),那么,一个绝对必然的本质也就必定实存着,现在,至少我本身实存着:所以,一个绝对必然的①本质就实存着。"康德首先注意到,小前提包含有某种经验,而大前提则包含有从某一经验一般到必然者定在的推论序列,因此,证明不完全是先天地(a priori)进行的,——它乃是一种评论,这种评论让自己与前面已注意到的这种一般论辩的特性联系起来,而这种特性只是,仅仅接受整个真正中介的一个方面。

下面的评论涉及这种论辩的一种主要情况,这一种情况在康德那里是如此显现出来的:就是必然的本质只能以唯一的方式被规定为必然的,也就是说,考虑到所有可能的、对立的谓语,只能通过其中一谓语得到规定,而关于这样一种事物,只有一个唯一的概念是可能的,即最实在的本质之概念,众所周知,这一所谓的概念构成了存在论证明(这里应在许久以后考察)的主体。

与必然本质的这种最后进一步的规定相反,首先是康德把他的批判校正为对某种纯理性化的进展。因为那种**经验的**论据不能说明必然本质有哪些**特性**;理性应为此目的而选择完全离开这种经验的论据,并**在一些纯粹的概念背后**探究某种绝对必然的本质必须具有哪些**特性**,在**一切可**

[425]

---

① 《黑格尔全集》:"理性的"——德文版编者注

能事物中间哪一种在自身中拥有某种绝对必然性的工具（Requisiten）。——人们还可能会把充斥在这些表达方式中的多种多样未开化的事情归咎于他的时代，并且愿意认为，这一类事情不再出现在我们时代的科学与哲学的表述中。当然，现如今人们将不再把上帝评定为一物，并且也不在所有可能的物中四下寻找何物与上帝的概念相匹配；人们也许将会谈论这个或那个人或金鸡纳树皮等等的一些特性，但却不再会在比方说哲学的表述中就作为一物的上帝这方面谈论一些特性。只是人们还总可以更多地听到纯抽象思维规定的意义上的一些概念，以至于不应据此来指明，如果某一事情的概念被问到，如果某一对象应一般地被理解，那这应有何种意义。然而，这却完全过渡成了诸普遍原则，或者毋宁说过渡成了时代的信念，即：把下面这种情况看作是对理性的指责，甚至看成是理性的罪过：理性在那些纯粹概念中着手它的探究，换言之，它以不同于下面这种方式的方式来活动，这种方式是，通过诸意义来感知，并且是想象的和诗意的等等。但在康德那里，人们却还是在他的那些表述中看到他以之为出发点的诸特定前提，以及某种推理进展的结果，以至于这种结果会明确地通过根据而得到认识和证明，一种洞见只应来自于某些根据，总的说来洞见应是哲学方式的洞见，与此相反，人们在我们时代的知识的大道上只碰到感觉的预言以及某个主体的担保，这种主体要求以所有人的名义担保，并恰恰因此也以它的这些担保来遏制一切。在这样的认识之源那里，不可能谈论诸规定及其表达的某种精确性以及对结果和根据的某种要求。

我们已提及的康德的批判的这个部分首先有这样一种特定的意义，即：那种证明仅仅一直导向某种**必然的本质**，但这样的规定却被同上帝的概念即最实在的本质之规定区别开来，而这一概念必须通过理性的纯粹概念从那种本质中被推导出来。——人们立即就看到，如果无非就是那种证明一直通向绝对必然的本质，那么，除了下面这一点外就不会有任何进一步的反对意见了：局限于这种规定的关于上帝的表象当然恰恰还没有我们——我们关于的上帝的概念更多地包含在自身之中——所要求的那么深入。也许可能的是,以前时代——或者我们时代的那些尚生活在基督教信仰以及我们的文化教育之外的个人或民族可能并没有更为深入的上帝概念,对这些个人或民族来说,那种证明因此可能就令人满意了。人们至少将会承认,上帝,而且只有上帝,才是绝对必然的本质,尽管这一规定并未穷尽基督教的表象,事实上基督教的表象也还包含着比所谓自然神学的那种形而上学规定、总归也比现代关于上帝的直接之知和信仰懂得去指明的东西更为深入的东西。本身就成问题的是,直接的知是否也仅仅如此多地说到上帝,以致上帝就是绝对必然的本质,至少如果这个人对上帝直接知道这么多,那么他人可能同样地直接地知道上帝并不多,因此就没有某种权利对他人有更多过分要求;因为,某种权利随身带有根据和证明,就是说,随身带有知的中介,而诸中介已被那种直接的知排除在外,而且是被唾弃的。[427]

但是,如果按照正确的结论从被包含在绝对必然的本质之规定中的东西的发展中产生出进一步的规定,那么,什么东西应当可以挡住人们接受并确信这些规定的路呢?证明的**根据**是经验性的;但如果证明本身自为地就是一种正确的推断,并且还曾通过这一推断来确定某个必然本质的定在,那么,由这一基础出发,理性当然就从纯粹概念中进行研究了;然而只是,当理性一般被看作是一种错误的时候,这随后就将被算作是理性的一种错误了,而且事实上,对理性的贬低在康德那里就像在把所有的真理都限制在直接的知上的意见那里一样,走得一样远。

但是,所谓最实在本质的规定可以容易地从**绝对必然的**本质之规定中、甚或从我们已经停止在那里的**无限者**之规定中推导出来;因为所有的、任何一种局限性都包含有一种同某个他者的关系,并因此而与绝对-必然者和无限者之规定相矛盾。康德在下面这个命题中寻找应该存在于这种证明中的推论的那种本质性的假象,而这个命题则是宇宙论证明的**应予证明的核心**(nervus probandi),这个命题是:任何一个绝对必然的本质同时也是最实在的本质;然而,他想以这种方式来揭示这种假象,即:由于一种最实在的本质没有在任何部分同其他本质区别开来,那么,[428]

321

那个命题也就让把自己全然翻转过来，也就是说，任何一个（干脆说就是**这个**）最实在的本质都是绝对必然的，或者，最实在的本质——只是通过概念才被规定为最实在的本质——必定在自身中也包含有绝对必然性之规定。然而这就是命题，并且就是关于上帝定在的**存在论**证明的进程，这一进程在于，从概念出发并通过概念过渡为定在。宇宙论证明有存在论证明作为基础；当它向我们预言说要敷设一条新的步行小径时，它在一番小迂回之后，重新把我们带回到那条它并未想承认而我们则为了它的缘故应该已经离开了的老路上。

人们看到，这种指责既没有就其自为地只是继续进至绝对-必然者之规定、也没有就其从这一规定通过发展进至最实在者的进一步规定击中宇宙论证明。就两种被指明的规定的关联来说，当康德的指责直接对准它的时候，按照证明方式，这也许完全涉及的是，从一个确定的规定向第二个规定、从一个已经得到证明的命题向另一个命题的过渡颇为妥善地要求阐明自己，但认识却不能同样地从第二个证明向第一个证明返回，不能从第一个证明推断出第二个证明。关于直角三角形各边的那个著名比例的命题首先由**欧几里得**加以证明，即以三角形的这一规定性为出发点，而诸边的关系就由此被推断出来；此后，相反的命题也得到了证明，以至于现在得以以这种关系为出发点，而其诸边具有那种关系的三角形的直角就由此被推导出来，然而却是这样，即：这第二命题证明以第一个命题为前提并利用了第一个命题。另一次对相反的命题的这样的证明也同样以第一个命题这个前提间接地进行，比如这个命题，如果在一个直线图形中各角之和等于两个直角，则这个图形就是一个三角形，它可以轻易地从事先得到证明的命题——一个三角形的三个角之和构成两个直角——间接地得以证明。如果一个谓词为一个对象所证明，那么，进一步的情况就是，这样的谓词应**仅仅**适宜那个对象，并且不只是诸对象的诸多规定之———这规定可能也适宜其他对象，而且也属于该对象的定义。这种证明会允许不同的途径——恰恰没有必须从第二个规定的概念出发的唯一途径。在所谓的最实在的本质与这终极者的绝对必然本质的关联那里，

[429]

插入【康德对宇宙论证明的批判】

总归只有此关联的一个方面应该被纳入到直接的考虑中,而正是那一方面未被纳入这种考虑之中,鉴于这两个方面,康德把他在存在论的证明中所发现的困难都带了出来。即:被包含在绝对必然的本质之规定中的,有时是它的存在的必然性,有时则是它的诸内容规定的必然性。如果问到进一步的谓词,问到无所不包的、不受限制的实在性,则这谓词所涉及的并非存在本身,而是此外必须作为内容规定被区别开来的东西;**存在**已经自为地在宇宙论证明中确定下来,而从绝对必然性向万有-现实性(All-Realität)以及从这种必然性向那种必然性的过渡的兴趣,仅仅和这种内容发生关系,而不与存在发生关系。康德把存在论证明的缺陷放进这里,即:在这种证明的基本规定中,在实在性的万有中,存在同样也被理解为一种实在性;但在宇宙论的证明中,人们已经从他处得来了这一存在。倘若这种宇宙论证明为它的绝对-必然者补充万有-实在性之规定,那么它就根本不需要存在被规定为一种实在性并被设想包含在那种万有-现实性中。 [430]

康德在自己的批判中也仅仅从进程——从绝对必然者向着无限制的现实性——的这一意义入手,当时如刚刚所引证的,康德把这种进展的旨趣放在去找寻绝对必然的本质有哪些**特性**上,此后,宇宙论证明只是单独地迈出唯一的一步,即迈向**某种绝对必然的本质之一般**的**定在**,但却不能表明**这一本质有哪些特性**。因此,人们必须认识到下面这一点是错误的,即:如康德所断言的,宇宙论的证明以存在论的证明为依据,或者也只是,它需要存在论的证明作为对它的补充,即在它一般来说应予完成的东西之后。但是,应当完成比其所完成的更多的东西,这乃是一种进一步的考察,而这进一步的东西当然就以存在论证明所包含的环节为内容;然而,这并非是康德递给同一证明的更高的需求,而是,他只是出于那种处于这种证明范围之内且并没有击中这种证明的视角而提出论证。

然而,所引证的东西并非康德针对宇宙论证辩所提出的唯一的东西(第637页),相反,康德揭示了其他的"狂妄",这种狂妄的"一个完整的家"应当就存在于这种论证中。

323

[431] 对于[康德所揭示的]第一点来说,这其中存在着从**偶然者**推断出来**原因**这一**先验**原则;但是,这一原理却只在感性世界中有意义,而在感性世界之外也就没有什么意义了。因为偶然者的**纯理智**概念根本无法产生像因果律这样的综合原理,这种原理在**感性世界**中才有单纯的意义并有所应用,但在此却应为**超越感性世界**服务。——这里所断言的东西,就是康德著名的关于不允许以思维超越感性事物以及关于把思维规定的应用和意义限制在感性世界上的主要学说。对这一学说的剖析不属于在这篇论文,但是,对此必须说的东西却可以概括进这样一个问题中:如果思维不应超越感性世界,那么相反,应当首先使人理解的就是,思维如何进入感性世界?这里所说的另一种东西就是,一些偶然者的**理智**概念不会产生出像因果律这样的综合原理。实际上,这是偶然性之理智规定,即:这种时间性的、存在于感知手中的世界就在此规定中得到把握,而随着这一作为理智规定的规定本身,思维本身已经就越过了感性世界本身并把自己移到了另一个领域中了,而不必打算首先在此后通过对因果性的进一步规定来超越感性世界。——但是后来,偶然者的这种理智概念却能产生出像因果律这样的综合原理。但实际上,关于**有限者**,必须指明的是,它经过自己本身,经过它所应是的东西,经过它的内容本身,向着它的他者,向着无限者运动过去,——这正是康德关于某种**综合**原理的形式以之为基础的东西。偶然者具有同一本性;它不必把因果性之规定看作是偶然性向之过渡的**他者**,毋宁说,偶然者的这一他者首先就是绝对必然性,并且此后立即就是**实体**。但是,实体性关系本身却是康德作为范畴来引用的那些综合关系之一,而这无非意味着,"对偶然者的纯理智规[432] 定"——因为诸范畴从本质上讲就是一些思维规定——就产生出实体性的综合原理;因此,像偶然性之得到设定一样,实体性也被设定出来。——这一原理是一种**理智**关系,是一种范畴,这一原理在此当然不在与它异质的环节中、不在感性世界中被应用,而是在它在此所归属的理智世界中被应用;此外,如果它并没有什么缺陷,那它毋宁说自为地就有这样一种绝对权利,即:与它在对它而言陌生的、即感性的环节中的应用相

反,它在这样一个领域中被应用,在此领域中来谈论那只可在思想中和精神中才被把握的上帝。

康德使之引人注目的第二个迷惑人的原理(第 637 页)是,"从感性世界中相互给予的无限序列原因的不可能性中推论出一个**最初原因**的推论"。理性在**经验**中的应用**本身的诸原则**不应使我们有权这样做,我们更不能把这一原理扩展到经验之外。——我们肯定不能在感性世界和经验的范围内推论出一个**最初的**原因,因为在作为有限世界的感性世界中只能有一些有条件的原因。然而,正因为如此,理性不仅得到授权,而且受到驱使转入只能用智力了解的领域中,或者更确切地说,一般只有在这样的领域中,理性才有固定处所,它并不越出感性世界之外,而是与其最初原因之理念一道,完全处于另一个基础中,而只要理性及其理念不依赖于感性世界独立、自在自为地被思考,谈论理性就只有一种意义。

康德将之归咎于这种证明中的理性的第三个原理,是理性由此而找到的那种错误的**自我满足**,即,当没有**条件**就不会发生**必然性时**,鉴于相互给予的系列原因之完成,理性终于**除去所有条件**,以及,它由于人们现在**不能理解任何进一步的东西**,就把这想象成了概念的一种完成。——当然,如果谈论无条件的必然性、谈论某种**绝对必然**的本质,那么,只有当这一点被理解为无条件的时候,就是说在一些条件的规定被从它身上除去的时候,它才可能发生。但是,康德补充道,没有一些条件,某种必然的东西就不会发生:这样一种以条件亦即以它的外部条件为根据的必然性只是一种外在的、有条件的必然性;某种无条件的、绝对的必然性只是在其自身中包含着它的诸条件的那种必然性,假如人们还想在它身上应用这样一种关系的话。在这里,难点仅仅是真正辩证的、前面已指明了的关系,即:或者如偶然的定在或有限者通常可以被规定的那样,条件正好就是向着无条件者、无限者扬弃自身,也就是,在有条件者本身中除去先决条件,在中介中除去中介。然而,康德并未通晓知性与这种无限否定性概念的关系。——在此过程中(第 641 页),他说道:"我们未能摆脱这样的想法,但也不会忍受它,这种想法就是:我们想象为最高本质的某一本质

[433]

仿佛在对自己说:我从永恒到永恒,在我之外,除了由于我的意志而实存着的东西,一无所有;**然而我究竟从何而来呢?**"——在这里,一切都沉降于我们之下,并且不稳定地**仅仅**漂浮在思辨的理性面前,而让最大的和最小的完美消失对这种理性来说并不费什么劲。——思辨的理性首先必须让其消逝的东西乃是把比如"我究竟从何而来?"这样一个问题提示给绝对必然者、无条件者。似乎这个除了通过它的意志便无一物实存的东西,就是这个完全无限的东西,它超越自身之外来寻求它的某个他者,并询问它的某个彼岸。

[434]　　此外,康德在已引用的东西中,同样也挖出首先是他与**雅各比**共有、后来则成了公共大道的观点,即:在没有条件限制及给予限制的地方,也就不再有任何东西可以被理解,换言之,在理性开始之处,理性就终结了。

　　康德所挖出的第四个缺陷涉及对有关所有实在性的概念的逻辑可能性与先验可能性的所谓混淆,——这些规定,应在下面考察康德对存在论证明的批判时进一步论及。

　　康德在这一批判中补充了(第642页)以他的方式做出的"对全部关于某种必然本质定在的**先验证明**中的**辩证映像**的**发现**与**说明**",——一种其中没有出现任何新东西的说明,而我们则——一般来说按照康德的方式——不间断地一再得到同一种保证,即:我们不能思考**自在之物**。

　　康德把宇宙论的证明(如存在论的证明)称作一种先验的证明,因为这种证明不依赖于经验的原则,亦即,它不应出于某种特殊的经验特性、而应出于纯粹理性原则来进行,并且甚至为了以纯粹概念为依据而抛弃这样的指导,即:实存是通过经验的意识而被给予的。较之于仅仅以纯粹概念为依据,哲学的证明也许会有怎样更好地举动呢?但是毋宁说康德以此想在背后把这种证明说成是最糟糕的东西。然而现在就康德在这里给出了对它的发现的那种辩证映像本身来说,它就应当在于,虽然我必须为一般实存者设想某种必然者,但却不能把这种唯一的物本身思考为自在必然的,而不设想某种必然的本质,我就决不能完成向着诸实存条件的

[435]　**回归**,然而却决不能从同一必然本质开始。

插入【康德对宇宙论证明的批判】

人们必须公正地对待这一意见,那就是,这一意见包含有重要的本质环节。其开端必须在自身中显示出来,如此被把握的那种东西是**自在必然的**,以致它的开端在其自身中就得到证实。刚刚考察过的那种痛苦作为想要表明宇宙论的证明以存在论的证明为依据的基础,这一要求也是人们必须设想的唯一令人感兴趣的环节。问题仅仅是,应如何着手指明某物从自己本身开始这一点,或者更确切地说就是,下面这点如何结合起来,即:无限者就像其中仅仅以自己本身为出发点一样,同样也以某一他者为出发点。

那么,现在就对这种映像的所谓说明和各个分解而言,这种说明具有作为这种分解的同一种特性,而这种分解是康德由他称为理性的二律背反的东西给出的。亦即,(第644页)如果我"**必须为一般实存物而思考某种必然事物,但却未受权把任何自在之物思考为必然的,那么由此就得出这样的结论,即:必然性和偶然性并非必须与诸物本身有关**并说中它,**因为否则的话**就将**出现矛盾**。"这即是对诸物的体贴,这种体贴不想让矛盾出现在这些物上,尽管最表面和最深刻的**经验**本身到处都表明这些物充满了矛盾。随后,康德进一步得出结论,"这两个原理(偶然性与必然性)没有一个是**客观的**,而是,它们最多只能是**理性的主观原则**,即一方面……除了在一种先天完成的说明那里,绝不终止于其他地方,但另一方面,却绝不期望这种完成",亦即不在经验事物中[期望这种完成]。——这样一来,矛盾因此就完全未得到解决,并得以保留,但却从**诸事物**移动到了**理性**中。如果矛盾——如其在此被认为的那样,并且如其也未同时得到解决那样——也是一种缺陷,那么,这种缺陷实际上与其说应被移动到理性身上——正如康德本人所评价的那样,这种理性乃是理念、无条件者、无限者的**能力**,——倒不如说应被移动到所谓的诸物身上——这些物部分只是经验的和有限的,但部分却是无力的、不能显示出来的自在之物。但实际上,理性固然能够容忍矛盾,然而自然也能解决矛盾,而诸物至少也知道承受矛盾,或者毋宁说,它们只是实存着的矛盾——而且康德的那个自在之物的与诸经验事物一样好——,而只要它们是理性的,它们

[436]

327

同时就在自身中解决矛盾。

在康德对宇宙论证明的批判中,至少谈论了这些很重要的环节。我们在其中看到两种情况,一是,在宇宙论的论据中,从作为某种前提的**存在出发**,并从同一存在向着内容、向着上帝的概念继续前行,二是,康德归咎于这样一种论辩,即它以存在论证明为依据,就是说以这样一种证明为依据,在其中,**概念被作为前提**并得以由同一概念向着**存在**过渡。当按照当时我们的研究的立足点,上帝概念除了**无限者**的规定外尚未具有进一步的规定时,问题所涉及的东西一般就是**无限者的存在**。按照已指明的那种区别,这一次可能就是以之为开始且应被规定为无限者的**存在**,另一次可能就是以之开始且应被规定为**存在着的无限者**。在宇宙论的证明

[437]

中,**有限的存在**进一步显现为在经验上被接受的出发点;正如康德所说的(第633页),为了适当、可靠地为其奠定基础,证明其实是从经验开始的。但是,这种关系却进一步回溯到一般判断之形式上。亦即,在任何判断中,主语都是一种**被作为前提的表象**,这种表象应在谓语中得到规定,就是说以一种**普遍的方式**通过思想而**得到规定**,就是说应由诸内容规定来指明①,尽管这种普遍的方式——如在感性谓语红的、硬等等那里——,也就是可以说,思想之部分完全只是普遍性的空洞形式。因此,如果我们说:上帝是无限的、永恒的等等,那么,上帝首先作为主语是一个单单在表象中**被作为前提者**,由此在谓语中才说它是**什么**;在主语中,人们尚不知道它是什么,就是说,不知道它有何种内容、内容规定,——否则的话,补充系词"是"并为这个系词补充谓语就是多余的。此外,由于主语乃是表象的**被作为前提者**,那么前提便会具有**存在**之意义,即主语**存在**,或者,它也首先只是一种表象,它不是通过直观、感知,而是通过幻想、概念、理性而被设定在表象中,而在表象中一般就有这样的内容。

如果我们按照这种特定的形式来表达那两个环节,那么,这同时也就

---

① 《黑格尔全集》:"这就是说,从这种表象出发,按照一种普遍的方式,应由诸思想予以规定,即应由一些内容规定来指明"。——德文版编者注

插入【康德对宇宙论证明的批判】

满足了一种特定的意识,这种特定的意识是关于就这两个环节所提出的那些要求的。对我们来说,从那两环节中就产生出两个命题:

存在——首先被规定为有限的——是无限的;而且:

无限者存在。

因为,就第一个命题而言,如此一来,**存在**其实就是作为固定的主体被设为前提的东西以及**仍存在**于观察中的东西,就是说,应赋予这种东西以无限者的谓语。由于存在首先也被规定为**有限的**、并且作为有限者和无限者瞬时被表象为主体,**存在**就是这两者所**共有的东西**。关注并非在于,从存在向着无限者(作为存在的一他者)过渡,而是从有限者向着无限者过渡,在这种过渡中,存在仍然是没有改变的;存在①以此而表明是持久的主体,它的第一个规定即有限性转化为无限性。——此外,注意下面这一点就是多余的,即:当**存在**被表象为主体,而有限者性只是被表象为一个规定,也就是如在后来的谓语中所表明的那样,被表象为仅仅是短暂的规定时,正好就在单独为自己选取的命题"**存在是无限的**或应被规定为无限的"中,把存在仅仅理解为**存在本身**,而非理解为经验的存在、合乎道德的有限世界。 [438]

这第一个命题就是一个宇宙论据的命题;存在是主体,并且给出了或者说拿来了这一无论来自哪里的前提,因此,考虑到作为通过某些根据一般的中介的证明,这一前提乃是一般的**直接事物**。主体具有一般前提地位之意识,乃是这样一种东西,即对所有证明的认识之兴趣来说单独被看作是重要事情的东西。命题的谓语就是应为主语所证明的内容;在这里无限者就是因此应与存在一道**通过中介**应被表述为存在之谓语的东西。

第二个命题无限者存在,具有进一步得到规定的内容作为主体,而在此,存在就是应表明为**被中介**的东西。——这个命题乃是应在存在证明中构成兴趣并显现为结果的东西。这第二个命题的证明,按照在那仅仅是理智的证明、为了这只是理智的认识所要求的东西,对宇宙论论据的第 [439]

---

① 《黑格尔全集》:"以此,在这里"。——德文版编者注

一个命题来说就是多余的,不过更高的理性需要自然需要这种证明的;然而在康德的批判中,这种更高的理性需要却仿佛把自己仅仅伪装成从某种进一步的结论中被搞出来的刁难。

但是,这两个命题之成为必然的,这依据于概念的本性,只要概念按照其真理亦即思辨地被理解。然而在此出于逻辑必须以对概念的这种认识为前提,犹如同样出于逻辑必须以这样的意识为前提一样,即:犹如两个被提出来的命题那样的一些命题本身的本性已经使某种真正的证明成为不可能。但是,在对这种判断的特性给出解释之后,这种证明即使在这里也会变得简短明了,而且,较之于所谓**直接之知**的大道-原理正好只知道这种在哲学中不被允许的理智证明且眼前只有这种证明,这种证明在自己的位置上也就愈益重要。什么应得到证明,这亦即是一个**命题**,也就是说一个带有主体和谓项的判断,而在这种要求中,人们首先并没有什么过分的事情,而且,似乎一切都仅仅取决于证明的方式。单单因这是对应证明什么就是一种判断这一点本身,立即就使一种真正、即哲学的证明成为不可能。因为主体乃是**被设为前提者**;因此,它对应得到证明的谓项来说就是尺度,而对命题来说,本质的标准因此就只是:谓项对主体是否适当,而当前提属于一般表象时,后者就是对真理的决定者。但是,在主体中产生的前提本身,而且,因此还有主体通过谓项而得到的进一步规定

[440] 是否是命题本身的整体,是否是真实的东西,认识的主要的-唯一的兴趣恰恰是没有得到满足并且其本身未受到考虑的东西。

然而理性的需要却从内部漂浮出来,仿佛是无意识的,飘向这种考虑。在所引用的情况中恰恰表明,若干关于上帝定在的所谓证明被探寻,这些证明中的一些证明有前面所指明的命题中的一个作为基础,即这个命题,在其中,存在乃是主体,是被作为前提者,而无限者则是通过中介在主体中被设定的规定,而后,另一些证明则有另一个相反的命题为基础,那第一个命题由此而得以失去片面性。在这一个命题中,"存在是**被设为前提的**"这个缺陷被扬弃了,而且从现在起反过来,存在乃是应被设定为**被中介**的那种东西。

插入【康德对宇宙论证明的批判】

　　由此说来,应在证明中得以完成的那种东西也许就依据完整性而得到阐明。然而证明本身之本性却以此被放弃了。因为这两个命题的每一个都是单个被设立的;其证明因此以主体所包含着的前提为出发点,而这种前提每一次都应通过另一个命题才被表述为必然的,而不应被表述为**直接的**。因此,每一个命题都以另一个命题为前提,而对这两个命题来说,并不发生一个真正的开始。因此,以何者开头,这本身似乎首先恰恰是无所谓的。仅仅对这种开端而言事情并非如此,而为何对开端而言并非如此,知道这一点是很重要的。即,问题不在于,以这一个还是另一个前提、亦即以这一**直接的**规定、表象开始,而在于这样一点,即:一般来说不以这样的前提作开端,就是说,它被视为根据且始终为根据的前提并予以讨论。因此,这两个命题中的每一个的前提都应为另一个所证明并被表述为**受到中介的**,这一点的进一步的意义本身就使两个命题失去了它们作为**直接的**规定所具有的本质意义。因为,它们被设置为受到中介的,这作为它们的规定就在于,与其说是固定的主语不如说是**过渡的**主语。但是,证明的整个本性却由此而发生变化,这种证明所需要的,与其说是某种固定的基础和尺度,不如说是主语。然而若从某种过渡开始,证明就失去它的支撑物,而且实际上就不会再发生。——如果我们更进一步考察判断的形式,那么这刚刚被阐明的东西就在形式本身中,也就是说,判断通过其形式而正好是它所是的东西。亦即,判断具有某种直接的东西即某一存在者一般作为它的主语,但作为其谓语的却是应当表述主语所**是事物的东西**,即一普遍者,思想;判断本身因此就具有这样的意义,即:**存在者并非一存在者,而是一种思想**。

[441]

　　这一点同时将凭借我们所面临的并且现在必须予以进一步说明的事例而变得更为清楚了,但在这方面,我们已局限于同一事例所包含的东西,亦即局限于所指明的这两个句子的第一个命题,因为在其中,无限者被设定为受到中介者;对另一个命题——在其中,存在显现为结果——的明确考察则属于另一个地方。

　　按照我们对待宇宙论证明的更为抽象的形式,这种证明的大前提包含有有限者与无限者的真正关联,即:这一个被那一个设为前提。"如果有限者实存,则无限者也存在"这个命题的进一步的表达首先是这种表达:**有限者的存在不仅是它的存在,而且也是无限者的存在**。这样我们就使这个命题退回到最简单的形式上,并避开了这些复杂情况,这些复杂情况可以通过无限者受有限者之**被制约存在**的进一步被规定的诸反思形式,或者通过这种无限者被有限者设为**前提**的进一步规定的反思形式或通过**因果**关系的进一步规定的反思形式而造成;所有这些关系都被包含在那种简单形式中。如果我们进一步按照事先给予的规定把存在表达为判断的主语,那么,这听起来就是这样:

[442]

**存在不仅应被规定为有限的,而且也应被规定为无限的。**

十分重要的东西是对这种关联的证明;这种关联在出自有限者之概念的上述东西中得到了阐明,而对有限者之本性、对无限者产生于其中的中介之本性的这种思辨的考察则是一个关键(Angel),整体、对上帝之知以及对上帝的认识都在围着这个关键旋转。但是,这一中介的本质之点却是,有限者的存在并不是**肯定的东西**,而是,毋宁说它是这肯定的东西的自我扬弃,通过这种自我扬弃,无限者被设定出来并被中介。

宇宙论证明之本质形式上的缺陷就在于,不仅有有限的存在作为单纯的开端和出发点,而且让有限的存在保持**为某种真的东西、肯定的东西**,并让其作为这些东西存在。所有被注意到的这些关于**被设为前提者**、**有条件的存在**、**因果性**的反思形式恰恰包含有这一点,即:设定前提者、被制约、作用被看作是一种只是肯定的东西,而关联并未被理解为它本质上所是的**过渡**。毋宁说,从对有限者的思辨考察中所产生出的东西就是,如果有限者存在,无限者不仅仅**也**存在,存在**不仅**不应被规定为有限的,**而且也**不应被规定为无限的。如果有限者是这肯定的东西,那么大前提就会成为这样的命题:有限的存在作为有限的东西是无限的,因为它就是它的——现存的——有限性,而这种有限性则包含着无限者于自身中。所引用的那些规定——设定前提、制约、因果性——全都更多地巩固着有限者的肯定映现,而其本身恰恰因此而只是些有限的、亦即不真实的关

[443]

332

## 插入【康德对宇宙论证明的批判】

系——非真实者的关系：认识它们的这种本性就是单单构成对这些关系的逻辑兴趣的东西，但是，辩证法却按照它们的特殊规定为它们每一个规定都采用一种特殊形式，然而这种形式却以有限者的那种普遍的辩证法为基础。——因此，毋宁说，那个应构成推论之大前提的命题听起来必定是这样：有限者的存在**不是它自己的存在**，而**毋宁说是它的他者**即无限者的存在。或者，被规定为有限的这个存在只是在这样的意义上才具有这种规定，即：它并没有独立地停留在无限者的对面，而是，毋宁说它只是理念上的，是无限者的环节。"有限者**存在**"这个小前提因此就在肯定的意义中失掉，而如果人们可能会说它存在，那么，这仅仅意味着，它的实存不过是显现罢了。恰恰有限的世界仅仅是显现这一点是无限者的绝对力量。

对于有限者的这种辩证本性及其表达来说，知性推论形式没有空间；这种知性的推论没有能力表达理性内涵所是的那种东西，而当宗教的提升是理性的内涵本身时，这种提升就不在那种知性的形式中得到满足，因为较之于这种知性形式所能够把握的，在宗教的提升中有着更多的东西。因此康德让所谓的关于上帝定在的证明失去它的声望，而且对这些证明的不充分性所做的，除了使之成为一种偏见之外自然再无更多的东西，这一点本身具有最大的重要性。单单他对这种不充分性所做的批判就其自己而言本身就是不充分的，此外，他错认了那些证明的更深的基础，并且因此也不能公正地对待这种基础的真正内涵。他同时也因此为理性的彻底衰退奠定了基础，从他开始，理性就满足于想要成为一种纯直接的知。

迄今为止的东西有对构成第一个宗教规定的逻辑的那个概念的讨论，这一方面是按照这个概念据以在从前的形而上学中得到理解的那个方面，而另一方面则涉及它在其中得到把握的那种形态。但是，这对认识这一规定的思辨概念来说是不够的。然而这其中的这一个部分即涉及有限的存在向着无限的存在之过渡的那个部分已经得到说明，只是另一个部分——对此部分的详尽讨论对紧接着的宗教形态来说已经被丢弃了——尚需简短地说明。这就是刚刚出现在"无限者**存在**"这个命题形

[444]

态中,而一般存在则因此而在其中被规定为受到中介者的东西。证明必须指明这种中介。但是,这两个命题不可彼此分开地予以来考察这一点也已经由上述东西所表明;当推论的知性形式为这一推论形式而被放弃时,这两者的分离同时也就因此而被放弃了。因此,这个尚需予以考察的环节已经包含在有限者之辩证法的已有的发展中了。

但是,如果在有限者之向着无限者的过渡中有限者显现为无限者的出发点,那么,据此,另一个仅仅翻转过来的命题好像同样也必定自我规定为从无限者向有限者的过渡,或者自我规定为"无限者是有限的"这个命题。在这一对比中,"无限者**存在**"这个命题将不会包含有应在此予以考察的整个规定。然而,这种区别由于这一考察而消失了,即:由于**存在**是直接者,同时也是有别于无限者之规定的东西,它因此自然就完全被规定为**有限的**。但是,存在或直接性的这种逻辑本性一般却须从逻辑中被设定为前提。然而这也立即就使存在的这种有限性规定在存在在此所处其中的关联中明朗起来。因为,当无限者对**存在**做出决定的时候,无限者就以此而向着它本身的一个**他者**来规定自己;然而无限者的他者一般就是有限者。

[445]

此外,如果刚刚得到指明,在判断中主语作为被设为前提者、存在者一般,而谓语作为普遍者、思想而存在,那么,当谓语明确包含着存在,而主体即无限者仅仅存在于思想中,而当然是在客观的思想中时,在"无限者存在"这个命题中——而且这个命题同时也是一个判断——,看来规定其实被颠倒过来了。然而人们也可能想起这样的表象,即:**存在**本身只是一种思想,特别是倘若它得到如此抽象的和逻辑上的考察时,更何况,如果无限者也只是一种思想,那么,它的谓语就可能不具有也不同于某一种——主观的——思想方式的方式。诚然,按照其判断形式,谓项就是普遍者和思想;按照它的内容或规定,它就是**存在**,并且,如刚刚得到进一步指明的那样,作为直接的也是有限的个别的存在。但是,如果与此同时认为,因为被思维,因此存在就不再是存在本身,那么,这就只是一种似乎愚蠢的唯心论,这种唯心论认为,某物被思维,它因此就停止**存在**,或者,存

334

在的东西不能被思维,而且只有无才因此是可思维的。——但是,进入整个概念的刚才在此应予考察的方面中的唯心论却属于所指明的、以后可以开始做的讨论。然而毋宁说应使人注意的是,由于其内容和形式的对立,所指明的判断正好在自身中包含有这样一种回击,这种回击乃是刚刚分开来提出的两方面绝对结合于一中、概念本身中①之本性。

以前从无限者中被简短提出的东西是:它乃是自我扬弃着的有限性的肯定,是否定之否定,是被中介者,但却通过对中介的扬弃而是被中介者。因而这本身就已经说明,无限者乃是与自身的简单关系,也是与自身的这种抽象相同,而这种相同就被称作**存在**。或者,无限者乃是自我扬弃着的中介;但**直接者**恰恰就是已被扬弃了的中介,或者是自我扬弃的中介向之过渡的东西,是中介向自我扬弃的东西。

这种肯定或这个在"独一者"中自我相同的存在恰恰因此只是如此直接肯定的,而且,当它完全就是否定之否定时,就是说,当其本身如此包含着否定、**有限者**,但却是作为自我扬弃着的映像时,它就是自我相同的。或者说,由于它向之扬弃自身的**直接性**、它向之过渡并且就是**存在**的这种与自身的抽象一致只是无限者被**片面**理解的环节,——作为无限者,肯定的东西正好只是作为这整个过程而存在——,因此,它是有限的,这样一来,由于肯定的东西自我规定为**存在**,它就自我规定为**有限性**。但是,有限性和这种直接的存在因此也同时正好就是否定着自己本身的否定;这种表面上的终结,活生生的辩证法向着结果之死寂静止的过渡,本身重又只是这种活生生的辩证法的开端。

这便是概念,是上帝和宗教的第一个抽象规定的逻辑-理性者。宗教方面是由概念的那样一个环节来表达的,那一环节从直接的存在开始,并在无限者中并且向着无限者自我扬弃;然而客观的方面本身却包含在无限者向着存在以及向着有限性的自我展现中,而有限性正好只是一时的和过渡着的,——只是根据无限性才是过渡着的,它只是无限性的显

---

① 《黑格尔全集》:"一中,概念的(in Einen,des Begriffes)"。——德文版编者注

现,而显现则是它的力量。所谓宇宙论证明无非被看作是这样一种努力,这种努力致力于让人们意识到内在者、在自身中运动的纯粹理性所是的东西;而这种运动作为主观的方面则意味着宗教的提升。也就是说,如果这一运动并没有如其自在自为地存在的那样在我们于其中所看到的知性形式中被理解,那么,作为根据的内涵并没有由此而失去任何东西。这一内涵就是这种内涵,它贯穿形式的不完满性来施行自己的力量,或者毋宁说,这一内涵就是现实的和实质的力量本身。宗教的提升因此就在那种尽管是不完全的表达方式中认识到自己,并面对这种表达方式的内在的、真正的意义,以对抗这种意义由于知性推论的方式而失去活力。因此就是这样,如康德所说的那样(第632页),这种推论方式自然"不仅仅为一般知性、而且也为思辨理智而随身带有大部分的说服;正如它也显而易见地为自然神学的所有证明划出人们**任何时候都探究**并且**今后**也将**探究**的**最初基本路线**那样,当人们一直需要时,人们就要用更多的枝叶和花饰来装饰和掩饰它们";——而且,我补充一点,人们更可能用知性如此其甚地错认存在于基本路线中的内涵,并由于这种从事批判的知性而误以为真正驳倒了这些基本路线——甚或根据非知性以及所谓直接之知的非理性而用特别的方式不容反驳地把它们扔到一边或对它们置之不理。

# 讲 演 十 一

[448]

在有关处于谈论中的诸内容规定领域的讨论之后，我们来考察在这样一种形态中首先提到的提升本身的进程，这种提升进程就以这种形态现存于我们这里；这一进程简直就是从世界的偶然性到世界的一种绝对必然本质的推论。如果我们把在其特殊环节中的这种推论的形式表达方式放到前面来，那么它听起来就是这样：偶然者并不处于自己身上，而是有一个在其自身中的必然之物作为它的一般前提，——作为它的本质、根据、原因。但是，世界是偶然的；个别的诸物是偶然的，并且，世界作为整体的东西就是这些个别诸物的集合。因此，世界有一种自身中的必然者作为它的前提。

这种推论以之为出发点的规定是世间事物的偶然性。如果我们如其在感觉和表象中被找到的那样把这些事物拿来，比较一下这种发生在人的精神中的东西，那么我们也许就会把这一点作为经验来指明，即：世间事物就其自身而言被认为是偶然的。个别的诸事物并非来自自身，而且也并非从自身逝去；它们被规定为偶然的，必须衰亡，以至于对它们来说，这本身不仅仅以偶然的方式发生，而且，这一点还构成了它们的本性。尽管它们的过程在其自身中发展，并且有规则和有规律地发生，事情仍是这样，即：这一过程走向它们的终结，或者毋宁说，它们仅仅导向它们的终结，更其一样的是，它们的实存由于其他的实存而以各种各样的方式渐渐枯萎，并且从外部中断了。如果它们被看作是有条件的，那么，它们的条件就是一些外在于它们的独立实存，这些实存与它们相适应或不相适应，由于这些实存，它们暂时被保存下来或也未保存下来。它们首先并列出

[449] 现于空间中,恰恰没有在它们的本性中编排好一种进一步的关系,极端异质的东西可以同时被找到,而它们的距离则可以在没有某种东西被从这一或另一个极端异质的东西本身的实存上移开的情况下发生;在时间上它们表面上也同样是彼此相随的。一般来说,它们是有限的,并且,——它们也如此独立地显现出来,——由于它们的有限性的限制,它们本质上是不独立的。它们**存在着**;它们是现实的,但它们的现实性却只有某种可能性之价值;它们存在,但它们不会同样好地存在,不会一样地存在。

但是,在诸个别事物的定在中,不仅透露出一些**条件**的**关联**,即一些条件由之而被规定为偶然的那些依赖性,而且也透露出**原因**和**结果**的关联,透露出它们的内在和外在过程的一些**合规则性**,即一些**规律**。原因和结果的关联,越过偶然性的范畴,把这样一些依赖性,合乎规律的东西,提升为必然性,而这种必然性就这样出现在我们想象为仅仅充满了某些偶然性的那个**圆圈之内**①。偶然性为其个别化的缘故而需要诸事物,为此,诸事物存在与否都是一样的;但是,诸事物一样有相反的一面,它们不是个别的,相反,它们是作为特定的、受到限制的、完全是相互关联的。但是,它们并不因为它们的规定的这一相反的方面而更好地离开。个别化借给它们独立性的映像,但同其他东西亦即相互的关联立即就表示出诸个别事物是不独立的,使它们成为有条件的,并且,它由于其他事物而作为必然的发生作用,是由于其他的事物,而不是由于它自己本身。但这些必然性本身、这些规律,就会因此而是独立的东西。本质上存在于关联中的东西并非凭借自身而是凭借着这种关联才拥有它的规定和它的支撑物;这种支撑物乃是事物所依赖的东西。但是,这些关联本身,如其所规定的那样,它们作为原因和结果、条件和制约性等等的关联,其本身就具

---

① 所谓"圆圈",为黑格尔使用的概念。据黑格尔看来,绝对理念形成于许多逻辑规定组成的具体概念,各个环节彼此保持不可分割的有机联系,每一环节又以别的环节及其相互关系构成自身的内容(内涵)。概念向前运动,既是离开端越来越远,又是越来越近地向开端"复返";发展的起点与终点合而为一,哲学即是一个自为始终的圆圈。黑格尔的"圆圈"说,带有形而上学的封闭性,而其歪曲的形式中却包含有合理的内容,反映了人类认识的曲折性。——译者注

有受限制方式,本身就是彼此偶然的事物,即:每一个关联存在甚至不存在都是一样的,并且,每一个关联也都能够——它们一样地受到阻碍,由于某些情况即那些偶然性本身而中断——作为某些没有什么东西胜过其偶然性的诸个别事物,在偶然性的效力和适用中被断绝。相反,这些关联——必然性就应归之于它们——、规律,甚至都不是人们叫做事物的东西,而是些**抽象**。因此如果必然性之关联出现于规律中、尤其原因和结果之关系中的偶然事物的领域中,那么,这种必然性本身就是一种有条件的东西、受到限制的东西,一种**外在**的必然性一般,它本身重新陷入了诸事物的范畴之中,既陷入事物的个别化亦即外在性的范畴之中,反过来也重新陷入它们的制约性、局限性和依赖性的范畴之中。在**原因**和**结果**的关联中,不仅可以找到在诸**事物**空洞的无关系的个别化中——它们正是因此而被称作偶然的事物——被发觉丢失的那种满足,而且当人们这样说——某些**事物**,它们的不稳定(Unstete)消失于必然性的这种关系中,在必然性中,它们成了**原因**、**本原**的事情,成了起作用和一定的实体①,也可以找到不确定的抽象。但是,在这一范围的诸关联中,诸原因本身是有限的,——作为原因开始,因此它们的存在复又是个别的,并因此而是偶然的,或者不是个别的,那它们就通过一个他者而设定了结果,因而不是独立的。原因与结果的一些序列,部分是彼此偶然的,部分则单独继续被放进所谓的**无限者**中,它们只不过在自己的内容中包含有这样的处所和实存,这些处所和实存的每一个就自身而言都是有限的,而应当为序列之关联提供支撑物的东西,即**无限者**,则不仅只是一个彼岸,而且也只是一个否定者,这个否定者的意义本身由于应当为它所否定但却恰恰因此而没有被否定的东西而是相对的和有条件的。

但是,越过这大量的偶然性,越过那包含于这些偶然性中而仅仅是外在的和相对的必然性,并且越过这仅仅是一个否定者的无限者,精神向着

[450]

[451]

---

① 《黑格尔全集》:"它们是起作用的、不确定的"。拉松版:"它们是起作用的,成为不确定的"。——德文版编者注

一种不再越出自身的必然性提升，而无限者则自在自为地，包含于自身之中，完全在自身中得到规定，而所有其他规定都由这一必然性来设定并依赖于它。

这在差不多的表象中或者在更为集中的表象中可能就是人的精神内在之物，即这样一种理性中的本质思想环节，这种理性并没有在方法和形式上被培养成对它的内在过程的意识，更少被培养成对精神所经历过的那些思想规定及其关联的研究。但是，很重要的是看到，那在形式上和方法上以推论来行事的思维是否正确地理解和表达提升的那样一种过程，即我们就此而言将这一过程假定为事实上的，并且需要完全仅仅在其少数几个基本规定上牢记这一过程；但反过来，那些思想及其关联是否通过对其自身上的诸思想的研究而理由充分地表明和证明自己，并表现出来，——由此，提升才真正不再是某种假设，而对这种提升的理解正确性的摇摆不定才被取消了。但是，这种研究——只要它应从事于对诸思想的最终分析，一如自在地就须对它的要求那样——在这里必须被拒绝。它必须在**逻辑学**、思维科学中完成，——因为，当形而上学同样也无非是这样时，即：尽管它考察诸如上帝、世界、灵魂之类的某一具体内容，但结果却是这样，这些对象应被把握为本体（Noumena），就是说，被把握为它们的思想，我就把逻辑学和形而上学概括起来；在这里，可以更多地被接受的只是诸逻辑结果，而非形式上的发展。由于应当具有哲学的-科学的完整性，因此，只要一篇关于上帝定在诸证明的论文应该有哲学的科学的完整性，它就不让自己独立地保持下去。科学乃是理念在其总体中已发展了的关联。倘若一个个别的对象从整体中——科学必须作为阐明其真理的唯一方式向总体发展——被突出出来，那么论文就必须为自己搞出一些界点，它必须假定这些界点已在科学的其余过程中得到澄清。然而，论文却可以通过以下一点为自己造出独立性之映像，即：那些是为表述之界限的东西，也就是分析继续进展所达到的那些未经讨论的前提，本身就合意识的口味。每篇论文都包含有内容有意无意地以之为依据的这样一些最终的表象和原则；在每篇论文中都可以找到在其中并未得到进一步分析的一些思想的一种清楚而简要说明了视野,这些思想的视野在一个时代、一个民族或者某个科学领域的文化中得到确定,而且,并不需要越出这种视野,——甚至,想要通过对它的分析而越出表象的这个界点之外,把这种视野扩展至思辨的概念,这将不利于被称作是大众知性的东西。

然而,由于这些演讲的对象本质上自为地处于哲学领域中,因此,没有那些抽象概念,就不能在这些讲演中巡视这一领域;但是,我们已经阐明了出现在这种最初的立足点上的那些东西,而为了赢得思辨的东西,我们只需把这些东西编排在一起;因为思辨的东西一般无非只在于把它的那些思想、亦即人们已经有的思想收集起来。

因此,所引证的诸思想首先是下面这些主要规定:一个事物、规律等等,由于它的**个别化**而是**偶然的**;如果它存在并且如果它不存在,那么,对其他诸事物来说就没有出现任何阻碍或改变;它同样也很少为其他诸事物所保持,或者,它就其他事物而言拥有的支撑物是一种完全不充分的支撑物,这给予这些事物以本身并不充分的独立性的映像,而这种映像恰恰构成了它们的偶然性。与此相反,对一种实存的**必然性**,我们需要这一实存同**其他**实存处于关联之中,以至于这样的实存按照所有的方面完全为作为条件、原因的其他诸实存所规定,并且没有或者被单独从中扯下来,假如还有这一实存由之被扯下来的某一条件、原因和关联情况,那将不会有这样的情况与规定这种实存的其他实存相矛盾。——按照这一规定,我们把某一事物的偶然性放置于它的**个别化**中,放置在同其他事物的**完全关联的欠缺**中。这就是这一种事物。

[453]

但反过来,当一种实存处于这种完全的关联中时,它便存在于多方面的制约性和依存赖中,——它完全**不独立**。不如说我们单单在必然性中发现某一物的独立性;是必然的东西就**必定存在**;它的这种**必定存在**如此来表示它的独立性,以致必然者就存在,因为**它存在**。这就是另一种事物。

这样,我们就看到,对某物的必然性来说,需要两类相反对的规定:某物的独立性,但是它在这种独立性中是个别的,并且,它存在或不存在是

341

[454] 无所谓的，——它根据并包含在同用之以环绕着它的其他一切东西的完整关系中，它为这种关联承载了这一切东西：如此一来，它就是不独立的。就像偶然的东西一样，必然性是一种众所周知的东西。按照这种最初的表象来说，一切都随它们一起被认为是有条理的；偶然者不同于必然者，并向外指向必然者，但这必然者——如果我们进一步考察它的话——本身却倒退到偶然性之中，因为它作为通过他者而被设定出来的东西，是不独立的；然而，作为从这样的关联中被提取出来的东西、作为个别的东西，它立即直接就是偶然的；因此，所做的诸区分只是所指的东西。

当我们不想进一步研究这些思想的本性，而且暂时把必然性和偶然性的对立放到旁边去，并停止于必然性时，我们在此就遵循在我们的表象中可被找到的东西，那就是，对必然性来说，这两个规定的这一个如同另一个一样很少是充分的，——但这两者也是为独立性所需要的，以至于必然者并没有为**他者**所中介，而且同样没有必然者在与**他者**的关联中的中介；这样一来，当这两个规定也属于**一种必然性**时，它们就自相矛盾，因此，这两者也就在它们于必然性中结合而成的统一中不一定也相互矛盾，而对我们的洞见来说，必须做的就是，我们也在我们这方面收集那些在必然性中结合起来的诸思想。因此，在这一统一中，**对他者的中介**必定属于独立性本身，而这种独立性作为同**自身的关系**则必定在**其自身之内**具有对他者的中介。然而在这一规定中，两者只能结合在一起，以至于**对他者的中介**同时也作为**对自身的中介**而存在，就是说，只是这样，即：对他者的**中介扬弃自身**，并成为对自身的中介。这样一来，与自身之统一作为统一就并非我们作为个别化——事物于这个别化中仅仅与自身相关联而事物之偶然性的原因就在其中——所观察的抽象同一性；片面性——只是因为它，这种偶然性处于对同样片面的他者之中介的矛盾中——同样也被扬弃掉了，而这些不真性则消失了；这种得到如此规定的统一是真正的统一，而且是被了解为真实的统一①，这种统一是思辨的统一。必然性，如

---

① 《黑格尔全集》："真实的，真实的，而且作为已被了解的"。——德文版编者注

此被规定,即:它把这些相反的诸规定结合于自身中,表明自己不仅是一种简单的表象和简单的规定性;此外,对这些相反的规定的扬弃不单单是我们的事情和我们的行为,以至于我们只能成就这一扬弃,而且也是这些规定本身的本性和行为,因为它们已被结合在**一种**规定中。即使必然性的这两个环节——**在必然性中**成为对他者的中介,而扬弃这种中介且恰恰为了它们的统一而设定自身——也不是分离开的行动。必然性在对**他者的**中介中**与自身**相关联,也就是说,它由以自己中介自己的那个他者就是它本身。这样一来,它就作为他者而**被否定**了;它自己本身就是他者,但却只是**短暂的**——短暂的,但却并没有同时把时间规定带入概念中,而时间规定首先进入概念的**定在**中。——这种他在(Anderssein)本质上作为被扬弃的东西而存在;在定在中,它同样也显现为**一种真实的**他者。但是,绝对的必然性却是与它的概念相适应的必然性。

[455]

# 讲 演 十 二

在上个讲演中,绝对必然性概念已得到了阐明,——**绝对必然性**;很是常见地,绝对无非就意味着**抽象**,而这同样常常被看作是:用绝对者这个词说明了一切,而然后就没有什么规定可以而且应当得到说明的。但实际上,我们所关心的仅仅是这样的规定。当绝对必然性以自身为根据时,并非在他者中或出于他者或通过他者而持存,这种绝对必然性正是就此而言是抽象的,是绝对抽象者。但是我们已经看到,绝对必然性不仅仅是与它作为某一概念的概念相适应,以至于我们比较了同一概念及绝对必然性的外部定在,而且,**这种适应本身**(Gemäßsein)就是:可以被看作为外在方面的东西已包含于绝对必然性本身之中;我们看到,这恰恰就是以自身为依据,是构成诸事物之个别化——诸事物由这种个别化是偶然的——的同一性或与自身的关系,是一种独立性,而这种独立性其实难副是一种不独立性。**可能性**乃是同一种抽象;这样一些东西应当是为可能的,即不与自身相矛盾的东西,亦即仅仅是与自身相同一的东西,在其中,并不发生与某个他者事物的同一,——这种东西可能在其自身之内就仍是它的他者。偶然性与可能性仅仅由此而被区分开来,即:一种定在应归于偶然的东西,但可能的东西只具有拥有一种定在的可能性。但是,偶然的东西本身正好只是这样一种定在,这种定在只具有可能性的价值;它**存在**,但它也同样**不存在**。如已表明的那样,在偶然性中,定在或实存已如此广泛地被预制出来,以至于它现在同时也被规定为本身**无的东西**,而向它的他者即向其自身中的必然者的过渡由此就被表达出来了。同一他者就是其中随着抽象的同一性亦那种即单纯与自身的关系而发生的东西;

[456]

这种同一性被了解为可能性。就可能性来说,这种他者还什么都不是,某物是可能的,还没有什么东西以此而被转达出来;同一性,其真正所是的东西,被规定为一种欠缺。

如我们已看到的那样,这一规定的欠缺之处通过与它相反对的规定而得到补充。仅仅由于这一补充,必然性就不是抽象的必然性,而是真正绝对的必然性,即:它在其自身中包含着同他者的关联,是其自身中的区别,但却是作为一种被扬弃了的、理念上的区别。它因此而包含着应归于一般必然性的东西,但它却不同于这种作为外在、有限必然性的必然性,它的关联仅仅是向外达至他者,而这个他者仍然是为存在者,并被看作是存在者,因此就只是依赖性。这种依赖性也称必然性,只要对必然性来说,一般的中介是本质的。但是,它的他者与他者的关联——这一关联构成了中介——就其终结而言却是没有得到支持的;绝对必然性把对他者的行为歪曲为对自己本身的行为,并因此正好产生出与自身的**内在**一致性。 [457]

因此,精神之所以从偶然性和外在的必然性中提升自己,是因为这些思想本身是不充足的,而且是不能令人满意的;精神在绝对必然性思想中获得**满足**,因为绝对必然性乃是同自己本身的融洽。它的结果——而**作为**结果就是:它就是这样,——是完全必然的;因此,对某个他者的所有渴望、追求和要求都逝去了;因为他者已消失于绝对必然性中。在绝对必然性中没有有限性,它在自身内是完全完成了的,在其自身中是无限的和当下的,在它之外,一无所有;在自身内没有界限,因为它就是这种存在于自身处的东西。精神向着这种绝对必然性的提升本事,并非是那令人满意者所是的东西,而是目的,就这点而言这个目的已被达至。

如果我们在这种主观的满足那里停留片刻,那么,这种满足就使我们记起希腊人在屈服于必然性时所发现的那些东西。那些智者、尤其是悲剧合唱的真理,劝告人们屈服于不可避免的厄运,而我们则钦佩他们的英雄们的镇静,这些英雄们以这种镇静、以无所屈服的精神,自由接受天命给予他们的命运。这种必然性及他们的意志的那些由此而被消灭的目

345

[458] 的、这样的天命的有所强制的强力与自由,似乎是相冲突的东西,并且似乎不允许和解,甚至不允许有某种满足。实际上,这种古典必然性之统治地位为某种悲伤所笼罩,而这种悲伤既不为抗拒或愤怒所拒绝,也不因此被人憎恨,但它的抱怨与其说为情感之消除所平息,倒不如说为沉默所清除。精神在必然性之思想中所获得的令人满意的东西仅应于这种情况中去寻找,即:精神遵循正好是必然性的那种抽象结果即"它就**是**如此",——精神在自身中完成的一种结果。在这种纯粹的"是"中,不再有什么内容;所有的目的、所有的志趣、愿望,甚至生活的具体感情本身,也都在其中被清除掉并消失不见了。当精神本身正好放弃它的意愿的那种内容,放弃它的生活本身之内涵,放弃一切的时候,精神就在自身中产生出这一抽象的结果。这样它就把它由于厄运而遭受到的强力转变为自由。因为,强制力只能这样抓住精神,以至于它抓住在精神的具体实存中具有某种内在的和外在的定在的那些方面。就外在的定在而言,人处于外部的强力之下,这种抓住就是其他人、各种情况等等的强力,但是,外在的定在却在内心中、在人的冲动、兴趣、目的中有其根源;这些乃是使人屈服于强制力的桎梏——合理的、道义上必要的或不合理的桎梏。但是,诸根源乃是人之内心,为内心所有;他可以自行将这些根源从心中扯出;他的意志、他的自由,乃是使心成为心本身之坟墓的抽象之力。这样一来,当心在自身中放弃了自身时,它就没有为强制力留下强制力可以借以抓住这颗心的任何东西;强制力所毁灭的东西乃是一种无心的定在,一种它于其中不再遇到人本身的外在性;人离开了强力所击之处。

[459] 刚刚得到说明的是,它是"它是如此"这种必然性的结果,人坚持这一结果,——作为**结果**而存在,就是说,人创造出这一抽象的存在。这乃是必然性的另一个环节,即通过**他在**之否定的中介。这个他者就是我们已看作内在定在的一般被规定者,——是对诸具体目的、兴趣的放弃;因为它们不仅仅是使人依赖于外在性并因此而使之屈服于这种外在性的那些桎梏,而且,它们本身也是特殊的东西,并且,对最内在的东西、对思维着自身的纯粹普遍性、对自由与自身的简单关系来说,它们也是外在的。

这就是自由如此抽象地集中于自身、并在其中将那种特殊之物设定于自身之外且因此把那种特殊之物变为外在之物的长处，在这种外在之物中，自由就不再被碰到。我们人由此变得不幸或不满意起来，甚或，我们人只是闷闷不乐的，在我们内部就有分裂，也就是矛盾，即在我们内部有这些欲望、目的、兴趣，或者也只是这些要求、愿望和反思，而在我们的定在中同时也有这些东西的**他者**，有它们的反面。我们内部的这种分裂或不和可以以双重的方式得到解决：一种情形是，我们的外部定在、我们的状况、触动我们使我们发生兴趣的情形，在我们内部与对它们的兴趣的根源协调一致——一种作为幸福和满足被感受到的协调一致；但另一种情况却是，在两者分裂的情况中，因而就是在不幸之情况中，情绪的自然平静替代了那种满足，或者，在对某种坚强意志及其合理要求的更深损害中，同一意志的勇敢力量同时也通过对被给予的状态的将就、通过对在场的东西的适应而产生某种满意状态——产生出一种顺从，这种顺从也许并不因为它们乃是被克服和被征服了的就片面地放弃外在的东西以及诸情形、状态，而是，顺从通过它的意志来放弃内部的规定性，从自己身上释放它。抽象的这种自由并非没有痛苦，但这种痛苦都被降低为自然痛苦，没有悔恨的痛苦，没有因不公正而起来反抗的痛苦，正如没有慰藉和希望一样；然而，自由也不需要慰藉，因为慰藉以某种要求为前提，这种要求还是得到了保持与维护，但仅仅——它并不以某种方式得到满足，而是以另一种方式要求某种代替者——还是在希望中为自己保留下某种要求。

但是，这其中同时也有被提到的悲伤环节，这一环节通过对必然性的美化被传播为自由。自由作为抽象存在乃是通过对有限性的否定来中介的结果；满足乃是同自身的空洞关系，是自我意识随自身一起的毫无意义的寂寞状态。这一缺陷的原因就在于结果以及出发点的**规定性**；这种规定性在这两者中是同一种规定性，因为它恰恰是存在的无规定性。人们已然注意到，必然性过程之形态上的这同一种缺陷，如它实存于主观精神的意志范围中一样，也将可以如其对思维着的意识来说是一种对象性内

[460]

容那样在必然性过程上被发现。但是,这一缺陷的原因却并不在于过程本身的本性,而这一过程必须以理论的形态——此即我们的特有任务——予以考察。

# 讲 演 十 三

过程的普遍形式作为对自身的中介——这种中介包含着对他者的中介环节，以至于他者被设定为某种被否定的东西、理念的东西——得到指明。犹如作为向着上帝提升的宗教过程现存于人之中一样，这一过程同样也在其进一步的环节中得到表象。我们必须将现存于称为一种**证明**的真正表达方式中的那种解释与关于精神向着上帝的自我提升的已被给予了的解释进行比较。

区别看起来是不大的，但却是重要的，并且构成这样一种证明为什么被表象为不充分的、且一般来说已被放弃了的证明的原因。**因为**尘世事物是偶然的，**所以**就有一种绝对必然的本质；这乃是关联具有某种性质的简单方式。——如果某种**本质**在这里被提到，而我们则仅仅谈论了绝对必然性，那么，这种绝对必然性就可能以这样一种方式被独立化了，但是，本质却仍然是不确定的本质，它并非主体或有生命的东西，还很少是精神；然而，何种程度上在本质本身中有某种在此可能感兴趣的规定，这一点应在后面谈论。

[461]

首先重要的东西是在那一命题中已指明的**关系**：因为独一者、即偶然者**实存**、**存在**，所以他者，即绝对-必然者就存在。在这里，**两个存在者**存在于关联中——一个存在与另一个存在——，一种我们视之为**外在**必然性的关联。然而这正是这种外在必然性，这种外在必然性直接就作为依赖性——来自其出发点的结果就处于这种依赖性中，但一般归入偶然性——而被认识到是不令人满意的。因此，这就是针对这种论证所提出的诸异议所指向的外在必然性。

349

因为这种外在的必然性包含有这样的关系,即:这一个规定即绝对必然的存在之规定,为另一个规定即偶然存在之规定所**中介**,绝对必然的存在由此而在关系中、亦即在一有条件者对它的条件的关系中被调整为不独立的。这首先就是雅各比一般针对上帝之认识所提出的东西,即:认识、理解仅仅意味着,"从它们最近的原因中推导出某一事情,或按序列来看清它们的直接条件"(《关于斯宾诺莎学说的书信》①,第 419 页); "因此,理解无条件的东西就意味着使其成为某种有条件的东西或成为某种结果"②。然而,把绝对-必然者设想为**结果**这后一范畴也许立即就被除掉了。这种关系太过直接地与这里所涉及的规定即绝对-必然者相矛盾。但是,**条件**的关系,甚至根据的关系,也是外在的,它可以更为容易地混进来。不过这种关系却现存于这一命题中:因为偶然者存在,所以绝对-必然者就存在。

当这一缺陷必须得到承认时,与此相反,下面这一点立即就引人注目:制约性和依赖性的这样的关系并没有被赋予**客观的**意义。这种关系完全仅仅在**主观的意义**上现存着;相反,命题没有也**不应**表达这一点,即:绝对-必然者具有条件,更确切地说,它为偶然的世界所制约。而是,关联的整个过程都仅仅存在于证明中;只有我们对绝对必然存在的认识为那出发点所制约;绝对-必然者并非由于以下一点而**存在**:它从偶然性的世界中提升自己,并为了从偶然性之世界出发首先达到自身的存在而需要这个世界作为出发点和前提。它并非是绝对-必然者,它并非应被思考为某种为他者所中介的东西、被思考为一依赖者和有条件者的上帝。它乃是那种证明本身的**内容**,这种证明修正着单单就**形式**而言变得显而易见的缺陷。但是这样一来,我们就面对着形式同内容之本性的某种差别,面对着形式对内容之本性的背离,而形式之所以更为确定地是有缺陷

---

① 弗里德里希·海因里希·雅各比:《同 M.门德尔松先生的关于斯宾诺莎学说的书信》新增版,布雷斯劳 1789 年附件Ⅶ。——德文版编者注

② 弗·亨·雅各比:《同 M.门德尔松先生的关于斯宾诺莎学说的书信》,布雷斯劳 1789 年版。雅各比为理智的直观辩护,认为:直观开始于感觉,归结于信仰。——译者注

的东西,乃是因为,内容就是绝对-必然者。这种内容本身并非就我们也在内容之规定中所看到的东西而言是无形式的;这种内容自己的形式作为真实之物的形式,本身就是真实的,背离这种内容的形式因此就是不真实的东西。

如果我们在其更具体意义上将我们称作是**形式**一般的东西想象为**认识**,那么,我们就处于有限认识的那种我们所熟悉和喜爱的范畴中间,这种认识作为主观的认识一般就是有限的,而它的认知活动的过程则被规定为有限的行为。同一种不相称由此而展现出来,只是以不同的形态展现出来。认识乃是有限的行为,而这样的行为不能是对绝对-必然者、对无限者的把握。认识一般需要**在自身中**拥有内容,需要遵循内容;具有绝对必然的、无限的内容的认识本身就须是绝对必然的和无限的。这样,我们可能就处于重新与那种对立纠缠的最好途径上,而通过那毋宁说是直接的知、信仰、感觉等等对此途经的肯定援助,我们已经在最初的几个讲演中做过了。因此,我们在此已经不去理会形式的这种形态了;但此后还须对形式的诸范畴做出某种反思。在这里,必须以其现存于证明中的方式——我们有这种证明作为对象——来进一步考察形式。

如果我们想起已得到说明的正式推论之形式,那么,这一个命题(大前提)的这一部分意即:"**如果偶然者存在**",而当偶然性之规定在那一命题中仅仅在本质上被设定在它与绝对-必然者的**关联**中但却同样还被设定为**存在着**的偶然者时,这一点就更直接地在另一个命题中被表达出来:"**这是**一个偶然的世界"。这第二个命题或这种也存在于第一个命题中的存在者的规定,在第一个命题中有缺陷,或者更确切地说,这种命题本身直接就是矛盾的,本身就显现为某种不真的片面性。偶然者、有限者被说成为一种**存在者**,但更确切地说乃是这存在者之**规定**,即:有一个终结,衰亡,是一种只有可能性价值、**存在**与**不存在**同样好的**存在**。

这一基本缺点可以在关联形式——此形式就是一种通常的**推论**——中找到。这样一种推论在其一般前提中,在那些前提条件中有某种**固定的直接之物**,这些前提不仅被说成为始初者,而且被说成为**存在着的、持**

[463]

[464] 久的始初者,与之相关联的是他者作为比方说结果、有条件者等等一般,以至于这两个相关联的规定彼此构成一种外在的、**有限的**关系——在此关系中,这两个方面的任何一个都处于与构成了它的**一种**规定的另一方面的**关系**中,但同时也单独地**在**它们的关系**之外**有所**持存**。两个被区分开来的东西在那个命题中共同构成的这**一**完全在自身之中的规定,就是**绝对-必然者**,绝对-必然者这个名字立即就被说成是为真实者的**唯一者**,被说成为**唯一的**现实;关于绝对-必然者之概念,我们看到,它乃是退回到**自身**中的中介,是通过**他者**、有别于它的东西**而**仅仅对**自身**的中介,而这个有别于它的东西恰恰在**独一者**中、在绝对-必然者中被扬弃了,作为存在者被否定了,而仅仅作为理念的东西得以保存下来。但是,在同自身的这种绝对的统一之外,作为**存在者**的关系的两个方面**也**以推论的方式相互**外在地**被保留下来了;**偶然者存在**。这个命题在自己本身中与自身相矛盾,犹如与结果、与绝对必然性相矛盾一样,绝对必然性未被仅仅放到一边某个方面,而是**整个的存在**。

因此,如果偶然者被作为出发点,那么,就不必以作为某种应**维持**不变的东西的偶然者为出发点,以致它在进程中作为**存在的**被保留下来——这乃是它的片面规定——,相反,它必须以其完整的规定来设定出来者,即:**非存在**(Nichtsein)也同样应归之于它,并且,它因此而应作为消失着的进入结果中。不是因为偶然者**存在**,而毋宁说是因为它乃是一种非存在,**仅仅**是现象,因为它的存在并非真的现实,**绝对必然性**才存在;绝对必然性乃是偶然者的存在和它的真理。

**否定者**这一环节并不存在于知性推论的形式中,而知性推论因此在精神之生动理性的基础上就是有缺陷的,——在这一基础上,绝对必然性本身于其中被看作是真实的结果、被看作是这一情况,即:它也许通过他
[465] 者、但却是通过对他者的扬弃来中介自身。这样一来,对必然性的那种认识过程就不同于必然性所是的那种进程;因此,这种过程就并非作为完全必然的、真实的运动而存在,而是作为有限的活动而存在,它并非无限的认识,它没有无限者——无限者仅仅是为这一通过对否定者的否定而对

自身的中介而存在——作为它的内容和行为。

在推论的这一形式中被指明了的缺陷,正如已指出的那样,具有这样的意义,即:在关于上帝定在的证明——上帝构成这一证明——中,精神向着上帝的提升并没有得到正确的阐明。如果我们比对证明和提升这两者,那么,这种提升当然同样是对作为仅仅是时间性的东西、易变的东西、短暂的东西的尘世定在的超越;尘世间的东西,虽然作为定在得到了说明并由此而开始,但如我们已说的,当尘世的东西已被规定为时间性的东西、偶然的东西、易变的东西、短暂的东西时,它的**存在**就并非一种**令人满意的东西**,并非是真实的肯定的东西;它被规定为自我扬弃、自我否定的东西。它没有被固定在**去存在**这一规定中,不是被坚持,毋宁说仅仅把某一存在归之于它,而这一存在并不具有比某一非存在的价值更多的东西,它的规定把它的非存在、它的他者,因此把它的矛盾、它的分解、消逝都包含在自身之内。尽管看起来会这样,或者也会是这种情况,即这种偶然的存在为了信仰而作为意识之当下停留于**这一边**,与另一边即永恒者、自在自为的必然者**相对立**,作为一个世界——天国存在于这个世界**之上**,但这还不取决于表象出某一双重世界,而是它以何种价值得以表象;但是,这种价值在其中得到表达:这一世界是一个映像的世界,另一世界则是真实的世界。当映像的世界被抛弃并仅仅被过渡为另一世界,以至于它也还停留于此岸时,关联并不存在于宗教精神中,这一世界就像被确定为只是某一出发点似的,它就像被确定为某一**原因**似的,而某一存在、根据、制约则应归之于这一原因。相反,满足、每一方式的所有根据都发现自己较之被放在自在自为的独立者之中更适应于放在永恒世界之中。与此相反,在推论的形态中,这**两个世界的存在**以相同的方式得到表达;既在这一个关联命题中:"如果一个偶然的世界**存在**,**那么**一个绝对-必然者也**存在**"被表达出来,也在另一个命题中被表达出来,在这一命题中,一个偶然的世界**存在**这一点被表达为前提,并且随后在第三个即结论命题"所以一个绝对-必然者就**存在**"中得以被表达出来。

对于这些明确的命题,还可以补充一些评语。即:首先,两个相反的

[466]

规定的联结必定立即在最后的命题——"**所以绝对-必然者就存在**"——中引人注目;"所以"就表达出**通过他者的中介**,但却是**直接性**,并且立即扬弃那种规定,正如所引述的,这一规定乃是那样一种东西,由于它,人们已把关于认识对象所是的那种东西的这样一种认识宣布为不允许的。但是,对这种通过他者的中介的扬弃,不仅仅**自在地**现存着,毋宁说,对推论的表述就明确地说出了同一中介。真理乃是这样一种力量,即:它也现存于错误的东西身上,而为了在错误的东西本身身上找到或者毋宁说是看到真实的东西,错误的东西只需要正确的评论或审视。真实的东西在此就是通过对他者和对通过他者的中介之否定而对自身的中介;同样,通过他者对作为抽象、无中介的直接性的中介的否定,就现存于那种"所以存在"中。

[467] 此外,如果这一个命题是:"**偶然者存在**",另一个命题是:"**自在自为的必然者存在**",那么,本质性地在这上面得到反思的就是,偶然者的**存在**具有一种完全不同于自在自为的必然**存在**的价值;但是,**存在**却是**共同的**规定,而且,在这两个命题中是**一个**规定。据此,过渡并不把自己规定为从一种存在向另一种存在的过渡,而是规定为从一种思想规定向另一种思想规定的过渡。存在排除与它不相称的偶然性之谓项;存在乃是与自身的简单的等同,但偶然性却是在自身中完全不等同的、与自身相矛盾的存在,这种存在只有在绝对-必然者中才重新建立为同自身的这种等同。所以,这种提升过程,或者说证明的这一方面,就此而言更为明确地不同于已得到说明的另一方面,即:在那一过程中应予证明的、或者说应得出某种结果的规定并不是**存在**;毋宁说,存在乃是这两个方面中共同的持久者,这一持久者从这一方面持续至另一方面。与此相反,在另一过程中,则应从上帝之概念向着他的**存在**过渡;这种过渡看起来比从人们常常称作是一种概念的一般内容规定性向着另一个概念、因此也就是向着一个较为同质的东西的过渡要困难些,比常常看起来是从**概念**向着**存在**的那种过渡要困难些。

在此,这里是以这种表象为基础的,即:**存在**本身也不是一种概念或思想;我们必须在这种对立中——存在在这种对立中被单独、孤立地设定出来——就那一证明的相关地方考察这种存在。但我们在此暂时还不必抽象、单独地想象它;说它乃是这两个规定即偶然者和绝对-必然者的**共有之物**,就是一种比较,并且是外在地把这个共有之物与它们分割开来,而这种共有之物则首先存在于同它们每一个规定即偶然的存在和绝对-必然的存在的未分离的联系中。我们想以这种方式再一次把已得到说明的证明形态放到前面来,而且紧接着把矛盾的区别——矛盾依据两个相反的方面即思辨的方面和抽象的、知性的方面遭遇这种区别——更进一步地突出出来。 [468]

已指明的命题表达出以下的联系:

**因为**偶然的存在存在,**所以**绝对-必然的存在存在。

如果我们简单地想象这一联系,而没有通过某一原因范畴以及此类东西来进一步规定它,那么,这种联系就只是这种联系:

偶然的存在**同时**也是一种他者的存在,是绝对-必然的存在的存在。

这一"**同时**"作为一种矛盾显现出来,两个本身相反的命题则作为解式与这种矛盾相对立;这一个是:

偶然者的存在**不是**它自己的存在,而**只是某一他者**的存在,更确切地说,一定是它的他者即绝对-必然者的存在;

另一个是:

偶然者的存在**只是它自己的**存在,而不是某个他者即绝对-必然者的存在。

第一个命题已被证明有真正的意义,过渡的表象也有这种意义;我们还将继续把这种思辨的联系——这种联系在构成偶然性的诸思想规定中本身就是内在的——放到前面来。但是,另一个命题却是知性的命题,新的时代就如此附着于这种知性上。什么会比下面这些东西更为易懂呢:某一事物、定在,因此也就是偶然者,由于它**存在**,它就是它自己的存在,正好是它所是的**特定**存在,而不反过来是一别的存在!偶然者就这样单独地被把握住,同绝对-必然者分离开来。

355

[469] 尤为流行的是为了这两个规定而使用**有限者**和**无限者**之规定,并且就这样单独地、与它的他者、即无限者相隔离地想象有限者。因此,正如所说的那样,没有桥梁,没有从有限存在向无限存在的过渡;有限者完全只与自己相关联,而不与它的他者相关联。这是一种①空洞的区别,这种区别可能在有限认识和无限认识之间被搞成形式;虽然这一点是有理由的,即:正是两者的差别被弄成一些推论的原因———一些推论,它们首先把认识假定为有限的,并恰恰由此而得出结论,即:这种认识不能认识到无限者,因为它不能理解它,犹如反过来推论出这样一点一样,即:如果认识理解了无限者,那么,它本身必定就是无限的;然而这一点并非众所周知,所以认识并不能认识到无限者。认识的行为就如同它的内容一样是特定的。有限的认识和无限的认识给出了如同一般有限者和无限者一样的同一种关系——只是,较之于赤裸裸的无限者,无限的认识立即更多地被向后推向别的认识,并且更直接地指出两个方面的区分,以至于只留下了这一个方面即有限的认识。中介的所有关系都就此而离去,而犹如偶然者和绝对-必然者一样,有限者和无限者本身通常可以被放进这种关系中。有限者与无限者的形式在此考察中更多地成为通行的。那种形式较之于前者(即偶然者和绝对-必然者)更为抽象些并且因此也显得更为广泛些;除了偶然性之外,必然性作为原因与结果、条件与被制约者的一系列进展,在本质上也立即被归于一般有限者和有限的认识,这种必然性过去已被我们称为外在的必然性,并且在有限者之下一起得到研究;反正它是考虑到认识而单独被理解的,但它却在有限者之下被理解,以与无限
[470] 者相对抗,完全没有会由于绝对-必然者的范畴所造成的误解。

因此,如果我们同样也坚持这种表达方式,那么,对于我们所依赖的有限性与无限性之关系来说,我们就拥有了有限性与无限性之无关系性和无联系性之关系。我们处于这样的断言中,即:一般有限者和有限的认识,未能像在其作为绝对必然性的形式中的那样来理解一般无限者,——

---

① 拉松版:"不是"。——德文版编者注

甚至未能从无限者以之为出发点的偶然性和有限性的概念来领会无限者。有限的认识因此就是有限的,因为它处于有限的概念之中,而有限者,其中也有有限的认识,**仅仅**与自身有关,仅仅停留于自身那里,因为它只是**它的**存在,而不是某一一般的他者、至少**它的**他者的存在。这就是得到如此之多坚持的命题:没有从有限者向无限者的过渡,因此也没有从偶然者向绝对-必然者、或者从结果向某一绝对是始初的、并非有限的原因的过渡;这简直就把两者之间的鸿沟给固定了下来。

# 讲 演 十 四

　　有限者与无限者的绝对分离这一教条主义,是逻辑的;它是关于在逻辑学中得到考察的有限者与无限者概念的本性的一种断言。在这里,我们首先遵循那样一些规定,这些规定在上述东西方面已为我们拥有一部分,但它们也现存于我们的意识中。存在于概念本身的本性中、并在逻辑学中就它们本身以及它们的关联的纯粹规定性而被指明的诸规定,也必定出名并现存于我们通常的意识中。

[471]　　因此,如果说:有限者的存在只是它自己的存在,并不相反的是某一他者的存在,那么就不可能有从有限者到无限者的过渡,所以也没有有限者与无限者之间的中介——既不就它们自身而言,也不在认识中并为了认识,以至于有限者也许为无限者所中介,但是,此处的兴趣仅仅在此,而不是相反——,这样就已经得以依据于这样的事实,即:人的精神从偶然者、时间性的东西、有限者向着作为绝对-必然者、永恒者、无限者的上帝的提升自己,——依据于这样的事实,即:对精神来说,所谓的鸿沟不是现有的;精神使这种过渡成为真实的;由于对这种绝对区分作出断言的那种知性,人的心胸就坚持不承认这样一种鸿沟,而是使向着上帝的提升中的这一过渡成为真实的。

　　然而,对此的回答已结束了:承认这一提升之事实,这就是精神的一种过渡,但却不是**自在的**,不是诸概念中的一种过渡,甚或根本不是诸概念本身的过渡,更确切地说不是因此而过渡,因为正是在概念中,有限者的存在才是它自己的存在,而不是某一个他者的存在。如果我们这样把有限的存在想象为仅仅处于与自己本身的关系中,那么,这样它就只是自为的、不是为他者的存在①；它由此就是从变化中推断出的，是不变化的、绝对的。这些所谓的概念就是这个样子。但是，断言那种过渡之不可能的人们本身并不愿意这样，即：**有限者**是**绝对的**、不变的、消失不了的、永恒的。有限者被想象为绝对的，如果这种错误只是一种过失错误，是知性所犯下的一种不一贯性——更确切地说是在我们在此已得到的与之有关的那些最为外在的抽象中——，这样，人们就可能会问，当人们也许能鄙夷地发现那种抽象针对的是精神的丰富性——比如说这种丰富性就包含着宗教——总而言之针对的是通常精神的某种重大的、活生生的兴趣的一切东西时，这样的错误究竟会起什么作用。但是，在这些所谓重大的、活生生的兴趣中，被紧紧抓住的有限者实际上构成真正的兴趣，这一点太多地在对宗教本身的努力中显现出来，在那里，那一原则是前后一贯，对有限材料、外在事件以及对诸见解的历史研究获得了对无限内涵的优势，而众所周知，无限的内涵则被减少到最小值。它乃是思想和那些关于有限者和无限者的抽象规定，对真理认识的放弃应当由这些东西来辩护，并且实际上，它乃是思想的纯粹基础，精神的这样一些兴趣为了在其上获得它们的决定而把自己移到这一基础上；因为诸思想构成了精神的具体现实的最内在的本质。

我们把这种概念的知性保持在它的断言——有限者的存在只是它自己的存在，而不是它的他者的存在，不是过渡本身——上，并接受进一步的、明确地说出认识之名的表象。即：如果与精神做出这样的过渡这一事实相一致，那么，这一事实就不应是一种**认识**的事实，而应是一般精神的事实，并且一定就是**信仰**的事实。在这件事情上充分显示出来的是，这种提升——它存在于感觉或信仰中，或者它的精神定在之方式如何得到规定——在思维的基础上发生于精神的最内在之处；宗教作为人的最内在的事情在其中有其脉动的中心和根源。无论上帝的表象和形象以及宗教

---

① 黑格尔在《逻辑学》中指出：自为存在＝无限的存在，完成的质的存在。对他物的关系消失了剩下的是对自己的关系。据黑格尔看来，"为他存在"（Sein-für-Anderes），系指："定在"或某物的扩展、某物与其他物的共同体。——译者注

359

[473] 的形态和方式如何进一步被规定为感觉、直观和信仰等等,上帝在其本质中就是思想,是思维本身。但是,认识所做的无非正是意识到那一自为的最内在的东西,在思维上抓住那思维着的脉搏。在这一点上,认识可能是片面的,而感觉、直观、信仰则更多地、在本质上属于宗教,犹如除了其思维着的和被思维着的概念之外还有其他东西属于上帝一样;但是,这一最内在的东西就现存于其中,而知道这种最内在的东西就意味着思维它,而认识一般仅仅意味着在其本质的规定性中知道它。

**认识**、**理解**乃是如同时代文化中的**直接者**、**信仰**一样的词语;它们独自具有双重成见之权威,一种成见之权威是,它们完全是众所周知的,并且因此而是最终的规定,因而在它们那里无须进一步追问他们的意义和证明,而另一个成见之权威则是,理性之不能理解、认识真实的东西、无限者,就像它们的一般意义一样同样也是某种已说定了的东西。"认识"、"理解"这样的词语就如同一种有魔力的惯用语一样起作用;这种成见并未进一步想起去观看它们、追问究竟什么是认识、理解,而就主要问题说些真正中肯的东西,则唯一地单单取决于这一点。在这样的研究中将会自动产生出这样一种情况,即:认识只是说出过渡的事实,——精神本身做出了这一过渡,而只要认识是真正的认识、理解,那么,它就是一种必然性的意识,那种过渡本身就包含着这种必然性,认识无非就是对这种为那种意识所固有的、现存于认识中的规定的理解。

[474] 但是,如果关于从有限者向无限者过渡这一事实得到这样的答复,即:这种过渡在精神中、或在信仰和感觉以及此类东西中被做出,那么,这种答复就不是完整的答复;毋宁说,这种答复是真实的:宗教的信仰、感觉、内在启示恰恰是直接地知上帝,不是通过中介,不是去作为两个方面的某种本质关联的过渡,而是去做一种作为某种**飞跃**的过渡。被称作过渡的东西据此就分裂为两个分开的行动,这两个行动相互外在,也许只在时间中才前后相续,在比较或回忆中才得以相互发生关系。有限者和无限者完全保持在分离中;以此为前提,致力于有限者的精神活动于是就是一种特殊的活动,而精神致力于无限者、感觉、信仰、知的活动则是一种个

别的、直接的、简单的行动,而非一种过渡行动。就像有限者与无限者是无关系的一样,精神的诸行动、精神之为这些规定所充满、仅仅为这一或另一规定所充满,这些也都是彼此无关系的。即便它们可能是同时的,即便有限者与无限者一起存在于意识中,那它们也只是些混合罢了;这是两种自为存在的、并不相互中介的活动。

我们已提到处于关于有限者与无限者之惯常区分的这一表象中的那种重复,——亦即那种分离的这一表象:通过这一分离,有限者单独相对地保持在这一面,而无限者则被保持在另一面,而且以这种方式,有限者并不[比无限者]更少地被宣布为**绝对的**,——这就是二元论,在进一步的规定中,这种二元论就是摩尼教①。然而,即使是那些确定这样一种关系的人本身亦不想有限者是绝对的,但是,这些人也无法回避那种结论,这一结论并非首先从那种断言中得出的结论,而是这种直接论断本身:不处于与无限者的关系中的有限者是可能的,没有从那种有限者向这种无限者的过渡是可能的,这一个与另一个是完全分离的。但是,如果这两者的一种内在联系**也**又一次得到表象,那么,在这两者的不相容性方面,这种关系就只是一种**否定**样式的关系;无限者应当是真实的东西,并且**只**应是真实的东西,就是说,应是抽象的肯定的东西,以至于作为关系它只是作为力量与有限者相对立,而有限者仅仅在无限者中消灭自己。**为了存在**,有限者必须在无限者面前克制自己,必须避开无限者;因此它只能消失于这种联系中。在我们由于这些规定而面对的主观实存中,亦即在有限的和无限的知中,无限性这一方面应当就是人关于上帝的直接之知。但是整个另一方面却是人之一般;人恰恰就是正在特别谈到的有限者,而这一点正是关于上帝之知,无论现在是否直接被说出来,它都是人的②、

[475]

---

① 摩尼教为古代伊朗的宗教,公元 3 世纪为摩尼所创立;公元 3—15 世纪传布于亚、非、欧许多地区,其教义对古希腊哲学及基督教一些异端派别有所影响。摩尼教在琐罗亚斯德教二元论的基础上,吸收了基督教、佛教、诺斯替教派的思想,形成其特有的教说,崇拜大明神、日月(神的光明)、明使(神的威力)、神教(神的智慧)。——译者注

② 《黑格尔全集》:"他的存在"。——德文版编者注

361

有限者的知,并且是从有限者向无限者的过渡。但是,尽管精神致力于有限者和致力于无限者的活动应当是两种分离开来的活动,精神致力于无限者作为精神本身的提升也不会是这种内在的过渡,而精神致力于有限者的活动就其自己那方面而言也会是绝对的,并且完全局限于有限者本身。关于这件事,一种详尽的考察是管用的;但在此仅仅提出这一点可能就足够了:尽管有限者是其对象和目标,但这一方面也只是真实的研究活动,不论它会是认识、知识、意见(Dafürhalten),还是一种实践的和道德的行为,只要这样的有限者不是单独地、而是**在它同无限者的关系中**、在同**其自身中的**无限者之关系中已被了解、被认识、被实现了,总而言之,只要它在这种规定中是对象和目标。——被赋予个人内部甚至是宗教内宗教性的东西的那种地位,是人们够熟悉的了:宗教性的东西,亦即虔诚、内心的和精神的悔悟以及献祭,单独作为分离开来的事物被取下,而**此外**,尘世生活,亦即有限性的范围,仍专心致志于自身,这是在没有无限者、永恒者、真实事物对这一范围有**影响**的情况下,而且始终是自由的,——就是说,在有限者的范围中没有向着无限者的过渡,有限者没有通过无限者向着真理和德行而得到中介,同样的,无限者也没有通过有限者之中介而达到当下和现实的情况下做到这一点的。

[476]

因此,我们在此已经不需要着手探讨以下这个糟糕的结论了——为了领会绝对者,认识者亦即人就必须是绝对的,——因为,这种结论同样可能击中信仰、直接的知识,就像这样的知也应是一种自身中的领会一样,如果不是对上帝的绝对精神的自身中的领会,但至少也是对无限者的一种自身中的领会。如果这种知是那么的惧怕它的对象的具体者,那么对它来说,它的对象就必定是某种东西;在自己身上很少或者根本就没有规定的非具体者正是抽象的东西、否定的东西、最少的东西,——譬如说无限者。

但是,它正是对无限者的坏的抽象,通过这一抽象,表象乃出于这样一个简单的原因而把对无限者的领会推到后面去,因为与此相反,此岸者、人、人的精神、人的理性同样作为对有限者的抽象被固定下来。表象还更容易与这一点相协调,即:人的精神、思维、理性理解绝对-必然者,因为这种绝对-必然者如此直接地被表达和说成是与它的他者、偶然者相反的否定者——某种必然性亦即外在的必然性也处于偶然者一边。现在有什么比确实**存在**的人、亦即是一种实定者、肯定者的人不能理解他的**否定者**这一点更清楚呢?由于反过来人的存在,他的肯定就是有限性——因而就是否定——,因此,还有什么比有限性不能领会无限性——与此相反,无限性同样也是否定,但现在却反过来与那一规定相反而是存在、肯定——这一点更多些呢?然而同样的,有什么比有限性应从这两个方面适合于人这一点更清楚呢?人从空间中占有容足之地,在这个体积之外就是空间的无限性;从无限的时间中给予了人一段时间,这段时间较之于那无限的时间就缩减成一个瞬间,犹如人的体积缩减成一个点一样。但是,撇开与那无限的外在性相反的人这种外在有限性不论,那人就是直观着的、表象着的、识知着的、认识着的,——是**理智力**;这种智力的对象就是世界,是无限个别事物的集合。与**存在着**的无限的数量相反,为个别人所知——不是为人,而是为个别的人所知——的无限个别事物的数目是多么微不足道。为了正确地认清人的知识的微不足道,人们只需记起人们将不会否认的东西,即常常对上帝的全知所理解的东西,比方说在这一表象中——《依循祖辈模式的生活过程》①②中(第二部分,增补B)的表象——记起这一点,以便再一次记起这部极为深刻的幽默之作,书中的管风琴演奏者在一个葬礼上如是说:"昨天,教父布里泽(Briese)对我谈起亲爱的上帝之伟大,而我则有了这样一个突然产生的念头,那就是,亲爱的上帝知道用名字来称呼每一只麻雀、每一只金翅鸟、每一只红雀、每一只壁虱、每一只蚊子,就像你们在村子里知道用名字来称呼这些人一

[477]

---

① T.G.V.希佩尔(Hippel):《依循祖辈模式的生活过程》(*Lebensläufe nach aufsteigender linie*),3卷,柏林:1778/81年版。——德文版编者注
② 泰奥多尔·戈特利布·希佩尔(1741—1796),德国启蒙运动后期的作家、哲学家,康德弟子,曾发表自传体小说《平步青云》,其中不乏虔信主义和理性主义的成分。——译者注

样:**施密德·格雷格**（Schmieds Greger）、**布里森斯·彼得**（Briesens Peter）、**海弗里德·汉斯**（Heifrieds Hans）——想想吧，亲爱的上帝就这样称呼每一只蚊子，而这些蚊子看起来是那么的相似，以至于人们似乎应发誓说它们全都是兄弟姐妹；想想吧！"——但是，与实际的有限性相反，理论的东西则显得更为巨大和广阔；但是，这些目标、计划或愿望等等，这些在头脑中没有限制的东西，——人们使之接近现实，这些东西对现实而言都是特定的——它们如何完整地向人们指明了人的局限性！实际的表象的那种广度，亦即追求、渴望，正好只是追求、渴望，在它自身上显现出它的狭隘。这就是这种有限性，这样一种有限性，它被放在领会、理解无限者的冒险面前；紧紧抓住了这一应是令人信服原因的那种批判的知性，实际上并没有超出《依循祖辈模式的生活过程》中那管风琴演奏者的知性形态，毋宁说，与那个管风琴演奏者相反，这种知性后退了，因为管风琴演奏者只是为了向一个农庄介绍上帝之爱的伟大而无拘束地使用了这样一种表象。但是，那种批判的知性却用这种有限性来**反对**上帝**之爱**及其伟大，即反对上帝在人的精神中的当下性；这种知性在头脑中牢固地记住有限性的蚊子，记住"有限者**存在**"这个已考察过的命题，而由这个命题直接就说明了，这个命题是错误的，因为有限者是具有其规定和本性的东西，即消逝、**不存在**，以至于有限者在没有存在于这种消逝中的非存在之规定的情况下是根本无法得到思考和表象的。有谁如此大度地宣称说：有限者**消逝**。如果**现在**应该被插在有限者和它的消逝之间，并应由此而给予**存在**一个支撑物，即："有限者消逝，但**它现在存在**"，那么，这个**现在**本身就是这样一种东西，这种东西不仅消逝着，而且它本身已经消逝了，这时它是这样的：**现在**，当我有了现在这种意识，当我说出它时，那就不再是它，而是一个**他者**了。——它同样也在延续，但却不是作为**这一现在**，而现在只有这样的意义：**这一现在**，存在于**这一瞬间**，——没有长度，只是一个点；——它恰恰作为对**这一现在**的否定、对有限者的否定而延续，因此就是作为无限者、作为普遍者而延续。普遍者已经就是无限者了；不让知性在任何普遍者中面对无限者的这种对无限者的敬畏，应被称为愚蠢的敬畏。无限者是崇高的和威严的;但是它的这种崇高和威严却应被放置在蚊子那不可胜数的数量中,而认识的无限性则应被放置在对那不可胜数的蚊子的认识中,就是说放置在对那无数蚊子的个别蚊子的认识中,这并非信仰、精神、理性之无能,而是知性无能于把有限者理解为无意义的东西,无能于把它的存在理解为这样一种完全是如此仅仅具有非存在之价值和意义的东西。[479]

精神是不死的,它是永恒的;它之如此恰恰是因为,它是无限的,它并非是这样一种空间的有限性,并非这五足之高、两足之阔、一身之厚的空间之有限性,并非时间的现在,对它的认识并非是自身中关于这不可胜数的蚊子的内容,而它的意愿、自由则并非还具有一些目标和活动的无限多抵抗——这些目标和活动体验到对自身的这样一些抵抗和阻碍。精神的无限性就是它的已内存在(Insichsein),抽象地说是其纯粹的已内存在,而这就是它的思维,而这种抽象的思维就是一种现实的、当下的无限性,而它的具体的已内存在则是:这种思维就是精神。

因此,我们就从这两个方面的绝对划分回到了它们的关联上,而关于这种关联,它是在主观东西中还是在客观东西中被表象出来,这一点并没有作出区分。我们仅仅关心这种关联是否得到了正确的理解。只要它被表象为一种**仅仅**是主观的关联,而这种关联对我们来说**只**是一种证明,那就因此而承认,它并非客观的,并没有自在自为地得到正确的理解;但是,这种不正确的东西却并没有被放进这一点中,即:根本就没有发生这样的关联,就是说,没有发生精神向上帝的提升。

因此,重要的可能就在于,应在其规定性中考察这种关联的本性。这种考察乃是最为深刻、即最为崇高的对象,因而也是最为困难的对象;对这种考察来说,有限的范畴是不够用的,就是说,对我们在日常生活中、在同偶然的事物的交往中、但同样也在诸科学中所习惯的那种思维方式来说,有限的范畴是不够用的。诸科学在有限者之诸如原因、结果等等的各种关联中有其基础,有其逻辑;它们的规律、种类、推论方式都是有条件者的纯粹关系,而这些关系在这种高度上就失去它们的意义,尽管得利用它[480]

365

们,但却是这样,即它们总是被取消和被更正。对象,即上帝与人的彼此的共同体,乃是精神同精神的共同体,——这个对象包含着极为重要的诸问题。这就是一种共同体:困难已然在于,把区别留在共同体中,如同对此加以规定一样,以至于共同体也得以保持。人对上帝有所知,依据这种本质性的共同体,就是一种共同的知,——就是说,只要上帝在人之中知其自身,人就仅仅知上帝,这种知乃是上帝的自我意识,然而同样也是上帝对人的一种知,并且,上帝对人的这种知乃是人对上帝之知。知晓上帝的人之精神只是上帝本身的精神。于是,人的自由问题、人的个体的知和意识同人处于与上帝的共同体中所在的那种知的联系问题、上帝在人之中的知的问题,至此都消失了。但是,人的精神与上帝的一系列关系却并非我们的对象;我们只需就其最抽象的方面接受这种关系,——即作为有限者与无限者的关联来接受。尽管这种贫乏与那种丰富内容形成鲜明的对照,但这种逻辑关系却同时也就是那种有丰富内容的运动的主要联系。

# 讲 演 十 五

[481]

构成处于谈论中的证明的整个内容的这些思想规定的关联——这种证明并不与在证明中**应**被完成的内容相适应,后面还要从本质上谈到这一点——在至今为止的东西中已经是研究的对象了;但是,这种关联的真正**思辨的**方面还是后退了,而在这里,并没有实行、指明这种逻辑研究涉及关联的何种规定。在这种关联中首先要注意的环节是,这种关联是一种过渡,也就是,作为出发点的东西在这其中有某种**否定**之物的规定,作为一偶然存在,仅仅作为现象存在,这种存在就在绝对必然者、绝对必然者的真正肯定之物上拥有其**真理**。就这方面始初第一个规定(否定的环节)而言,属于思辨理解的只是这一点,即这一环节并没有被想象为单纯的**无**。它并不是如此抽象地现存的,而只是世界之**偶然性**的一个环节;因此,不如此地把否定者想象为抽象的无,这不应有任何困难。在**表象**作为偶然性、局限性、有限性、现象来面对的东西中,表象拥有某种定在、某种实存,但本质上是在其中拥有否定;较之于抽象的知性,表象更具体些、真实些,知性,当它听说某一否定者时,它就太容易从中搞出无来,即单纯的无,本身的无,并放弃那种联系,在其中,只要这种实存被规定为偶然的、显现的实存,无就与实存一起被设定出来。思维着的分析在这样的内容中指明了作为一种**存在**的肯定者、定在、实存的两个环节,也指明了同一肯定者的两个环节,这种肯定者在自身中有作为**否定**的**终结**、**衰落**、**限制**等等的规定;为了领会偶然者,思维必须不让它们瓦解为一种**自为**的无和一种自为的存在,因为它们并非如此存在于偶然者中,而是偶然者在自身中容纳这两者;因此,它们并非——每一个都是自为的或存在于相互联系

[482]

中——偶然者本身,【还是这种偶然者,】①必须如其所是地被想象为二者的这种联系。这就是思辨的规定;它始终与表象的内容一致,与此相反,这种内容则从抽象的思维——它紧紧抓住这两个环节(每一个都是自为的)——中飞逝了;这种内容消解了知性的对象所是的东西,即偶然者。

被如此规定的偶然者就是自身中的矛盾;自我消解的东西同样也因此正好是这样一种东西,如它在知性的手中所变易成了的那样。但消解是两类;通过知性已打算做的那种消解,对象,具体的联系,只是消失了,另一种消解中对象还保存着。然而,这种保存对对象帮助不多,或**没有什么帮助**。因为它在同一保存中被规定为**矛盾**,而矛盾消解着自身;而自相矛盾的东西是**无**。尽管这是正确的,但它同时也是不正确的。矛盾和无却至少是彼此有别的。矛盾是具体的,它还有某种内容,它还包含有这样一些自相矛盾的东西,它还显示出这些东西,它说出它由之而是矛盾的东西;与此相反,**无**则不再显示出什么,它是无内容的,是完全的虚空。这一个的这种具体规定和另一个的完全抽象的规定,乃是一个非常重要的区别。此外,无也根本就不是矛盾。无并不自相矛盾,它是与自身同一的;因此,它完美地满足了这一逻辑命题,即:某物不应自相矛盾,或者,如果这个命题被如此说出来:没有什么**应**自相矛盾,那么,这只就是一种没有结果的**应该**,因为无并没有做它应当做的事情,亦即没有与自身相矛盾。但是,如果以命题的方式说:没有什么存在着的东西自相矛盾,那么这以此就直接具有其正确性,因为这个命题的主体是一种无,而这种无却**存在**;不过,无之为无本身却只是简单的,仅仅是这**一**规定,它与自身等同、不自相矛盾。

因此,把矛盾消解为无,正如知性所做的那样,只不过是在虚空中或进一步说在矛盾本身中打转,这矛盾通过这样的消解实际上作为还存在的、作为**未消解的**显示出来。矛盾这样还是未被消解的,这恰恰就是:内容、偶然者只是首先在其自身的否定中才被设定出来了,尚未在**肯定**中被

---

① 按照拉松版补充的。——德文版编者注

设定出来,这种肯定(由于它不是抽象的无)必定被包含在这种消解中。偶然者本身当然首先是——如其呈现在表象面前那样——一个肯定者;它乃是一种定在、实存,它乃是**世界**,——肯定,实在,或者如人们想列举的那样,太多了。但是,它尚未在它的消解中,没有在对它的内容和内涵的解释中被设定出来,而这一内涵正好是应通向其真理、通向绝对-必然者的内涵,而偶然者本身立即便是这样的东西,在其中,世界的有限性、局限性如所说的那样被如此广泛地准备出来了,以便本身直接意味着其消解,即向着已指明的否定方面的消解。——这种在矛盾中也作为已消解的被设定出来的偶然者的消解现在进一步被指明为包含在消解中的**肯定者**。这种消解已经被指明了;它是从人的感性表象那里被接受和被认为是精神从偶然者向绝对-必然者的过渡——这种绝对-必然者本身据此可能正是这种肯定者,是那种始初的、仅仅是否定的消解。再去指明这最后、最内在之点的思辨者,这同样无非意味着仅仅把已经存在于我们所处的地方、即在那最初的消解中的思想完全集中起来;仅仅把这种消解理解为自我消解为**无**的矛盾的知性,仅仅接受包含在其中的诸规定之一,并删去另一规定。

[484]

实际上,在已经得到解释的形态中的具体结果,即这一结果的思辨形式,已经并且早已被设置起来了,即在由绝对必然性所赋予的规定中被设置起来了。但是在这方面,外在的反思和理性推论被用于属于绝对必然性或其由之而产生的诸环节。在这里要做的只是,在我们作为矛盾——是为偶然者的消解——来看待的东西本身中注意那些环节。在绝对必然性中,我们**首先**看到**中介**的环节,更确切地说首先是由于他者而获得中介的环节。在对偶然者的分析中,这一中介立即就如此表明自身,以致于偶然者之诸环节——**存在**一般,或者**世间的实存**,以及对世间实存的那样一种**否定**——它由之而被贬低为一种映象之意义、一种自在微不足道者之意义——的每一个都未被单独地隔离开来,而是,作为**一个**规定,即属于偶然者的规定,完全存在于与他者的关系中。在此,只有在这种关系中,每一个才具有其意义;这**一个**、亦即这一将它们集合在一起的规定,是**中**

介它们的**东西**。虽然现在在这一规定之内,这一个借助于另一个;但是在这一规定之外,每一个都可以自为地存在,而且每一个甚至都应当自为地存在,自为的**存在**与自为的**否定**。然而如果我们在更具体的形态中想象那种存在——我们在这里以此形态拥有那种存在——即把它想象为**尘世的实存**,那么,我们大概也就承认,这一实存并非是自为的,并非绝对的,并非永恒的,而毋宁说,它本身是无意义的,也许它有某种存在,但它却并非一种自为的存在者,——因为正是这种存在被规定为偶然者。这样,如果现在在偶然性中这两个规定的每一个都只存在于同另一规定的关系中,那么,它们本身的这种中介就显得是偶然的,显得仅仅是个别的,仅仅现存于这个地方。不令人满意的是,诸规定可以被想象为**自为的**,这意味着,如其**本身**作为这样的东西而存在的那样,仅仅是自己与自己发生关联,就是说,是直接的,因而在**它们自己身上**并没有受到中介。因此,对诸规定来说,中介仅仅是某种外在的合适的东西,因此其本身就是偶然者;就是说,偶然性自己内在的必然性并没有得到阐明。

这种反思因此也就通向就其自身而言我们作为被给予的、恰恰作为出发点而接受下来的出发点的必然性那里,——它通向那种过渡,这种过渡并非从偶然者向必然者的过渡,而是,过渡自在地发生于偶然者本身之内,从构建着偶然者的诸环节的每一个环节出发向着它的他者过渡。这将追溯到对最初抽象的逻辑环节的分析,而在此把偶然性设想为偶然者在其自己身上的过渡、设想为它的自我扬弃——如其存在于表象中的那样——就够了。

因此,绝对必然性的第二个环节同时也在偶然性的得到阐明的消解中被指明,即:对自己本身的中介环节。偶然性的诸环节首先是彼此的他者,而且每一个环节都这样在其中被设定为对它的某一**他者**的中介。但是,在这两者的统一中,每一个都是一个被否定者;它们的区别由此而被扬弃了,而当还谈论这两者的**独一者**,它就不再与一个有别于它的东西有关,以此与自己本身有关,这样一来,对自己本身的中介就被设定出来了。

因此,思辨的考察就具有了这样一种意义,即:它就其自身在其消解中认出偶然者,这种分解首先显现为对这一规定的外在的分析。但是,这种消解却不只是这种外在的分析,而是这同一规定在其自己身上的消解;偶然者本身乃这样,即消解自身,本身就是过渡。但是其次,这种消解并非是无的抽象,而是,它是它自己的肯定——我们将这种肯定称作绝对的必然性。这种过渡这样就得到了**理解**。结果就在偶然者中被阐明为是固有的,就是说,偶然者本身就是这个结果:突变为它的真理,而我们的精神向着上帝的提升——只要除了绝对必然的存在这一规定之外,我们暂时没有对上帝的进一步规定,或者当我们暂时满足于这种规定时——就是事情之这种运动的经历;它就是这种自在自为的事情本身,这事情本身在我们之中推动着,在我们之中推动着这种运动。

[486]

已经被注意到的是,对这种意识来说——这种意识不是在它们的这种纯粹的思辨规定中、并且因此不是在它们的这种自我消解和自我运动中面对诸思想规定,而是**表象**这些思想规定——过渡由此而使自己变得容易一些,即:被作为出发点的东西,偶然者,本身就已经具有是为自我消解者、过渡者的意义;由此,对它来说,被作为出发点的东西同所达到的东西的关联本身就是清楚明了的。对意识来说,这一出发点因此就是最有利的和最合乎目的的出发点;意识就是思维的本能,这一本能本身就做出那是为事件的过渡,但它也在这样的思维规定中意识到这种过渡,即:对意识的单纯表象来说,过渡显得是容易的,即是抽象-同一的:——被规定为偶然者的世界正好被宣布为指向它的非存在,指向作为它的真理的它的他者。

这样一来,过渡由此就成了可理解的,即:过渡不仅**自在地**由此出发点而产生出来,而且,这一出发点也立即就**意味着**过渡,就是说,这一规定也**被设定出来**,这就是说,**存在于出发点身上**;以这种方式,这一规定的**定在**对于这种意识来说是被给予的,这种意识在同直接定在——这在此一定就是一种思维规定——有关的范围内恰恰处于**表象**活动中。结果,绝对必然者,同样也是可理解的;它包含着中介,而一般关联的这种知性正好适用于最可理解的东西,而关联则以有限的方式被想象为独一者与一

[487]

371

**他者**的关联,但是,只要这样的关联陷入其不能令人满意的终结中,对此,这种关联也随身带有修正。这样的关联,当它的规律总是在其质料中面对着重复自身这一要求的时候,便总是自为地通向某个**他者**,即某种否定者;在这一进展中重现的肯定者只是这样一种东西,这种东西只是从自身那里被送出,并且如此没有间歇和满足地既是这一个也是另一个。但是绝对-必然者,当它一方面把那种关联本身带来的时候,它同样也拆除它,把这种走出去送回到自身之中,并满足于最后的东西:绝对-必然者**存在**,**因为它存在**。于是,那个他者以及向着他者走出去就被清除掉了,而满足就由于这种无意识的不一贯性而被提供出来。

## 讲 演 十 六

迄今为止的东西具有辩证的东西,具有进入运动的诸规定的绝对流动性——这种绝对流动性是精神向着上帝的这种最初提升——作为对象。现在,还必须单独地考察为所接受的出发点所规定的**结果**。

这个结果就是**绝对必然的本质**;——一个结果的意义是众所周知的:它不过就是,在其中中介被扬弃了,而且结果之规定也因此被扬弃了;——中介就是中介的自我扬弃。——**本质**就是同自身的完全抽象的同一;它既不是主体,更少是精神。整个的规定都处于绝对必然性中,绝对必然性作为存在同样直接就是**存在者**,它实际上自在地决定自己成为主体,但首先是在存在者、即绝对-必然者的纯表面的形式中。

［488］

但是,这一规定对我们关于上帝的表象来说是不够的,当其他证明导致进一步更为具体的诸规定这一点已经得到说明时,我们就允许暂且把这一缺陷放到了一边。然而这乃是些宗教和哲学体系,它们的缺陷在于,它们并没有超越绝对必然性之规定。去考察那些宗教中的这一原则以之而形成的那些更为具体的形态,这属于宗教哲学和宗教史。根据这一方面,这里可以被注意到的只有这一点,那就是,一般说来,较之于抽象的原则所首先带来的,以这样的规定性为依据的那些宗教在具体精神的内在一贯性中变得更为丰富、更为多样;与那种抽象的原则相反,这些宗教在现象和意识中被补充着被充满了的理念的其他一些环节。但是,这一点必须在本质上被区别开来,即:对形态的这些补充是否只属于幻想,而且具体的东西在其内部并没有超出那种抽象,以至于就像在东方、尤其在印度的神话中那样,不仅作为某些力量一般、而且也作为有自我意识的、有

373

愿望的人物形象被引进的无限丰富的神人仍然是无精神的,——或者,是否尽管有那样一种必然性,但是更高级的精神原则还是在这些人物中显现出来,而精神的自由因此则在这些人物的崇拜者中显现出来。于是我们就看到,在希腊人的宗教中,作为**命运**的绝对必然性被设定为至高者、最终者,并且仅仅在此之**下**,还有更为具体、更有生气、甚至被表象为精神的和有意识的诸神的快活圈子,诸神就像已提到的神话以及其他的神话中一样自我拓展为大批英雄、海洋河流女神等等、缪斯女神、农牧森林之神等等,并且部分地作为合唱队或伴奏、作为诸神的更高级别的首脑人物之一的进一步分立,部分作为较低的一般内容的形成物,与世界的通常外表及其偶然性衔接起来。在这里,必然性构成**高出于**所有特殊精神的、道德的和自然的力量之上的抽象力量,但这些特殊精神的、道德的和自然的力量有时只保有无精神的、自然的力量之意义,而这种力量仍然完全归于必然性,且它们的人格性只不过是些拟人化了罢了,但有时,即使它们并不值得一样地被称作为人,它们也在自身中包含有主观自由的更高规定,并且处在它们上方的女主人即这种必然性之上,而服从这种必然性的只是这一较低原则的局限性,这一较低的原理必须从他处期待它清除它首先于其中显现出来的这种有限性,并应自为地在其无限的自由中表现出来。

[489]

　　必须在以抽象的思想为出发点的体系中查看对绝对必然性范畴的彻底的贯彻;这种贯彻实施涉及这一原则同自然的和精神的世界之多样性的关系。绝对必然性作为唯一真实者和真正现实者已被作为基础,——世间事物与绝对必然性被置入何种关系中了呢?这些事物不只是自然的事物,而且也是精神,是带有其所有的概念、志趣和目的的精神个体。但是,这种关系已经在那种原则中得到规定;这些东西乃是**偶然的事物**。此外,它们也不同于绝对必然性本身;但是,与绝对必然性相反,它们并没有独立的存在,但它们与绝对必然性相反也因此并不存在,——它只是**一种**存在,并且这种存在适宜于必然性;诸事物只是这样,即:归必然性所有。我们规定为绝对必然性的东西必须进一步独立化为普遍的存在、实体;作为结果,绝对必然性乃是通过扬弃对自身的中介而是中介的**统一**,——因

[490]

而乃是简单的存在,它只是诸事物的**存在**。如果说我们刚刚回忆了作为希腊人命运的必然性,那么这种必然性就是无规定的力量;但是,**存在**本身却已经从那种抽象向着这种抽象应居于其**上**的那些东西下降了。然而,即使本质或者实体本身也只是抽象,这样,外在于它的诸事物就会具有具体特性的独立存在;实体必定同时作为诸事物的力量得到规定,作为在诸事物中起作用的否定原则得到规定,而诸事物恰恰因此而是消失者、暂时者,**只是现象**。我们已把这种否定者看作是诸偶然事物的特有本性,这些偶然事物就这样在它们自己身上具有这种力量,它们并非一般现象,而是必然性的现象。这种必然性包含着诸事物,或者更确切地说是在其中介环节中包含着【这些】事物,但是它却并非是为它本身的他者所中介,而是同时是它本身对自己的中介。它就是绝对统一的变换,即把自己规定为中介,即,规定为**外部的**必然性、**他者**对**他者**的关系,即,把自己分散于无限之多中,分散于这个在自身中完全是有条件的世界中,但却是这样,即:它把外在的中介、偶然的世界贬低为一个现象世界,并在这个世界中作为它在这种无意义之物中的力量与自己本身同行,把自己与自己本身等量齐观。这样,一切都被包括在这种世界中,而这种世界在一切之中就是**直接当下的**;它既是世界之存在,也是世界之变换与改变。

一般说来,必然性之规定,如它的思辨概念自行向我们阐明的那样,乃是这样一种立场,这种立场常常被称作是**泛神论**,并且时而较为发达并较为明确地、时而较为表面地说出了已指明的关系。这一名字在新时代已重新唤起的兴趣,还更多地要求对原则本身的兴趣,把我们的注意力还集中在这一原则上。对于同一原则所存在的误解,不能使之未被提及和未被更正的,并且此后,这一原则在更高的总体中、在真正的上帝理念中、在与此的关联中的地位,也必须予以考虑。当对原则之宗教形态的考察刚刚被放到一边时,为了将原则的图景带到表象面前,就可以为最早形成的泛神论列举**印度**宗教,同时与这种宗教联系在一起的是这样一点,即绝对的实体,统一于自身者,与偶然世界不同,在**思维**的形式中被表象为**实存着的**。宗教在本质上自为地包含着人同上帝的关系,而作为泛神论,它

[491]

更少让这一本质处于客体性中,形而上学则将这一本质作为对象保留在客体性中,并认为必须保持这种规定。首先必须注意实体的这种主观化的值得注意的特性。即:有自我意识的思维不仅做出对实体的那种抽象,而且它就是这一抽象本身;它就是这种自身简单的作为自为实存着的、称为实体的统一。这样,这种思维就被了解为创造并获得诸世界、且同样也改变、改造诸世界之被分立的定在的力量。这种思维就叫**梵**;它作为婆罗门自然的自我意识而实存,作为其他人的自我意识而实存,这些人在他们的各种各样的意识、感觉、感性的和精神的兴趣和活跃中战胜、扼杀它们,并将这都归结为那种实质性统一的完好简单性和空。因此,这种思维,亦即人在自身中的这种抽象,就被看作是世界之力量。——这种普遍的力量自我分立为诸神,然而这些神却是时间性的和短暂的,或者,思维所是的这种东西,所有活力,精神的和自然的个体性,都从其受到全面制约的关联的有限性中被撕开,——就这种关联而言的全部知性都被清除了,并被提升进定在的神性形象中。

[492]

如我们所想到的,在作为宗教的这些泛神论中,个体化的原则显现在与实质统一的力量的不一致中。虽然个体性并没有被提升为人格,但力量却足够激烈地展开为向着相反者过渡的不一致;我们处于一种无节制之癫狂的基础上,在那里,最一般的当下直接被提升为某种神性的东西,实体在有限的形态中实存地得到表象,而形象则同样直接地被挥发掉了。

一般来说,东方的世界观乃是这样一种崇高,它把向着诸特殊形态和分立的实存与兴趣的所有个别化都引向远处,直观一切中的独一者,并且恰恰因此而用自然宇宙和精神宇宙的全部壮丽与华美来表达这一自为的抽象的独一者。东方诗人的心灵沉入这一海洋,把狭隘的、受束缚的生命的一切需要、目的和烦恼都溺死于其中,并沉醉于对这种自由的享受,这些诗人将世界的一切美都作为饰物和装饰品用于对这种自由的享受。

由这一图像(对此我在别处有过解释)可得而知,**泛神论**的表达方式,或者更确切地说,泛神论比如说被移植其中的德语的表达方式、即"上帝是**一**和**一切**"——τὸ ἕν καὶ πᾶν——导致错误的表象,即:在泛神论的宗教或哲学中,**一切**,就是说在其有限性和个别性中**存在着**的每一实存,都被作为上帝或作为某个神说出来,有限者被神圣化为**存在着的**。诸如此类的过分要求只能出现于头脑狭隘的、人的、或更确切地说学院知性中,这种学院知性完全不在意现实存在的东西,它为自己确定了一个范畴,即有限的个别化之范畴,并把多样性——它以为已说过的多样性——理解为固定的、存在着的、实体性的个别化。不应错认的是,对自由和个体性——作为自由无限的而存在于自身中、并且是人格——的本质性的和基督教的规定诱使知性在某种存在着的、不变的原子范畴中去理解有限性的个别化,并对处于**力量**中并处于这种力量之普遍体系中的否定者的环节视而不见。当知性以**一切**以及**每一**个别者这一特定范畴来想象这个 πᾶν 时,它就这样来想象泛神论,即:**一切**,就是说在其实存着的个别化中的一切事物,都是神;除了泛神论的这样一些责难者外,这样一种无稽之谈任何时候都没有出现在人的头脑中。毋宁说,泛神论乃是那些责难者归咎于它的那种观点的反面:有限者、偶然者并**不**是自为的持存者,——在肯定的意义上它只是一种显示,只是独一者的启示,只是独一者的显现,这种显现就其自身而言只是偶然性;甚至是**否定的**方面,是力量中的沉没,是存在者(作为暂时的出发点)的理想性,是占优势的方面①。反之,那种知性却认为,这些事物是自为的,在自身中具有其本质,并且因此在这种有限的本质中并且按照这种有限的本质而是神性的,甚至就应当就是神;它们无法摆脱有限者的绝对性,并在同神性的东西的**统一**中,有限者也未将自己想象为已被扬弃了的和消失的,而是,有限者在其中总是还在保持为**存在着的**;毋宁说,当有限者——就像责难者所说的那样——通过泛神论而被无限化时,正是因此,有限者就不再有**存在**。

如已经想到的,较之于那些坚持形而上学抽象的宗教,**实体性**的诸哲学**体系**——因为那种与泛神论的名字联系在一起的错误的表象,我们如

------

① 《黑格尔全集》:"力量中的沉没是存在者(作为暂时的出发点)的理想性,在力量中,是占优势的方面"。根据拉松版作了修改。——德文版编者注

此称呼这些体系并且不把它们(在古人中一般说来称作**爱利亚体系**,在现代人中则称作**斯宾诺莎体系**)称为泛神论体系,这一点**必须被提到前面来**——更为前后一致。它们所带有的缺陷这一个方面就是在提升过程的知性表象中被指明的片面性,——亦即,它们从现有的定在开始,把这一定在作为一种虚无者来认识,而且把绝对的独一者作为这一定在的真理来认识。它们有一个前提,在绝对的统一中否定它,但却并未由此而回归那一前提;它们不允许那本身只在偶然性、多等等的抽象中被领会的世界从实体中被产生出来。一切都只是进入统一之中,犹如进入永恒之夜之中,而这种统一则没有被规定为那种原则,这一原则使自己向着它的显示运动、生产,——按照**亚里士多德**的深刻的表达方式作为**运动着的不动者**①。

a)绝对者存在于这些体系中,在其中,上帝被规定为**独一者**,**存在**、所有定在中的存在,绝对的实体、不只是因为他者而且自在自为地是必然的本质、causa sui(拉丁文,**自因**)——**其自己本身的原因**②,并且因此而是**其自己本身**的结果,即扬弃自身的中介。在这种最后的规定中的统一属于一种较之于**存在**、**独一者**的抽象规定无限深刻地形成的思维。这一概念得到了足够的解释;**自因**乃是这个统一的一种十分引人注意的表达方式,而因此还可以接受一种解释性的考虑。**原因**与**结果**的关系属于已阐明的**通过他者**——我们在必然性中已看到这个他者——**所中介**的环节,并且是这种中介的特定形式;通过**一他者**,某物得到完全的中介,只要这个他者乃是它的**原因**。这原因乃是**本原**的事情,是为完全直接的和独

[495]

---

① 参阅亚里士多德《形而上学》。——译者注
② 所谓自因(Cause sui)为一哲学概念。法国哲学家笛卡尔在《形而上学的沉思》中认为上帝是自因。斯宾诺莎批判地继承和发展了他的思想,把自因视为他的哲学体系中一个重要范畴。他在《伦理学》中"把自身的原因理解为这样的东西,它的本质就包含着存在"。在他看来,自然就是它自身存在和活动的原因。黑格尔发扬了斯宾诺莎的这一思想,用以说明原因与结果的辩证关系。他在《哲学全书》中指出:原因就是自因,因为只有在结果中,原因才变成现实的,才成为原因。恩格斯精辟地揭示了斯宾诺莎自因学说的实质,指出:"斯宾诺莎,实体是自身原因——把相互作用明显地表现出来了"(《自然辩证法》,载《马克思恩格斯全集》,中文版第20卷第209页)。——译者注

立的,与此相反,**结果**则只是**被设定者**、依赖者等等。

对立作为存在与虚无、独一者与杂多等等的对立包含有它的诸规定,以至于这些规定在它们的彼此关系中是一样的,此外,它们也还被看作是没有自为地联系的;实定者、整体等等也许与否定者、诸部分发生了关系,并且这种关系属于其本质的意义,但是,在这一关系之外,肯定者与否定者、整体与部分等等也还自为地有某种实存的意义。然而原因与结果却完全只是在它们的关系中才有它们的意义。原因并没有超出这一点,即拥有一种结果:坠落的石头对其坠落其上的对象有某种压力作用;除了它作为一种**有重量的**物体所具有的这种作用之外,或者,当它在这种压力中持续地是原因时,它通常还在物理学上是分离开来的,并且不同于其他同样有重量的物体;例如,我们想象,当它打碎另一个物体时,它的作用是短暂的,因此就这一点而言,它就不再是原因,而除了这种关系,它同样也是它事先所是的一块石头。只要这种作用自己把事情规定为原初的、甚至坚持在自己的作用之外的事情,这一点就首先浮动在表象面前。只是,除了它的那种作用之外,石头固然还是石头,可它并不是原因;它只有**在其作用中**才是原因,【以及】**在其发生作用期间**,人们想象时间规定。

因此一般说来,原因和结果是不可分离的;它们每一方都只有当它处于与另一方的关系中时才具有意义和存在,但它们却应是完全不同的。我们同样坚定地停留在此处,即:原因不是结果,结果也不是原因,而知性却顽固地坚持这些规定的每一个的这种自为存在、坚持它们的无关系性。

〔496〕

但如果我们看到,原因和结果是不可分离的,看到原因只有**在结果中**才具有某种意义,那么原因本身就因此为结果所中介;原因在结果中并且通过结果,才是原因。然而这无非意味着,原因乃是它自己本身的原因,并非某一他者的原因;因为这本应是他者的东西就是如此,以致于在他者之中原因才【是】原因,因此,在其中,原因仅仅来到自己本身那里,在其中仅仅产生**自己**。

雅各比谋求过这种斯宾诺莎的规定,即**自因**(《关于斯宾诺莎学说的书信》,第 2 版,第 416 页),而我之所以也引用他对此的批判,是因为,这种批判是一个例子,例如,雅各比——**直接知识**、**信仰**派的首领,他如此地拒绝知性——当他考察思想的时候,他并没有超出单纯的知性之外。我没有考虑他就所引用的地方关于理由(Grund)与后果(Folge)和原因(Ursache)与结果(Wirkung)这些范畴的差别所指明的是什么,并且没有考虑这一点,即:他认为在这种差别上,也在后来的论战性文章中有上帝之本性的真正规定;我只援引他所指明的人们出于两者的混淆而拥有的最近结果,即:人们**幸运地**解出,"**诸事物可以在其未产生的情况下产生,可以在其未变化的情况下变化**,可以在没有一前一后和相继地存在的情况下一前一后相继地存在。"然而这样一些推论太过荒谬,以至于必须对之进一步说点什么;知性将某个命题向外带到其上的那种矛盾乃是某种**最终者**,干脆就是思维地平线上的界限,人们不可进一步越出这一界限之外,而仅仅必须返回到这一界限面前。但是我们却看到了这种矛盾的消

[497] 解,并且想把这种消解应用于矛盾出现和保持于其中的那种形态上,或者更确切地说,我们只是想简略地指明对上述看法的评判。一些事物可以在没有产生的情况下产生,可以在没有变化的情况下变化等等,已指明的这个结论简直就该是荒谬的。我们看到,通过他者**对自身**的中介——这种中介已被表达为自我扬弃的中介,但却被直截了当地抛弃了。"诸物"这个抽象的表达方式尽其所能,以便把有限者带到表象面前;有限者乃是这样一种受限制的存在,只有对立的一些质的**某一种**质可以被归之于这种存在,这种存在在其他的质中并不是坚持自身,而只是毁灭。但是,有限者乃是这种通过他者对自己本身的中介,而我们没有重复对这个概念的阐述,就选取一个例子,而这个例子本身甚至也不出自精神定在的范围,而仅仅出自自然定在的范围,——即一般有生命者。我们大概地作为有生命者的自我保存而熟知的东西乃是在思想中得到"顺利地"表达的这样一种无限的关系,即:有生命的个体——不考虑它的其他规定的情况,我们只在此谈论它的自我保存过程——持续地在其实存中把**自我生产出来**;这种实存并非一种静止的、同一的存在,而完全就是产生、变化、对他者的中介,但这种中介却返回自身中。有生命者的生命力就是使自

已产生,而且它**已经存在**;于是,人们大概就会说——这当然是一种强词夺理的表达方式:这样一种**事物**在没有产生的情况下产生。它变化着;每一次脉动都不仅通过所有的动脉,而且通过它的所有形成物的所有点而是一种变化,在这种变化中,这样一种事物仍然是同一个个体,就这一点而言,它直截就是在自身中变化着的活动。于是,人们就可以这样谈论它,它在没有变化的情况下变化着,而最终甚至可以说,**它**——当然并非是诸**事物**——在没有事前存在的情况下就事前存在,就像我们从原因那里认识到的,原因——原初的事情——事前存在,但同时在事前、在它的结果之前却并不是原因等等。但是,追踪并整理这些表达方式——知性在这种表达方式中热衷于它的有限范畴并使这些范畴被看作是某种牢固的东西——是令人厌烦的,且本身将是一种没完没了的工作。 [498]

对因果关系之知性范畴的这种摧毁已发生在已被表达为自因的这种概念中。**雅各比**没有在其中认识到对有限关系的否定,亦即思辨的东西,仅仅以心理学的或者——如果人们愿意的话——以实用主义的方法实施这种摧毁。他指明,"人们**坚定地**坚持从'**一切**皆须有一种原因'这个无可争辩的命题中得出结论,并非一切皆**能够**有一种原因。为此,人们发明了自因。"也许知性感到不仅应该放弃比方说那个对雅各比来说无可争辩的命题,而且还应接受某种另外的"能够"(顺便提一下,这种"能够"在已引的表达中显得走样),——但理性却并不是这样,毋宁说,理性放弃了同作为自由的、尤其是宗教的人之精神的他者的这样一种有限的中介关系,而且也知道在思想中解决这种关系的矛盾,无论这种矛盾在思想中如何被意识到。

然而,这样的辩证发展,如同在此被给予的那样,尚不属于简单的实体性之体系,不属于诸泛神论;这些体系停留在**存在**、**实体**那里,我们想重新接受何种形式。这一规定是被单独地对待的,它是所有宗教和哲学的基础;在一切宗教和哲学中,上帝都是绝对的存在,是**一种**本质,这种本质全然是自在自为的,不通过他者而持存地持存,全然是独立自主。

b)这些如此抽象的规定走的并不远,并且是很不够的;**亚里士多德**

[499]（《形而上学》Ⅰ,5）关于**色诺芬尼**说道："他首先是**一元论者**（ἑνίσας）……：他没有说出什么明确的东西，而且同样也说过凝望着整个天空"（如我们所说的一样：凝望蓝天），"独一者就是上帝。"如果随后的爱利亚学派进一步指明了，多以及以多为基础的诸规定导致矛盾，并消解为无，而且，如果在**斯宾诺莎**那里，所有有限者尤其沉没于实体的统一中，那么，对于实体的统一本身来说，就没有出现进一步的、具体的、富有成果的规定。发展仅仅涉及某一主观的反思所面对的诸出发点的形式以及它们的辩证法形式，反思通过这种辩证法把独立显现的特殊者和有限者引回到那种普遍性中。这个独一者被规定为思维，或者，思维者乃是存在者，虽然这些东西出现在**巴门尼德**那里，而在斯宾诺莎那里，实体也被规定为存在（广延）与思维的统一；可是，对此人们却并不能说，这种存在或实体以此就被设定为思维着的，就是说，被设定为在自身中自我规定的活动；而是，存在与思维的统一仍然被领会为独一者、不动者、僵死者。这是在特性与样式、运动与意愿上的外在区别，是知性的区分。——独一者并没有被解释为自我发展着的必然性，——没有如其概念已被指明的那样被解释为这样的过程，这一过程用自己来中介自身中的必然性。如果在这里缺少运动的原则，那么，同一原则大概就存在于一些更为具体的原则中，存在于**赫拉克利特**之流中，大概也现存于数等等之中，但有时是存在之统一，神圣的自我等同没有得到保持，有时则是这样的原则同平常存在着的世界处于犹如存在、独一者或实体一样的关系中。

c) 除了这种独一者之外，正好还有偶然的世界，带有否定者之规定的存在，诸种限制和有限性的王国——这在这方面并没有作出区别，不论[500]这一王国被表象为外部定在、映像的王国，还是根据肤浅的唯心论的规定而被表象为一个只是主观的世界、一个意识世界。这种带有其无限纠葛的多样性首先是与那种实体分离开来的，而且必须看到，这种多样性与这个独一者被赋予了何种关系。一方面，我们只遇见世界的这一定在。**斯宾诺莎**——他的体系乃是得到极端发展的体系——开始在他的阐述中谈论定义，就是说开始谈论思维与一般表象的一些**现存**规定；这是以意识的出发点为前提的。另一方面,知性则根据诸关系、外在必然性的诸范畴,把这个偶然的世界组成一个体系。——巴门尼德给出一个现象世界体系的诸开端,而女神,必然性,则被置于这个体系的顶端。——**斯宾诺莎**没有搞自然哲学,但他却论述了具体哲学的另一部分,一种伦理学;一方面,这种伦理学可以更为一贯地、至少大体上与绝对实体的原则相联系,因为人的最高规定就是他专心于上帝,——"**在永恒性的外表下**"(sub specie aeterni)这个斯宾诺莎表达方式中的对上帝的纯粹的爱。单单哲学考察的诸原则、内容、诸出发点并不具有同实体本身的关联;对现象世界的所有系统论述——虽然它在自己本身中是前后一贯的——都按照接受被感知者的通常程序,使自己成为一门通常的科学,在这门科学中,本身被承认是绝对者的东西、独一者、实体,就不应是有活力的,不应在其中是运动者,不应是方法,因为实体是无规定的。对现象世界来说,从实体那里所剩下的无非就是,这个自然的和精神的一般世界恰恰是完全抽象的,是现象世界,或者,所剩下的只是,世界的存在作为肯定的就是存在、独一者、实体,存在由之而是一个世界的那种特殊化则是进化、流溢,是实体从自己本身中掉入有限性中的一种掉出,是一完全无概念的方式①,因此,在实体本身中并不存在"是创造性的"这样一种规定的原则,——第三,这种特殊化乃是同样抽象的力量,是有限性作为某种否定者的设定,是有限性的消亡。

[501]

完成于 1829 年 8 月 19 日

---

① 《黑格尔全集》:"实体是存在由之而是一个世界的特殊化,是进化,是流溢(Emanation),——是实体从自己本身中——一种完全无概念的方式——掉入有限性中,以致于"。按拉松版作的修改。——德文版编者注

# 1831年夏季宗教哲学讲演中
# 对目的论证明的发挥

就像对其他一些关于上帝定在的证明一样,**康德**也已经批判了这一证明,并主要使这些证明失去了信誉,以至于人们几乎不认为值得花力气去进一步考察这些证明本身了;然而关于这种证明,康德自己却说,它在任何时候都理应受到尊重。但如果他补充说这一目的论证明乃是**最老的**证明,那他就搞错了。上帝的第一个规定乃是力量之规定,进一步的规定才是智慧之规定。这一证明甚至首先出现在希腊人那里;**苏格拉底**说出了它(塞诺芬尼《**回忆录**》,第1卷结尾处)。苏格拉底使合目的性(特别以**善**的形式)成为基本原则。他说道,他坐牢的原因是,雅典人视此为善。——因此,这一证明也在历史上与自由的发展相契合。

[502] 我们考察了从力量之宗教向着一般精神性之宗教的过渡:我们也已经在中间阶段就拥有了我们在美的宗教中认识到的同一种中介,但它还是被无精神地被分开来放置。因为现在随着向精神性之宗教的过渡,一个进一步的本质性规定已加进来了,因此,我们首先必须抽象地强调并阐明这一规定。

在此,我们拥有**自由本身**之规定,作为自由的某种活动之规定,即一种依据自由的创造,它不再是一种依据力量的、不受阻碍的创造,而是一种按照**目的的创造**。自由是对自己的规定,而能动的东西,只要它在自己本身中规定自身,它自身就具有自我规定作为目的。力量只是一种自我外抛(Sichherauswerfen),以至于在已被抛出的东西中有一种未和解的东西,虽然是一与本身相似者,但还没有在意识中被表达出来的是,创造者

384

仅仅保持并产生于被创造的东西中，以致在被创造的东西中就有神圣东西本身的诸规定。在这里，上帝以智慧、合目的的活动之规定而得以领会。力量是善良的和正义的，但是只有合目的的行动才是**理智性**的这种规定；除了事先已经被决定了的东西、即除了**创造者与自己本身的这种同一性**，没有什么其他东西会离开这种行动。

关于上帝定在诸证明的不同只在于它们的规定之不同。这定在在这些证明中乃是一个中介、一个出发点和一个人们达到的点。在目的论的和物理神学的证明中，**合目的性**的一个共同规定适宜于这两个点。某一现在被规定为合目的的存在被作为出发点，而由此得到中介者，则是设定并实现着目的的上帝。在宇宙论证明中被作为出发点的存在（作为直接者），首先是一种多样的、偶然的存在；上帝据此被规定为自在自为地存在着的必然性，偶然者的力量。现在更高的规定就是，合目的性现存在于存在中；理智性，即这种内容的某种自由的自我规定和实现，已经在目的中得到了表达，作为目的而首先是一种内在者的这一内容就以此得以实现，而实在性则是与概念或目的相适应的。 ［503］

只要某一事物满足自己的规定和目的，它就是好的：此事物就是，现实性对概念或规定来说是适当的。——在世界中，一些外在事物的某种和谐被察觉到，这些事物彼此无所谓地存在着，与其他自为的事物相反，它们偶然地获得实存，而并不具有相互的本质关系；但是，虽然诸事物如此零碎，一种它们自身由之而完全适宜的统一仍然显露出来。**康德**详尽地阐明了这一点：当下的世界向我们透露出多样性、秩序、合目的性等等一个无法度量的活动场所。特别在有生命者身上，既在它自身之中，也在它向外的关系中，都显现出这种目的规定。人、动物乃是一种本身就是多样性的东西，它有这些肢体、内脏等等；尽管这些东西看起来一起存在，但这却完全只是获得这些东西的普遍目的的规定；这一个只是通过另一个并且为了另一个而存在，而人的所有肢体和组成部分都只是个体自我保存的手段，个体在这里就是目的。人、一般有生命者有许多的需要。对于他的保存，空气、食物、光等等都是必不可少的。所有这些都自为地存在，而

385

用于这一目的的能力对他来说则是某种外在的东西；人所需要的动物、肉、空气等等本身并没有表达出这一点，即它们是目的，而这一个完全只是另一个的手段。在此情况下这就是一种内在的关联，这种关联是必然的，但却并不作为这样的关联而实存。这一内在关联并不通过诸对象本身而有进展，而是，当这些事物本身存在的时候，这种关联为某种他者生产出来。合目的性并非通过自己本身而产生出自己；合目的的活动外在于事物，而这种自在存在并设定着自身的这种和谐则是高于诸对象的力量，这种力量规定这些对象彼此处于目的规定中。这样，世界就不再是一些偶然性的集合，而是一系列**合目的的关系**，但这些关系却**适合于外部的诸事物本身**。这种目的关系必须有一种原因，一种充满力量和智慧的原因。

这种合目的的活动和这种原因就是上帝。

**康德**言道：这种证明是最清楚明白的证明，并且对一般人来说都是可理解的，通过他，自然才有趣味，他使对自然的认识有生气，如他由此而获得他的起源一样。———一般说来，这就是**目的论**的证明。

康德的批判如下。他说道，这种证明暂时因此是有缺陷的，因为它只考虑**诸事物的形式**。目的关系仅仅朝向形式规定：每一事物都保存自身，因此并不单单是他者的手段，而是目的本身；一物由之而可能是手段的特性只涉及手段的形式，并不涉及质料。因此，结论仅仅达到有一种赋予形式的原因这一步；但却未以此也产生出质料。康德说道，证明并未因此满足关于上帝的理念，即：上帝乃是质料的创造者，而不只是形式的创造者。形式包含着彼此相关的诸规定，但质料却应是无形式的东西，并因此而是无关系的东西。因此，这种证明只达及一个造物主，一个质料的塑形者，而没有达及创造者。

至于这种批判，人们自然可以说，所有的关系都是形式；形式以此与质料分离开来。我们看到，上帝的活动因此就是一种有限的活动。如果**我们**生产技术性的东西，那么为此我们就必须从外面拿取材料：这样，活动就是受到限制的、有限的；这样，质料就被设定为自为存在着的、永恒的。——诸事物用以朝着他者反转过来是质的东西乃是形式,不是诸事物本身的持久存在。诸事物的持久存在就是它们的质料。当然,**诸事物的关系**属于它们的**形式**这一点首先是正确的;然而问题是:如果形式与质料之间的这种区别、这种分离是允许的,我们可以将每一方如此特别地放到一边么? 与此相反,在逻辑学(《**哲学科学百科全书纲要**》第 129 节①)中得到指明的是,无形式的质料是极其不近情理的,是一种纯粹知性之抽象,人们也许可以自己做出这种抽象,但它却不可被冒充成某种真实的东西。人们用以对抗作为某种不变者的上帝之质料只是反思的产物,或者,无形式的这种同一性,质料的这种持续统一,本身就是一种形式规定;这样,人们就必须认识到,人们如此在这一面所拥有的质料本身就属于另一面,属于形式。但随后形式也与自身相同一,自己与自己发生关系,而它恰恰就在其中拥有作为质料而被区别开来的东西本身。上帝本身的活动,与自身的简单统一,形式,就是质料。这种保持自我相同(Sichgleichbleiben)、持久存在,就形式而言就是这样,以至于形式自己与自己发生关系,而这就是形式的持久存在,是质料所是的同一持久存在。也就是说,没有另一个这一个就不存在,毋宁说,它们两个是同一个东西。

[505]

此外,康德说道,推论始于在世界中被观察到的秩序和合目的性,——有合目的的安排。诸事物的这样一种并不存在于它们自己身上的关系,因此就被用作出发点;某个第三者,亦即原因,由此就被设定出来;人们从合目的的东西推论出将诸关系的合目的性投入使用的发动者。因此,除了**按照内容在现存的东西中被给予**、并与出发点相合适的东西之外,人们不会推论出任何进一步的东西。诸合目的的安排现在表明是异常伟大的,具有崇高的卓越和智慧,然而,一种**很伟大的**和值得赞赏的智慧还**不是绝对的智慧**;它是一种人们在这其中认识到的不同寻常的力量,但这还不是全能。这是一种飞跃,康德说,人们并没有被授权去做这一飞跃;因为人们最后求助于存在论的证明,而这种证明则从最实在的本质概

[506]

---

① 《哲学科学百科全书纲要》,1830;全集第 8 卷。——德文版编者注

念开始;但对于这种总体,在存在论的证明中作为出发点的单纯感知是不充分的。——当然必须承认,出发点较之于人们所得到的东西具有一种更微不足道的内容。世界上只有相对的智慧,而没有绝对的智慧。然而这必须进一步考察。在此,我们有一种**推论**;人们从这一个推论推出另一个:人们从世界之性质开始,并且从这种性质进一步推论出一种活动,推论出相互外在放置着的实存的联结者,这个联结者乃是同一实存的内在者、自在者,而不是已经直接地处于它们之内。推论的形式产生出这样一种虚假映像,似乎上帝有一个人们以之为出发点的基础;上帝显得是有条件者:合目的的安排就是条件,而上帝的实存似乎就被宣布为被中介者、有条件者。这特别就是**雅各比**以之为基础的一种反对意见:人们想通过诸条件而到达无条件者,但这——如我们从前已经看到的那样——只是一种虚假的映像,这种映像在结果本身的意义上扬弃自身。首先就这一意义而言,人们将承认,这只是主观认识的过程。这种中介不适于上帝本身;上帝的确是无条件者,是按照目的规定自身、合目的地安排世界的无限活动。没有随着那种过程得到表象的是,我们以之为出发点的这些条

[507]

件发生在这种无限活动之前,而是,这只是主观认识的过程,而结果就是,上帝就是这些合目的安排的设定者,这些安排因此首先是上帝的**所设定者**,不是仍旧作为基础。我们由以开始的基础毁灭于被规定为真正基础的东西中。作为条件的东西首先重又被解释为有条件者,这即是这种推论的意义。**结果**表达出这样一点,即:**把一个本身有条件的东西设定为基础**,这是有缺陷的;因此,这实际上就是这一过程,而在其终结处,这并不只是一种主观的过程,不是某种固定于思想中的东西,而是,即使这一有缺陷的方面也通过结果而被拿掉。**客观者**这样就在这种认识中表达自身。这种认识不只是一种肯定的过渡,而且也是其中的一种否定环节,但这种否定环节在推论的形式中并没有被设定出来。因此它就是一种中介,这一中介是对最初直接性的否定。精神的过程大概就是向着自在自为地存在、并且设定目的的活动的过渡;但是在这一过程中却包含有这种情况,即:这种目的安排之**定在**并没有被冒充为自在自为的存在,这种自

在自为的存在只是理性,只是**永恒理性之活动**。那种存在并非一种真正的存在,而只是这种活动的**映像**。

此外,人们必须在目的规定中把**形式**与**内容**区别开来。如果我们单纯地考察形式,于是我们就拥有一种合目的的存在,这种存在是**有限的**,而按照形式,这种有限性就在于,**目的**和**手段**或目的用之得以实现的质料是**不同的**。这就是**有限性**。于是我们就为了我们的目的而考察某种质料;在这种情况下,活动和质料就是某种不同的东西。这就是合目的的存在的有限性,是形式的有限性;但是,这种态度的真理却并非这样一种态度,而是,真理存在于手段和质料本身就是的目的活动中,存在于一种通过自身来完成目的的合目的的活动中,——这乃是目的的**无限**活动。目的自我完成;通过它自己的活动实现自身,于是就在实行中同自己联系起来。目的的有限性在于——正如我们所看到的——手段和质料的被分离状态:这样,目的就还是技术的行为方式。目的规定之真理就是,目的在自己身上具有其手段,并且同样具有它用以自我完成的质料:这样,目的按照形式就是真实的,因为客观的真理恰恰就在于概念与实在相符合。只有当中介者和手段以及实在与目的是同一的时候,目的才是真实的:这样,目的就作为在自己身上拥有实在的东西而现存,而且不是某种主观者,不是诸环节皆在其之外的某种片面者。这就是目的的真实性;与此相反,有限性中的合目的的关系则是不真实者。[508]

在这里必须予以注意的是,目的活动,这种关系,正如刚刚依据其真理而得到规定的那样,作为一种更高者而实存,但是这个更高者同时也是当下的,我们大概可以这样来谈论这个更高者,即:它是无限者,当无限者就是一种在其自身上拥有质料和手段的目的活动的时候,但这种无限者依据另一方面同时也是有限的。正如我们所要求的那样,目的规定的这一真理真实地实存于——尽管只是按照一个方面——**有生命的东西**、有机的东西之中。作为主体的生命就是**灵魂**;灵魂乃是目的,就是说,它自我设定,自我完成,因此,产品乃是作为生产者的产品。然而有生命者乃是一种有机体;诸器官乃是手段。有生命的灵魂本身拥有一个身体;它同这一身体一起才构成一个整体、现实。诸**器官**乃是生命的**手段**,而同一些手段,诸器官,也是生命以之自我完成的东西;它们也是**质料**。这就是自我保持;有生命的东西保持自身,它是开端与终结,——产品也是开始者。

[509] 有生命的东西始终存在于活动中;需要乃是活动的开端并且趋向于满足;但是满足复又是需要的开端。有生命的东西只是当它总是产品时才存在。在这里,按照形式,目的的真理就是:有生命者的诸器官乃是手段,但同样也是**目的**,它们在它们的活动中仅仅自己产生出自身。每一个器官都保持其他器官并由此而保持自己本身。这种活动构成一个目的、一个灵魂,灵魂现存于一切地方:身体的每一个部分都有所感;其中就有灵魂。在此,目的活动就存在于它的真实性中;但是有生命的主体也完全是一种**有限者**,目的活动在此有一种形式上的真理,但是这种真理却是不完整的。有生命的东西生产着自身,它在自己身上就拥有生产之质料;每一个器官都分泌出被其他器官用于自我再生产的动物性的淋巴液。有生命的东西在自己身上就拥有质料,然而这只是一种抽象的过程;有限性的方面即是:当诸器官都靠自己来维持生命时,它们就需要外来的质料。一切有机的东西都与在此情况下作为某种独立的东西而存在的无机自然保持关系。按照某个方面,当有机体是一个纯粹向自身复返的圈子时,它就是无限的,但它同时也同**外部的无机自然**有一种紧张的关系,并且是有需要的。在此,手段来自外部:人需要空气、光、水;他也消耗其他有生命的东西,如动物,他由此而使其成为无机的自然、成为手段。这尤其是这样一种关系,这种关系导致这一点,即接受一种**更高的统一**,这种统一即是和谐,在其中,手段与目的相适应。这种和谐并不处于主体本身中;但主体中还是具有构成有机生命的那种和谐,正如我们所看到的:器官、神经系统和血液循环系统、内脏、肺、肝、胃等等的这整个构造都神奇地相互协

[510] 调。然而这种和谐本身就不需要主体之外的某种他者么?我们可以把这个问题放到一边;因为如果人们如我们所给出它的那样去理解有机体之概念,那么,目的规定本身的这种发展就是一般主体之活力的必然结果。不理解那一概念,那么有生命的东西就不会是这种具体的统一;为了理解

有生命的东西,人们随后就乞灵于外在的力学的(在血液循环方面)和化学的(食物分解)的解释方式(然而生命本身之所是却不能通过这些过程而得到阐明);在这里,必须设想一个设定了这些过程的第三者。但实际上,主体恰恰就是这种统一,是有机体的这种和谐;然而在这统一那里也有有生命的主体对外部自然的态度,而与主体相比,这外部自然不过只是不重要的和偶然的。

这种态度的条件并不是有生命者自身的发展,但是,如果有生命的东西没有碰到这些条件,那它就不会实存。这一考察直接地导致对将这种和谐投入使用的更高者的感觉,它同时也引起人的同情与赞赏。每一种动物都拥有它那并不大的食物范围,甚至有许多动物都局限于唯一一种食物(着眼于此,人的自然甚至是最为普遍的自然);这种外部的个别条件对每一种动物来说都是可以找到的,这一点使人处于这样一种惊异状态中,这种惊异转化成对设定了这种统一的那个第三者的高度崇敬。这就是人向着为其目的创造条件的那个更高者的提升。主体实现它的自我保存;这种活动在所有有生命的东西那里甚至都是无意识的。这就是我们称为动物**本能**的东西;这一个用暴力为自己谋取生活给养,那一个则以人为的方式来生产它。这就是自然中的上帝之智慧,在自然中,可以找到活动以及对所有特殊性来说都是必然的那些条件的无限多样性。如果我们考察有生命者之活动的这种特殊性,那么它们都是某种偶然的东西,并且不是通过主体本身而得到设定的,它们需要一种外在于它们的原因。与这种活力一起被设定出来的只有自我保存这一普遍者;但是,按照无限的特殊性,那些有生命的东西却是不同的,并且这个普遍者是通过某个他者而被设定出来的。

[511]

问题只是:无机自然是如何合适于有机的东西?它如何能够作为手段用于有机的东西?在这里,我们就碰上一个以特有的方式来理解这一集合的表象。与人相比,动物是无机的,而与动物相比,植物就是无机的。但是,本身就是无机的自然,作为太阳、月亮以及一般作为手段与材料出场的东西,却首先是直接地、事先就存在于有机的东西之前。以这种方式来表现这种关系,则无机的东西就是独立的,而与此相反,有机的东西却是依赖性的东西;那个所谓的直接者就是无条件者。无机的自然显得是自为地完成了的;植物、动物、人则刚从外面添加进来。地球没有植物也可以存在,植物界没有动物也可以存在,动物界没有人也可以存在;这些方面都显得是独立自为的。人们甚至想用经验来表明这一点,即:有没有植物、动物和人的丛山;月亮没有大气;【在那里】没有作为植物之条件而存在的现有气象过程;因此,它没有植物性的自然以及更多的诸如此类的东西也存在。这样的无机的东西显得是独立的;人是外部添加的。因此,人们就拥有这样一种表象,即:这样,自然本身就是一种盲目产生着的生产力量,植物就来自于这种力量;随后,动物由此而出现,而最后则是拥有思维着的意识的人也由此出现。当然人们可以说,自然生产出诸多阶段,在这些阶段中,一个阶段总是后面阶段的条件。但是,如果有机的东西以及人就这样偶然地添加进来,那么就须自问,人遇没遇上对他来说是必然的东西呢。依据那种表象,当在此情况下并没有自为地起作用的统一时,这同样将被委托给偶然事件。**亚里士多德**已经援引过同一种见解:自然不断生产有生命的东西,而然后就全看这些有生命的东西能否生存了;如果这些产物中的某一种保存了下来,那么这就完全是偶然的。自然已经这样做了无限多的尝试,而且生产出大量的巨兽,而这些巨兽那无数的形态都来自于自然,但是它们却可能不再能够延续下去;然而根本就没有任何东西会由于这些有生命的东西的毁灭而发生。为了对这一论断进行证明,人们特别地指向在有些地方还仍然存在的那些巨兽的遗骸:这些种类已经灭绝,因为那些对它们的生存来说是不可缺少的条件已经没有了。

[512]

有机的东西和无机的东西的协调以这种方式被记录为**偶然的**。在这里,无需去追问某种统一;存在有合目的性,这本身也被解释为偶然的。因此,那些概念规定在这里也就是:我们一般称作是无机自然本身的东西被表象为独立自为的,而有机的东西则被表象为外部添加进来的,以至于,有机的东西是否在与它对峙的东西中找到生存的条件这一点乃是偶

## 1831年夏季宗教哲学讲演中对目的论证明的发挥

然的事情。我们在此必须留意概念规定之形式,无机的自然乃是最初的东西、直接的东西;这一点甚至与摩西时代的那种天真的意义相适应:天、地、光等等首先被创造出来,而从时间上说有机的东西则较晚出现。问题是:这就是无机物的真正概念规定,而有生命者以及人乃是依赖性的东西么?与此相反,哲学阐明概念规定所是的东西的真理;甚至对人来说本来就确定无疑的是,他作为目的与别的自然保持着某种关系,而这种自然与人相比,——因此也有与有机的东西相比的一般无机的东西,——只有一个规定,那就是:它是手段。在形式上,有机的东西本身就是合目的的东西,是手段和目的,是本身无限的东西;它乃是返回到自身中的目的,而即便在这一对外的依赖性方面,它也被规定为目的,以此,较之于被称作是直接者的东西,较之于自然,它乃是真正最初的东西。这种直接性只是片面的规定,并且必须被降低至这一点,即:它只是某种被设定者。真正的关系乃是:人并非是添加到最初的东西身上的附加物,而是,**有机的东西自己就是最初的东西;无机的东西**在自己身上只有**存在的外观**,这一关系于科学本身中从逻辑上得到发展。[513]

然而,现在我们在这种关系中还有这样一种分离,即:有机的东西具有向外与无机自然保持着某种关系的一面,而无机自然并没有就它自身被设定出来。有生命的东西从萌芽中自我发展,这种发展乃是肢体、内脏等等的作为;灵魂则是产生出这些东西的统一。但是,有机的与无机的自然的真理在此也只是这**两者的本质关系**,是它们的统一与不可分性。这种统一就是既非这一个也非那一个的第三者;它并不存在于直接的实存中,它乃是把这两者——不仅是有机的东西,而且还有无机的东西——置于统一中的绝对规定,——主体乃是有机的东西;他者显现为客体,但却改变了自己,为的是成为有机者的谓语,为的是为了有机者而被设定出来。这就是这种关系的过渡;这两者被置入独一者中,在其中,每一个都是不独立的东西,是一种有条件的东西。我们大体上可以把意识向之提升自己的这个第三者称作上帝。但是这对上帝概念来说尚差非常多。在这个意义上,上帝乃是生产活动,而这种生产活动则是这两个方面由之而[514]

393

一同被生产出来的一种判断；它们在这一概念中相配合，它们互为存在。——因此，提升乃是完全真实的，因为目的关系之真理就是这个第三者，就像它刚刚得到规定的那样。但是，这个第三者是在形式上得到规定的，更确切地说是由它的真理所是的东西而得到规定的；它本身乃是**有生命的活动**，但这种活动**尚不是精神**，不是理性的行动：概念作为有机的东西与作为无机的东西的实在相符合，这只是生命本身的意义；这一点较为明确地包含在古人称作是νοῦς（努斯）的东西中。世界是和谐的整体，是一种按照目的而得到规定的有机生命：古人把这作为努斯来理解；它甚至被用更进一步的规定如**世界灵魂**即λόγος（逻各斯）来称呼。为此而被设定的只有活力，但却还不是这样，即：**世界灵魂作为精神不同于它的这种活力**；灵魂乃是有机的东西中唯一有生命的东西，它并非某种与躯体相分离的东西，并非是某种物质性的东西，而是，它乃是贯通这些东西的生命力。因此柏拉图把神称作是**不死的**（ξῶον 生命体）①，亦即一种永恒的有生命者。他并没有超出这一活力之规定。——如果我们在其真理中来理解这种活力，那么，它就是**一个原则**，**一个有机的宇宙生命**，**一个有生命的体系**。一切存在着的东西只是这一主体的器官；绕着太阳转的那些行星只是这一体系的巨大部分：以这种方式，宇宙不是诸多无关紧要的偶然事物的集合，而是一个活力体系。但是精神之规定却尚未因此而被设定出来。

[515]　我们考察了目的关系的这一形式方面。另一方面则是**内容**的方面。这里的问题是：何者是目的之规定，或者，得到实现的目的的内容是什么，或者，考虑到被称作是**智慧**的东西，这目的具有怎样的特性？对于内容来说，出发点也是存在于经验中的东西；人们从直接的存在开始。依据这一方面，如其被看到的那样来考察目的，这特别有助于这样，即：目的论的证明被放到一边，甚至，人们竟至于轻蔑地俯视它。人们谈论自然中的那些

---

① 柏拉图在《蒂迈欧篇》中提出唯心主义的创世说（宇宙论）。据柏拉图看来，世界是从永恒的、不变的理念和永恒运动的质料中创造出来；宇宙灵魂（精神）依据理念的秩序，安排现实世界的种种秩序。——译者注

## 1831年夏季宗教哲学讲演中对目的论证明的发挥

有智慧的安排。不同种类和各式各样的动物在它们的有生命的规定中是有限的;对这种活力来说,存在有外部的手段,而这些活力则是目的。因此我们就追问这一目的的内涵,于是,它无非就是这些昆虫、这些动物等等的保存,尽管我们会对它们的这种活力感到愉悦,但它们的规定的必然性却具有完全是微不足道的性质或表象。如果所宣称的是:上帝就是这样做的,那么,这只是一种虔敬的观察;这是一种向着上帝的提升。但在上帝那里却是某种绝对的、无限的目的之表象,而这些小目的与人们在上帝那里所看到的东西形成了一种极为强烈的对照。如果我们在更高的范围中环顾,并考察一下那相对来说我们可以把它看作是最高目的的人的目的,那么,我们就看到它们大多都被毁坏并徒劳地毁灭了。在自然中,数以百万计的胚芽毁灭于它们的开端中,而没有得到活力之发展。全部有生命的东西的一个极大的部分,其生命建立在别的有生命者之毁灭的基础上;同样的事情也发生在更高的目的那里。如果我们穿过德行的领域,直到德行的最高级别,直到国家生活,并且注意目的是否得到实现,那么,尽管我们将会看到许多目的都被达到,但是还有更多的、甚至是最伟大、最崇高的目的,也都由于人的狂热偏激和不端品行而被荒废和毁坏。[516]我们看到,大地布满废墟,布满宏伟建筑以及我们承认其目的是本质性的那些最出色的民族的作品之遗迹。伟大的自然对象及人的作品持久不变并对抗着时间;然而每一个壮美的民族之生活都不可挽回地毁灭了。因此,我们一方面看到那些狭隘的、次要的、甚至是可鄙的目的成为现实,而另一方面则看到那种被承认是本质性的目的却被荒废了。当我们哀叹如此众多的卓越事物的厄运及毁灭时,我们当然就必须向着一种更高的规定和更高的目的上升。我们必须把所有那些让我们非常感兴趣的目的都看作是有限的和次要的,并把它们的毁坏归因于它们的有限性。然而**这种普遍的目的却未在经验中被找到**。过渡之性质一般就因此发生变化,因为过渡乃是一种从现存者开始的着手从事,是一种从我们在经验中找到的东西开始的推论;但是,我们于经验中就在自己面前所看到的东西,却具有局限性之特性。最高的目的是**善**,是世界的普遍的最终目的,理性

395

应把这种目的看作是世界的绝对的最终目的,这个最终目的完全以理性的规定为根据,而精神不能超出这一点。但是,这一目的之得到承认的那个源泉就是思维着的理性。于是,进一步的东西就是,这一目的表明是在世界中成为现实的。但是善却是自在自为地为理性所规定的东西,在它的对面就是自然,部分是拥有其自己的过程和自己的规律的物理的自然,部分是人的自然状态,即他的那些与善相对立的单个目的。如果我们求助于**感知**,那么,在世界上就可以找到许多的善,但也可以找到无限多的恶;然后人们大概就不得不计算恶的总数和并不让自己满意的善的总数,以便知悉何者占据上风。但是,善完全是本质的;实现这一点本质性地属于善;但是它仅仅**应当**是现实的,因为它不允许在经验中显示。在此情况下,它停留于应当,停留于**要求**。

[517]

当善并不自为地就是自我实现的这种力量时,就要求世界的最终目的由之而成为现实的一个第三者。这乃是一个绝对的要求。道德上的善属于人;但是人的力量只是一种有限的力量,而且在人之中,善由于人的自然状态这一方面而受到限制,甚至人本身就如此而是善的敌对者,故而不能使善成为现实。上帝定在在这里仅仅被表象为一种假定,一种对人来说应当具有一种主观确定性的应当,因为善作为最终的东西存在于人的理性中;但这种确定性仅仅是主观的;它仍然只是一种信仰,一种应当,而且,它如此现实地存在这一点并不能被指明。甚至,如果善一般应是**道德的**和现存的,那么,甚至于就连不和谐循环往复这一点都是所要求的和被设为前提的;因为道德的善只能以同恶的**斗争**为内容并**存在**于这种**斗争**中;它因此也就得以要求敌对者的循环不断,要求与善相对立的东西的循环不断。——因此,如果我们转向内容,那么内容便是一种受限制的内容,而如果我们转向最高目的,那么我们就处于另一个领域;善得以从内心发出来,不是从当下存在的东西和处于经验中的东西中发出来。与此相反,如果只是得以从经验出发,那么,善、最终目的本身就只是一种主观的东西,而另一方面的矛盾就应与善对立地循环往复下去。

# 1827年宗教哲学讲演中对目的论和存在论证明的发挥

[518]

在关于上帝定在的证明中,第一种证明乃是**宇宙论的**证明;在那里,只不过是这样,即:肯定者、绝对存在、无限者不只是被规定为一般无限者,而且,与偶然性规定的对立也被规定为绝对的必然者;真实者是绝对-必然的本质,而不仅仅是存在、本质。所以在这种情况下已经有另一规定进入其中了。人们一般可以大量地增加这种证明;逻辑理念的每一个阶段都可以用于此。绝对必然性之规定就处于已被阐明的过程中。

被保持在普遍者、抽象者中的绝对-必然的本质,并不是作为直接的,而是作为被反思的存在。我们把本质规定为非有限者,规定为对我们称之为有限者的否定者的否定。我们向之过渡的存在因此就并非抽象的存在,并非干巴巴的存在,而是一种是为否定之否定的存在。区别就在其中;这乃是自己撤回到简单性中的区别。因此,区别之规定——否定之否定——就处于这种无限者中,就处于绝对存在、本质中,然而却如同是它让自己与自己本身发生关系一样。但我们称之为自我规定的东西就是这样的东西。否定即是规定,规定之否定本身即是一种规定;设定一种区别,规定恰恰因此而被设定出来:不存在否定的地方,也就没有区别,没有规定。

因此,一般规定本身就处于这种统一中,处于这种绝对的存在中,确切地说处于**规定中**,在这种情况下,它就是自我规定;这样,它就被规定为在自己本身中的规定,而并非是从外部而来的规定。这种不安宁就处于作为否定之否定的规定本身中,而这种不安宁更进一步地把自己规定为

397

[519] 活动。自身中的本质的这一规定就是自身中必然性,就是对规定、区别以及区别之扬弃的设定,以至于这样,即:这乃是**一种**行动,而这种如此规定自身的规定就停留于同自己本身的简单关系中。

有限的存在并非仍然是一种他者;它并不是无限者与有限者之间的鸿沟。有限者乃是自我扬弃者,因为它的真理就是无限者,就是自在自为的存在者。有限的、偶然的存在者乃是在自己身上否定自身的东西;然而它的这种否定同样也是肯定的东西,是向肯定的过渡,而这种肯定则是绝对-必然的本质。

另一种形式——这种形式以同一种规定为基础,而着眼于形式规定则是进一步的内容之所在的东西——就是**物理神学的**或**目的论的**证明。有限的存在即便在此也存在于一个方面;但它却不只是得到抽象的规定,不只是被规定为存在,而是被规定为一种在自身中拥有内容更为丰富的规定——即:是**有生命的东西**——的存在。有生命者的更进一步的规定则是:**某些目的存在于自然中**,并且存在这样一种安排,这种安排是与这些目的相适应的,但它却并非同时通过这些目的而产生出来,以至于这种安排独立自为地产生出来,甚至在其他规定中也是与目的相适应的,但却是这样,即:所发现的这种东西表明自身对那些目的来说是合适的。

物理神学的考察只能是对**外在的**合目的性的考察。于是,这种考察就失去了信誉,并且有理由失去信誉;因为在这种情况下,人们拥有有限的目的,而这些目的则需要手段:比如人为了他的动物性的生活而需要这个那个东西;这些东西又进一步自行分列开来。关于这样一些目的,人们假定,它们乃是最初的东西,存在着用于满足这些目的的手段,而且上帝就是让适用于这些目的的手段得以产生者,于是,这样的考察立刻就显得与上帝之所是者不相称。这些目的,只要它们自行划分、分类,它们就成[520]了对自己本身来说不重要的东西,我们并不重视它们,关于它们,我们无法设想,它们是上帝的意志和智慧的直接对象。这一切在**歌德**的一个讽刺短诗中得到如此的概括:在那里,对造物主的赞美得以借某人之口说出：上帝为了拥有软木塞而创造了黄檗。①

对于**康德的哲学**，必须注意的是，康德在他的《**判断力批判**》中对**内在目的**提出了重要的概念，——这就是活力概念。这是**亚里士多德**的概念：每一个有生命的东西都是目的，而目的在自己身上拥有它的手段，它的肢体、组织以及这些肢体的过程构成目的，构成活力。

这乃是**无限的**、而非有限的合目的性，在那里，目的和手段不是相互外在的，手段产生目的，而目的也产生手段。世界是有生命的，它包含着活力以及有生命者之王国。无生命者存在于其同时与有生命者的一种本质性的关系中，无机自然、太阳、星辰，也都处于与人的本质关系中，只要人在一定程度上是有生命的自然，其中在一定程度上他也自己造出特殊的目的。这种有限的合目的性属于人。这乃是一般活力之规定，但同时这种活力也被规定为现存的和世间的活力。尽管这种活力乃是自身中的活力，乃是内在的合目的性，但却是这样，即：生命的每一个种、属都是一个非常狭小的圈子，是一种非常受限制的自然。

真正的进展就是从这种有限的活力到**绝对**、**普遍的合目的性**，这个世界乃是一种 *κόσμος*［秩序］，是一个一切都在其中拥有本质的相互关系而没有什么是被孤立开来的系统，——是一个在自身中有序的东西，在其中，一切都有自己的处所，都参与整体中，通过整体而存在，同时也对产生、整体的生命能动地起作用。因此，首要的事情是从有限的活力向着一种普遍的活力过渡，——**一种把自己划分为一些特殊目的的目的**，以及，这种特殊化存在于和谐中，存在于相互的本质关系中。［521］

上帝首先被规定为绝对必然的本质；但是这一规定——正如**康德**已经注意到的——远远满足不了上帝的概念。上帝只是绝对的必然性；但是这一规定并没有穷尽上帝概念：普遍活力之规定，这一普遍生命之规定是更高、更深刻的。当生命本质上是**主体性**，是**有生命的东西**时，这种普遍的生命就是一种主观的东西，是**努斯**，是一种**灵魂**。这样，一般生命中

---

① 歌德与席勒的讽刺短诗，载《目的论》第 15 号。——德文版编者注

就包含了灵魂，包含了这一种安排、支配、组织一切的**努斯**之规定。

鉴于**形式上的东西**，应当如同在前面证明中那样想到同一种东西。这复又是**知性的过渡**：因为有诸如此类的安排、目的，因此就有一种把一切都弄在一起整理、安排的智慧。但是提升同样也包含着**否定**环节，而首要的事情就是这种活力，如其所是的一些目的，在其直接有限的活力中，并非真实的东西；毋宁说，真实的东西乃是这一种活力，这一努斯。这并非是两个出发点；这是一个出发点，但中介却是这样，以致在过渡中，最初的东西并不仍然作为基础、条件存在下去，而是，**非真理**（Unwahrheit）、对最初东西的否定已包含其中，对否定自身者即有限者的否定、对生命特殊性的否定已包含其中。这否定者被否定；有限的特殊性消失于这种提升中：作为真理，意识对象是**一种活力的系统**，是**一种活力的努斯**——灵魂是普遍的灵魂。

[522]　这里又是这样一情况，即这一规定："上帝是这一普遍的生命活动，是这一产生、设定、组织宇宙的灵魂"，——这一概念对上帝的概念来说还是不够的。上帝的概念本质地包含这样一点，即上帝就是**精神**。

还必须按照这一方面来考察**第三个**、本质的、绝对的形式。这一过渡中的内容是生命，是有限的活力，是实存的直接生命。这里的第三种形式中，作为基础的内容就是**精神**。这在某种推论形式中就是这一点：因为一些有限的精神存在着——这在此就是作为出发点的存在——，所以绝对精神就存在。但是这个"因为"、这个仅仅是肯定的关系却包含有这样一种缺陷，即：诸有限精神是基础，而上帝则是一些有限精神实存的结果。真正的形式是：这是些有限的精神；但有限者并不拥有真理；**有限精神的真理就是绝对精神**。诸精神的有限者并非真实的存在，在自己身上就是扬弃自身、否定自身的辩证法，而对这种有限者的否定就是作为无限者、作为自在自为普遍者的肯定。这就是最高的过渡；因为**过渡在这里就是精神本身**。

这就是两个规定，存在与上帝。只要从存在开始，存在按照其最初出现，直接就是有限的存在。当这些规定存在时，我们就能够——但在上帝的概念那里必须考虑的是,在这种情况下所谈论的并非是能够,而是,上帝的概念就是绝对必然性——我们同样也能够**从上帝开始并向存在过渡**。因此,这种出发点就在**有限**的形式中被设定出来,尚未被设定为存在着的;因为一位并不存在的上帝乃是一有限者,并不真的就是上帝。这种关系的有限性就是,**主观地**存在;这种一般的普遍者,上帝,拥有实存①,但只有我们表象中的这种自身有限的实存。这种普遍者是**片面的**;我们带有上帝表象所意指的这种片面性的牵累而拥有上帝,拥有这一内容。兴趣在于,表象摆脱这种缺陷(仅仅是被表象者、主观的),以及,把**存在**这一规定给予这种内容。[523]

必须如其出现在这种有限的形式或者作为**存在论**证明的知性形式中那样来考察这第二个中介。这种存在论的证明从上帝的概念开始并向着存在过渡。古人、希腊哲学没有这种过渡;这种过渡也很久没有发生在基督教教会中了。伟大的经院哲学家之一、坎特伯雷大主教、深刻的思辨思想家安瑟尔谟首先表达过这种表象:

我们拥有关于上帝的表象;但上帝却不只是表象,而是他**存在**。必须如何做出这一过渡、洞察上帝不仅仅是我们中的一主观者这一点呢?这一规定,存在,应如何去对上帝进行中介呢?

**康德**的批判也反对这种所谓的**存在论**证明,而且对他的时代来说,这种批判可以说是胜利地产生出来的:直到最近的时代都仍然有效的是,这些证明作为知性之无意义的尝试被驳倒了。但我们已经认识到:其中的这些提升就是精神的行为,是思维着的精神自己的行为,而人则坚持要自己做出这一行为;这同样也是这样一种行为。古人并没有这种过渡;因为精神向自身中的最深的深入就属于此。精神进展至其至高的自由,进展至主体性,才把这种关于上帝的思想理解为主观的,并且才达到主体性和客体性的这种对立。

**安瑟尔谟**表达这一中介的方式方法是:关于上帝,是这样一种表象,

---

① 《黑格尔全集》:"这种普遍者一般。上帝拥有实存"。——德文版编者注

401

[524] 即上帝是绝对完善的。如果我们仅仅坚持上帝是表象,那么这就是一种有缺陷的东西,不是最完善的东西——它只是主观的、只是被表象出来的;因为更完美者不只是被表象的,而且**也存在**,是现实的。所以上帝存在,因为他是最完美者,他不仅仅是表象,而且现实性、实在性也应归之于他。

在安瑟尔谟思想后来的、更为广泛、更为理智的形成中所表明的上帝概念是:上帝是一切实在的全部,是最实在的本质。那么存在也是一种实在;因此存在应归之于上帝。

与此相反,人们说:存在不是实在性,不属于一个概念的实在性;概念的一种实在性意味着概念的内容规定性;通过存在,没有给概念、概念的内容添加任何东西。**康德**对此做了如此清晰可信的解释:我想象一百个塔勒,——但是不管我想象它们还是实际地拥有它们,概念,内容规定性,都是同一个。针对第一点,即从一般概念中应得出存在,说出来的是:概念和存在是彼此不同的;因此,概念是自为的,而存在则不一样,存在必须从外面、从别的地方获得概念,存在并不在概念中。人们可以再一次用一百塔勒清楚地解释这一点。

在普通生活中,人们将关于一百个塔勒的表象称作一个概念;这并非是概念,并非是某一内容规定。一个抽象的、感性的表象如"蓝色的",或者一个存在于我的头脑中的知性规定性,当然会缺少存在;但是这却不能被称作是一个**概念**。概念而且尤其是绝对概念、自在自为概念本身、上帝之概念,必须单独加以想象,而且,这种概念包含有作为一种规定性的存在;存在就是概念的一种规定性。这一点以两种方式可以很容易被指明。

[525] 第一,概念直接就是这种自我**规定**、**自我**特殊化的**普遍者**,即是这种判断、自我特殊化、自我规定、设定某种有限性并否定它的这种有限性而且通过对这种有限性的否定而与自身相同一的活动。这就是一般概念,是上帝之概念,绝对的概念;这正是上帝。作为精神或者作为爱的上帝就是这种样子:他自我特殊化,生育圣子,创造世界,拥有他的一个他者,并在这个他者中拥有自身,与自身同一。在一般概念中,更多的是在理念

中,这一般来说就是:由于必须予以设定的特殊化的否定,上帝本身同时也是与自身同一、自己与自己本身发生关系的活动。

第二,我们问:存在,这种特性、规定性、实在性是什么？存在无非就是不可名状的东西,无概念的东西,不是概念所是的具体者,只是同自己本身之关系的抽象。人们可以说:它就是直接性;存在就是一般直接的东西,而反过来:直接的东西就是存在,它存在于同自己本身的关系中,就是说,中介遭到否定。"同自身之关系"、"直接性"这种规定,本身立即就自为地存在于一般概念中,并且是存在于绝对概念中、上帝的概念中,即上帝就是与自己本身的关系。这种抽象的同自己本身的关系立即就处于概念本身中。概念是有生命的东西,是自己中介自身的东西;存在也是他的诸规定之一。就此而言,存在不同于概念,因为存在并非整个概念,只是概念的诸规定之一,只是概念的简单性,即:概念存在于自己本身那里,是同自身的同一性。

存在就是人们在概念中找到的这种规定,它不同于概念,因为概念乃是整体,**存在**只是这个整体的一个规定。另一点就是:概念在其自己身上就包含着这一规定;这一规定乃是它的诸规定之一,但存在也不同于概念,因为概念乃是总体。只要它们是不同的,中介也就属于它们的结合。**它们不是直接同一的**。所有的直接性都是真的、现实的,只要它在自身中就是中介,而反过来,所有的中介,只要它在自身中就是直接性,那它就拥有同自己本身的关系。概念不同于存在,而这种不同具有这样的特性,即:概念将它扬弃。[526]

概念就是这种整体,是运动,是自我客体化的过程。概念本身不同于存在,是一种纯主观的东西;这是一种缺陷。但概念却是最深、最高的东西;所有的概念都是这样的东西,即它扬弃它的这种主体性之缺陷,扬弃它同存在的这种不同,自我客体化;它本身乃是把自己作为存在着的、客观产生出来的行为。

在一般概念方面,人们必须放弃这样认为,即概念乃是某种只为**我们**所拥有的、在我们之中制造出来的东西。概念乃是灵魂,是某种对象、有生命的东西的目的。我们称之为灵魂的东西就是概念,而概念本身则在精神、意识中获得实存,作为自由的概念;就其主体性而言,它不同于其实在性本身。太阳、动物只**是**概念,不**拥有**概念;对它们来说,概念没有成为对象性的。在太阳中不存在这种分离;但称为自我的东西、实存着的概念、在其主观现实中的概念,却存在于意识中,而我,这个概念,则是主观的东西。

但是,没有人满意于他的纯自我性;自我是能动的,而这种活动就是自我客观化,是给出现实、定在。在更进一步的、更具体的规定中,概念的这种活动就是冲动。每一种满足都是这样一种过程,即扬弃主体性,并把这种内心的东西、主观的东西同样也设定为外在的东西、客观的东西、实在的东西,产生出仅只主观的东西和客观的东西的统一,使二者去掉这种片面性。不存在任何这样的东西,所有的例子,例如对立的东西、即主观的东西和客观的东西的扬弃,都来自于此,以致同一些东西的统一就产生出来。

[527] 因此,按照其内容,**安瑟尔谟**的思想就是真实的、必然的思想;但是由此被推导出来的证明之形式当然也就如同先前的中介方式一样有一种缺陷。概念与存在的这种统一乃是前提,而缺陷之处恰恰就在于,它仅仅是前提。被设为前提的东西乃是纯粹的概念、自在自为的概念、上帝之概念;这一概念**存在**,并且也包含存在。如果我们把这一内容与信仰、直接的知所是的东西加以比较,那么这同安瑟尔谟的前提就是同一内容。人们站在直接的知的这种立场上说:我拥有关于上帝的表象,这乃是意识之事实,而随着这一表象,也应该有存在,以至于存在已与表象的内容联系在一起,如果人们说,人们相信这一点,直接地知道这一点,那么,表象与存在的这种统一就像在安瑟尔谟那里一样被说成前提,而人们并没有考虑继续向前。到处都存在这种前提,即使在**斯宾诺莎**那里也是如此。斯宾诺莎将绝对的原因、实体定义为没有实存便不可被想象的东西,这种东西的概念包含着存在,就是说,关于上帝的表象是与存在直接联系在一起的①。

---

① 参阅斯宾诺莎《伦理学》第一部分。——译者注

概念与存在的这种不可分离性绝对只是上帝那里的情况。诸事物的有限性在于,概念及概念之规定和概念之存在按照规定是不同的。有限者乃是与它的概念、或者更确切地说是与**这**概念不相符合的东西。

我们拥有灵魂之概念。实在性、存在,乃是肉体性(Leiblichkeit);人是有死的。我们也如此来表达这一点:灵魂和肉体可以分离。在这种情况下就存在这种分离;但在纯粹概念中就存在这种不可分离性。如果我们说,任何欲望都是自我实现的概念的一个例子,那么,这在形式上是对的。得到满足的欲望按照形式固然是无限的;但欲望却具有某种内容,而按照它的内容规定,它就是有限的、受限制的,在此情况下,它随后就与概念、纯粹概念不相符合了。 [528]

这就是对关于概念的知的立场的阐明。最后被考察的东西乃是对上帝的知,对上帝的一般确信。这方面的主要规定就是:如果我们知道某一对象,那么,这对象便存在于我们面前;我们已直接地与这一对象发生关系。但是,这种直接性却包含着中介,而这一中介则被称作是向着上帝的提升,因为人的精神把有限者看作是无意义的东西。精神借助于这种否定来提升自己,同上帝联系在一起。结论就是:"我知道,上帝存在",这一简单的关系借助于这种否定而得以形成。

405

# 1831年宗教哲学讲演中
# 对存在论证明的发挥

在启示宗教的范围内，首先应考察抽象的**上帝概念**。自由的、纯粹的、启示的概念乃是基础；它的显示，它为他者的存在，就是它的定在；而它的定在的基础就是**有限的精神**。这是第二；有限的精神和有限的意识都是具体的。这种宗教中的首要事情就是认清上帝于有限精神中显示自己并在其中与自身同一的这种过程。概念与定在的这种**同一性**乃是第三者。（"同一性"在这里本就是一种不确切的表达方式，因为这本质上是上帝之内的活力。）

[529] 在迄今为止的形式上我们获得了某种上升，从某些不同规定中某一定在的一种开始。存在曾在最广泛的规定中被想象为**宇宙论证明**中的偶然存在：偶然存在的真理就是自在自为的必然存在。此外，定在被理解为包含在自身中的目的关系，而这就给出**目的论**的证明：在这里就有一种上升，一种从某种被给予的、现成的定在的开始。这些证明因此而属于上帝规定的有限性。上帝的概念是无界限的东西；不是按照坏的无界限性，而毋宁说同时也是最确定的东西，是纯粹的自我规定；当从某种**被给予的东西**开始时，那些最初的证明就落在某种**有限关联**、有限规定的方面。与此相反，开端在这里乃是自由的、纯粹的概念，而因此在这一阶段上就出现了关于上帝定在的**存在论证明**，这种证明构成这个阶段的抽象的、形而上学的基础；这种证明也是首先在基督教中由**坎特伯雷的安瑟尔谟**所发现的。然后，它便在所有后来的那些哲学家如**笛卡尔**、**莱布尼茨**、**沃尔夫**那里被提及，但却总是**在其他诸证明之外**被提及，尽管它独自是**真实的**

证明。

存在论的证明从概念出发。概念被看作是某种主观的东西,并因此如其与客体、实在相对立的那样是特定的;在这里它就是起始者,而旨趣则是去阐明,存在也应归于这一概念。进一步的进程则是:上帝的概念被提出来,并得以表明,它只能这样被理解,即它包含着存在。只要存在与概念被区别开来,那么概念只是主观地在我们的思维中;因此,它在主观上就是不完善的东西,这种不完善的东西仅仅属于有限的精神。应当得到指明的是,它不只是我们的概念,而且它也**是**不依赖于我们的思维的。

**安瑟尔谟**如此简单地证明:**上帝是最完美者**,超出上帝之外,没有什么东西是可以被想象的。如果上帝是单纯的表象,那么他就不是完美者;但这一点就与第一个命题相矛盾,因为我们把这样的东西看作是完善的,即它不只是表象,而且存在也应归之于它。如果上帝只是主观的,那么我们就可以提出存在也应归之于他的更高的东西。然后这一点就得到进一步的解释。这就得从最完美者开始,而这最完美者就被规定为最实在的本质,被规定为所有实在性的整体;人们已把这称作是**可能性**。当人们将其与存在区别开来的时候,概念作为主观的概念就只是可能的概念,或者,它至少应当是可能的概念;按照古老的逻辑学,可能性仅仅在没有矛盾会被显示出来的地方存在。因此,诸实在应当仅仅按照肯定的方面被接受在上帝之中,它们是无限制的,以至于否定应当被删除。容易被指明的是,然后就只剩下了与自身为一的独一者之抽象了;因为如果我们谈论这些实在,那么这就是一些不同的规定:作为智慧、正义、全能、全知。这些规定乃是这样一些很容易就可以被指明是处于相互矛盾中的特性:善并不是正义;绝对的力量与智慧相矛盾,因为智慧以终极目的为前提,与此相反,力量则是否定与生产的无限制者。如果按照要求概念不应与自身相矛盾,那么,所有的规定性都必须被取消,因为每一区别都趋向对立。人们说,上帝是所有实在的全部;存在也是同一些实在性之一:这样,存在就得以与概念联系在一起。——这种证明一直保持到新的时代;我们看

[530]

到它在门德尔松的《晨更》中得到了详细解释。①② 斯宾诺莎这样来规定上帝之概念，以致于上帝之概念乃是没有存在便不会被构想出来的那种东西。有限者乃是其定在与概念不相符合者。类得以在定在着的个体中实现；但是这些个体却是短暂的。类是自为的普遍者，在这种情况下，定在与概念就不相符合。与此相反，在自身中被规定的无限者中，实在性必定与概念相符合，——这就是**理念**，是主体与客体的统一。

**康德**批判了这种证明；他提出反对意见的乃是以下这些东西。如果人们把上帝规定为所有实在性的整体，那么，存在就不属于此，因为存在并非实在性；因为并没有什么东西由此被添加到概念上，——不论概念存在与否，它都仍然是同一个东西。一位修道士在安瑟尔谟的时代就已经说出同样的东西；他说：我所想象的东西却还并未因此而存在。**康德**断言：不论我只是在想象它还是拥有它，一百个塔勒就自身来说仍然是同一个东西；所以存在并不是实在性，因为没有什么东西由此而被添加到概念上。可以被承认的是，存在并不是内容规定；但确实也不应当有什么存在被添加到概念上（将任何简单的实存都称作是一种概念，这总归是非常不确切的），而相反则使概念得以摆脱这样一种缺陷，即：它仅仅是一种主观者，而不是理念。仅仅只是一主观者并且同存在分离开来的概念乃是一种无意义的东西。在安瑟尔谟所给出的那种证明的证明形式中，无限性恰恰就在于不是某种片面者、某种不应把存在归之于它的单纯主观者。知性严格分清存在与概念，把它们每一存在都看作是与自身同一的；但是，按照通常的表象，概念没有存在就是一片面者和不真实者，其中没有概念的存在同样也是无概念的存在。属于有限性的这种对立在无限者、上帝那里根本就不会发生。

---

① M.门德尔松：《晨更或有关上帝之定在的讲座》，柏林，1785。——德文版编者注
② 摩西·门德尔松（1729—1786），为出生于德国境内的犹太人哲学家、《圣经》翻译家和注释家。他的《斐多——论灵魂不死》（1767），维护灵魂不死说，推崇柏拉图的《斐多篇》。1785 年，其最后一部著作《晨更》发表；作者在此书中支持莱布尼茨关于神的观点。——译者注

但是现在在这里却是下面这种情形,这种情形正好使证明成为不能令人满意的。因为每一最完美者和最实在者都是一种前提,与这种前提相比,自为的存在和自为的概念都是片面者。在**笛卡尔**和**斯宾诺莎**那里,上帝被定义为他自身的原因;概念和存在是一种同一,或者,作为概念的上帝没有存在就不能被理解。这是一个前提,这一点乃是不能令人满意的事情,以至于与此前提相比,概念必定就是一主观者。 [532]

但是,有限者和主观者却不仅仅是与那种前提相比的一种有限者:它**本身**就是有限的,并因此而是它自身的对立面;它乃是未被解决的矛盾。存在应不同于概念;人们相信可以把这种概念作为主观的概念、作为有限的概念抓住不放,但存在的规定却在概念自身上。主体性的这种有限性在其自己身上被扬弃了,而与概念相对立,存在与概念的统一并非是概念与之相比较的前提。——在其直接性中的存在是偶然的存在;我们已看到,它的真理是必然性。此外,概念必然包含存在:存在是与自身的简单关系,是无中介状态;概念,当我们考察它的时候,它就是所有区别都把自己吸收到其中的东西,在其中,所有规定都只是理念性的。这种理想性乃是被扬弃了的中介、被扬弃了的被区分状态、完善的明晰性、纯粹的光亮以及寓于自身的存在;概念的自由本身就是与自身的绝对关系,就是同一性,这种同一性也是直接性,是无中介的统一。因此,概念在自己身上就拥有存在,它本身就是扬弃自己片面性的存在;如果人们认为必须把存在从概念那里清除掉,这就是单纯的意见。当康德说人们无法从概念中把实在性挑出来的时候,在这种情况下,概念就被理解为有限的。但有限者却是这种自我扬弃的东西,而当据说我们已如此把概念看作是与存在相分离的时候,我们正好就拥有存在就自身而言所是的那种与自身的关系。

但是,概念不仅仅**自在地**在自身中拥有存在,**不仅仅**我们看清这种存在,而且,它也**自为地**就是存在;概念本身就扬弃它的片面性并将自身客观化。人实现其目的,就是说,使首先仅仅是理念的东西失去其片面性,而这种理念的东西由此而成为存在者;概念永远都是设定存在与自身同一的活动。我们在直观、感觉等等中面对外部的客体;但我们却将它们吸 [533]

纳到自身中来,而且因此这些客体在我们之中就是理念的。这样,概念就是这种扬弃它的区别的活动。如果概念的本性被看清,那么,与存在的同一就不再是前提,而是结果。过程是这种过程,即:概念自我客观化,使自己成为实在,而且因此它就是真理,是主体与客体的统一。**柏拉图**说,上帝是一种不死的有生命者,上帝的肉身与灵魂被设定为独一者。把两个方面分离开来的那些人仍然停留在有限者和非真者那里。

我们处于其上的立场乃是基督教的立场。——我们在此拥有在其整个自由中的上帝之概念;这一概念与存在是同一的。存在乃是最贫乏的抽象;概念却并不如此贫乏,以致于它不在自身中拥有这一规定。我们不必在抽象的贫乏中、在简单的直接性中考察存在,而是必须把存在看作是**上帝的存在**,看作是完全**具体的存在**,不同于上帝的存在。**有限精神的意识**就是具体的存在,就是实现上帝概念的质料。这里所谈论的并非是存在对概念的某种添加,或者只是概念与存在的某种统一——此类东西都是不确切的表达方式;毋宁说统一应被理解为**绝对的过程**,被理解为上帝的活力,以至于即使两个方面在这种活力中也是区别开来的,但这种活力却是永恒地自我产生的绝对活动。我们在此拥有作为精神的上帝之具体表象。精神之概念乃是自在自为地存在着的概念,是知;这种无限的概念乃是同自身的否定关系。这种知被设定出来,因此它就是判断、自我区别者;被区分的东西,它首先也许显现为外在的东西、无精神的东西、外在于神性的东西,但与概念却是同一的。这种理念的发展就是绝对真理。在基督教中为人所知的是:上帝已在启示,而且上帝恰恰就是这种启示者;启示就是自我区别开来;被启示的东西恰恰就是这种启示:上帝是启示的上帝。

[534]

宗教必须为所有的人而存在:为这些人,这些人已如此纯化他们的思维,以至于他们在其纯粹的思维环节中知道存在的东西,达至对上帝之所是者的思辨认识,以及为这些人,这些人并没有超出感觉和表象之外。

人不仅是纯思维着的,而且,思维本身也显示为直观、表象;所以,向人启示的绝对真理也必须为作为表象者、直观者的人而存在,为作为感觉着的、感受着的人而存在。这就是一般宗教据以有别于哲学的形式。哲学思考通常只为表象和直观而存在的东西。进行表象的人作为人也是思维着的,而真理之内涵则来到作为思维者的人身旁;只有思维者才能有宗教,而思维也是表象;但只有思维才是真理的自由形式。知性也是思维着的;但它仍然停留在同一性那里:概念就是概念,而存在就是存在。这样一些片面性对它来说仍然是固定不变的;与此相反,在真理中,这些有限性不再被看作是自为同一的,即:它们**存在**,而是,它们仅仅是总体的环节。

那些责怪哲学去思考宗教的人并不知道自己需要什么。在这方面,仇恨与虚荣也同样在谦恭的表面假象下加入进来;真的谦恭在于,使精神沉入真理之中,沉入最内在东西中,并且仅仅拥有对象的特点;这样,还现存于感受之中的所有主观的东西就都消失了。——我们必须纯思辨地考察理念,并且与知性相反,与反对一般宗教所有内容的知性相反,为理念做辩护。这种内容意味着奥秘,因为它对知性来说是一种隐秘的东西,因为知性并没有达到这种统一所是的过程:因此,所有思辨的东西对知性来说都是一种奥秘。

[535]

# 编辑对第 16 卷和第 17 卷的说明

**关于宗教哲学的讲演**,黑格尔作了四次:1821 年、1824 年、1827 年和在他去世那一年,即 1831 年。每一次讲演都有形式上的变化,段落划分作了修改,它反映了其思想的发挥。就黑格尔自己的笔记而言,只有第一次讲座(1821 年)的草稿保存下来,在他看来,该草稿作为补充之备用,也充当第二次讲座(1824 年)之草案。他的听众之一,豪普特曼·封·格里斯海姆(Hauptmann von Griesheim),从该讲座的笔记中制作出一个手稿,黑格尔后来在 1827 年就使用这个手稿。一位来自瑞士叫迈尔(Meyer)的先生记录下了这第三次讲座,黑格尔重新作最后一次讲座时(1831 年)就是以这次讲座为依据,他的儿子卡尔·黑格尔终于从这最后一次讲座中制作出一个笔记。

当菲利普·马尔海奈克(Philipp Marheineke)在黑格尔去世后马上开始出版由"已故者朋友圈子"所搞的**全集**版本内的诸讲演时,他手头有这个笔记和其他几个手稿,其中有来自黑格尔遗作的笔记。它们于 1832 年作为第一版【黑格尔】**全集**的第XI卷和XII卷出版。1840 年出版了第二版,即大大作了改变和扩充的版本,这一版主要由布鲁诺·鲍威尔负责。马尔海奈克在这一版的前言中写道:"引导我编辑第一版的基本原则是,首先局限于黑格尔关于这种科学(作为其精神的最成熟的诸文献)的最后的诸报告。与此相反,现在是作如下事情的时候了,而且成了使命:除了已经使用过的笔记本,不仅利用其他草稿的诸笔记,通过使用这些笔记能够纠正以前笔记中的许多东西,而且也主要还溯源到很少或甚至已不使用的第一个报告和黑格尔亲手写的草稿。"就新材料而言,布鲁诺·鲍威尔使用了1821年（v. Henning）、1824年（Michelet, Förster）、1827年（Droysen）、1831年（Geyer, Reichenow, Rutenberg）讲座的笔记，而且首先使用了黑格尔的一捆遗作及其为诸讲演的个别题目亲手写的笔记，鲍威尔把这些讲演都收入了新版中。［538］

即使由格罗克纳（Glockner）从逝世百年纪念版（第15和16卷）提供的这个第二版，在黑格尔研究中也非没有争议。特别是鲍威尔所选择的划分，和他的随心所欲，受到了抨击：思路混乱不清，材料安排任意。

所以，拉松（Lasson）在其版本（1925—1929年）上走了另一条路：他主要依据黑格尔的原始手稿（为1821年的讲演所用），马尔海奈克如此描述了该手稿的特性："虽然表面上是完整的，也就是说，延伸到整体之外，但仅仅在个别大的线条上，大多只用个别言词就被草拟出来了，纯粹只是为了这样的目的，即口头的报告就该接着发挥下去。在与形式（这种形式是由这种基本内容在已提到这些年代的诸口头报告中所采用的）形成的比较中，人们可以把那第一个草稿看作是不完善的；其中本身还有精神的奋斗，例如可以觉察出内容，也可以觉察出更为确定的形式……"拉松通过自己的补充，也通过最初三个讲座的笔记中的一些片段，补足了这个提纲；因为在他看来，没有什么笔记可供最后的讲座之用，也没有鲍威尔手头还有的黑格尔诸记录，所以，拉松就利用鲍威尔的版本以进一步完备。他尝试把相互明显不同的讲座加以对比，这种尝试按照字母，确实编辑出可靠的文本，但是，就对黑格尔思想的发挥而言，宁可被称之为是可疑的，而且无论如何并不比鲍威尔的编辑更明显。

只要提供【黑格尔】关于宗教哲学讲演的一种真正可靠版本的任务没有解决，那么1840年的版本就不能认为是过时的。

1829年，黑格尔认为**关于上帝定在诸证明的讲演**是对其逻辑讲座的补充。在遗作中有的手稿几乎是完整精心拟定出来的；如马尔海奈克所报道的那样，黑格尔于1831—1832年冬曾想为了付印而完成这一手稿，然而由于去世而受阻。马尔海奈克把这一手稿作为关于宗教哲学讲演的附录予以出版（全集的Ⅻ卷），而且还为它附上了一篇未注明日期的笔记［539］

和三个注明日期的论述(出自1827年和1831年的宗教哲学讲座)。

　　黑格尔的手稿没有保存下来。因此,拉松在其1930年的版本中只能以全集的第Ⅻ卷为依据。拉松又指责马尔海奈克以及鲍威尔在出版技术上疏忽大意,然而却在前言和后记中又前后矛盾地说他不了解手稿的情况。——在1966年的一个再版本(哲学图书第64卷)中,这16个讲演和三个附件被单独出版:它们与其说属于逻辑学,不如说属于宗教哲学。在第一个讲演的第二段中,黑格尔就已经说了对此应该说的东西:"教义(只要它是一种科学的教义)和逻辑的东西并不像事情按照我们的目的的最初映像所具有的外表那样是分开的"。这也适用于关于宗教哲学的诸讲演,所以,在这一版中也给诸讲演附上关于上帝证明的宗教哲学。

　　第16卷和第17卷的文本遵循全集第Ⅺ卷和Ⅻ卷(=W)的文本。1925—930年的拉松版(=拉松)考虑到文本的复原。就宗教哲学的情况(在此,拉松不仅在编排上而且也在个别细节上出版一个常常有重大偏差的文本),当然这并不会涉及注意到所有的偏差或至少在有多少一致的章节的地方提供文本比较。如果这看来已提供出来的话,更确切地说,这仅仅追溯至拉松的文本,也就是说,特别追溯至黑格尔的手稿;目的始终是提供一个尽可能有意义的而且又可读的文本。

　　在第20卷中,编辑报告了关于出版的一般原则。这里仅仅作出几点提示:

　　——字词写法和加标点整个都予以标准化和现代化;

　　——较小的补充和校正部分都追溯至黑格尔的手稿,有些部分(例如纠正印刷错误,语法、句法、词序的标准化)也不是私下去做的,较重要的则在脚注中予以指明;

　　——使专有名词适合于当今的写法(例如Brahman取代Brahm,Hephaistos取代Hephästus等等);

　　——引文已(尽可能地)予以核实,并(最必要地)予以纠正;在有更大偏差时(黑格尔习惯于,特别在诸讲演中,相当自由地引用,常常只是简单予以介绍),引文没有得到改进,而是放入单括号中以取代放入双括

号中(>……<);

——一些段落偶尔加以总结,以便草稿中不必中断的思路更清晰些;

——本文和目录中的标题已相互一致,其带有号码和印刷字母的醒目字体已统一起来;

——编辑所添加的东西(首先考虑的是为了有助于阅读),则置于方括号([……])内,编辑的注释则放在分栏线下的脚注中;参阅这一版其他卷的注释,则通过一个箭头(→)予以标明。

# 重要术语德汉对照表及索引

## A

Aberglaube 迷信　174

Absolutes 绝对者　185—344

Abstraktes 抽象的东西　221,178,397

Abstraktion 抽象　101,128,184,246,360,374,408,450

Affirmation 肯定　268,273,483,486

Affirmatives 肯定者　54,481

Akzidentelles 偶然者　37

Allgemeines 普遍者　118,145,175,184,188—205,234,241

Allgemeinheit 普遍性　97,155,161,165,214

Anderssein 异在　247,458

Anfang 开端(开始),始　12,53,234f.,414,418,446

Anschauung 直观　209ff.,210ff.,351,523,526f,529

Ansich 自在　108,241,252

Ansichsein 自在存在　273

Arbeit 劳动(工作)　108,188,259

Atheismus 无神论　386

Aufklärung 启蒙,说明　329,333,340,385

## B

Begriff 概念　13,16,16—45,31,51—54,122,157,159,187,188,191,198,205—213,205,206,209,212,225f.,229f.,330,339,340,393,395,396,397,402,408,419,425,524f.,525f.,529,532f.

Beobachtung 观察　41

Besonderes 特殊者　113

Besonderheit 特殊性　97,141f.,155

Besonderung 特殊化　54—61,216f.

Bestimmtheit 规定性　31,110

Bestimmung 规定　54—61,218,395,397,418

Betrachtung 考察　24

Beweis 证明　36f.,205,345—525,357,362,379,387,407,412,501—517,528—535,529

Bewusstsein 意识　44,62,65f.,139,187,189,191,241—299,259,264,356,405,470,486,500,533

Beziehung 关系　67

Bibel 圣经　199

Bild 形象　107,146,356,415

Böses 恶　74f.

416

Brahm, Braha, Brahman 梵 55,237,491
Bürger 公民 129,167

## C

Christentum 基督教 150,368
Christus 基督 277,285,286,287,310,337

## D

Dasein 定在 14,26,31,36f.,293,345—535,455,486
Denken 思维 52,80,198,218,219,220f.,333,341,353,354,415,431,472,479,481f.
Denkbestimmung 思维规定 16
Denkformen 思维形式 200f.
Dialektik 辩证法,辩证进展 21,117,156,180,206,210,232,411,433,443,446,487
Ding 物,事物 489
Ding-an-sich 物自体 434
Diremtion 分离 214,220—221
Dualismus 二元论 74,474

## E

Eigenschaft 特性 394,430
Einheit 统一 12,18,61,100,120,269,270,404,406,454,533
Eins 独一 20—24,20,231f.,232,269,276,405,412,494
Einer 独一者 18,52,53,55,60,64,71,79,81,82,97,125,129,162,236
Einzelheit 个别性 97,184,214,276,299,301,492
Einzelnes 个别者 169

Element 环节,因素 218—220
Emanzipation 解放 282
Endliches 有限者 9f.,12,402,442,443,469f.,471,478
Endlichkeit 有限(性) 180,184,272,292,292f.,335,362,420,507
Entäusserung 外化 293
Entfremdung 异化 138
Entzweiung 分裂,分裂为二 252,263
Erfahrung 经验 359,400,516
Erhaben, Erhabenheit 崇高 46f.,50—96
Erkennen 认识 262,334,355,362,364,380,379f.,412,465,473
Erkenntnis 认识 76,248,256ff.,354
Erkenntnistheorie 认识论 362,364,379f.,412
Erscheinung 显现,现象 64,113—125,116—120,117,118,180,247,278,279,400,464
Erziehung 教育 146,203,378
Ewigkeit 永恒 47,484
Existenz 实存 47,484

## F

Form 形式 10,16,17,22,31,40,61—65,180,200,207,209,241,247,339ff.,340,462,504,505,507
Freiheit 自由 10f.,77,80,82,87,88,93,96,98,110,113,129,157,192,195,201,203,203—205,205,232,243,252,257,260,265,325,330,333,353,458,489,502
Fürsichsein 自为存在 260

## G

Ganzes 整体 412f.

417

Gedanke 思想　214,402,407

Gegenbsatz 对立　262,263,305

Geist 精神　9—184,9—16,10,42,44,46f.,54,70,102,147,187f.,189,193,201,203,205,214,217,219,221,234,261,299—344,302,304,305,315,325f.,329—344,352,385,390,394,398,401f.,457,479,522

Gemeide(宗教)社团　214,298,299—344,302,306—320,319,320—329,330

Gemeinschaft 共同体　375

Gemüt 心灵　215

Gerechtigkeit 正义(公平)　60

Gesetz 法律,法则,规则　68,73,84,89,104f.,195,252,316,377,450

Gesinnung 信念　79,126—135,282

Gestalt 形态　113—125,120—125

Gewissheit 确信　242,274,288,307,370

Glaube 信仰　82,198,288,311,312,320,324,341,349,352,353,354,366,367

Gott 上帝,神　12,14,45,51,52f.,54f.,64f.,65—79,66,72,95f.,102,104,116,123,187,190,193,204,205—213,218—240,223,234,241—299,263,275,291,295,305,309,335,345—533,368,382f.,383,385,392,393,404,405,442,472,478,480,494,522f.

Götter 神　57,113—125,151

Göttliches 神圣者　54—61,116—120,120—125,329

gut 善的

H

Hypostasieren 独立化,对象化　461,490

I

Ich 自我　264,266,267,305,372

Idealität 理想性　11,243

Idee 理念　70,171,189,205,205—213,213f.,218—240,225,227,235,241—299,274,285,299—344,338,408,409,452,531

Identität 同一性　59,61,62,139,189,193,230,273,334,528

Individualität 个体性　9—16,9—184,108,116,164,177,276,492

Individuum 个体　35,87ff.,112,130f.,137,143,146,162,171,175,177,322,323,324,475

Insichsein 内己存在

K

Kausalität 因果性　498

Kultus 崇拜　79—92,125—154,135—145,149,173—184,217

Kunstwerk 艺术品　123,125,151

L

Leben 生活。生命　121

Lebendiges 有生命者,活着者　508f.

Lebendigkeit 活力,生命力　42,497,514

Liebe 爱　221f.,304

Logik 逻辑　27,210,226,232,347,363,367,419,451,470,530

M

Macht 威力(力量)　36,37,50ff.,120—

125,137,489

Material 质料 33f.

Materie 物质 40,232,247,505

Menschlichkeit 人性 95f.,126,289

Metaphysik 形而上学 16—45,205—213,225,246,387,390,392,451

Mittel 手段 14,35

Möglichkeit 可能性 271,449,456,530

Moral 道德 326,475,517

Mythologie 神话 101ff.,119f.,144f.,148,488

### N

Natur 自然,本性 13f.,39,42,46f.,61f.,101f.,146,214,216f.,235,248,249,252,316,384,398,399,408,510,519

Naturreligion 自然宗教 85,147,204

Negation 否定 268,292,295,466

Negatives 否定者 273,464,481

Nichts 无 481,482

Notwendigkeit 必然性 18,20,24,25,26,27,29f.,30f.,33,68f.,99,109—113,112,113—125,118,120f.,130f.,157,198,309,358f.,406,420,449,453,458,461,465,486

### O

Objektivität 客体性 188,226,330,338,400

Offenbarung 启示 188—194,193,194—203

Ontologie 存在论 208,428,518—528,528—535,529

### P

Pantheismus 泛神论 51,490,492,498

Partikularität 个别性 167,214

Person 个人 49,83

Personifikation 拟人化 178,330

Persönlichkeit 个性 24,88,232

Phantasie 幻想 118

Positives 实定者 55,194—203,194f.,201

Praktisches 实际者 67,163,475

Praxis 实践 11f.,13,53,156,193f.,268,271,344,368,377,502

### R

Realität 实在(性) 46,120f.,126,157,159,179,205,393,429

Recht 权利,法权 178

Reflexion 反思 22,28,172,330,234

Religionsphilosophie 宗教哲学 347,501—517,518—528,528—535

Resultat 结果 27,203,241,403,446,487

### S

Satz 命题

Schein 映像 17,24,47,400,408,434

Schicksal 命运 111f.

Schönes 美者 120—125

Schöpfung 创世(创造) 36f.

Sein 存在,在,是 20,54f.,58f.,206,208,209f.,264,278,392,393,407,409,438,442,461,467,484,524f.,525,532f.

Selbständigkeit 独立性,自主性 178,

247,453

Selbstbewusstsein 自我意识 23f., 100, 110, 130f., 178, 187, 204f., 241, 260, 268, 302

Selbstgefühl 自我感觉 288

Selbstzweck 目的本身 34f.

Sexualität 性欲 115, 300

sinnlich 感性的 194, 227, 314, 431

Sittlichkeit 伦理, 德行 51, 67, 98, 99, 129, 178, 233, 265, 332

Skeptizismus 怀疑论 266

Spekulation 思辨 227, 229f., 454, 482, 485

Subjekt 主体 13f., 23, 31f., 59, 60, 93, 189f., 191, 241, 270, 296, 330, 398, 438, 510

Subjektivität 主体性 9, 10, 13, 97, 102ff., 192, 193, 207, 215, 270, 303, 329, 336, 338, 377, 412, 521

Subsistenz 存在物 60

Substantialität 实体性 12, 59, 494

Substanz 实体 40, 59, 189, 193, 490, 499

System 体系 248, 489, 494, 500, 514, 520

T

Tätigkeit 活动 368

Teleologie 目的论 32ff., 36, 38, 501—517, 504, 518—528

Testament 遗言（圣经组成部分） 65

Theologie 神学 190, 200, 341, 392, 419

Totalität 总体 60, 205, 223, 234, 247, 338, 452, 525

Tanszendental 先验的 424, 430

Trieb 冲动 207, 229f.

Trimurti 三相神 236

U

Übergang 过渡 9—16, 226, 268f., 472f.

Unendliches 无限者 12, 438, 469f.

Unendlichkeit 无限性 420, 479

Unglück 不幸 135, 265

Unmittelbarkeit 直接性 120, 252f.

Unsterblichkeit 不朽 129

Urteil 判断 223, 437

V

Verdinglichung 物化 328

Vermittlung 中介 38, 302f., 416, 438, 444, 454

Vernunft 理性 89, 179, 196, 231, 333, 352, 406, 427, 432, 443, 516

Versöhnung 和解 91, 134, 146—154, 203, 214, 267, 269, 298, 331f.

Verstand 知性 38, 155—184, 159, 165, 166, 169, 227, 228, 231, 232, 329, 393, 416, 433, 471, 478, 483, 531, 534, 535

Vorstellung 表象 54—79, 215, 285, 481

W

Wahrheit 真理 36, 53, 171, 203—205, 203, 222, 228, 236, 243, 250, 271, 329, 339, 370, 466

Wesen 本质 17, 59, 118, 425f., 430, 448, 487, 490

Widerspruch 矛盾 175, 224, 225, 229, 247, 482

Wille 意志 266, 267, 289

Willkür 任性 336, 374

Wirklichkeit 现实 14, 128, 329—344,

405,420,449
Wissen 知识　128,261,334,367,380,427
Wunder 奇迹　63,196,313,316

## Z

Zufälliges 偶然的东西　38,430,464

Zweck 目的　11,13,15f.,31,32,33,35,38,43,48,52,65—79,67,155,157ff.,421,508,514f.,516

# 人名(或神名)德汉对照表

### A

Adam　亚当
Adam Kadmon　亚当·卡德蒙
Agamemnon　阿伽门农
Aischylos　埃斯库罗斯
Alexandriner　亚历山大里亚学派
Anakreon　阿那克里翁
Anselmus　安瑟尔谟
Anselmo von Canterbury　坎特伯雷的安瑟尔谟
Apoll　阿波罗
Apollonios von Tyana　提亚内的阿波罗尼奥斯
Areopag　阿瑞奥帕戈斯
Aristoteles　亚里士多德

### B

Briese　布里泽

### C

Ceres　塞丽斯
Christus　基督
Cicero　西塞罗

### D

Demeter　得墨忒尔
Descartes　笛卡尔
Diana　狄安娜
Dike　狄克
Dionysios　狄奥尼西奥斯
Dupuis　杜毕伊

### E

Erebos　埃瑞波斯
Erinnyen　埃里尼斯
Eros　埃洛斯
Euklid　欧几里德
Eumenniden　欧墨尼德斯

### F

Fichte　费希特
Fornx　福尔纳克斯
E.Franklin　弗兰克林

### G

Gnostiker　诺斯替教徒
Goethe　歌德
Goeze　格策
K.F.Goeschel　格舍尔
Schmieds Greger　格雷格

### H

Heifrieds Hans　汉斯

Hekate　赫卡特
Helios　赫利奥斯
Herakles　赫拉克勒斯
Heraklit　赫拉克利特
Hermes　赫尔墨斯
Hestia　赫拉提娅
T.G.v.Hippel　希佩尔
Hippolyt　希波吕托斯

## I

Iuno Moneta　尤诺·莫内塔

## J

Jacobi　雅各比
Jakob Böhme　雅各布·伯默
Jesus　耶稣
Johann Rist　约翰·李斯特
Juno　赫拉
Jupiter　朱庇特

## K

Kalchas　卡尔卡斯
Kanaan　伽南
Kant　康德
Kepler　开普勒
Kreon　克瑞翁
Kronos　克罗诺斯

## L

Lama　喇嘛
Leibniz　莱布尼茨
Luther　路德
Luzifer　路西法

## M

Maria　玛利亚

Mars　玛尔斯
Mendelssohs　门德尔松
Milton　弥尔顿
Minos　米诺斯
Musen　缪斯
Moses　摩西

## N

Nestor　奈斯托尔
Nemesis　涅墨西斯

## O

Oedipus　俄狄浦斯
Okeanos　奥克阿诺斯
Orestes　奥瑞斯忒斯

## P

Pallas　帕拉斯
Parmenides　巴门尼德
Pausanias　鲍萨尼亚斯
Phaebos　福玻斯
Philon　斐洛
Platon　柏拉图
Poseidon　波塞冬
Briesens Peter　彼得
Pindar　品达罗斯
Iupitr Pistor　皮特·皮斯图尔
Pontos　彭托斯
Pythagoras　毕达哥拉斯

## S

Saturns　萨图尔努斯
Schiller　席勒
Socrates　苏格拉底
Spinoza　斯宾诺莎

Styx 斯提克斯

**T**

Tartaros 塔塔罗斯
Themis 忒弥斯
Thetis 忒提丝
Titanen 提坦

**U**

Uranos 乌兰诺斯

**V**

Vergil 维吉尔
Vsta 维斯塔

组　　稿:张振明
责任编辑:安新文
封面设计:薛　宇
责任校对:周　昕

**图书在版编目(CIP)数据**

宗教哲学讲演录.2/[德]黑格尔 著,燕宏远,张松,郭成 译. —北京:
　人民出版社,2015.5(2022.9 重印)
(黑格尔著作集;17)
ISBN 978-7-01-014639-3

Ⅰ.①宗…　Ⅱ.①黑…②燕…③张…④郭…　Ⅲ.①黑格尔,G.W.F
（1770~1831)-宗教哲学-文集　Ⅳ.①B516.35 ②B920-53

中国版本图书馆 CIP 数据核字(2015)第 056370 号

宗教哲学讲演录 Ⅱ
ZONGJIAO ZHEXUE JIANGYANLU Ⅱ

[德]黑格尔 著　燕宏远　张松　郭成 译

**人民出版社** 出版发行
(100706　北京市东城区隆福寺街 99 号)

北京新华印刷有限公司印刷　新华书店经销
2015 年 5 月第 1 版　2022 年 9 月北京第 2 次印刷
开本:710 毫米×1000 毫米 1/16　印张:28.5
字数:400 千字　印数:5,001—10,000 册

ISBN 978-7-01-014639-3　定价:99.00 元

邮购地址 100706　北京市东城区隆福寺街 99 号
人民东方图书销售中心　电话(010)65250042　65289539

版权所有·侵权必究
凡购买本社图书,如有印制质量问题,我社负责调换。
服务电话:(010)65250042